1971년 미국 샌프란시스코 만의 기름유출 사건, 방제작업이 끝날 때, 이 사건의 근본을 해결하고자 자신의 인생을 투신한 사람이 한 명 생겨났다. 2007년 태안의 기름유출 사건이 벌어졌을 때, 과연 이 사건을 자신의 삶으로 생각한 사람이 생겨났을까? 도보와 생각 그리고 반성으로 이어지는 이 잔잔한 여행기는 두바이를 보면서 열광하는 사람들이 읽어야 할 책이다. 이 책을 읽고도 새만금이 제2의 두바이가 되면 좋겠다고 생각하는 사람, 정말로 구제불능일 것이다. 미국이 선진국인 이유는, 상황에 대해서 조용히 생각하면서 실천하는 존 프란시스 같은 사람이 많기 때문이다. 한국이 선진국이 아닌 이유는, 두바이의 찬미자만 많기 때문이다. 이 책은 신념을 가지고 자기 길을 '걸었던' 사람의 용기에 관한 감동적인 기록이다. 오늘 우리가 어디로 어떻게 가고 있는지 다시금 생각하게 한다.

우석훈 교수(생태경제학자, 『88만원세대』 공저자)

아름다운 지구인
플래닛 워커

PlanetWalker by John Francis Ph.D.
Copyright ⓒ 2008 John Francis
Korean translation rights ⓒ 2008 by Sallim Publishing Co.
All rights reserved.
Korean translation rights are arranged with John Francis Ph.D.
through Amo Agency Korea

이 책의 한국어판 저작권은 아모 에이전시를 통해
저작권자와 독점 계약한 살림출판사에 있습니다.
신저작권법에 의해 한국 내에서 보호를 받는 저작물이므로
무단 전재와 무단 복제를 금합니다.

아름다운 지구인
플래닛 워커

존 프란시스 지음 | 안진이 옮김

22년간의 도보여행, 17년간의 침묵여행

살림

태안의 아름다움을 회복시키기 위해
수고한 태안의 주민과 자원봉사자들께
이 책을 바칩니다.

한국의 독자들에게

　캘리포니아 주에 있는 집에서 저녁 뉴스를 보는데 미국 대통령 선거 후보들과 정치적 경쟁, 살인 사건, 경기 침체 등의 소식과 함께 기름에 뒤덮인 한국의 해안이 화면에 나왔다. 슬픈 얼굴을 한 자원봉사자들이 기름으로 덮인 모래사장과 양식장에서 양동이를 들어 올리는 모습이 보였는데, 양동이 안에는 영롱한 윤기가 도는 검은 기름방울이 가득했다. 지구 반대편에 위치한 나라 한국에서부터 우리 집 거실까지 전해지는 영상을 보던 내게 본능적인 반응이 일어났다. 뱃속 깊은 곳에서 나오는 조용한 신음소리와 함께 몸이 앞으로 기우뚱했다. 꼭 기름 냄새를 맡은 것처럼 머리가 아파 왔다. 뉴스 해설자의 목소리가 잦아들자 나는 안타까운 감정에 휩싸였다.

　불과 한 달 전에는 짙은 안개 속에서 컨테이너선 한 척이 샌프란시스코 베이 브리지 지지대를 들이받아 58,000갤런에 달하는 벙커유가 유출됐다. 수천 명이 무언가 도와보려고 자원봉사를 하겠다고 나섰지만, 자원봉사자들이 열심히 수고했던 한국에서와 달리 미국에서는 그들을 돌려보냈다. 유출된 기름을 제거하는 작업을 사기업이 담당하고 있기 때문이다. 공적인 방제 인력도 넘쳐났지만 방제 작업을 담당한 기업에서는 장시간 사전 교육을 받은 자원봉사자들만이 작업에 참여할 수 있다는 입장을 굽히지 않았다. 물론 기름은 사람의 피부와 닿지 않도록 특별한 주의를 요하는 유독성 물질이다. 그러나 도움을 주겠다는 사람들의 자연스러운 의지를 가로막으면 회복의 과정 또한 늦춰진다. 다양한 형태로 표출된 자원봉사 정신에는 카타르시스와 치유가 함께 담겨 있다.

미국 알래스카 연안에서 엑손 발데즈 호 기름오염 사고가 일어난 후, 나는 환경전문가로서 워싱턴에 있는 미국 해안경비대 본부에서 유류 수송 및 방제 규정을 제정하는 일에 참여했다. 하지만 유출사고 후에는 규정 정비 외에도 해야 할 일이 많다.

유출된 기름을 제거하는 동안 경제적인 손실이 얼마나 되는지를 산출하는 과정은 심히 고통스럽다. 유출된 기름의 값어치라든가 재산 피해, 봉쇄와 방제 작업에 들어가는 비용 등 유출사고로 인한 시장 비용은 비교적 쉽게 알 수 있다. 그러나 야생 동식물, 비영리적 생물량(어떤 환경 내에 현존하는 생물의 총수—옮긴이), 사람의 건강에 가해진 피해와 같은 비시장적 비용 역시 똑같이 중요하다는 점을 잊어서는 안 된다. 사람의 건강과 관련해서 우리는 관광객과 주민이 공통적으로 겪게 되는 막대한 육체적, 감정적, 심리적 스트레스를 간과할 때가 많다. 기름유출과 같은 불행한 사고가 일어나면 관광객과 주민 이외의 사람들에게도 비시장적 비용이 발생할 수 있다. 직접 방문할 계획이 없는 사람에게도 그곳은 가능성과 아름다움이 있는 곳이자 휴양지로서 존속 가치가 있기 때문이다. 그런 장소가 존재한다는 사실에서 기쁨을 얻고 마음의 평화를 얻기 때문에 수많은 사람이 일상에서 부딪히는 어려움과 장애물을 이겨낼 수 있다. 그런 장소가 손상되거나 없어지면 그 장소가 존재한다는 데서 나오는 감정도 손상되거나 없어진다.

이 책은 우리 모두의 마음속에 있는 눈에 보이는 가치와 보이지 않는 가치, 그리고 인간과 환경의 연관 관계를 다룬다. 순례 혹은 여행 이야기이고, 불가능에 맞서 가능성을 찾는 이야기이기도 하다. 적어도, 이 책은 현실로 닥친 불행에 상심하지만 이겨내려고 노력하는 우리가 인류라는 하나의 명칭으로 묶일 수 있는 이유를 은유적으로 표현한 이야기다.

1971년 1월 16일 금문교 밑에서 일어난 기름유출 사고는 내 가슴에 깊이 박혀 내 삶에 돌이킬 수 없는 변화를 일으켰다. 한국 태안 앞바다의 허베이 스피리트 호 기름유출 사건 역시 한국인들의 가슴에 깊이 각인되어 있을 것이다. 나의 여정에 관한 이야기를 담은 이 책의 한국어판을, 한국 서해안의 위기를 극복하려고 애써온 태안의 주민과 자원봉사자들께 바친다. 그들의 아름다운 여정에 함께 동참하는 사람이 보내는 지지와 공감의 표시로 받아들여 주길 바란다.

2008년 5월
존 프란시스 박사

감사의 글

　이 책을 쓰는 동안 나를 지지해 주고 관심과 격려를 보내 준 아내 마사, 아들 새뮤얼과 루크에게 가장 먼저 감사를 표한다. 그리고 조용한 믿음으로 주의 깊게 지켜봐 주신 어머니 라 자바와, 나의 여행을 함께 해 주신 아버지 존에게 감사드린다. 내 마음의 불이 꺼지지 않도록 해 준 동생 드웨인, 음악을 들려준 사촌 셰프, 이모저모로 나를 도와주고 집처럼 편안하게 머물 수 있는 장소를 제공해 준 에드와 도로시에게, 나를 믿어 주고 가족의 일원으로 여겨 준 린과 마티에게도 감사해 마지않는다. 한편으로는 여러 지역사회에 감사를 표하고 싶다. 캘리포니아 주 포인트 레이에스 만, 오리건 주 애쉬랜드, 워싱턴 주 타운센드, 몬태나 주 미줄라, 사우스다코타 주 워터타운, 위스콘신 주 메디슨, 펜실베이니아 주 필라델피아, 뉴저지 주 케이프메이, 워싱턴 D. C.를 비롯해, 나를 순례자로서 또 아들로서 공동체의 한가운데에 기꺼이 받아들여 준 전국 방방곡곡의 지역사회에 감사한다. 아빠를 만나려고 먼 길을 왔던 로티와, 영감이 넘치는 삶을 사는 로이 가찰리 안에게도 감사를 표한다.

또한 위스콘신대학교 메디슨 캠퍼스, 게이로드 넬슨 환경학 연구소, 몬태나 미줄라 대학, 남부 오리건 주립대학에 있는 나의 은사님들에게 공식적이기도 하고 비공식적이기도 한 감사를 표한다. 특히 존 슈타인하트, 그레첸 쇼프, 론 에릭슨, 메리 버치, 로저 던스모어, 폴 로렌, 덱스터 로버츠, 톰 버치, 프랭크 랭, 로손 이나다, 벤 킴멀만, 아크바 앨리, 레이 링컨, 피스 필그림, 로더릭 내쉬, 린튼 칼드웰, 세예드 나스르에게 감사한다. 정열적으로 일하는 편집자 알란 베롤츠하이머와 앤 바르츠, 북 디자이너 수잔 핑커튼, 내 원고를 타이핑하고 교정해 준 캣 카울스와 샌디 드뷘에게도 심심한 감사를 전한다.

도시를 지나건 사막을 지나건 여행길에서는 늘 수많은 사람과 마주치게 마련이다. 그들과의 만남은 '인간 지형'을 창조한다. 이름을 아는 사람도 있고 어떤 정신을 가진 사람인지만 아는 사람도 있다. 그들의 정신이 내 여행의 일부를 이루었기에 나는 그 모든 사람에게 감사한다.

마지막으로 이 책이 출간되는 데 반드시 필요한 도움을 준 친구들과 기업과 기관을 소개한다. 베네딕트 보브만, 리쉬 슈바이그, 리키 힐과 둘래니 힐, 게리 레이, 파울 쾨르휴멜, 샬롯 지예브, 트레이시 게리, 데데 샘슨, 무레이 수이드와 로베르타 수이드, 피터 반즈, 해서웨이 배리, 스티븐 스트라우스, 데보라 힉스, 크리스 보예스, 포인트 레이어스 북스, 빌딩 서플라이, 모닝 선 재단, 호라이즌 케이블, 웨스트 마린 피트니스, 보바인 제과, 인디언 피치 식료품, 더 스테이션 하우스, 서비스 아르고스 주식회사, 팀버랜드 제화. 끝으로, 여러 해 동안 플래닛워커를 후원하면서 열심히 일한 루스 챔블리의 우정에 대해 특별한 감사를 표한다.

차례

한국의 독자들에게   6
감사의 글   9
여행 경로   12
머리말   16

1장_ 기름과 물   세상이 충돌하다   21
2장_ 길에서 살기   연기처럼   47
3장_ 대나무와 침묵   듣는 법을 배우다   65
4장_ 영혼을 훔치다   죽음과의 만남   87
5장_ 다리   보행자의 시점   104
6장_ 반짝이는 모든 것   야생지대를 발견하다   121
7장_ 반성의 학교   도구를 모으다   144
8장_ 걸어다니는 말   북쪽을 향해   164
9장_ 북쪽으로 가는 길   해안을 따라   182
10장_ 라 자바   찻잎과 교감   204

11장_ 동쪽으로의 여행 워싱턴에서 몬태나로   225

12장_ 안녕? 안녕! 몬태나를 떠나다   253

13장_ 사막 물 운반 작전   276

14장_ 옐로스톤과 평원 곰과 미사일   296

15장_ 눈보라 사우스다코타 주의 겨울   316

16장_ 파우와우 부러진 화살   336

17장_ 다섯 호수 미네소타와 위스콘신   352

18장_ 추수감사절 7년과 하루   371

19장_ 침묵으로 말하다 와 주셔서 감사합니다   396

20장_ OPA 90 유조선을 규제하다   418

그 후 이야기   441

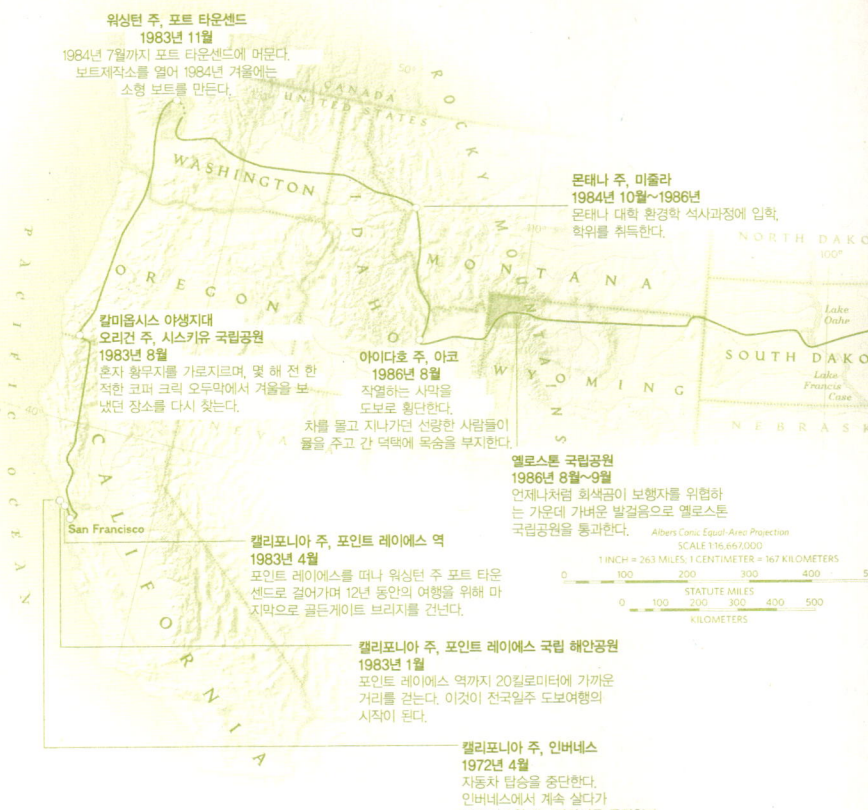

Planetwalker

Map Key

○ 여행 도중 머문 곳

── 도보여행 경로

------ 자전거 여행 경로

········ 보트 여행 경로

── ── 비행기 여행 경로

사우스다코타 주, 워터타운
1986년 11월~1987년 4월
폭풍 때문에 부득이하게 걸음을 중단하고
워터타운에 집을 구해 겨울을 난다.
인쇄술을 익히는 데 시간을 쏟는 한편,
박사과정에 지원한다.

미네소타 주, 포레스트빌
1987년 5월
미네소타 주 부주지사를 만나고
원주민의 법춤을 구경한다.

매사추세츠 주, 마사의 포도 농장
자전거와 배를 타고 마사의 포도 농장으로 간다.
선박수리소에서 3개월간 일한 뒤
22미터 길이의 소형 목조보트를 타고
과테말라의 안티과로 떠난다.

위스콘신 주, 메디슨
1987년 6월~1989년 10월
위스콘신 메디슨 대학 박사과정을 수료하고
기름유출을 주제로 논문을 쓴다.

워싱턴 D. C.
1990년 4월
17년 만에 다시 입을 연다.

뉴저지 주, 아틀랜틱 시티
1990년 1월
생애 최초로 대서양 물에 몸을 적신다.

펜실베이니아 주, 데본
1989년 11월
마침내 이스트코스트에 가까워지자 아버지를 만나
정식식사를 함께한다. 6년 전 도보여행을 시작한 이후
걷는 도중에 가족을 만나기는 처음이었다.

★ 확대한 지역

베네수엘라, 귀리아
1994년 9월
UN 국제회의에 참석하기 위해 6개월 동안 바르바도스에서
머물다가 귀리아에 도착해 남쪽으로 걷기 시작한다.

베네수엘라-브라질 국경
1994년 12월
베네수엘라-브라질 국경에 도착해 동력운송수단 이용을 재개하
기로 결심한다. 비행기를 타고 미국으로 갔다가 1995년 4월 돌아
와 도보여행을 계속한다. 와이미리-아트로아리 인디언 보호구역
을 도보로 통과하는 전례 없는 기록을 세운다.

브라질, 마나우스
1996년 1월
도보로 아마존을 지나 브라질 마나우스에 도착한다.
다시 미국에 갔다가 1996년 9월 돌아와 도보여행을 계속한다.

볼리비아, 푸에르토 카비나스
1996년 12월
볼리비아의 푸에르토 카비나스라는 마을을 향해 남쪽으로
걸어가다가 말라리아에 걸린다. 건강을 회복한 후 알타 강으로
돌아와 남쪽으로 계속 걷는다.

볼리비아, 라 파즈
1997년 4월
볼리비아 라 파즈에 도착한다. 미국으로 돌아갔다가 1997년 12월
비행기를 타고 다시 라 파즈에 와서 도보여행을 재개한다.

아르헨티나, 부에노스아이레스
1998년 5월
부에노스아이레스에 도착해 비행기를 타고 미국으로 갔다가
1998년 11월 부에노스아이레스로 돌아온다. 한 달 후 비행기를
타고 남극에 있는 마람비오 기지로 이동한다.

아르헨티나, 부에노스아이레스
1999년 5월
부에노스아이레스에 도착함으로써
남아메리카 대륙을 끝에서 끝까지
횡단한다.

남극, 마람비오 기지
1999년 1월
남극에서 배를 타고 아르헨티나 우수아이아로 가서
북쪽으로 걷기 시작한다.

머리말

> 공간을 이동하는 순례는 내면의 여행을 겉으로 드러내는 상징적인 행위이며, 내면의 여행은 외적인 순례에서 발견하는 의미와 신호를 토대로 내면을 알아 가는 과정이다. 두 여행 중 하나만 해도 되지만 둘 다 하는 것이 제일 좋다.
>
> — **토머스 머튼**, 1964

1971년 1월 17일 나는 금문교 부근에 거의 50만 갤런에 이르는 크루드 오일(원유)이 유출된 사건을 목격했다. 기름유출이 대규모 환경오염을 일으키는 것을 직접 목격하기는 처음이었다. 나는 자동차를 몰고 금문교를 건너면서, 강기슭까지 기름이 올라온 사태에 나 역시 책임이 있다는 생각을 했다. 계속 책임감을 느끼던 나는 그로부터 1년이 채 지나지 않아 엔진으로 달리는 운송수단 이용을 중단하고 걸어다니기 시작했다.

지역사회에서는 나를 주목하기 시작했다. 한 사람이 걷는다고 무엇이 달라지겠느냐는 물음을 놓고 친구들과 끊임없이 말다툼을 하고 논쟁을 벌이던 나는, 논쟁에 종지부를 찍기 위해 더 이상 말을 하지 않기로 하고 온종일 침묵하며 지냈다. 그러자 내 삶이 달라졌다. 침묵이 내 앞에 펼쳐진 그날로 나의 순례가 시작됐다. 순례는 외적인 여행인 동시에 내적인 여행으로, 걷거나 배를 타고 세계 각지를 찾아다니는 과정이었고, 환경에 대한 관심을 불러일으키고 대지를 돌볼 책무를 일깨우며 세계 평화를 촉구하는 일종의 교육이었다.

기록에 따르면 1세기에 그리스인 교사이자 철학자였던 티아나의 아폴로니우스가 5년에 걸친 침묵 여행을 떠났다고 한다. 혹자는 침묵을 교육의 방편으로 활용했던 최초의 사례가 아폴로니우스라고 보기도 하지만, 인류 역사가 얼마나 방대한가를 감안하면 그렇게 단정 짓기는 쉽지 않다. 어쨌든 아폴로니우스는 그리스 제국 주위 여러 나라를 도보로 여행하면서 명성을 얻었다. 말을 하지 않고도 눈길과 고개를 끄덕이는 동작과 그의 존재만으로도 그가 훌륭히 의사소통을 했다고 사람들은 증언했다. 필로스트라투스가 쓴 책에 의하면 아폴로니우스는 눈빛만으로 폭동을 가라앉혔으며 말과 이성이 통하지 않는 곳에도 평화를 가져온 인물이었다.

비교적 최근의 사례로는 1925년에 침묵의 여행을 시작한 인도의 현인 메허 바바(Meher Baba)를 들 수 있다. 바바는 길을 떠나며 "무지의 엄청난 힘으로부터 인류를 구하기 위해" 말을 하지 않을 것이며 "지상의 고통이 최고조에 달할 때" 침묵을 중단하겠다고 선언했다. 그리고 결국 한 마디도 하지 않은 채 1969년 1월 세상을 떠났다.

나는 1983년 캘리포니아 북부에 있는

집을 떠나 침묵 도보 순례로 미국을 횡단했다. 침묵하며 걷는 동안 여러 연구소에서 고급 과정을 밟으며 공식적으로 환경학 공부를 했고, 비공식적으로는 전국 각지의 마을과 도시를 가로지르는 오솔길과 지방도로와 고속도로에서 배움을 얻었다.

환경 공부를 처음 시작했을 때 나를 행동으로 이끌었던 사건은 기름유출로 인한 오염이었다. 시간이 지나면서 오염 외에도 주의를 요하는 문제가 많다는 사실을 알았다. 예컨대 인구 과잉이라든가 종(種)과 서식지의 파괴 현상도 심각한 문제였다. 보존과 복원, 자연 보호 구역과 같은 말이 사람들의 입에 오르내렸고 환경 단체들도 그런 문제를 다루었다. 요즘은 기후변화가 화두로 떠오르고 있다. 하지만 나의 침묵에 귀를 기울여 본 결과 '나를 위한 환경' 또한 그에 못지않게 중요하다는 결론을 얻었다. 다시 말해 사람은 단순히 환경을 돌보는 존재가 아닌 환경의 일부이며, 환경 문제의 중심에도 사람이 놓여야 한다. 따라서 환경은 인권과 시민권, 경제적 평등과 성 평등을 망라하는 문제가 된다. 길 위에 선 순례자의 관점에서 보면 환경이란 우리가 서로 마주치는 사람들을 어떻게 대하느냐에 달려 있다.

침묵을 실천하는 일과 마찬가지로, 순례 또한 새로운 개념이 아니다. 순례는 방랑의 욕구만큼이나 오래된 개념으로, 역사상의 모든 주요 종교는 물론 이집트와 중앙아메리카 등지의 수많은 소수 민족 문화에 뿌리를 두고 있다. 신학과 역사학, 사회과학을 비롯한 여러 분야의 학자들이 집필한 순례 관련 문헌의 양은 실로 방대하다. 최근에 출간된 책으로는 벨기에 민족지학자 아놀드 반 헤네프(Arnold van Gennep)의 『통과의례(Rites of Passage)』와 미국 인류학자 빅터 터너(Victor Turner)의 『연극, 들판, 은유(Dramas, Fields, and Metaphors)』가 있다. 둘 다 순례를 사회적인 행위로 설명하는 경험적인 이해에 크게 공헌한 책이다. 아놀드 반 헤네프는 모든 순례자들이 반드시 거치는 단계를 세 가지로 정리했다. 첫 번째는 익숙한 것으로부터 분리되거나 떨어져 나가는 단계다. 두 번째는 중간기로서 순례자가 고정된 사회 구조에 속하지 않는 모호한 상태라고 할 수 있다. 세 번째 단계는 순례가 완성되고 순례자가 사회로 복귀하는 '재결합'이다.

나의 순례 이야기는 익숙한 것으로부터 분리되는 과정으로 시작한다. 순례가 진행됨에 따라 독자 여러분은 여행 속에 여행이 있으며 순례의 세 단계가 줄어들기도 하고 늘어나기도 하는 모습을 보게 될 것이다.

나는 말콤 X의 자서전을 읽으며, 격렬한 반(反)백인 이데올로기를 전파하던 그가 메카로 성지순례(하지)를 다녀온 후 방향을 전환하여 전 세계의 친선을 표방하는 주장을 수용했다는 사실에 감명을 받았다. 말콤 X는 미국계 흑인 무슬림으로서는 최초로 메카 순례를 떠난 사람이었다. 내 주위 사람들이 내 여행을 이해하게 될 때마다, 나 역시 말콤 X가 느꼈던 친선의 감정 비슷한 것을 경험한 바 있다. 하지만 이 책은 친선의 감정에 관한 책이라기보다는 순례에 관한 책으로서, 한 사람의 순례자가 바라보는 순례의 과거와 현재를 다룬다.

이어지는 글에서는 나의 선택과 행동의 윤리적 정당성을 조사하기 위해, '경험적 반성(experiential reflection)'이라는 방법을 적용하여 내 삶을 되돌아보려 한다. 내 삶의 체험은 나를 성장시키고 일깨워 주어 내가 순례자의 길에 서게 만들었다. 앞으로 살펴보겠지만 순례란 하나의 과정이다. 우리는 불행과 죽음과 깨달음이 교차하는 환경 속에서 삶의 유한성과 삶의 지형을 탐구한다.

지리학은 환경과 사람을 연구하고, 환경과 사람이 서로에게 영향을 미치는 방식을 연구하는 학문이다. 이 책에서 지리학은 지상에서 사람이 체험하는 내적이고 외적인 여행을 정당화할 이유를 찾는다. 또한 지리학을 통해 사람의 여행이 자연 환경에 미치는 영향을 살펴보며, 반대로 물리적 세계가 형이상학적인 세계에 미치는 영향도 탐색한다. 모든 것은 삶의 체험에 이바지하며 체험을 완전하게 만든다. 완전한 체험에서 우리는 철학자 헨리 벅비(Henry Bugbee)가 말한 '체험 속에서 책임을 느끼는 순간'을 발견할 수 있다. 과거를 돌아보는 '경험적 반성'은 최상의 방법이다. 본래 어떤 행동을 궁극적으로 정당화하는 명분은 그 행동을 직접 경험하는 데서 나오기 때문이다.

나는 어떻게 해서 여행길에 오르게 되었는가. 나와 우리 사회에게 순례의 의미는 무엇인가. 이것이 이 책의 주제다. 우리는 이런저런 다른 의미에서 모두 순례자라 할 수 있다. 그러므로 내 이야기가 여러분이 순례를 시작하고 풍성하게 하고 완성하는 데 도움이 되기를 바란다. 나는 지난날을 회상하기 위해 내가 쓴 일기를 활용할 것이다. 이제 이야기가 시작된다.

제 1 장

기름과 물
세상이 충돌하다

환경 위기는 마음과 정신의 위기가 밖으로 표출된 것이다. 멸종될 처지에 놓인 야생 동물, 인간이 만든 추한 꼴, 오염 문제에만 국한시켜 환경 위기를 생각하는 것은 커다란 착각이다. 물론 이런 문제들도 환경 위기에 포함되지만, 지금 인류의 모습이 어떠하며 인류가 살아남으려면 어떻게 변해야 하느냐가 더 중요한 문제다.

— 린튼 K. 캘드웰(Lynton K. Caldwell)

어린 시절 필라델피아에서 자랄 때는 내가 환경보호주의자라고 생각한 적이 한 번도 없었다. 사실 성인이 되어 캘리포니아 주로 이사하기 전까지는 '환경'이라는 말을 들어 본 기억도 없다. 환경을 그다지 중요한 문제로 여기지 않았다. 그저 로스앤젤레스의 스모그라든가 샌프란시스코의 재활용 깡통과 종이 따위와 관련된 문제라고만 생각했다. 하지만 모든 것은 변하는 법이어서 어린 소년이 가진 꿈도 변하고 캘리포니아 북부 연안의 기후도 변했다.

캘리포니아 주에서 1월 중순에 늘 구름이 끼는 것은 자연스러운 일이었다. 온화한 겨울에는 구름이 많고 습한 날씨가 예상됐다. 그 해도 예외가 아니었다. 비가 내리다 말다 하는 가운데 잠깐씩 햇빛이 비치고 파란 하늘이 나타났다. 저녁이 되어 설형고기압이 서쪽 고원 지대에서부터 주 전역

을 가로질러 펼쳐지면 비가 멈추는 대신 차가운 솜털 같은 안개가 끼곤 했다.

1971년 1월 18일. 안개에 둘러싸이고 밤의 어둠이 아직 가시지 않은 이른 아침 유조선 두 척이 금문교 밑에서 충돌했다. '애리조나 스탠더드'호와 '오리건 스탠더드'호에서 크루드 오일 84만 갤런이 파도가 심한 샌프란시스코 만으로 유출되었다.

충돌은 밀물이 끝나 갈 때쯤 일어났다. 그래서 기름이 만 안쪽으로는 7.3킬로미터 밖에 흘러들어오지 않았고 바다 위로 11킬로미터 가량 천천히 퍼져 나가다가 해안으로 도로 밀려왔다. 몇 시간 동안 짙게 끼어 있던 안개가 걷히자 죽어 가는 새와 물고기와 바다표범이 모습을 드러냈다. 입과 폐로 시커먼 무지개 색깔 타르를 들이마신 동물들의 몸뚱이가 모래사장과 바위투성이 해변에 널려 있었다.

샌프란시스코 만에 기름과 화학 물질이 유출된 사건이 처음은 아니었다. 불과 열흘 전에도 노르웨이 선적의 배 한 척이 연료유 12,000갤런을 이스트 베이 늪지대에 쏟아 버린 일이 있었다. 1969년 산타 바바라 해안에서 발생한 유정 폭발 사고 이래로 기름유출 사고는 셀 수 없이 많았다. 샌프란시스코 만 주변에 석유 산업과 석유 화합물 산업이 번창하고 있었던 까닭에 만을 건너는 화물의 무려 20퍼센트가 석유였다. 1906년 건물들을 무너뜨리고 도시의 혼을 태워 버린 화재로 번졌던 대지진 이래로 샌프란시스코에 여러 차례 지진이 일어나 도시 전체를 흔들었듯이, 대형 유출 사고도 언제든 일어날 수 있는 재앙이었다.

지독하게 메스꺼운 냄새가 아침 안개에 뒤섞여 물 위에 떠 있었다. 현기증이 나고 뱃속이 요동쳤다. 어린 시절 에어컨이 고장 나고 창문도 잘 열리지 않는 자동차 뒷좌석에서 두 명의 뚱뚱한 필라델피아 친척들 사이에 끼여 있었던 뜨거운 여름날에 느꼈던 것과 비슷했다. 경사진 곳이나 움푹 팬 곳을 지날 때마다 위장이 축 늘어지고 몸은 상하로 흔들렸다.

불과 몇 시간 만에 해변이 꽉 찼다. 요청하지 않았는데도 오갈 데 없는 물새를 구조하고 방제 작업을 도우려는 자원봉사자 수천 명이 밀려들었기 때문이었다. 학교는 수업을 중단하고 사무실은 일찍 닫거나 아예 업무를 개시하지 않았다. 만 주위 정박지에서는 보트 주인들이 열심히 배들을 물에서 끌어냈다. 선체 마무리 칠이 기름에 상하지 않도록 하기 위해서였다.

샌프란시스코에서 1번 고속도로를 따라 북쪽으로 가다가 있는 보리나스 마을에서는 극도로 흥분한 한 무리의 주민들이 해변의 한 구역으로 몰려가 오염을 막으려고 애쓰다가 실패하면 또 다른 구역을 보호하러 갔다. 주민들은 물새 사체들을 한쪽으로 치웠고, 아직 숨이 붙어 있는 새들을 따로 모아 치료를 받게 하려고 동물 구조 센터로 데려갔다.

이처럼 별로 소용없는 노력을 기울이는 장면은 보기에도 괴로운 스냅사진으로 남았다. 보리나스 늪가에서는 머리카락이 허리까지 내려오는 젊은 여자가 목 깊이까지 오는 시커먼 물속에 들어가 불쌍한 새들을 꺼내 주려 했다. 하지만 새들은 그녀의 손아귀에서 빠져나가려고 흠뻑 젖은 날개를 펄럭이다 수면 아래로 더 멀리 미끄러져 가 버렸다.

해변에서는 삽과 갈퀴를 든 일꾼들이 헬리콥터와 소형 비행기로 기름 위에 투하한 짚을 모았다. 한 노인이 모래 위에 무릎을 꿇고 우는 사이 시커멓게 변한 농병아리 한 마리가 그의 손 안에서 죽었다.

나는 여섯 살 때 처음으로 죽음을 목격했다. 필라델피아 시에 있던 우리 집 앞 도로에서 개똥지빠귀 한 마리가 자동차 바퀴 밑에 깔리고 말았다. 선명한 초록색 잎사귀가 새로 돋아난 높다란 느릅나무에 있었던 둥지에서 빠져나온 그 녀석은 아직 어려서 날지도 못했다. 어미 새는 초조한 듯 콘크리트 연석(인도와 차도 사이의 돌—옮긴이) 위를 맴돌았다. 나는 어린 개똥지빠귀를 우리 집으로 데려와서 날아다닐 수 있을 때까지 보살펴 주자고 어머니를 졸라댔다. 마침 토요일 아침이어서 마을사람들 대부분이 현관에 나와 있었다. 다들 보도를 쓸거나 화강석 계단을 닦다가 그 불행한 사건을 목격했다. 깨끗한 봄 공기 사이로 표백제와 송유로 만든 세제 냄새가 풍겼다. 마침내 어머니는 내 뜻대로 하라고 말했다. 여섯 살 즈음 내가 살살 졸라대면 어머니는 언제나 들어 주었으니까.

"그렇게 하렴."

어머니가 말했지만 때는 이미 늦었다.

자동차 바퀴는 고통스러울 정도로 천천히 돌아가면서 깃털 달린 동물의 생명을 짓밟아 놓았다. 하늘을 날고 싶은 꿈만 남겨 놓은 채. 나는 우리 집 현관에 서서 온 동네에 다 들리도록 큰 소리로 엉엉 울었다. 동네 사람들은 일제히 한숨을 쉬었다. 각자 뭐라고 이야기하며 애도를 표하는 소리가 들렸다. 우리가 다니던 남부 침례교회 안에 들어온 것만 같았다.

운전하던 사람이 차를 멈췄다. 그는 푸른 눈을 커다랗게 뜨고 일그러진

입술을 벌린 채 차에서 내렸다. 나와 이웃 사람들의 비명 소리를 들었던 것이다.

"오, 부인. 제가 사람을 쳤거나 누구네 집 강아지를 친 줄 알았습니다." 그는 우리 어머니에게 말했다. 그리고 떨리는 목소리로 나에게 미안하다고 말했다. 우리는 잠시 계단 위에 서서 다 같이 울었다. 운전하던 사람이 돈을 좀 주고 가겠다고 했지만 나는 받지 않았다. 나는 혼자 울면서, 아직 온기가 남아 있고 뱃속에는 피투성이 벌레가 가득 들어 있는 개똥지빠귀의 납작해진 몸뚱이를 인도 옆으로 쓸어 넣었다. 쓰레기와 여름에 떨어진 나뭇잎이 쌓여 있는 곳이었다.

부모님은 내가 입은 상처를 어루만지기 위해 사랑을 듬뿍 주고 삶과 죽음에 관한 지혜가 담긴 이야기를 여럿 들려주었다. 하지만 어두운 방 안에 혼자 있을 때면 자꾸만 개똥지빠귀의 죽음이 머릿속에 떠올랐다. 나는 몇 주 동안 베개를 꼭 붙들고 밤마다 울었다.

1년 후에는 외가 쪽 식구들이 하나 둘씩 죽어 나갔다. 온 동네를 못살게 굴던 결핵 때문이었다. 결핵은 불과 1년 사이에 어머니의 형제자매 가운데 셋을 앗아갔다. 막내 이모였던 오드리 이모가 제일 먼저 세상을 떠났다. 당시 열여덟 살이었던 오드리 이모는 황금빛이 도는 갈색 피부와 부드럽고 도톰한 입술을 가진 아름다운 여자였다. 이모는 오페라 아리아를 멋들어지게 불렀고 나중에 스타가 되리라는 소리를 자주 들었다. 나는 오드리 이모를 무척 따랐다.

나는 그런 죽음을 제대로 이해하지 못했다. 다시 말해 내가 막연하게나마 이해할 수 있었던 죽음은 쓰러져 있는 몸에서 피가 다 빠져나간다든가, 따스한 봄날 길바닥에 짓이겨진 아기 새의 피와 창자라든가, 돌이킬 수 없이 깨져 버린 유리 같은 죽음뿐이었고, 그런 죽음조차도 부당해 보였다.

내가 도무지 이해할 수 없었던 것은 침실에 가만히 누워 앓다가 세상을 떠나는 죽음이었다. 오드리 이모가 바로 그런 죽음을 맞이했다. 웃을 때 보이는 이가 거의 없었던 백발의 외할머니는 오드리 이모가 언제 죽을지 안다고 이야기했다. 이모가 노래를 부르다 도중에 멈출 때가 죽음을 맞이하는 순간이라고 했다. 오드리 이모 자신도 죽음이 임박했음을 알고 있었던 것 같다. 모두들 이모에게 노래를 부르지 말라고 했다. 심지어는 말도 하지 말고 그저 외할머니 댁 안쪽 침실에 누워서 쉬라고만 했다.

오드리 이모가 앓는 병이 전염병이라는 이유로 식구들은 나를 안쪽 침실에 들어가지 못하게 했다. 하지만 나는 가끔 이모를 만나러 몰래 그 방에 들어갔다. 내가 들어가면 이모는 미소를 지었다. 단 둘이 조용히 있을 때면 이모는 속삭이는 소리로 정말로 나를 보고 싶었다고, 매일매일 병이 낫고 있다고 말하곤 했다. 그리고 나를 동물원과 공원과 서커스에 데려가겠다고 약속했다. 이모와 그런 곳에 갈 수 있었다면 얼마나 좋을까. 오드리 이모도 나를 무척 사랑해 주었다고 생각한다.

오드리 이모가 죽었다는 이야기를 들었을 때 나는 피식 웃을 뻔했다. 이해하지도 못했고, 내게는 말도 안 되는 소리로 들렸기 때문이었다. 그러나 어느새 나는 일요일에 입는 푸른색 반바지 차림으로 오드리 이모에게 작별 인사를 하러 교회에 가고 있었다.

교회는 거대한 회색 화강석으로 지은 건물이었다. 세월이 흐르는 동안 화강석은 울퉁불퉁해지고 색이 검게 변했다. 아버지가 우리를 위해 열어 놓은 거대한 붉은색 나무문을 통과해 들어가면서 어머니가 일러주었다.

"우린 영결식에 온 거란다."

교회당 안은 한여름보다 더 더웠다. 우리 동네 사람 거의 모두에다 다른 동네 사람까지 와서 꽉 차 있었다. 엄숙한 얼굴을 하고 흰 꽃을 꽂은 검은 정장 차림에 흰 장갑을 낀 안내인들이 손가락으로 앞쪽에 있는 가족석을 가리켜 보였다. 가족석에는 삼촌들, 이모들, 사촌들과 할머니가 앉아 있었다. 오르간에서 슬픈 음악이 흘러나오다가 행복한 가락으로 바뀌었다. 검게 늘어뜨린 옷을 입은 워싱턴 목사님이 이따금씩 몇 페이지를 펴고 찬송가를 따라 부르라고 모두에게 지시했다.

  꽃으로 둘러싸인 오드리 이모가 있는 곳을 천천히 지나가는 행진이 시작되었다. 그렇게 많은 꽃이 한 군데 모여 있는 광경은 생전 처음 보았다. 오드리 이모가 나를 향해 미소를 짓는 것처럼 보였고, 금방 똑바로 일어나 앉아 깔깔 웃으며 두 팔로 나를 안아 줄 것만 같았다. 아마 이모도 그러고 싶었을 것이다. 나는 이모를 바라보았다. 이모의 얼굴에는 파우더를 살짝 칠하고 입술에 루즈를 바른 흔적이 남아 있었다. 이모가 안아 주고, 부드럽고 도톰한 입술로 키스하고, "착한 조니, 사랑해."라고 말하기를 기다렸다. 그러면 나는 어색해하며 킥킥거릴 터였다. 하지만 이모는 꼼짝도 하지 않았다. 몇 분이 지나자 죽음이라는 것이 현실로 다가왔고 모든 슬픔과 눈물이 이해되기 시작했다.

  예전에 죽은 아기 새를 보았을 때는 집 앞 계단에서 엉엉 울었지만 이모와 작별할 때는 눈물이 한 방울도 나지 않았다. 그저 힘없이 웃기만 했다. 그리고 더 큰 소리로 다시 한 번 웃었다. 나도 내 히스테리를 억누를 수가 없었다. 나는 사람들 손에 이끌려 교회 밖으로 나왔고, 나중에야 창피하다는 생각이 들었다.

  내 친조부모의 고향인 안티과 섬(카리브 해 연안, 서인도제도 동부에 있는 섬—옮긴이)에서는 집안 식구가 세상을 떠나면 여러 가지 의식을 거행한다. 예컨대 집안에 아이가 있다면 밤샘을 하는 동안 친척 두 명이 시체 위로 아이를 던지고 받는다. 유령 내지 영혼이 아이를 해치지 않도록 하는 의식이라고 했다. 결핵으로 죽는 친구들과 가족들이 늘어나자 부모님은 극약 처방을 강행했다. 내가 결핵에 걸리지 않았는데도 학교를 그만두게 하고 펜실베이니아 산악 지대에 있는 어린이 요양소에 보낸 것이다. 병에 걸리지 않게끔 하기 위해서였다.

부모님은 내가 얼마 동안 요양소에 있어야 하는지도 이야기해 주지 않았다. 우리는 밤에 먼 길을 갔다. 부모님은 주말마다 오겠다고 약속했고 나는 눈물 몇 방울만 흘리며 부모님을 떠나보냈다. 풀을 먹인 흰 간호사 제복을 입은 키 작은 크리스첸 부인이 나를 어둡고 조용한 방으로 데려갔다. 부인이 나가자 아이들이 저마다 속삭이는 소리 때문에 방 안에 활기가 돌았다.

"네가 새로 온 아이구나?"

"이름이 뭐니?"

그 때 아이들 여남은 명이 차가운 리놀륨 바닥을 가로질러 뛰어오는 발소리가 들렸다. 아이들이 으레 그렇듯 우리는 아픈 것도 잊고 친구가 되어 놀기 시작했다.

따뜻했지만 외롭게 보낸 한 해였다. 가족으로부터 격리된 50명가량의 소년 소녀들을 수용하던 기숙사와 병원 건물이 갈수록 지겨워졌다. 집에 돌아가게 된 아이들에게 잘 가라고 인사하는 일에도 지쳐 갔다.

나는 1년 후 전염병이 가라앉은 후에야 집에 돌아가서 다시 학교에 나갈 수 있었다.

나는 5학년 때까지 학교에서 1년이 뒤져 있었다. 기본적인 읽기와 쓰기를 배우고 나서는 학교에 흥미를 잃었다. 세상이 어떻게 돌아가며 내가 어떻게 세상에 뛰어들어야 하느냐가 더 중요한 문제로 보였다. 부모님은 의학을 공부하라고 했다. 그렇지 않아도 집안에 의사와 간호사가 여럿 있었다. 부모님은 의사가 되면 사람들을 도울 수 있다고 말씀하셨고, 나 역시 의사들에게서 도움을 많이 받았던 터라 그 말을 이해할 수 있었다. 한편으로 의사가 된다는 것은 성공을 의미했다. 그것은 은연중에 전해진 가르침이었지만 어쨌든 가르침이기는 했다.

1946년 2월 23일 펜실베이니아 주 필라델피아에서 태어난 나는 아버지 이름을 따서 존 프란시스 주니어로 불렸다. 아버지는 파나마 태생의 전기 회사 보선공이었다. 원래 안티과 섬에서 살던 조부모님이 운하 건설 일자리를 구하려고 파나마로 갔던 것이다. 아버지는 소년 시절, 부모님과 여자 형제 둘과 남자 형제 하나와 함께 미국으로 이민을 왔다.

어머니 라 자바 커비는 필라델피아 출신이었는데 형제자매가 10명에 달했다. 어머니 쪽 혈통을 거슬러 올라가면 맨 위에는 아메리카 원주민과 노스캐롤라이나 주에서 일하던 노예들이 있다.

우리는 필라델피아 북부 나이스타운이라는 동네에 살았다. 동네 길가에는 높다란 느릅나무와 큼직한 잎사귀가 달린 단풍나무와 플라타너스가 줄지어 서 있었고, 여름이면 멋진 나무 그늘을 만들었다. 우리 집 앞에는 콘크리트 보도에 거대한 뿌리를 박고 선 오래된 느릅나무 한 그루가 있었고, 나뭇가지 사이에는 살찐 회색 다람쥐들이 살았다. 부모님은 나더러 현관 지붕에 땅콩을 몇 개 놓아두라고 하셨다. 나는 다람쥐들이 와서 볼 안에 땅콩을 넣는 모습을 보려고 내 방 창가에서 기다리곤 했다.

필라델피아 시는 내게 천국과도 같았다. 몇 블록만 가면 헌팅 공원이 나왔다. 헌팅 공원에서는 다람쥐들이 내 손바닥에 있는 땅콩을 바로 받아먹었다. 회전목마도 있었고 콘크리트와 석재로 만든 커다란 수영장도 있었다. 가스등이 따스한 녹황색 빛으로 보도를 밝혔다.

집들은 1920년대에 지은 이층 벽돌집으로 좁은 잔디밭이 하나씩 딸려 있었다. 다들 화단에 장미나 튤립 같은 꽃을 심어 잔디밭을 꾸몄다. 서늘한 여름날 저녁 잔디에 물을 주는 일은 온 동네가 함께하는 즐거운 행사였다. 토요일 아침이면 우리 어머니도 다른 집 어머니들과 마찬가지로 현관 앞 계단과 대리석이 깔린 현관 입구에 걸레질을 했다. 그러다 아이들이 어느 정도 자라면 주당 50센트의 용돈을 주고 걸레질을 시켰다. 집집마다 나무로 만든 베란다에 야외용 가구와 금속 그네 의자, 초록색 띠를 두르고 술 장식을 단 캔버스 차양을 갖추고 있었다.

나는 밤마다 자갈 깔린 길에서 차들이 덜커덩거리는 소리와 가늘고 긴 철제 선로 위로 23번 전차의 금속 차바퀴가 미끄러지는 소리를 들으며 잠들곤 했다.

나는 부모님과 조부모님, 고모와 삼촌, 사촌, 가족의 친구들에게서 따스한 애정을 듬뿍 받으며 자랐다. 친척들은 모두 몇 블록 떨어지지 않은 곳에 살았다. 나는 친척들의 보살핌 속에서 너무나 안락하게 하루하루를 살았던 나머지, 장성해서 부모님 곁을 떠날 때까지도 한때 어머니가 낮 시간에는 집안일을 하고 밤에는 RCA 전자제품 조립 라인에서 일했다는 사실을 몰랐다.

내가 아직 어린 나이였지만 어머니 품을 벗어나 다른 고장으로 갈 수 있을 정도가 됐을 때, 어머니 라 자바는 나를 기차에 태워서 버지니아 주 하모니라는 작은 마을에 보내 여름을 나도록 했다. 하모니에는 어머니의 이모 세이디와 삼촌 루크가 살고 있었다.

세이디 할머니와 루크 할아버지는 라파하녹 강이 체사피크 만으로 흘러 들어가는 지점의 강변에 살았다. 모래투성이 비포장도로 끝에 위치한 작은 목조 주택이었는데 집 삼면이 들판이고 뒤쪽으로는 숲이 있었다.

전기가 들어오지 않았고, 물은 뜰에 있는 우물에서 손으로 직접 길어 올렸다. 돌로 만든 우물 벽은 나보다 키가 컸으므로 물속을 들여다보려면 작은 의자에 올라서야만 했다. 세이디 할머니나 루크 할아버지가 곁에서 지켜봐 줄 때만 할 수 있는 일이었다. 나는 소리를 지른 후 우물 안에서 울리는 메아리에 귀를 기울이곤 했다. 우물 위쪽에는 철제 주물 도르래며 나무 양동이가 있었고 밧줄을 매달아 놓은 작고 뾰족한 지붕도 있었다. 나는 아직 힘이 약해서 물이 가득 찬 양동이를 끌어올리지는 못했다.

아이들이 우물에 빠졌다는 이야기가 끊이지 않고 들려왔다. 가까운 길가에 사는 잭슨네 집에서도 그런 일이 있었다. 잭슨네 우물에는 벽이 없었다. 땅에 커다란 구멍을 뚫고 나무판자 몇 개로 막아 놓은 것이 전부였다. 그 위로 시소처럼 작동하던 긴 막대기와 세 발 달린 펌프가 있었다. 막대기 양쪽 끝에 밧줄이 매여 있었고 밧줄 끝 우물에 가장 가까운 곳에 양동이가 매달려 있었다. 양동이에 물을 채우려면 아이들 몇 명이 양쪽 끝에서 펌프를 작동시켜야 했다.

먹거리는 모래가 많은 토양으로 이루어진 밭과 마당과 강에서 얻었다.

강을 따라가면 굴 양식장이 나왔고, 어떤 곳에서는 짙푸른 하늘을 배경으로 뾰족한 소나무 숲이 거꾸로 비쳤다. 멜론과 토마토, 호박, 갖가지 콩과 녹색 채소, 이슬이 방울방울 맺힌 공기가 미소를 머금게 했다. 내가 굴을 썩 잘 먹지 못해 세이디 할머니가 언짢아하셨던 기억이 난다. 굴을 넣은 샌드위치는 할머니의 특별 요리였지만, 나는 우둘투둘한 굴 껍데기와 미끈거리고 부드러운 살을 볼 때마다 괴물 같다는 생각을 했다.

어떤 일요일에는 우리가 참석하던 침례교회 집회가 강가에서 열렸다. 목사는 흰 옷을 입고 있는 새신자들에게 소금기 있는 물에 들어가 죄를 씻어내라고 했다. 속죄의식이 끝나면 다 같이 노래를 불렀다. "아이들아, 물속에 들어가라." 남자들이 굵고 낭랑한 목소리로 노래를 부르면 나는 경외심에 휩싸여 귀를 기울였다. 모두가 가스펠 장단을 맞추는 데 몰두해 있는 동안 여자아이들은 키득거리며 게가 발을 물어뜯는다고 떠들어댔다.

오후에는 루크 할아버지가 닭을 몇 마리 잡았다. 다리를 한데 묶고 작은 손도끼로 닭 모가지를 베어내면 피가 솟아났다. 머리 없는 닭들이 날개를 퍼덕이며 돌아다니는 모습을 보고 나는 겁에 질렸지만, 나보다 나이가 많은 사촌 에디는 신이 나서 킬킬대며 나를 놀렸다. 백발로 변해 가는 검은 머리에 땅딸막하고 통통한 체격을 지닌 세이디 할머니는 죽은 닭을 끓는 물에 넣고 몇 분간 삶은 후 곁에 있는 사람과 함께 닭털을 깨끗이 뽑아냈다.

나는 세이디 할머니의 닭튀김에 반해 버렸다. 그녀가 튀긴 닭은 모두에게 인기가 있어서, 몇 킬로미터 떨어진 곳에서도 사람들이 찾아와 세이디 할머니의 닭 요리로 저녁식사를 하곤 했다. 하모니 마을 주민들은 대개 걸어왔지만 젊은이들은 노새를 타고 오기도 했다. 목사는 먼지가 잔뜩 묻은 까만 차를 몰고 나타났다.

보리나스 해변 위로 난 길에 황갈색 도요타 랜드크루저 한 대가 서 있다. 차 안에는 진 로만이 머리카락을 배배 꼬아서 손가락에 감았다 풀었다 하며 앉아 있다. 그녀의 철테 안경 뒤로는 커다랗게 뜬 눈이 보인다. 우리는 해변에서 벌어지는 굉장한 소동을 바라보면서 한편으로는 피해가 어느 정도인지 해설하는 라디오 아나운서의 목소리를 듣는다. 그 때 아나운서가 모든 청취자에게 도발적인 말을 던진다. "이 뉴스가 마음에 들지 않으신다면 밖으로 나가서 여러분의 뉴스를 만드십시오." 나는 마음이 불편해진다.

진은 체구가 작고 강인한 여자다. 적당한 길이로 기른 밤색 머리가 어깨까지 곧게 늘어져 있다. 전직 초등학교 교사이자 이혼한 주부였던 진은 대학으로 돌아갔다가 1960년대 문화 혁명을 접했다. 그녀는 아직도 버클리에서 인민 공원(1960년대 저항운동이 벌어진 장소 가운데 하나—옮긴이)을 점령하던 행복한 기억에 취해서 살고 있다. 진의 실제 나이는 45세지만 외모나 체력으로 보면 20세라고 해도 될 정도다. 그녀는 자기 가계를 거슬러 올라가면 맨 위에 캘리포니아 인디언과 앨라배마 주에서 해방된 노예들이 있다는 이야기를 쉴 새 없이 늘어놓아 그녀의 유명한 '골드러시' 가족을 대경실색하게 만든다. 그래도 삼촌 베브가 석유 사업으로 번 돈에서 유산을 약간 남겨 주었고, 그녀가 들려준 이야기와 지방 신문에 실린 바에 의하면 그 유산 덕택에 스탠더드오일 사 후계자 자리에 올랐다고 한다. 법정 다툼이 벌어져서 거액이 걸린 소송 결과를 기다리는 중이지만 진은 언제나 가문을 자랑스럽게 생각한다. 그러나 오늘은 해변을 휩쓴 사고를 보며 죄책감과 비슷한 감정에 휩싸인다. 그리고 스탠더드오일 사 임원으로 있는 오빠가 샌프란시스코에서 대처를 잘 하고 있을지 궁금해한다.

    샌프란시스코에서는 유출 사고를 두고 감정이 격앙되어 스탠더드오일이 공격을 받고 있다. 항의의 뜻을 표시하기 위해 청년 여섯 명이 스탠더드오일 본사 정문 근처에 자동차 크랭크케이스 오일을 쏟아 붓는가 하면, 담장과 인도에는 누군가가 빨간색과 녹색 페인트로 "스탠더드오일은 파괴자다. 환경은 총구에서 나온다."는 글자를 써 놓았다("권력은 총구에서 나온다."는 마오쩌둥의 말에서 따온 문구이다. 즉 환경운동의 대의를 위해 비타협적으로 투쟁하겠다는 의미를 담은 말로 해석할 수 있다—옮긴이). 본사 건물 밖 연못에는 사람들이 죽은 물고기를 던져 넣는다. 시내의 다른 구역에서는 스탠더드오일사 이사회 회장이 산다고 추정되는 집에 시위대가 몰려들어 기름과 모래를 섞어 던진다. 진이 유출 사고와 자기 오빠와 석유를 둘러싼 이해관계 이야기를 하는 동안 나에게는 혁명의 소리가 들린다. 오래된 분노가 진의 목소리에 서서히 녹아들고 있다!

    "혁명이 일어나면 내 돈을 받을 수 있어." 혁명과 돈 이야기는 우리가 처음 만났을 때부터 몇 번이고 되풀이된 주제였다. 진이 했던 예측은 항상 빗나갔다. 자기 돈을 실제로 받아내기 전까지는 무슨 이야기를 해도 소용없다. 소송이 아직 끝나지 않았으니까. 그 결정적인 날을 취재하려고 텔레비전과 라디오 기자들이 대기 중이다. 어쩌면 내일이 될 수도 있다. 우리가 할 일은 기다리는 것뿐이다. 기름유출이 재앙이라는 데는 둘 다 의견이 일치했지만, 진에게 "우리는 무엇을 해야 할까?"라는 물음을 던지는 순간 나는 무력감을 느낀다. 진이 거액의 보상금을 받는다고 해도 이미 기름으로 뒤덮인 해변에 그것이 어떤 영향을 미칠지 모르겠다.

    "세상을 바꾸기 위해 우리가 개인적으로 무엇을 할 수 있는가?"라는 문제는 더욱 어렵다. 자원봉사자들은 방제 작업에 참여하거나 야생동물을 구하려고 애쓰고 있다. 나도 뭔가 하고 싶다. 나도 기름과 짐승의 털과 깃털로 손을 더럽히고 싶다. 그렇게 하면 뱃속에 차오르는 슬픔과 내 심장의 약한 곳을 쿡쿡 찌르는 아픔이 없어지겠지……. 하지만 우리는 늘 우리 형편에 맞추어서 이런저런 것이 도움이 되리라고 말하거나 생각하지 않나? 진은 내 질문에 대답하는 대신 마리화나 담배에 불을 붙인다.

나는 중얼거리듯이 이야기한다. "우리가 조금 더 단순하게 살면 돼. 그러면 차가 이렇게 많이 필요 없잖아." 내가 어딘가에서 읽은 내용이나 예전에 누군가와 나눈 대화의 일부를 되풀이하는 느낌이다. 나는 계속해서 이야기한다. "아예 자동차 운전을 중단할 수도 있어. 더 이상 차를 타지 않는 거야." 내 말에 우리 둘 다 깜짝 놀란다.

진은 잠시 생각하다가 대답한다. "좋아! 훌륭한 생각이야." 그녀는 잠시 생각해 보고 다시 입을 연다. "하지만 지금 당장은 불가능해. 앞으로 돈이 생기면 할 수 있겠지."

내가 대답한다. "그래, 그렇게 하자."

진과 나는 둘이서 이야기하기를 좋아한다. 우리는 전부터 모든 사람이 바람직한 모습으로 살아가는 이상적인 사회를 머릿속에 그려 보곤 했다.

단순하게 살고 자동차 운전을 하지 않는다는 발상이 좋기는 하지만 그렇게 말하는 나 자신조차도 복잡한 일상생활과 시속 90킬로미터로 운전하는 습관을 쉽게 버리지 못하리라고 생각한다. 게다가 진이 말한 대로 지금 당장은 실천할 여력이 없다. 우선은 돈이 필요하다. 돈이 생기면 시간을 확보하여 걸어다니면서 느린 삶을 살겠다고 스스로에게 다짐해 본다.

"그 돈을 받으면 나는 걸어 다닐 거야.……이건 약속이다." 하지만 내가 입 밖에 내는 말은 그야말로 말일 뿐이다. 우리 마음까지 흐리게 하며 소용돌이치는 청회색 마리화나 담배 연기와 함께 내가 한 말들이 창밖으로 나른하게 떠다닌다. 진은 다시 시동을 건다. 우리는 흐릿한 미등의 행렬을 따라 인버네스로 돌아가는 환형 도로로 천천히 나아간다. 기름에 흠뻑 젖은 새와 죽은 새의 악취를 뒤로 하고 떠나는 가운데, 처음 듣는 노래가 흘러나오고 자동차 앞유리 와이퍼가 박자를 맞추듯 움직인다.

샌프란시스코에서 북쪽으로 65킬로미터 거리에 위치한 인버네스. 나는 이곳의 작고 포근한 삼나무 오두막집에서 진과 그녀의 열 살 난 딸 세시와 함께 산다. 인버네스 내에는 겨울 인구가 500명 정도 되는 목가적인 여름 휴양촌이 토말리스 만 서쪽 해안에 자리 잡고 있다. 휴양촌이 있는 곳은 국립해안공원과 토말리스 만 국립공원에 인접한 포인트 레이에스 반도다. 우리 집은 '첫 번째 골짜기(First Valley)'에 있는데, 산에서 흘러나오는 작은 개울물을 끼고 도는 좁은 자갈길이 끝나는 곳 근처다. 우리 집 뜰 바로 건너편에서 시작되는 산길을 따라 숲속으로 올라가면 산등성이를 넘어 바닷가로 나아갈 수 있다. 맑은 날에는 사방으로 뻗은 길이 다 보인다.

인버네스 시내에는 다양한 모양과 크기의 판자 건물 여섯 채가 고르지 못한 아스팔트 도로를 따라 늘어서 있다. 만 쪽에는 식품점과 도서관과 세

브론 주유소가 있다. 오두막집의 방 한 칸으로 이루어진 도서관은 사서가 일을 보는 책상이 겨우 들어갈 정도로 폭이 좁고, 한가운데에 놓인 작은 탁자에는 책꽂이에 들어가지 않는 커다란 책이 산더미처럼 쌓여 있다. 도서관 옆에 위치한 '인버네스 상점'은 도시 전체에서 유일하게 보도가 딸린 건물로 공간이 널찍한 편이다. 거리가 내다보이는 커다란 유리창에는 빨간 페인트로 큼지막하게 '채소와 정육'이라고 쓰여 있다.

만에서 약간 떨어져서 주차장 뒤편으로 가면 좁은 토말리스 만에서 뻗어 나온 작은 부두가 보인다. 부두에 앉으면 바다를 바라볼 수 있지만 썰물 때는 바닥이 진흙탕으로 변한다. 길 건너편에는 도서관보다 약간 큰 우체국이 부동산 중개사무소와 화랑 사이에서 기를 못 펴고 있다.

숲속이나 탁상대지(꼭대기는 평탄하고 주위는 급사면을 이루는 지형―옮긴이)에도 집이며 오두막이 여기저기 흩어져 숨어 있다. 대부분은 겨울 내내 텅 비는 집이다. 길을 따라 한참 가면 해변에 바짝 붙어 있는 모텔 하나와 오두막 몇 채가 나온다. 더 멀리 가면 목장 한두 군데와 포인트 레이에스 등대, 태평양과 불과 15킬로미터 떨어진 그레이트 비치, 모래, 그리고 침묵이 있다. 오두막집이 답답하게 느껴질 때 우리가 찾는 곳이 바로 그레이트 비치다.

포인트 레이에스 반도는 경치가 좋은 시골이다. 사시사철 안개에 싸여 있으며, 거칠기도 하고 온순하기도 한 곳이다. 샌안드레아스 단층(the San Andreas Fault) 서쪽 면에 위치한 이 반도는 매년 몇 센티미터씩 북쪽으로 이동한다. 그래서 '시간의 섬'이라는 별명으로 불리기도 한다. 내 고향과는 멀리 떨어져 있지만 강인하고 깨끗하며 상쾌한 곳이다. 그러나 지금은 고약한 기름 냄새와 죽어가는 새의 모습이 이곳까지 밀려와 갈기갈기 찢긴

안개처럼, 혹은 산등성이 꼭대기에 솟은 키 크고 마디 굵은 소나무에 낀 스페인 이끼(소나무겨우살이풀의 일종—옮긴이)처럼 공중에 떠 있다. 나는 놀라서 눈물이 나오려는 것을 간신히 참고 있지만 울고 싶은 마음만은 어쩔 수가 없다.

기름으로 뒤덮인 해변을 찾아간 지 몇 달 후. 진과 나는 운전을 포기하기는커녕 멕시코까지 랜드크루저를 몰고 갔다가 차가 망가지는 불상사를 겪었다. 우리는 버스를 타고 돌아왔다. 지금은 구형 폭스바겐 차가 우리가 가진 유일한 바퀴 달린 운송수단이다.

뜻하지 않은 바람이 불어 창가의 등나무에서 풍기는 달콤한 봄 향기가 방 안까지 전해진다. 늦은 아침까지 단잠을 자던 나는 커튼을 스치는 바람 소리를 듣고 깬다. 내가 누워 있는 위치에서 등나무 냄새를 맡는 것은 이례적인 일이다. 그것은 곧 남쪽에서 바람이 불어온다는 뜻인데 보통은 오후가 돼야 남풍이 불기 때문이다. 오전에 부는 남풍은 토말리스 만이 위험하다는 징후다.

"바람이 심상치 않은걸." 나는 침대 위에서 몸을 굴리며 진에게 이야기한다. 나는 다시 몸을 틀어 침대보를 움켜잡는다. "잘은 몰라도 무슨 일이 터질 것 같아."

몇 시간 뒤 누가 우리 집 문을 두드린다. 옆집에 사는 밥 길레스피다. 밥은 이웃집 아들인 제리 태너가 토말리스 만에서 실종됐다는 소식을 전한다. 남쪽에서 갑자기 폭풍이 불어오는 바람에 제리 가족이 탄 보트가 엔진

고장으로 전복됐고, 제리의 아내와 아들은 기적과도 같이 살아남았다고 한다.

제리 태너는 스물다섯 살 정도 된 젊은 이로 군(郡)에서 부보안관으로 일했다. 나와는 특별한 친구 사이라 할 수 있다. 사실, 나는 원래 관료조직을 불신하는 사람이었고, 제리 또한 기회가 생길 때마다 나에 대한 불신을 드러냈다.

내가 인버네스 시에 처음 이사를 온 것은 1969년이었다. 나는 당시 세 번째로 학교를 그만둔 직후였고, 필라델피아에서 사귄 친구들을 잠깐 만나러 인버네스에 왔다가 도시가 마음에 쏙 들어서 눌러 앉기로 결심했다.

제리와 나는 첫 해에는 겨우 예의나 지키는 사이였다. 하지만 시간이 흐르면서 우리가 서먹하고 냉담한 태도로 서로를 대하는 것이 바보 같고 어색한 짓이라고 느낀 계기가 여러 번 생겼다. 그러다 한번은 늦은 밤 길가에 단 둘이 앉아 이야기를 나누었다. 우리는 서로에게 질문을 던져 가며 상대방이 어떤 사람인지, 가족관계는 어떤지, 우리 고장을 얼마나 좋아하는지를 알게 됐다.

한때 초등학교 교사였던 진은 제리를 대할 때 선생님 같은 말투로 이야기했다. 여차하면 따귀를 때리고 교장실에 보내 버릴 태세였다. 진이 우리집 마당에 심어 놓은 마리화나를 제리가 몰수하러 왔을 때도 마찬가지였다.

제리가 죽은 지금 우리는 말로는 표현할 수 없는 슬픔에 젖는다. 우리는 콩을 조금 따서 골짜기 위로 몇 집 너머에 사는 제리의 어머니에게 가져다

준다. 하지만 그것으로는 부족하다. 뭔가를 더 하고 싶다. 삶을 축복하는 일을 하고 싶다.

나는 진에게 제안했다. "시내로 춤추러 가자."

춤을 좋아하는 진이 고개를 끄덕인다.

저녁 늦게야 음악이 시작될 텐데 아직 해가 지기도 전이다. 시내까지는 차로 불과 40분이면 가기 때문에 출발하기 전까지 할 일이 없다. 산등성이로 산책을 나가면 어떨까? 문득 걷고 싶어진다. 우리 둘 다 산책을 무척 좋아한다. 숲을 지나고 언덕을 넘어 해변이 나올 때까지 걷고 나면 언제나 새로운 활력을 얻은 기분이다.

그 때 다른 생각이 머리를 스친다. 여기서 라이언스 셰어 나이트클럽이 있는 샌안젤모까지는 불과 30킬로미터 정도 거리다. 그렇다면 걸어갈 수도 있지 않을까? 그곳까지 걸어간다는 것 자체가 삶을 축복하는 행위가 아니겠는가. 우리는 세시를 맡아 달라고 이웃집에 부탁해 놓은 다음 소형 배낭을 메고 출발한다.

해질 무렵 군의 중심부와 웨스트 마린 지역을 갈라놓는 두 언덕 중 하나에 다다른다. 평소에는 자동차를 타고 지나던 아스팔트 도로에서 갓길로 걸으며 옆으로 지나가는 차를 보는 것은, 사슴과 소 발자국이 가득한 조용한 잔디밭을 유유히 걸어 해변으로 가는 것과는 다른 경험이다. 도무지 생각에 잠길 시간이 없다. 이 길을 걷기로 한 것이 실수였나 싶기도 하다. 발이 지독하게 아파 온다.

새뮤얼 P. 테일러 국립공원을 가로지르는 길로 접어든다. 우리는 거대한 조각상 옆에서 발걸음을 멈추고 잠시 쉰다. 이제 어둠이 내렸고, 지나가는 차에서 나오는 불빛이 눈에 거슬린다. 한기가 돌지만 우리는 얇은 점퍼만 입고 있을 뿐이다.

간혹 차가 멈춰 서고 우리를 태워 주려 한다. 대부분은 우리에게 격려의 말을 남기고 가지만 어떤 사람들은 못 믿겠다는 듯 고개를 저으며 차를 몰고 가버린다. 한 쌍의 남녀가 탄 세단형 재규어가 조용히 미끄러져 선다. 우아한 복장을 한 중년여자가 스위치를 눌러 유리창을 내린다. 옆자리에 앉은 남자는 뒷좌석에 자리를 만들기 위해 물건을 치우느라 바쁘다.

"우리는 샌프란시스코까지 가요." 여자가 말한다.

"괜찮습니다. 우린 그냥 걷는 중이거든요." 진이 대답한다.

"시내까지만 태워 드릴 수도 있어요."

진이 같은 대답을 반복하자 여자가 말한다. "뭐라고요? 안 타겠다고요? 정말 괜찮아요, 자리는 넉넉해요."

그들이 탄 차가 어둠 속으로 사라진다. 뒤에 남은 우리는 고독과 아픈 발과 우리의 발소리를 즐기며, 밤공기 속에서 이슬에 젖은 잔디가 풍기는 푸릇푸릇하고 향긋한 냄새를 맡는다. 우리는 배가 고프다.

자정이 다 돼서야 지친 몸을 끌고 도시 변두리에 있는 패스트푸드점에 들어선다. 깜깜한 길에서 벗어나 실내에 들어오니 네온 불빛 때문에 눈을

첫 도보여행을 떠날 때는 발이 편한 운동화를 신고 가벼운 배낭을 가져가라. 하루에 걷는 거리를 늘리려거나 무거운 짐을 들어야 한다면 발에 가해지는 압력을 견디고 충격을 흡수할 수 있는 등산화를 구입해라. 옷을 여러 겹으로 입고, 물과 열량이 높은 과자와 작은 손전등을 가져가라. 어쩔 수 없이 생길 물집을 가라앉히는 데 쓸 반창고도 몇 개 챙겨라. 즐거운 여행이 되길!

똑바로 뜰 수가 없다. 피곤하기는 하지만 밤공기를 실컷 들이마신 덕택에 아드레날린이 솟아난다.

　카운터 뒤에서 아직 십대로 보이는 여드름투성이 요리사가 우리를 보며 당황한 표정을 짓는다. 차를 타고 온 손님이 아니니 그럴 수밖에.

　"뭘 드시겠습니까?" 우리는 주문을 한다. 하지만 우리가 춤을 추러 가려고 인버네스에서부터 걸어왔다고 이야기하자, 요리사는 우리 같은 사람은 처음이라면서 돈을 받지 않겠다고 말한다.

　라이온스 셰어 나이트클럽에 도착하자 친구들이 반겨 준다. 하지만 새벽 1시가 지난 시각이어서 밴드는 벌써 마지막 앙코르 곡인 '겟 투게더'를 연주하는 중이다. 어찌됐든 우리는 너무 피곤해서 춤을 추지도 못한다. 집까지 태워다 주겠다는 제안을 거부하고 나이트클럽 뒤편에 있는 낮은 언덕 꼭대기에 힘겹게 올라가 스르르 잠든다. 백향목 옆에서 몸을 웅크리고 서로를 꼭 껴안은 모습이 마치 두 마리의 다람쥐 같다. 다음날 아침 8킬로미터를 더 걸어가 '홀리데이 인'에 숙소를 정한다.

　뜨거운 물로 샤워를 하고 나서 풀장 옆에 앉아 하루를 보낸다. 시내까지 걸어오면서 괴로웠던 기억은 어느새 희미해지고, 걸어서 집으로 돌아가는 길이 기다려진다.

　돌아오는 길에는 거의 말을 하지 않고 걷는다. 우리는 어두워지기 직전에 집에 도착한다. 아직 해가 지지 않은 덕택에 우리 집 대문을 볼 수 있다. 누군가가 대문에 휴지로 만든 리본을 두르고 풍선 장식과 낡은 종이상자 바닥에 "존과 진의 귀가를 환영합니다."라고 써서 만든 간판을 달아 놓았다. 집 안에서는 친구인 란스와 데비가 축하해 주려고 우리를 기다린다.

　란스와 나는 2년 전 라구니타스에 있는 공동체 주택에서 함께 살 때 만났다. 라구니타스는 시내로 가는 길에 있는 언덕 맞은편 마을이다. 당시에 나는 '물고기자리 존'으로 불렸고, 우리가 손꼽아 기다리던 유일한 혁명은 '물병자리 시대'(뉴에이지 운동에서 인류의 정신 해방의 새 시대를 일컫는 말. 저자가 2년 전 뉴에이지 운동에 심취해 있었음을 알 수 있다—옮긴이)의 도래였다. 이제 란스는 결혼해서 첫 아이를 기다리는 중이다. 우리는 거실 면적의 대부분을 차지하는 2인용 침대에 다 같이 앉아 밀린 이야기를 나눈다.

마침내 란스가 묻는다. "그래, 어땠어?"

사실 나는 누구와 이야기를 나눌 생각이 별로 없다. 지치고 피곤해서인지, 솟아나던 아드레날린과 야외에서 가지고 들어온 시원하고 신선한 공기가 사라지기 시작한다. 내가 깊은 생각에 잠긴 채 고개를 끄덕이는데 갑자기 "펑!" 소리가 난다. 샴페인 병에서 코르크 마개가 폭발하듯 튀어 올라 천장에 부딪쳤다가 다시 벽에 비스듬히 튕겨져 나온다. 모두 웃음을 터뜨린다.

파티에 온 것처럼 점점 기분이 좋아진다. 내가 대답한다. "좋았어. 돌아갈 필요가 없으면 좋겠다는 생각도 잠깐 했지."

란스와 데비는 내 말에 상처를 받은 것처럼 안경 너머로 나를 뚫어지게 바라본다.

란스가 차분한 말투로 묻는다. "무슨 말이야, 존? 여기가 마음에 들지 않아?"

"그런 뜻이 아니야. 난 이곳을 아주 좋아해. 어쩌면 그래서 더 문제인지도 모르지. 난 그저 제자리로 돌아와서 똑같은 생활방식, 바뀌야 한다고 생각하는 생활방식에 다시 익숙해지기가 싫었던 거야. 자유를 맛보고 온 기분이라고."

이렇게 말하는 순간 나의 여행에는 자유를 맛보는 것 이상의 의미가 있었다는 사실을 깨닫는다. 언덕을 넘어 집으로 돌아오면서 나는 제리를 떠올리지 않을 수 없었다. 제리는 모든 걸 다 가진 사람 같았다. 젊음, 아름다운 부인과 아이들, 좋은 직장과 울타리를 두른 집. 그런데 어느 날 아침, 모든 게 물거품이 됐다. 그의 삶은 끝났다. 그렇다. 삶에는 언젠가 나의 태양이 뜬다거나, 진이 말하는 혁명이 일어난다거나, 돈이 생긴다거나 하는 보장이 없다. 확실한 것은 현재뿐이며, 현재 하고 있는 경험을 통해서만 내가 무엇을 해야 하며 어떤 사람이 돼야 하는지를 알 수 있다.

란스가 얼떨떨한 얼굴로 나를 바라보다가 묻는다.

"뭘 바꿔야 한단 말이야?"

진은 침대를 빠져나가 버들가지 의자에 앉아 초조한 듯 손가락으로 머리를 배배 꼬기 시작한다. 그녀가 말한다. "나를 쳐다보지는 말라고. 나는 혁명을 하는 중이라 운전을 해야만 해. 게다가 돌아다니는 걸 너무 좋아해서 운전을 포기할 수 없다고."

불그스름한 금발 턱수염을 기른 란스가 진을 향해 미소를 짓는다.

"무슨 이야기냐 하면, 나 자신에게 약속했거든. 시간과 돈이 생기면 운전을 중단하고……."

내가 말을 끝맺지도 못했는데 데비가 끼어든다.

"이런, 우리는 아기를 낳을 예정이라서 도저히 안 되겠는걸?"

우리는 화제를 바꿔 앞마당에 있는 작은 나무 보트 '블루 제이' 호를 다시 손질해야 한다는 이야기를 나눈다. 진과 내가 피곤한 기색을 보이자 란스와 데비는 우리가 조용히 시간을 보낼 수 있도록 돌아가 준다.

짧은 도보여행, 우리를 기다리던 환영식, 친구들과 나눈 대화가 밤새도록 머릿속을 떠나지 않는다. 나는 내 삶을 결정짓게 될 여행의 첫발을 이미 내디딘 셈이다. 이제 와서 멈출 수는 없다.

전에도 비슷한 감정을 느낀 적이 있었다. 캠핑이나 하이킹 여행에서 아주 즐거운 시간을 보내고 나면 집에 돌아가는 차를 타기가 겁이 났다. 여행이라는 정해진 테두리를 넘어 더 나아가고 싶었다. 내 삶을 충만하게 할 특별한 경험을 하고 싶었다. 제리의 죽음을 보며 삶은 유한하다는 교훈을 다시금 얻는다. 현재로 살았던 오늘의 삶이 이미 과거로 사색된다. 만약 내가 걸어다니는 생활방식을 시험할 시간을 갖고 싶다면 바로 지금 시작해야 한다.

침대에 누워 있는 동안, 마지막 몇 킬로미터를 걸을 때 느꼈던 피로는 어느새 달아나고 나는 백일몽을 꾸기 시작한다. 걷기 시작해서 영영 돌아오지 않는 공상을 한다. 달콤한 등나무 향기가 창을 통해 방 안으로 흘러들어온다.

아침이 되자 나는 란스를 만나러 간다. 란스는 데비와 함께 정원을 손질하는 중이다. 데비가 나에게 레모네이드를 준다. 지난 2년 동안 란스와 나는 서로를 속속들이 알고 지냈다. 우리는 채식주의자가 되려고 함께 노력했다. 란스는 내가 몸을 깨끗이 하기 위해 30일 동안 단식을 하던 '물고기자리 존'에서 담배와 술을 가까이하는 젊은이로 바뀌는 과정을 지켜본 사람이다. 나는 란스가 신망 있는 건설노동자로, 남편으로, 예비 아빠로, 우리 마을 공동체의 존경받는 일원으로 변하는 모습을 지켜보았다.

그는 내가 뭔가를 구상하고 있다는 사실을 금방 알아차린다.

"나는 더 이상 운전을 하지 않기로 했어. 내가 미쳤다고 생각해?"

란스는 집 외벽에 등을 기대고 멀리 들판 너머를 바라본다. 벌새 한 마리가 윙윙거리며 끝부분을 빨갛게 칠해 처마에 매달아 놓은 모이통을 향해 날아오른다. 우리는 말없이 벌새를 바라본다.

벌새가 다시 윙윙거리며 날아가 숲속으로 사라지고 나서야 란스가 대답한다.

"아냐. 절대 미친 짓이 아냐. 차 운전을 하기 싫으면 안 하는 거지 뭐. 나도 내가 쓰는 연장이나 어떤 물건이 싫증나면 치워 버리잖아. 내 생각이 바뀌거나 그 물건이 마음을 고쳐먹을 때까지 그냥 두는 거지."

란스가 큰 소리로 웃음을 터뜨리며 아침의 정적을 깨뜨린다. 정원에서 일하던 데비가 웃음 띤 얼굴로 고개를 든다. 나도 웃음을 터뜨린다. 그리고 미소 띤 얼굴로 걸어서 집으로 돌아온다.

제 2 장

길에서 살기
연기처럼

스스로 선택한 길이긴 했으나 도보생활로의 전환은 쉽지 않다. 내 선택을 달가워하지 않는 사람도 있다. 이미 나는 열성적인 전위음악 그룹인 '스펙트럼 오브 사이트 앤 사운드' 매니저 자리를 잃었다. '배이 에어리어(만 지역)'에서 공연예약과 홍보를 담당하고 좀처럼 따내기 어려운 음반계약을 성사시켜야 하는 직업인데 도보와 전화에만 의존하다 보니 아무래도 실적이 좋지 못했다. 그래서 해고당했을 때도 당연한 일로 받아들였다.

그래도 나는 차를 타고 다닐 때 하던 일을 계속하려고 노력한다. 포인트 레이에스 역에서 열리는 즉석 배구 시합에 참가해 달라는 요청을 받으면, 누구나 차로 5분 만에 가는 6킬로미터 거리를 한 시간 동안 낑낑대며 걸어간다. 내가 도착할 때쯤이면 시합은 거의 끝나 있다. 영화관에 가거나

40킬로미터 떨어진 산 라파엘에서 친구를 만나려면 문제는 더 커진다. 하루 전에 출발해야 하기 때문이다.

걷기 시작한 지 두 달 만에 나의 새로운 생활방식에 처음으로 위기가 찾아온다. 첫 번째 골짜기를 지나 개울에 놓인 작은 목조 다리를 건너면서 위기를 예감한다. 소방서에 도착하니 커다란 문이 열려 있고 인버네스 자율 소방 부서의 핵이라 할 수 있는 빨강색 '라 프랑스' 소방차가 반짝반짝 빛난다. 나는 6개월 가까이 소방 부서에서 일해 왔다. 커다란 소방 트럭 옆면에 붙은 크롬 부속을 반질반질하게 닦고 있던 소방 부서 책임자 딕 그레이브슨 씨가 크롬에 비친 내 모습을 보고 고개를 돌려 가까이 오라고 손짓한다.

구부정한 어깨, 가죽 같은 목, 벗겨진 머리. 딕 아저씨는 늙고 영리한 인간 거북이 같은 외모를 지니고 있다. 움직임은 느릿느릿하면서도 섬세하고, 목소리는 다소 귀에 거슬린다.

"어이, 존. 와 줘서 고맙네."

"별말씀을요. 무슨 일입니까?" 나는 이렇게 묻고 있지만 무슨 일인지 이미 안다. 어디든 걸어서 다니기 시작한 후로 늘 머릿속을 맴돌던 바로 그 이야기일 것이다. 시속 5킬로미터로 이동하는 내가 시속 90킬로미터로 질주하는 세상에 어떻게 적응하겠는가?

"그게 말일세. 자네가 소방서와 포인트 레이에스 역 사이를 늘 걸어다닌다는 이야기가 들리더군. 차를 타지 않기로 했다는 이야기도 있고." 딕 아저씨는 귀갑 안경 테두리 너머로 나를 바라보며 혼자 빙그레 웃고 킬킬댄다. 그러다가 수중펌프 압력을 측정하는 다른 크롬 부속으로 옮겨 간다.

나는 길에서 있었던 일을 떠올려 본다. 인버네스와 포인트 레이에스 역을 오가는 길에서 누군가와 마주친 적이 한두 번이 아니다. 자동차를 몰고 지나가던 사람이 태워 주겠다고 하는 일도 흔하다. 주말이 아닌 평일에 그쪽 길을 지나는 사람은 대부분 지역주민이다. 길은 인버네스를 지나서 관광객에게 인기 있는 장소인 포인트 레이에스 등대가 있는 해변까지 이어진다.

나는 날씨가 어떻든 항상 걷는다. 차를 태워 주겠다는 제안을 자주 받지만 항상 거절한다. 대체로 내가 거절하면 대화는 끝이 나고, 나는 가던 길을 계속 간다.

하지만 때로는 차에 탄 사람이 설명을 듣고 싶어한다. 그저 걷고 싶다는 단순한 대답으로는 부족한 모양이다. 그러면 나는 기름유출과 대기오염 이야기를 하며 그런 일에 기여하고 싶지 않다고 이야기한다. 내가 살고 있는 곳을 새롭게 즐길 수 있다는 것 외에 내가 설명할 수 있는 유일한 이유다. 사람들은 허탈한 표정을 짓지만 그들이 듣고 싶었던 말도 그것이었던 듯하다. 가볍게 고개를 끄덕이는 사람이 있는가 하면 자기도 걸어다닐 시간이 있으면 참 좋겠다는 말로 공감을 표하는 사람도 있다. 샌프란시스코 기름유출 사고가 터졌을 때 철새 구조와 방제 작업을 도왔던 봉사자들이 바로 그런 사람들이다. 그들이 불편한 침묵에 잠겼다가 차를 몰고 가 버리면 나는 골똘히 생각에 잠긴다.

말콤 X는 자서전에서 자신이 무신론자였다가 이슬람교도가 된 이야기를 하면서, 이미 자기 안에 있거나 가까운 곳에 있는 것을 받아들이는 일이야말로 세상에서 가장 어렵고도 위대한 일이라고 썼다.

걷기가 내가 행할 의무라는 데는 의심의 여지가 없다. 게다가 세상 사람들 가운데 3분의 2는 아직도 도보로 이동하고 있지 않은가. 새가 날개를 달고 태어나듯 나는 두 다리를 가지고 태어났다. 체사피크 만에 있는 루크 할아버지와 세이디 할머니네 농장에서 걸어다니며 여름을 보내던 기억이 되살아난다. 당시에는 전기도 수도도 없어서 우물물을 길어 썼다. 자동차도 없었다. 기차에서 내리자마자 모래투성이 길과 산길을 걸어야 했으며 돛단배를 타고 다니면서 굴 양식장을 가꾸기도 했다.

내 고향 펜실베이니아 주 시골에서 아미시 신도들(북미지역의 보수적인 기독교 단체인 암만파 교도들. 이들은 메노파에서 분리한 자들로 현대 문명의 이기를 거부하는 생활을 유지하고 있다―옮긴이)이 타던 마차도 생각난다. 우리는 일요일에 차를 몰고 나갔다가 마차와 마주치면 속도를 늦추어 지나쳤다. 나는 신이 나서 손을 흔들었지만 마차 안에 있는 사람들은 나를 거들떠보지도 않았고 답례로 손을 흔든 적도 없었다. 아미시 신도들은 차 운전에 반대한다고 아버지가 말씀해 주셨지만 어릴 때는 운전을 싫어하는 까닭이 궁금하기만 했다. 20년이 지난 지금 나에게 도보란 나 자신과 우리 사회의 병폐를 조금이나마 고치려는 나만의 해결책이며, 잃어버린 것을 찾아 뒤로 되돌아가는 동시에 새로운 것을 찾으려고 힘차게 앞으로 나아가는 과정이다. 자동차가 보편화된 문화에서 내가 아미시 신도처럼 차를 타지 않으면서 육체와 정신을 온전하게 유지할 수 있느냐는 별개의 문제다. 내가 걸어다니는 이유를 설명하면 어떤 사람들은 나를 길가에 세워 두고 논쟁을 벌인다.

내가 운전을 포기하고 차를 타지 않기로 했다는 이유로 지역사회에 논쟁이 촉발되는 모습에 나도 놀라고 있다. 기름유출 때문에 자동차를 타기가 싫다고 말하는 사람은 많지만 다들 여전히 차를 타고 다닌다. 그들은 내가 내린 결정에 무자비하고 신속하게 반응한다. 일전에는 태워 주겠다는 제안을 거절한 뒤 공격을 당할 뻔했다. "뭐야? 나 같은 놈이랑은 차를 타지 않겠다는 거야?"

어떤 때는 이런 이야기를 듣는다. "남들이 죄책감을 느끼게 만들려고 걸어다니는 거죠?" 인정한다. 어느 정도 맞는 이야기다. 나는 순진한 마음으로 적어도 마을사람 몇몇은 승용차와 픽업트럭을 세워놓고 『피리 부는 사나이』 이야기에 나오는 아이들처럼 나를 따라 걸어서 환경보호 사회로 나아가리라고 기대했다. 그런 일은 일어나지 않았다. 하지만 정작 마을사람들이 가장 많이 하는 비판은 따로 있다. 가까운 친구가 나에게 하는 말을 들어 보자. "존, 넌 미쳤어. 한 사람이 걷는다고 해서 대기오염이나 기름유출이 줄지는 않는다고. 오히려 너를 제외한 모든 사람이 가솔린을 더 많이 쓰는 결과를 낳을 걸?"

그 말을 듣고 나는 잠시 생각에 잠긴다. 물론 내가 미친 건지도 모른다. 단 한 사람이 어떻게 변화를 일으키겠는가?

요전 날에는 시내를 약간 벗어난 곳에서 한 남자가 나를 붙잡았다. 낯익은 얼굴에 콧수염을 기른 사람인데 이름이 생각나지 않는다. 그가 갓길에 차를 세우는 동안 자동차 타이어 밑에 깔린 자갈이 우두둑 소리를 낸다. 차창 유리가 내려가는 동안 그는 벙글벙글 웃으며 태워 주겠다고 말한다. 나는 고맙지만 걷고 싶다고 대답한다.

"태워 준다는 데 왜 싫다는 거요?" 그는 눈을 가늘게 뜬다. 얼굴에 웃음기가 가신 것으로 보아 적당히 넘어갈 사람은 아닌 듯하다.

"걷는 걸 좋아해서요." 하지만 그는 내 말이 끝나기를 기다리지도 않는다.

"당신 이야기는 들었소." 그는 눈을 가늘게 뜨고 낄낄거리며 말을 잇는다. "차를 안 타겠다는 건 당신이 나보다 잘났다고 생각해서겠지. 그렇지 않소?"

나는 고개를 가로저으며 기름유출과 자동차로 인한 대기오염 문제를 설명해 보지만 상황은 달라지지 않는다. 그가 소리친다. "아, 좋아, 좋아. 나도 새를 좋아한다고. 당신은 내가 죄책감을 느끼면 좋겠소?"

나는 어느새 길가에 선 채로 소리치고 있다. 내 의견을 밝히려는 도중에 나에게 소리를 질러 댄 남자를 향해. 그러나 시내까지 태워다 주겠다는 제안을 수락하지 않는 한 내가 무슨 말을 해도 소용이 없을 듯하다. 차를 타지 않겠다는 내 결심을 그는 자신에 대한 개인적인 모욕으로 받아들인다. 꽤나 의미심장한 견해이긴 하지만, 지금처럼 서로에게 고함을 지르며 대결하는 상황은 내가 바라는 것이 아니다. 때마침 란스가 다가와, 자유로운 전원생활에 대한 자기 나름의 주장을 열정적으로 토로하며 분위기를 누그러뜨린다. 나는 안도해 마지않는다.

나는 그들이 이야기를 계속하도록 내버려두고 포인트 레이에스 역을 향해 걸어간다. 내가 옳다는 것을 입증하기 위해 실제 나누었던 대화와 가상의 대화를 반복하느라 머릿속이 꽉 차 있다. 내가 화를 내는 것은 좋지 않다는 생각이 든다. 나의 용기를 잠식하기 때문이다. 사실 나는 하나의 생활방식과 가치관에 도전하는 입장에 서 있다. 사람들이 나에게 도전하는 것은 당연한 수순이다. 나는 나 자신에게도 도전하고 있다. 내가 걷는 이유가 내게는 너무나 분명한데도 다른 사람에게는 짧은 문장으로밖에 설명하지 못한다는 데 좌절감마저 느낀다. 더욱 불가사의한 것은 걷는다는 일상적인 행위 속에서 영적이고 성스러운 감정이 싹트고 있다는 사실이다. 내가 옮기는 발걸음 하나하나가 지도도 표지판도 없는 '보이지 않는 여행'의 일부 같다. 하지만 여행 준비가 다 됐다는 확신은 없다. 불안정한 상태 때문에 두렵기도 하고 흥분되기도 한다.

며칠 후 공중전화 박스에서 잠시 발걸음을 멈추고 필라델피아에 있는 부모님 댁에 전화를 건다. 어머니가 전화를 받는다. 나는 친척들 안부를 묻고 여러 가지 이야기를 하다가 아무렇지도 않은 말투로 차를 그만 타기로 했으며 걸어다니니까 너무나 행복하다고 이야기한다. 어머니는 놀라듯 웃음을 터뜨리며 고향 집에 올 때는 어떻게 할 작정이냐고 묻는다. 사실 나도 떠올린 적이 있는 질문이다. 그러나 뾰족한 답변은 없다.

어머니가 말한다. "그래, 좋다. 하지만 정말로 행복한 사람은 구태여 행복하다고 말할 필요가 없단다. 말하지 않아도 드러나거든."

운전을 하지 않겠다는 결정을 어떻게 생각하시냐고 여쭤 보니, 어머니는 괜찮다고 대답한다. 그러면서도 나를 위해서라기보다는 어머니 스스로를 안심시키기 위해 이렇게 덧붙인다. "걱정 마라, 다시 차를 타게 될 테니까. 너는 잠깐 그러다 말게다."

다음날 길가에 있는데 눈물이 주르르 흘러내린다. 차 한 대가 지나갈 때마다 세상이 나를 뒤로 하고 휙휙 지나가는 기분이다. 혹시 내가 순전히 내 고집 때문에 다시는 차를 타지 않고 걷기만 하려는 것은 아닐까? 걷기 시작한 지 두 달쯤 됐는데도 벌써 지쳐 간다. 때로는 내가 죽어 가는 듯한 느낌을 받는다. 나의 일부는 진짜로 죽어 가고 있다.

여전히 작은 크롬 부속에 광을 내고 있는 딕 아저씨와 다시 대화를 나눈다.

"그래, 자네가 타지 않겠다는 자동차에 소방차도 포함되는 건가?" 딕 아저씨는 일손을 멈추고 내 얼굴을 똑바로 바라본다. 기대에 찬 표정이다. 내 새로운 생활방식에 약간의 유예조항이 있기를 바란다고 말하는 것만 같다. "그건 자네를 위해서 차를 쓰는 게 아니잖나. 소방차를 타는 건 누군가를 돕기 위해서야. 사실은 지역사회 전체를 돕는 일이지."

"딕, 안 돼요. 엔진으로 움직이는 탈것은 다 포함됩니다. 소방차도 마찬가지고요."

"그것 참 애석한 일일세."

"저는 샛길을 다 안다고요. 라 프랑스보다 먼저 화재현장에 도착할 자신이 있습니다."

"때로는 그럴 수도 있겠지. 하지만 메사에서 불이 났는데 자네가 소방차와 나란히 뛰어간다는 이야기를 들으면 사람들이 심란해하지 않겠나."

"그건 그렇겠네요."

딕 아저씨의 촉촉한 푸른 눈이 반짝하고 빛난다. "이렇게 하지. 자네는 배차원 일을 하게. 소방서 안에 있으면서 무전기를 조작할 사람도 필요하거든. 그 일을 자네가 하면 돼. 완벽한 해결책이지. 말하기를 그만두지만 않으면 되네." 우리는 함께 웃음을 터뜨린다.

어느 날 아침 진과 내가 아침식사를 끝마칠 무렵이다. 우리가 마지막 남은 커피를 마시려고 할 때 진이 머리카락 끝부분을 꼬던 동작을 멈추고 식탁 위로 몸을 기울여 내 쪽으로 다가온다. 그러고는 손가락으로 내 목덜미를 부드럽게 쓸어내린다. 나는 움찔하지 않으려고 이를 바드득 간다.

"이거 언제부터 생긴 거야?"

내 목에 임파선이 부어 혹처럼 된 것을 가리키는 말이다. 나는 알고 있었지만 진에게 되묻는다. "뭐가?"

진은 부은 자리를 가리킨다. "당신 목에서 자라고 있는 덩어리 말이야."

"아, 이거? 잘 모르겠는걸. 한 달쯤 됐나? 아프진 않아." 사실 나는 통증 때문에 걱정하고 있었다. 내 목과 어깨가 만나는 곳에 건포도만 한 혹이 무리지어 생기기 시작했을 때는 애써 무시했지만 포도만 한 크기가 된 지금은 못 본 체하기가 불가능하다.

"포인트 레이에스 역까지 걸어가서 진찰을 받는다고 약속해. 내가 같이 걸어가 줄 테니까."

나는 병에 걸렸다고 생각지는 않지만 병원에 예약을 한다. 다음날 포인트 레이에스 역까지 6킬로미터가 넘는 거리를 걸어가서 진찰을 받는다. 의사는 우리보다도 더 깜짝 놀라면서 일명 호지킨병이라는 악성 종양에 대해 조심스럽게 설명하고 가능한 한 빨리 임파선을 제거하라고 권한다. 나도 걱정이 되어 생체 검사를 받기로 한다. 국소마취를 하고 진행되는 간단한 검사지만 40킬로미터 거리에 있는 페탈루마까지 가서 받아야 한다.

그날 저녁 어머니에게 전화를 걸어 의사가 한 말을 전한다. 어머니는 간단하게 무시해 버린다. "난 걱정 안 한다. 우리 집안에 암에 걸린 사람은 하나도 없었거든."

나는 병에 걸렸다는 결과가 나오더라도 걷기는 계속하기로 마음먹는다. 어차피 죽음을 피할 수 없는 상황이라면 고지식한 방식이라 해도 내 신념

대로 살다가 죽는 편이 낫지 않은가. 뭐가 됐든 다른 선택을 한다는 것은 나 자신을 포기하고 병에 굴복하는 행동이다.

포인트 레이에스에서 페탈루마까지 가는 길은 우리 군에서도 가장 전원적인 풍경을 자랑하는 길이다. 올라야 할 언덕은 두 개밖에 없으므로 내가 이른 아침에 출발한다면 그날 안에 페탈루마에 닿을 수 있다. 병원 근처에 숙소를 잡아 하룻밤을 보내고 다음날 아침에 진료 예약을 하면 된다.

무더운 날씨 속에 두 번째 언덕을 올라간다. 노란 꽃이 핀 여름날 언덕에서 터키 말똥가리(독수리의 일종─옮긴이)들이 온종일 머리 위를 맴돈다. 온갖 죽은 것과 죽어 가는 것들이 생각난다. 쓰러져 있는 사슴 한 마리 옆을 서둘러 지나간다. 차에 치여 죽은 사슴이었다. 싱싱한 잔디밭에서 사슴 살이 썩어가는 고약한 냄새를 맡으니 구역질이 나려고 한다. 점점 피곤해지고 발도 아프기 시작한다. 언덕 꼭대기에 오르자 길가에 그늘을 드리운 늙은 떡갈나무 한 그루가 보인다. 나는 혼잣말로 중얼거린다. "여기서 잠시 쉬다 가야겠군. 담배나 한 대 피우고 배낭에 있는 물을 마셔야지."

나무 밑으로 가서 신발을 벗은 후 거칠거칠한 나무둥치에 등을 기대고 담배에 불을 붙인다. 터키 말똥가리 떼는 여전히 여름철 상승기류를 타고 원을 그린다. 푸른 하늘, 그리고 어두운 생각들. 독수리가 천천히 그리는 원을 보니 내가 왜 언덕을 오르고 있으며 페탈루마는 왜 저렇게 멀리 있는가 하는 생각이 든다. '내가 정말 암에 걸렸으면 어쩌지?' 처음으로 죽음에 대한 두려움이 엄습해 온다.

나는 하늘의 터키 말똥가리 무리를 향해 있던 눈길을 거두고 주머니에서 담배를 꺼낸다. 이미 담배 연기가 공중을 떠돌고 있다. 문득 내 행동이 앞뒤가 맞지 않는다는 데 생각이 미친다. 담배를 피워 대는 내가 진정으로 자동차 배기가스 오염을 염려하고 환경보존에 관심을 가진다고 할 수 있겠는가?

그렇다. 걷는 것만으로는 충분하지 않다. 걸어 다니는 것은 시작일 뿐이며, 지금 내가 상상하는 것 이상으로 다양한 면에서 외적인 변화뿐 아니라 내면의 변화를 일으켜야 한다. 나에게는 이미 내적 변화가 일어나고 있을지도 모른다. 삶이라는 여행에서 일어나는 모든 변화는 보이지 않는 곳이나 눈에 띄지 않는 곳에서 시작되니까. 나는 고개를 절레절레 흔들며 담배 포장지에 인쇄된 익숙한 경고 문구를 읽으며 키득거린다. 당장 담배를 끊기로 결심한다.

페탈루마로 가는 길을 계속 걸어 검사시간에 맞춰 도착한다. 일주일 후 포인트 레이에스 역으로 돌아가자 림프절에 악성종양이 생기지 않았다는 결과가 이미 나와 있다. 그러나 나는 페탈루마 외곽에 있는 언덕에서 삶을 있는 그대로 살기로 맹세했다. 삶에 대한 외경심과 삶을 당연하게 여기는 마음 사이에서 균형을 맞추어 나가기로 했다는 뜻이다.

그렇게 맹세하고 나니 구로사와 아키라 감독이 1952년에 내놓은 영화 〈살다〉를 새롭게 이해할 수 있다. 〈살다〉는 와타나베라는 공무원이 암에 걸려 앞으로 1년밖에 살지 못한다는 선고를 받고 지금까지의 삶은 진짜가 아니었다는 사실을 깨닫는 내용이다. 그는 잃어버리고 있었던 것을 찾기 위해 직장을 그만두고 가족을 쫓아낸다. 그리고 자기가 잃어버린 것을 한 소녀의 애정에서 찾았다고 착각했다가 거절을 당한다. 절망의 구렁텅이에 빠지고 나서야 비로소 자신을 위한 삶을 발견한다. 그는 아이들을 위한 놀이터를 만들려다가 커다란 난관에 봉착한 어느 빈민가 주민들을 도와 어려움을 이겨내도록 한다. 여기에 진정한 삶이 있었다. 영화에서 주인공 와타나

베를 돕는 한 작가는 그의 병이 발견된 직후에 이렇게 이야기한다. "사람이 죽음에 부닥쳐야만 삶의 진정한 가치를 발견할 수 있다는 것은 참으로 흥미로운 사실입니다."

영화 〈살다〉는 사람이 위기를 겪게 되면 평소와 달라지고 때로는 이타적인 행동을 하게 된다는 흥미로운 해석을 제시한다. 이는 사회복지학 학자들도 지적하는 사실이다. 무사히 고비를 넘긴 사람들은 남몰래 다른 사람을 위해 봉사하는 경우가 많으며, 끔찍한 일을 겪는 사람이 건설적인 생각을 잘 한다는 것이다. 그런 사람들은 대단히 헌신적인 자세를 가지고 아무리 작은 일이라도 남을 도울 기회를 찾는다고 한다. 그런 사람들이야말로 개인적인 위기에 잘 대처하는 사람들이다. 우리는 위기를 위협으로 인식할 것이 아니라 변화의 계기로 바라보아야 한다.

나는 친구로부터 편지 한 통을 받는다. 친구는 아버지의 죽음이 임박하자 가족과 함께 자동차 운전을 포기하고 걸어다니기로 했다고 한다. 나는 그가 내린 결정과 아버지의 죽음이 어떤 관련이 있느냐고 묻는 답장을 보낸다. 친구는 다음과 같이 답한다.

"나는 일찍이 소년시절부터 걸어서 세계 일주를 하고 싶었어. 걸어다니자는 결정은 벌써 몇 년 전에 내렸지. 지난해 여름 뉴멕시코 주 화재 감시 망루에서 일하고 세인트루이스로 돌아와 임종을 앞둔 아버지를 뵈었을 때 이제는 때가 됐다고 생각했지……그렇다면 히로시마의 날(원자폭탄 희생자를 추모하는 날. 핵무기에 반대한다는 의미가 있다—옮긴이)이야말로 걷기를 시작하기에 가장 적합한 시점이지 않겠나? 그날이 지니는 세계적인 함의를 생각할 때 말이야. 한편으로는 우리 아버지가 아직 살아 계실 때 시작하는 편이 낫다는 생각도 있었지……아버지와 연결고리를 가지기 위해, 그리고 아버지의 생명력이 내가 내린 결단의 일부가 되도록 하기 위해서라네."

편지를 보자마자 이웃 제리의 죽음도 내게 똑같은 영향을 미치고 있다는 생각을 했다. 그리고 나 역시 언젠가는 죽는다는 진리를 더욱 뚜렷이 실감한다. 나의 걷기가 봉사의 영역으로 확장되는 순간이다.

제리가 죽은 지 얼마 되지 않아 지역사회에서는 만 경비체계를 만들자는 이야기가 나왔다. 토말리스 만은 가장 폭이 넓은 곳도 기껏해야 1.6킬로미터밖에 되지 않고, 맑은 날에 배가 위험에 처할 경우 양쪽에서 다 볼 수 있다. 그러나 태너 가족이 탄 배가 전복됐을 때는 한 시간 가까이 지나서야 대응할 수 있었다. 나는 인버네스 주민들의 모임에 합류하여 미국 해안경비대 부속 단체에서 선박조종술 강좌를 들었다.

원래 우리는 토말리스 만에 협동 수색대 겸 구조대를 창설하려 했다. 하지만 만 지역주민들은 독립심이 강한 사람들이므로 해안경비대 부속단체와 협력하여 복장과 규정까지 맞추는 데 반대한다. 그래서 우리는 '서부 해양고문단' 이라는 별도의 임시 기구와 협력한다. 서부 해양고문단은 서부 해안의 조난구조계획 수립을 목표로 하는 단체로, 올해 초 마샬 시내에 화재가 발생해 역사가 오래된 호텔이 불타버린 사건 이후에 결성됐다.

두 단체의 첫 번째 목표는 마을마다 호별 방문을 하여 건물과 급수시설, LPG 탱크와 주요 누전차단기의 위치를 표시하는 것이다. 그러면 어떤 사고가 발생해도 유용하게 쓸 수 있다. '수색과 구조' 라는 이름으로 물 위에 사람을 상주시켜 비상사태를 바로바로 보고할 수 있게끔 하는 계획도 진행 중이다. 비상사태 번호가 전달되면 마을에서는 약물치료재단 '시나논(Synanon)'과 합의하여 정박지에 있는 구조용 보트를 파견한다는 계획이다. 나는 만 양쪽에 있는 마을인 인버네스와 마샬 사이를 잇는 '걸어다니는 코디네이터 겸 연락책' 역할을 한다. 나에게 이 역할은 만 일대 주민을 두루 만날 수 있는 효과적인 방법이면서 내 도보 생활의 다른 측면을 보여줄 좋은 기회다.

만을 돌아 인버네스에서 마샬까지 가려면 22.5킬로미터를 걸어야 한다. 포인트 레이에스 역까지 6.5킬로미터를 걸은 후 1번 고속도로를 따라 북쪽으로 16킬로미터를 더 간다. 예전에는 토요일 밤마다 그 불타버린 호텔 옆에 있던 마샬 술집에서 술을 마시고 춤을 추기 위해 이 길로 차를 몰고 다녔다. 술을 몇 잔 마신 후 차를 몰고 22킬로미터 떨어진 집으로 돌아오는 것은 매우 위험한 짓이었다. 목숨을 잃은 친구들도 있었지만 나는 운이 좋았다.

지금도 같은 길을 가지만 걸어서 간다는 점이 다르다. 사이프러스와 끝이 뾰족한 유칼리나무가 죽 늘어선 2차선 고속도로를 따라 걷는 기분은 꽤 괜찮다. 길에는 튀어나온 곳과 움푹 팬 곳이 있는가 하면 동쪽 해안을 따라 얽히고 구부러진 곳도 있다. 이따금씩 가시 돋친 철망 뒤로 암소 몇 마리가 보이고 그 한가운데에 농가가 보인다. 어부들이 사는 통나무 오두막집과 휴양용 별장이 모여 있는 곳을 빙 돌아갈 때면 갓길에 밝은 주황색 양귀비꽃이 가득하다. 특히 여름에는 주말마다 교통량이 많아서 도로가 혼잡하다. 썰물일 때는 바다 가까이에 있는 오래된 철도용지로 걷는다. 철로는 뜯어낸 지 오래고 지금은 선로 밑 노반과 예전에 시내와 개펄을 건너던 다리의 뼈대만 남아 있다. 고속도로에서 불과 수백 미터 떨어진 곳인데도 딴 세상에 온 느낌이 난다.

마치 만에서 배를 타고 나온 것처럼. 이곳은 손쉽게 찾아와 고독을 즐길 수 있는 장소다. 말하자면 '길옆의 황무지'인 셈이다.

폭풍이 부는 어느 날 나는 삼각파가 치는 토말리스 만에서 노를 젓고 있다. 동력 운송수단을 기피하기 때문에 만에서 소형 평저선을 타고 노를 젓거나 우리의 '블루 제이' 호를 타고 항해할 때가 많다. 마침 조류가 바뀌었고 오늘따라 남풍이 불어 내가 탄 배는 육지로 밀려간다. 인버네스와 바다를 사이에 두고 마주보고 있는 토말리스 만 굴 상회 근처 해변이다. 나는 가시 철망을 넘어가 해변을 따라 걷다가 사이프러스 나무 사이에 숨은 집 한 채를 발견하고 다가가서 문을 두드린다.

약간 과체중인 듯한 남자가 문을 열고 김이 서린 안경 뒤로 싱긋 웃는다. 고든 샌포드 씨다. 그는 안경을 벗어 셔츠 앞자락에 문지르며 말한다. "영업은 끝났습니다만."

내가 대답한다. "압니다. 보트를 타다가 요 앞 해변에 불시착했거든요. 댁 전화를 좀 빌려서 우리 집에 연락했으면 합니다. 폭풍이 가까이 오고 있어서 가족이 걱정할 테니까요."

그는 놀란 표정으로 나를 보다가 어둠 속을 응시한다. 그러고는 나를 데리고 들어가서 전화가 있는 곳으로 안내한다.

"이 날씨에 노 젓는 배를 타고 있었단 말입니까?"

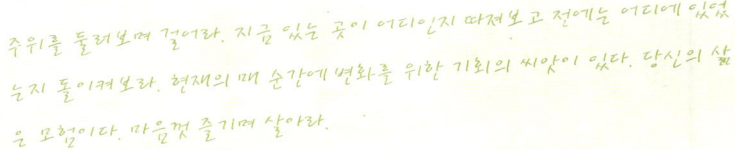

주위를 둘러보며 걸어라. 지금 있는 곳이 어디인지 따져보고 전에는 어디에 있었는지 돌이켜보라. 현재의 매 순간에 변화를 위한 기회의 씨앗이 있다. 당신의 삶은 모험이다. 마음껏 즐기며 살아라.

나는 고개를 끄덕이며 전화를 건다. 전화선 저편에서는 내 걱정을 별로 안 했다고 말한다.

고든 씨는 아내 루스에게 나를 소개하더니 잠시 머무르며 차를 마시고 요기도 좀 하고 가라고 붙잡는다. 대화를 나누다가 굴 양식 이야기가 나온다. 나는 어린 시절 버지니아 주 체사피크 만 부근에서 세이디 할머니와 루크 할아버지와 사촌과 함께 전기도 없이 우물에서 물을 긷고 좁은 내해에서 굴을 따며 여름을 보낸 이야기를 꺼낸다. 순간 다시 어린애가 된 기분이다. 발가락에 체사피크의 진흙 감촉을 느끼며, 구멍을 파고 숨어 버리는 농게를 쫓는다.

이야기를 나누어 보니 고든 씨 부부도 전에 체사피크에 살았다고 한다. 나는 즉석에서 일자리 제안을 받고 이후 몇 달간 그곳에서 굴을 따서 모으는 일을 한다. 굴 종자를 얻고 심는 법, 랙 구조물을 설치하는 법, 포식 방지법, 판매를 위한 위생기준을 익히고, 샌프란시스코 만 기름유출 사고 이후로 나에게 특별한 의미를 지니는 수질의 중요성을 배운다. 하지만 고든 씨조차도 내가 굴 양식장을 살필 때 엔진이 달린 보트를 사용하지 않는 것을 이상하게 생각한다. 나는 론치를 쓰지 않고 노를 젓거나 삿대질을 한다. 그러다 어느 날, 범람하는 파도 속에 배를 타고 나가야 하는 상황이 되자 나는 할 수 없이 엔진이 달린 보트를 타기로 한다. 고든 씨가 미소를 지으며 다가와 나를 배 안으로 끌어당긴다.

우리는 콘크리트로 지은 작업장 앞에 놓인 낡은 회색 나무의자에 앉아 햇빛을 받으며 이야기를 나눈다. 알고 보니 고든 씨는 원래 물리학자였다.

그는 담배에 불을 붙이고 깊이 빨아들였다가 콜록거리며 말한다. "심장병이 생기는 바람에 스트레스를 덜 받는 직업을 찾아야 했다오."

순간 그가 피워대는 줄담배가 다른 눈으로 보인다.

"굴 양식이 적합해 보이더군요."

얼마 동안 굴 양식 이야기를 나누다가 고든 씨는 내 도보 생활에 관한 이야기를 꺼낸다.

"당신이 신념을 지키려는 자세는 정말로 훌륭하다고 생각해요. 하지만 그걸로 정말 뭔가를 변화시킬 수 있겠소?"

나는 어깨를 으쓱해 보이며 모기만 한 소리로 대답한다. "그건 어렵겠지요."

햇빛을 받아 하얗게 바랜 조개껍데기 더미에서 바다갈매기 한 무리가 바람을 타고 날아올라 공중을 맴돌며 끼룩거린다.

고든 씨가 말한다. "가령 석유를 예로 들어 봅시다. 석유가 바닥나면 인류는 다른 것을 찾지 않을까요?"

'다른 것'이 무엇인지는 대충 짐작이 간다. 나는 고든 씨에게 원자력은 안전하지 않으므로 좋은 에너지원이 못 된다는 의견을 밝힌다. 하지만 지금까지는 핵 때문에 사고가 일어난 적이 없었으므로, 고든 씨가 통계수치를 제시하자 나의 단순한 주장은 무지하고 정보가 불충분한 사람의 이야기처럼 들린다.

고든 씨가 계속해서 말한다. "게다가 당신이 말하는 건 핵분열이잖소. 새로운 에너지원은 핵융합이 될 거요. 핵융합 에너지는 순수하고 깨끗하며 무제한으로 쓸 수 있다오."

그는 몇 분간 핵융합의 원리를 설명해 준다. 나는 설명을 이해하려 애쓰면서, 기술이 인류를 구원해 줄 그의 세계에 잠시 들어가 본다. 고든 씨가 힘주어 말한다. "머잖아 그런 날이 올 거요."

물리학자와 이야기를 나누기는 또 처음이다. 나는 고든 씨를 퍽 좋아한다. 그가 체사피크 만 이야기를 할 때면 고향 생각이 난다. 그리고 고든 씨가 하는 말이 맞을 수도 있다. 잘은 모르겠지만, 어떻게 보면 그것은 중요한 문제가 아니다. 나는 땅과 물 위를 내 방식대로 돌아다니는 것이 좋고 앞으로도 똑같은 방식을 고수할 생각이다. 개인적인 항의 표시로서도 의미가 있지만, 걸어다니는 행위 속에서 시간을 뛰어넘어 나를 체사피크 만에서 세이디 할머니와 루크 할아버지와 함께 살던 시절과 연결해 주는 가느다란 끈을 발견하기 때문이다. 다시는 모터보트를 사용하지 않을 작정이다.

제 3 장

대나무와 침묵

듣는 법을 배우다

동력 운송수단을 버리고 비주류의 삶을 시작한 나에게는 마음대로 쓸 수 있는 시간이 많다. 크리스마스에 진의 열두 살 난 딸 세시가 나에게 두꺼운 표지가 있는 작은 공책과 어린이용 그림물감 한 상자를 선물한다. 우리는 며칠 전 루시 제화회사 부지에서 베어온 전나무를 세워둔 거실에 앉아 있다. 나무에 해놓은 장식이 엉성하긴 해도 반짝이는 전구 불빛은 보기 좋다.

"별것 아니지만, 걸어다니면서 눈에 보이는 걸 그리면 좋을 것 같아서요."

"별것 아니긴! 정말 멋진 선물이다. 너도 알다시피 나는 피카소를 떠올리면서 자주 감동을 받잖니. 피카소는 종이 한 장에 선 하나를 긋는 한이 있어도 단 하루도 예술을 손에서 놓지 않았다고 하는구나. 대단한 일 아니냐? 그 정도로 나 자신에게 엄격하면 좋을 텐데 말이다." 나는 공책의 텅 빈 하얀 면을 손가락으로 훑는다. 빈 종잇장이 일종의 약속처럼 느껴진다. "좋아. 새해를 맞이하여, 매일 그림을 그리기로 결심한다!"

시작은 새해 첫날 동이 트기 전부터다. 쌀쌀한 아침 첫 번째 골짜기에서 프란시스 드레이크 경 대로까지 걸어 내려간다. 숨을 쉴 때 나오는 입김이 희미한 연기처럼 보이고 콧수염에는 물방울이 맺힌다. 나는 인버네스 상점 뒤쪽으로 걸어가 만에서 5미터 정도 돌출한 좁은 목조 방파제에 앉아 일출을 기다린다. 잠시 후에는 노란 주황색으로 떠오르는 해를 그리고 있다. 내 삶이 달라지는 느낌이다.

그림을 그리게 되자 걸을 때 장소를 인식하는 감각이 한층 예민해진다. 처음 시작은 흰 종이에 진흙 색깔 얼룩을 남기는 행위에 불과하지만 되도록이면 하루에 한 장씩 그리기를 계속할 작정이다. 어떤 그림은 그저 내가 그림을 그렸다는 사실로 위안을 삼아야 할 수준이다. 하지만 공책의 한 페이지는 곧 그날 하루를 뜻한다. 나는 내일은 더 나아지리라는 믿음을 가지고 공책을 한 장씩 넘긴다. 그림을 그릴 만한 대상이 어디에 있을까 하고 매일 주위를 유심히 살핀다.

처음 한 달간은 풍경이나 꽃을 선택한다. 처음에는 자연 속에 있는 대상만 그리기로 결심한다. 그게 무엇인지는 아직 모르겠지만 내가 경험하고자 하는 것을 가로막는 듯해서 자동차와 집과 전화선 따위는 의도적으로 배제한다.

그러다 2월이 되자 새로운 발견을 한다. 대나무를 발견한 것이다. 어디에서든 잘 자라는 대나무.

대나무를 생각하면 일본이 떠오른다. 일본에는 어디를 가나 대나무가 있다. 수저와 담뱃대에서부터 의식용 부채와 중장비에 이르기까지 일본인의 생활 구석구석에서 대나무로 만든 물건을 찾아볼 수 있다. 예술작품에서 대나무는 장수를 상징하는 모티프로 자주 등장한다. 일본 고대 문학작품인 『대나무 베는 사람의 사랑』에는 한 그루의 대나무가 자신이 간직했던 보물을 포기하는 내용이 나온다. 여기서 보물은 지상으로 추방당한 달님의 딸이었다.

내가 대나무를 눈여겨본 유일한 경험은 어린 시절 필라델피아 주 위사히콘 공원에서 열린 YMCA 일일 캠프에 참여했을 때였다. 물가에서 밝은 녹색 줄기가 자라고 있었다. 우리는 그것을 뽑아서 남자아이들의 놀이에 반드시 필요한 장난감인 창과 칼을 만들었다. 그곳에 있던 대나무는 아이들의 키보다 훨씬 높지는 않았다. 하지만 시내에 있는 YMCA에서는 경비원들이 길이가 2미터도 넘는 대나무 막대기를 운반해 와서 우리를 연못에서 끌어낸 적이 있다. 나는 2.7미터나 되는 물속에 머리까지 다 잠겨 겁에 질려 있다가, 간신히 손을 뻗어 마디가 진 가느다란 막대기를 잡았다. 그 대나무가 아니었다면 나는 익사했을 것이다. 때때로 연못 옆에서 대나무를 말리고 래커 칠을 하여 가구로 만들기도 했고, 아버지가 물가에서 쓰시던 낚싯대를 만들기도 했다. 캘리포니아 주에서는 이웃집 뜰에서 잡초를 제거하는 일을 하다가 처음으로 대나무를 보았다. 키가 작고 진한 녹색에 잎이 무성한 대나무였다. 미국 땅에 대나무가 몇 종류나 있는지는 나도 모른다. 유심히 살펴보면 미국에도 극동에서 이식해 온 대나무가 곳곳에 많이 자란다고 한다. 대나무는 원래는 야생이지만 돌보지 않아도 자라기 때문에 지방의 정원에서도 종종 볼 수 있다. 참으로 생명력이 강한 나무다.

대나무가 나를 위해 어떤 보물을 감춰 놓았는지는 알 수 없지만 다음날부터 나가서 그것을 찾아보기로 한다. 당분간은 매일 대나무 그림만 그린다. 대나무는 혼잡한 국도와 고속도로 옆에서 자란다. 나무 화분에 담겨 도시 거리에 장식돼 있는가 하면 조그만 절에 있는 정원이나 연못 가장자리, 개울가 등 조용한 장소에서도 자란다. 대나무는 어디에나 있다. 나는 어떤 날에는 대나무를 관찰하면서 그리고, 또 어떤 날에는 가만히 앉아서 대나무의 생김새를 머릿속에 새겨 넣으려고 노력한다. 장소는 중요하지 않다. 대나무가 소란스러운 거리에 있든 조용한 냇가에 있든 나는 가만히 앉아서 대나무를 바라본다. 그 순간을, 그 고요함을 온전히 받아들이고 싶다. 한마디로 말해 대나무에서 내가 느끼는 바를 그림으로 그리고 싶다. 대나무 잎이 바스락대는 소리, 대나무가 휘는 모양, 그 내면에서 찾을 수 있는 고요함을. 그 소박한 식물의 아름다움을. 왜 갑자기 눈물이 날까? 하긴 아름다움에는 으레 고통이 수반되는 법이다.

나는 이 새로이 발견한 식물의 잔가지를 붙잡고 앉아 해질녘부터 어두워질 때까지 그림을 그린다. 수수한 녹색을 띤 가느다란 줄기에 달린 길쭉한 잎사귀가 반짝거린다. 다 그리고 나니 단순히 종이에 물감을 칠하는 행위를 넘어서는 어떤 영역에 도달한 기분이다.

그 순간 나는 물감을 칠하지 않은 빈 공간에 숨어 있는 의미를 처음으로 깨닫는다. 그날 밤 진과 세시에게 그림을 보여 주자 그들은 공감을 표하며 고개를 끄덕인다. 나는 빙그레 웃으며 대나무는 어디에서나 자란다고 이야기한다. 이 그림을 그리기 전까지만 해도 진과 세시는 나의 유치한 작품을 보며 더할 나위 없이 즐거워했다.

저녁 식탁을 차리며 진이 말한다. "맞아. 대나무는 어디에서나 자라지. 우리 집 앞뜰 울타리 옆에서도 자라고 있잖아."

"정말? 나가서 봐야겠네." 벌써 어두워져 있었으므로 나는 손전등을 들고 앞뜰로 나간다. 진이 말한 대로 울타리 옆에 대나무가 자라고 있는지 보기 위해서다. 대나무는 진짜로 있었다.

우리 집 마당에 대나무가 자라고 있는 줄도 몰랐다니, 부끄럽기 짝이 없다. 그 나무가 울타리 옆에서 자라고 있는 모습을 못 본 것이 아니었다. 충분히 눈여겨보지 않아서 의미를 부여하지 못했던 것이다. 키가 작은 초록색 식물이 있었다고 희미하게 기억했을 뿐 자세한 생김새는 기억하지 못했다. 내 삶에도 이런 식으로 지나치는 부분이 아주 많지 않을까?

다음날 아침 하늘을 보니 비가 올 듯하다. 나는 산등성이 아래에 있는 초록색 언덕을 걸으며 하루를 보낸다. 널찍하게 펼쳐진 해변에 가까워질수록 초록빛 언덕은 황금빛 모래 언덕으로 변하면서 평평해진다. 연한 풀을 뜯던 흰 사슴이 이슬에 젖은 안개 사이로 보이다 말다 한다. 근처에 있는 목장 주인이 가축 개량을 위해 인도에서 수입해 온 사슴인데 지금은 야생 동물이 됐다. 이 일대에서는 흰 사슴을 신화에 나오는 동물처럼 신성하게 생각해서, 흰 사슴을 보았다고 하면 흰 물소, 흰 코뿔소, 흰 코끼리를 보았다는 것과 비슷하게 해석한다. 흰 사슴에게는 일종의 마법이 있다.

풍경에도 마법이 있다. 나는 조용한 곳에 가면 마법을 느낀다. 오늘은 비전 산과 인버네스 산등성이 사이에 있는 안부(鞍部)의 낮은 초원지대에서 마법을 발견한다. 뒤를 돌아보면 토말리스 만이 보이고 앞으로는 태평양이 보이는 곳이다. 나는 녹색과 갈색 물감을 써서 내 머릿속에 있는 대나무를 그린다.

아침부터 명상에 잠긴다. 어느 집 뜰 옆의 고요한 연못가에서 자라는 대나무와, 근처 도로에서 나는 시끄러운 소리를 차단해 주는 대나무 울타리를 생각한다. 그리고 내일을 생각한다. 내일이면 나는 스물일곱 살이 된다. 27이라는 숫자가 머릿속을 훑고 지나간다. 9 곱하기 3. 9가 세 개 있으면 27이 된다. 숫자 3과 9에는 왠지 신비로운 힘이 있는 것 같다. 어쩌면 비틀즈 노래에 나오는 "넘버 나인, 넘버 나인, 넘버 나인"이라는 구절 때문에 내가 보편적인 수학의 원리에 눈을 돌리게 되는 것인지도 모른다. 어느 쪽이든 상관없다. 어쨌든 이번 생일은 어딘가 특별하며 커다란 변화가 일어날 듯하다. 스물일곱 살 생일을 어떻게 기념하면 좋을까? 새해를 맞이하기 전날처럼 명상을 하면서 보내 볼까?

이미 나는 상상할 수 있는 한 가장 극적인 방법으로 과감하게 삶을 변화시켰다. 하지만 어딘가 부족한 느낌이 든다. 사람들과 대화를 하고 논쟁을 벌이며 내가 걸어다니는 이유를 해명하는 일이 마음을 불편하게 한다. 대화와 말다툼 때문에 하마터면 정신착란을 일으킬 뻔했던 기억을 떠올려 본다. 어머니에게 전화를 걸어 내가 얼마나 행복한지 이야기했던 기억도 난다. 어머니는 내가 행복하지 않다는 점을 정확히 지적했다. 나는 행복하지 않다. 걸어 다니겠다는 결심에 대해 나 역시 우리 부모님과 똑같이 혼란스러워하고 있으면서도 과장을 하고 새빨간 거짓말을 늘어놓았다. 인정하고 싶지 않지만 엄연한 사실이다.

우리 집보다 조금 높은 곳에 있는 인버네스 탁상대지에서 노숙을 한다. 구름이 조금 낀 하늘에 아직 별빛이 반짝인다. 시간이 흘러 동 트기 직전이 되자 빗소리가 정적을 깬다. 어둠 속에서 얼굴에 빗방울이 떨어지는 순간, 나도 모르게 옆에 있는 플라스틱 방수포에 손을 뻗으며 대나무가 나오는 꿈 언저리로 돌아온다. 내 옆에서는 대나무 잎이 바스락거린다. 놀라운 일은 아니다. 내 꿈이 대나무로 가득 차 있기 때문에 꿈의 세계와 현실 세계가 겹치는 일이 종종 있다.

아침이 되자 비가 그친다. 매끈하고 푸른 솔잎에 오색영롱한 커다란 물방울이 맺혀 있다. 공기에는 촉촉하고 싱그러운 기운이 감돈다. 옆에서 대나무 잎이 바스락거리는 소리가 들린다. 드디어 나의 스물일곱 번째 생일이다. 오늘을 기념하기 위해 하루 내내 침묵을 지키면 어떨까 하는 생각이 머리를 스친다. 그 동안 나와 논쟁을 하거나 내 수다를 들어야 했던 친구들에게는 생일 선물이 되는 셈이다. 자기 생일에 남에게 선물을 준다는 발상은 J. R. R. 톨킨이 쓴 『호빗』에서 읽은 적이 있다. 나는 발에 털이 복슬복슬한 호빗이 대나무 숲을 종종걸음으로 가로질러 부드럽고 두꺼운 대 잎사귀 사이로 사라지는 장면을 상상하며 혼자 조용히 웃는다. 탁상대지에도 마법이 있나 보다.

사실 내가 침묵을 생각한다는 것은 우스운 일이다. 나는 어릴 때부터 유난히 말이 많았고, 어른이 되고 나서는 더욱더 말하기를 좋아했다. 가톨릭계 고등학교를 다니는 동안 성직에 헌신하고 싶어져서 트라피스트 수도사가 될까도 생각했지만, 침묵이라는 엄격한 계율을 준수해야 한다는 것 때문에 단념하고 말았다.

하지만 오늘은 특별한 날이고 내 마음도 내면을 향하고 있기 때문에 얼마 동안 침묵하자는 결단이 가능하다. 생전 처음 해 보는 침묵이 내 삶에 어떤 변화를 일으킬지 궁금하다.

나는 그림물감과 일기, 음식과 옷가지가 든 커다란 빨간 배낭에 침낭과 플라스틱 방수포를 집어넣고 '첫 번째 골짜기'로 통하는 오솔길을 따라 내려간다. 나무로 만든 다리를 건넌 후 테니스 코트를 지나 세 번째 집 뜰로 들어선다. 그러고는 한동안 멈춰 서서 울타리 옆에서 자라는 키 작은 대나무를 바라보다가 집 안으로 들어간다.

진은 아직 헐렁한 실내복 차림으로 침실에 앉아 있다. 라디오 주파수는 샌프란시스코 라디오 방송국 채널에 맞춰져 있다. 이 채널은 이 산골짜기에서 청취할 수 있는 유일한 방송이다. 진은 엄지손가락과 집게손가락으로 머리를 배배 꼬다가 나를 보고 미소를 짓는다.

"생일 축하해. 노숙은 어땠어? 비가 와서 좋았지?"

나는 고개를 끄덕이고 진에게 키스한 후 빙그레 웃는다.

진의 입술에서 미소가 새어나온다. "음, 기분이 좋은 걸 보니 아주 즐거웠나 봐. 조금 더 걸어다니면서 캠핑을 해도 좋겠는걸."

침묵이 흐른다. 보통 때 같으면 내가 어디에 갔고 무엇을 봤으며 앞으로는 어디에 가려고 한다는 이야기를 1킬로미터 당 1분 길이로 늘어놓았을 것이다. 그러나 지금 나는 말없이 그녀를 응시하기만 한다. 나는 배낭에 손을 깊숙이 집어넣어 검은색 표지의 일기장을 꺼내, 지난 며칠간 그린 그림을 진에게 보여 준다. 모두 대나무를 그린 그림이다. 오늘의 페이지는 아직 비어 있다.

"그래······아하 알겠어." 진은 공책을 한 장씩 넘기며 말한다. "그리고 당신이 지금 아무 말도 안 하고 있는 걸 보면, 생일을 맞아 침묵을 하기로 했나 보지? 좋은 생각이야. 리만투르 해변까지 걸어가서 며칠 동안 혼자 조용히 지내는 게 어떨까?"

진과 나 사이에는 텔레파시 같은 것이 통한다. 우리는 아주 적은 말과 몸짓으로도 서로를 이해한다. 나는 갈아입을 옷과 과일과 견과 스낵을 챙겨 고독을 찾아 꿈속에 나오는 세계로 떠난다.

인버네스 산등성이를 오르기 전에 비에 흠뻑 젖은 오솔길을 조용히 걷는다. 시내로 향하는 움푹 팬 아스팔트 도로로 이어지는 길이다. 우체국에 들어서자 직원인 헬렌 지암바스티아니가 제1종 우편 분류작업을 막 끝내고, 일반우편 분류함에서 꺼낸 편지 몇 통을 카운터 너머로 내게 건넨다.

"안녕하세요." 헬렌은 웃으며 다시 편지 분류함 쪽으로 돌아선다.

긴장되는 순간이다. 평소대로 "아, 헬렌. 안녕하세요? 오늘 아침에는 비가 왔죠? 편지 고마워요."라고 대답하고 싶지만 내 입에서는 아무 말도 나오지 않는다. 자발적으로 말을 하지 않는다는 것이 현실적으로 얼마나 어려운지 뼈저리게 느낀다. 여러 낱말이 머릿속을 맴돌며 제발 말로 해 달라고 사정한다. 이 낱말들 없이 어떻게 의사소통을 한단 말인가?

나는 이를 드러내고 활짝 웃어 보이며 손으로 어설프게 인사를 하려 했으나 당황스럽게도 헬렌은 다른 데를 보고 있다. 잠시 안도감이 밀려온다. 그녀는 내가 말을 안 하고 있다는 사실을 알아차리지 못할 것이고 나는 그냥 편지를 받아서 나가면 되겠지. 이제 와서 보니 하루 동안 말을 하지 않는다는 것이 좀 이상하게 여겨지는데 굳이 내 상황을 설명할 필요가 없겠지.

그 때 우편 분류함 쪽을 향하고 있던 헬렌이 돌아서서 내 얼굴을 똑바로 바라보며 다그친다. "왜 그래요? 갑자기 꿀 먹은 벙어리가 됐어요?"

나는 다시 웃는다. 당황해서 나온 웃음이기도 하다. 나는 다문 내 입술에 집게손가락을 갖다 대고, 나 자신을 가리켜 보인 후 내 앞에 동그라미를 몇 번 그려서 가상의 생일 케이크를 만들고, 초에 불을 붙였다 입으로 불어 끄는 시늉을 한다.

헬렌이 더듬거리며 묻는다. "어……당신……생일이라고요?"

나는 고개를 끄덕이고 마치 길게 "쉬……" 소리를 내려는 사람처럼 다시 한 번 입술에 집게손가락을 갖다 댄다.

"그래서 말을 하지 않기로 했다고요?"

나는 고개를 끄덕인다.

헬렌이 깔깔거리며 말한다. "와, 재밌는 생각이군요. 얼마 동안 그럴 생각이죠?"

나는 빙그레 웃으며 손가락 하나를 세워 보인다.

헬렌은 내게 봉투를 하나 더 건네주며 조심하라고 충고한다. 조심하라고 말하는 이유는 잘 모르겠다.

해변까지는 다섯 시간 가까이 걸린다. 나는 느긋하게 산등성이로 난 길을 지나 봉우리를 넘고 분수령을 형성하는 작은 개울을 따라 걷는다. 높은 곳에 이르러 소나무에서 스페인 이끼가 줄줄 흘러내리는 모습을 보니 숲에 사는 유령에 대한 상상이 머릿속을 떠나지 않는다. 해변에 도착하니 벌써 어둠이 깔리기 시작한다. 누런 잔디밭에서 안전한 장소를 찾아야 할 시간이다. 바다 근처에 흰 사슴 예닐곱 마리가 돌아다니고, 사방에 바다안개가 자욱하다.

배낭에서 그림물감과 일기장을 꺼낸다. 비어 있는 오늘의 페이지를 펼쳐 동그라미를 그리고 그 안에 점 하나를 찍는다. 그리고는 모래밭에 누워 어둡고 축축하며 투명한 안개 속을 들여다보면서, 쏴아 하고 얕은 해변으로 밀려오는 파도 소리를 들으며 잠든다.

밤의 어둠이 은회색으로 바뀌는 아침에 혼자 잠에서 깨어나 파도가 부서지는 소리를 듣는다. 나는 여전히 침묵하고 있다. 말을 할 이유가 전혀 없다. 이 바닷가에 오래 있을수록 불과 하루 전에 떠나온 수다스러운 해변에서 점점 더 멀어지는 기분이다. 나에게는 이곳이 처음이고, 새롭다는 느낌 때문에 좀 더 머물면서 둘러보고 싶어진다. 파도는 더 깊은 물속으로 나를 끌어들인다. 결국 나는 이 새로운 장소에 하루 더 있기로 한다.

몇 주 후. 아직도 침묵을 지키고 있다. 언제 다시 입을 열게 될까? 그건 나도 모르겠다. 나의 침묵에 마을사람들과 내 친구들이 유쾌한 반응을 보일 때도 있지만 대체로는 그렇지 못하다. 마을사람들 가운데 몇몇은 내가 걸어다니더니 이제 침묵까지 하는 것을 보고 세상의 종말이 다가오는 징조라고 여기고, 몇몇은 내가 성인이라는 증거라고 생각하며, 몇몇은 내 행동을 정신이상자로 입증된 사람들이 하는 행동으로 치부하면서 우스갯거리로 삼을 때 외에는 나에게 전혀 관심을 보이지 않는다. 아니면 진짜로 화를 내는 사람들도 있다.

나는 모든 불만과 비판을 듣지만 반박은 하지 않는다. 말을 하지 않으니 논쟁이 벌어질 소지가 없다. 가만히 듣기만 하라고 침묵이 나에게 명령한다.

일체 소리를 내지 않고 보내는 날이 이어진다. 다음 몇 달은 혼자 걸어

다니며 보낸다. 산봉우리를 넘어 리만투르 해변으로 나아가 철썩이는 파도 소리를 들으며 야영을 하고, 때로는 국립 해안 공원에서 땅을 매입하기 전에 지어진 몇 채의 집에 사는 사람들을 찾아간다. 혹은 유목민처럼 임시로 집을 짓고 모래밭에서 모닥불을 피운다. 그리고 며칠 동안 머무르며 새를 관찰하고 끊임없이 변화하는 해변을 탐색한다.

키 큰 소나무 숲은 바다로 이어지는 산등성이에서 끝나고, 오래된 목장 길을 따라가면 진홍색 카스텔리야와 자주색 루핀과 라일락이 제철을 맞아 만개한 초록색 협곡이 나온다. 협곡은 분수령을 이루며, 보다 높은 곳에 있는 샘에서 흘러나오는 작은 하천 주위에 오리나무가 자란다. 오리나무 숲은 점점 울창해져서 낮은 녹색 언덕들과 푸른 바다로 이루어진 파노라마 같은 풍경이 보이지 않을 지경이다. 그러는 동안 산길은 골짜기로 이어진다. 내가 혼자 와 있는 곳이 바로 여기다. 조금 더 가면 내가 낚시질을 하는 연못이 나오고, 연못에서 바퀴 자국이 난 비포장도로를 따라가면 다시 산등성이가 나온다. 1.5킬로미터 정도 길이의 비포장도로는 바퀴 4개짜리 운송수단으로도 통과할 수 있는 길이다. 전에 차를 운전해서 가 본 적은 많았지만 걸어서 가니 주변이 훨씬 생생하고 거리도 멀게 느껴진다.

몇 달 동안 시간이 더디게 간다. 내면에서 떠드는 시끄러운 소리가 점점 작아져 조용한 메아리로 바뀌자 나는 꼬박꼬박 일기를 쓰기 시작한다. 이제 내 검은색 표지 공책에 매일 그림을 그리는 일은 새로운 의미를 지닌다. 그림 그리는 시간은 날마다 기다려지는 명상의 시간이며, 친구들이나 내가 만나는 사람들과도 그림을 통해 소통한다. 말이 아니라 수채화에 이야기를 담는 것이다.

이곳에 와서 얻은 교훈 내지는 깨달음이 있다. 첫 번째는 성인이 된 후로 내가 다른 사람의 말에 충분히 귀를 기울이지 않았다는 것이다. 나는 말하는 사람의 생각이 내 생각과 일치하는지 판단할 때까지만 귀를 기울였다. 일치하지 않을 경우에는 더 이상 이야기를 듣지도 않았고, 말하는 사람이 가진 생각이나 입장을 반박하는 주장을 미리 생각해 내느라 바쁘게 머리를 굴렸다. 그래서 기회가 생기자마자 불쑥 끼어들어 말하곤 했다. 말을 하지 않기로 하고 다른 생각이나 입장을 공격하지 않기로 하니 자연히 남의 말을 제대로 듣게 된다. 나 자신에게 이런 여유가 생기자 말하는 사람은 반박당할 걱정 없이 자기 생각이나 입장을 충분히 개진할 수 있게 된다. 미처 상상하지 못했던 결과다.

또 하나의 깨달음은 언쟁이 벌어지려면 적어도 두 명이 있어야 한다는 점이다. 대화를 나누는 데 적어도 두 명이 필요한 것과 마찬가지다. 따라서 대화든 언쟁이든 두 사람 모두에게 책임이 있다.

우리 집 거실 한쪽 구석에는 다섯 줄짜리 밴조가 놓여 있다. 나는 밴조를 집어 들고 줄을 튕긴다.

팅……! 마치 여름 안개가 토말리스 만을 가로질러 움직이며 그림자를 드리우듯, 조율이 안 된 상태에서 나는 소리가 내 얼굴을 찡그리게 만든다.

나는 1년 전부터 밴조를 배우려고 노력했다. 그러나 포스터가 작곡한 '시골 경마(Camptown Races)'라는 노래를 배우고 나서는 밴조가 별로 쓸모없다는 생각에 푹신한 의자 뒤 눈에 띄지 않는 구석에 처박아 놓았다. 나는 항상 어릴 때 의무적으로 받은 피아노 레슨과는 다른 음악을 연주하고 싶다고 생각했다. 소박하고 시원시원한 음색을 가진 밴조는 오래 전부터 내 마음을 울린 악기였다.

걷기와 침묵은 내가 밴조를 배울 절호의 기회를 마련해 준다. 나는 다시 줄을 튕겨 본다. 소리는 먼젓번과 마찬가지지만, 이번에는 나뿐 아니라 진까지 괴로워하며 얼굴을 찡그린다.

"드디어 그걸 연주하는 법을 배우기로 했어?"

나는 어깨를 으쓱하고 밴조에 낀 먼지와 거미줄을 걸레로 닦아낸다.

"누구한테 레슨을 받아야 하잖아."

나는 가는 곳마다 밴조를 들고 다니면서 누구든 밴조를 연주할 줄 아는 사람을 만나면 그 사람에게 배우기로 마음먹는다. 의자에 앉아 줄감개로 음을 맞추고 다시 한 번 줄을 튕겨 본다. 티앙! 소리는 더 나빠졌으면 나빠졌지 조금도 좋아지지 않았다. 진이 다시 얼굴을 찡그리며 말한다.

"당신한테 당장 가르쳐 줄 수 있는 사람을 찾아야 해. 빠를수록 좋을 걸."

진의 말이 옳다. 나는 배낭과 일기장과 물감을 가지고 밖으로 나간다. 밴조는 내 어깨에 조용히 걸쳐져 있다.

하루는 주립대학 강사인 내 친구 이네즈 스토어러가 내가 말을 하지 않아서 "미칠 것 같다."고 하소연한다. 나는 아무런 대꾸도 하지 않는다. 그런데 이네즈가 그 달 안으로 마음을 바꾸어 나에게 책 한 권을 선물하자 나는 깜짝 놀란다. 그녀는 그 책으로 내가 침묵하는 이유가 설명된다고 생각하는 모양이다. 그녀가 선물한 책은 1985년 브루스터 기셀린(Brewster Ghiselin)이 편찬하여 발행한 『창조의 과정: 예술과 과학의 발명에 대한 성찰』이다. 창조라는 과정의 공통적인 특성을 찾기 위해 창조적인 분야에 종사하는 다양한 사람들의 에세이를 모아 놓은 책이다. 예술가는 각자 자기에게 효과가 있다고 여기는 독특한 접근방식을 사용한다는 것이 책의 내용이다. 하지만 내게는 이네즈가 준 검은담비털 붓이 더욱 감동적이다. 원래 내가 쓰던 거칠거칠한 붓 대신 쓰라고 준 선물이다.

이네즈는 웃으며 말한다. "이걸 써 보면 확실히 다를 거야." 이네즈의 급격한 변화가 놀랍기는 하지만 내 길을 가도록 도와주는 그녀가 고맙다.

여전히 침묵으로 하루하루를 보내고 있지만, 머릿속에는 온갖 잡생각과 대화와 논쟁이 끈덕지게 남아 말로 표현해 달라고 떼를 쓴다. 말을 하지 않는 것에 대해 내 안에서 논쟁이 벌어지기도 한다. 급기야는 내가 제정신인지 의심스러워진다. "도대체 지금 뭘 하는 거니?"라든가 "언제 그만둘 거니?"라는 질문은 물론이고 말을 중단하기 전부터 내 머릿속에 어른거렸던 수많은 대화가 그대로 남아 있다. 내 힘으로는 내 안에 있는 오만 가지 수다스런 소리를 가라앉히지 못할 것 같다.

어느 날 나는 시험 삼아 내년 생일이 돌아올 때까지 침묵을 연장하기로 결심한다. 침묵의 장점을 많이 생각해 보고 내린 결정이며, 쉼 없이 되풀이되는 내면의 투쟁을 끝내기 위한 결정이다. 또한 침묵을 이성적인 결단으로 만들기 위한 노력이기도 하다. 아직도 머릿속에는 천 개도 넘는 미완성의 대화와 풀리지 않은 의문이 요동친다. 입을 다물기만 하면 신비로운 마음의 평화와 행복이 찾아오리라는 환상은 저절로 사라진다. 나 자신의 생각조차 불협화음을 이루는데 더 말해 무엇 하랴.

친구 이네즈의 생각도 계속 변한다. 어느 날 이네즈는 내 그림 솜씨가 꽤 많이 늘었다면서 그녀가 소노마 주립대학에서 맡고 있는 수업에 초청 강연자로 와서 한 시간 동안 침묵 강연을 해 달라고 부탁한다. 여기에는 학생들에게 세상을 보는 새로운 방식을 알려 주려는 취지가 있다. 50킬로미터 가까이 떨어진 소노마 주립대학에 가려면 꼬박 이틀 동안 걸어야 한다. 내가 대학에 도착하자 이네즈는 자기 사무실에서 나를 맞이하여 학생들이 기다리는 강의실로 안내한다. 학생 20명 가운데 절반 정도는 내가 온다는 소식에 하루 동안 말을 하지 않고 지내기로 했다.

나는 내 수채화를 촬영한 슬라이드를 프로젝터에 올려놓는다. 말없이 웃고 있는 한 학생에게 내가 고개를 끄덕일 때마다 다음 번 슬라이드로 넘겨 달라고 부탁한다. 이네즈가 나를 짤막하게 소개한다. 강의실 조명이 어두워지는 동안 나는 밴조로 짧은 악구를 연주한다. 화면이 밝아지면서 〈길, 친구, 장소〉라는 제목이 나타났다 서서히 사라지고 이내 풍경과 사람을 그린 수채화를 합성하여 만든 그림이 나온다. 나는 음악 연주를 곁들인다.

강단에 서는 것이 아주 즐거워서 속으로 놀라고 있다. 모든 제약에서 자유로워지고 무대공포증도 사라져 마치 하늘을 날듯이 마음이 가볍다. 슬라이드 상영이 끝나고 학생들이 질문을 시작하자 그들과 더욱 강력한 유대감을 느낀다. 우리는 모두 진리를 찾아 헤매는 예술가이자 인간으로서 같은 언어를 사용하고 있다.

내가 동력 운송수단을 이용하지 않고 걷기 시작했을 때 내 친구들과 이웃들은 적잖이 놀랐지만, 전국으로 번진 충격파는 미약한 진동에 불과했으므로 북부 필라델피아의 부모님 댁에 있는 도자기가 덜거덕거릴 정도도 못 됐다. 하지만 말을 하지 않기로 했다고 부모님께 편지를 써 보냈을 때는 달랐다. 땅이 미시시피 강 폭만큼 갈라지고, 도시생활에 찌든 오래된 통념에 금이 쩍쩍 가고, 부모님은 마음에 깊은 상처를 입는다. 아버지는 바로 캘리포니아행 비행기에 오른다.

더운 여름날 아버지가 샌프란시스코에 도착하신다. 진이 낡은 파란색 폭스바겐 밴을 몰고 공항까지 가서 아버지를 인버네스로 모시고 온다. 오는 길에 그들은 토말리스 만과 산 안드레아스 단층을 우회하는 길을 혼자 걷는 내 모습을 발견한다. 밴이 멈추고, 열린 차창으로 아버지가 나를 바라본다. 아버지도 놀라고 나도 놀란다. 우리 머리 위에서는 아치 모양으로 구부러진 향기로운 월계수나무가 바람에게 뭐라고 속삭인다.

"얘야, 오랜만이구나." 아버지의 목소리는 다정하지만 왠지 내 반응이 겁나는 듯 주저하는 기색이 있다.

나는 최대한 입을 크게 벌리고 웃으며 아버지와 악수하려고 손을 내민다.

"호텔까지 타고 가지 않겠니?"

나는 허공에 대고 손가락을 움직여 걷는 시늉을 해 보인다. 침묵으로 대답하는 동안 아버지의 가슴이 찢어지는 소리가 들린다. 아버지가 느끼는 고통과 당황스러움이 내게도 고스란히 전해진다.

"제길! 이게 무슨 꼴이냐?"

한동안 아버지도 할 말을 잃는다. 아버지의 메마르고 까무잡잡한 얼굴에 어두운 빛이 스쳐 간다. 아버지는 눈물을 어떻게 참고 계실까? 대체 나는 무엇 때문에 차문을 열고 아버지와 함께 호텔까지 가지 못한단 말인가? 구체적으로 설명하지는 못하겠지만 나는 어린 시절 이후 처음으로 아버지의 깊은 사랑을 느낀다. 우리 사이를 갈라놓고 있는 심연은 겉모습에 불과하다.

나중에 호텔에서 만난 우리는 새로운 방법으로 가족과 친척들의 안부를 주고받는다. 처음에는 아버지도 내 무언극과 의미를 전달하려는 몸짓을 이해하려 애를 쓴다. 몸짓과 무언극은 나의 새로운 의사소통 수단이다. 말을 하지 않겠다는 결단이 다른 사람들에게 얼마나 큰 짐이 되며 내 몸짓을 이해하는 데 인내와 의지가 얼마나 많이 필요한가를 실감하고 있다. 어쨌든 아버지에게는 무리한 요구다. 결국 종이쪽지에 글을 써서 대화하기로 한다. 하지만 아버지는 내가 뭐라고 써도 언짢아하시더니 마침내 분노를 터뜨리며 말씀하신다.

"걷는 건 그렇다고 쳐도, 침묵한다는 건 도저히 이해할 수가 없구나."

나는 갈겨 쓴 쪽지 더미를 뒤져 깨끗한 종이 하나를 찾아내 이렇게 쓴다. "침묵하면 제가 거짓말을 안 하게 되지요."

말을 하지 않고 지내면서 깨달은 바에 의하면, 내가 하는 거짓말은 어릴 때 생긴 습관이 청년기까지 유지된 것이다. 일단 타협해 버린 후에는 오직 나쁜 습관에 물들어 버렸다는 이유만으로 거짓말을 하게 됐다. 하지만 나의 침묵과 관련된 이런저런 문제를 곰곰이 생각해 보는 동안 깨달은 바에 의하면 나는 나 자신에게 만족하지 못하고 있었다. 나에게 없는 지식과 기술과 능력을 갖춘 다른 사람 행세를 할 때가 더 마음이 편했다.

미국 사회에서 흑인으로 태어나서 자란 나는 '낮은 자존감' 같은 용어를 들어본 적은 없었지만, 내 삶이 바로 그러했다. 가족과 함께 있을 때는 별 문제가 없었지만, 실은 우리 모두 낮은 자존감이라는 덫에 걸려 있었다. 그런 시각은 신문, 라디오, 텔레비전과 같은 대중매체에서도 알게 모르게 배어나온다. 나는 어릴 때 나 자신을 좋아하지 않았던 기억이 있다. 유색인종인 것이 마음에 들지 않았다. 꼭 저주를 받았거나 덫에 걸린 기분이었고 창피하기도 했다. 사실은 나 스스로 창피하게 생각했던 것이 아니라 대중문화에서 유색인종을 바라보는 방식과 표현하는 방식 때문에 창피했던 것이다. 내가 택한 방어 수단은 기만이었다. 다른 사람인 체하려고 거짓말을 했다.

나는 나 자신을 속여 내가 다른 누군가라고 믿게 만들었다. 흑인도 아니고 백인도 아니고 그저 남을 흉내 내는 사람, 변신에 능한 카멜레온 같은 사람이라고 말이다. 아주 간단하지 않은가? 나 자신이 마음에 들지 않으면 다른 모습을 상상하면 된다! 처음부터 나 자신을 싫어했던 것은 아니었다. 내게는 어릴 적부터 내가 세상에 단 하나밖에 없는 사람이며 사랑받을 자격이 있고 세상의 모든 가능성을 다 가진 사람이라고 항상 일깨워 주던 부모와 가족이 있었다. 그래도 나는 세상이 내 기대에 부응하지 못한다고 느끼며 살았다.

한참 지난 후에야 내가 거짓말을 하는 습관이 사회의 산물이라는 사실을 이해했다. 사회가 나 자신을 속이라고 부추기기 때문이다. 기만이라는 방책을 쓰면 당장은 나 자신을 인정할 수 있다는 착각이 들지만 궁극적으로는 자아를 잃어버리고 만다. 딴 사람 흉내를 내다가 진짜 나 자신을 잊고 살아온 셈이다.

걷기와 침묵은 나를 구원해 주었다. 걷기와 침묵은 속도를 늦추어 다른 사람들을 쳐다보고 그들에게 귀를 기울이게 해 주었다. 그리고 나 자신을 바라보고 나 자신의 소리에 귀를 기울일 기회를 준다. 내가 발견한 바에 의하면 침묵은 부정적인 것이 아니다. 침묵은 단순히 내가 입을 다물 때 생기는 말의 부재가 아니다. 침묵은 총체적이면서 독립적인 현상으로, 외적인 요소 없이 그 자체로 존재한다. 나는 침묵 속에서 나 자신을 재발견한다.

아버지는 호텔 바깥에 있는 공중전화 박스에서 필라델피아에 계신 어머니에게 전화를 건다.

"그래, 존을 만났소. 지금 옆에 서 있소." 아버지가 잠시 말을 멈춘다. 나는 수화기에 귀를 대고 있는 아버지를 바라본다. "아냐, 건강은 괜찮아 보여요. 담배도 술도 안 한다는군. 여기 사람들하고도 잘 지내는 것 같고." 나는 공중전화 박스 문에서 내가 작곡한 제목 없는 노래를 밴조로 연주하기 시작한다. 아직은 미숙하고 불안정한 연주다. 내 손가락에서 이상한 소리가 나오자 아버지는 더 큰 소리로 말씀하신다. "맞아. 그럼도 그리고 밴조 연주를 한다는데?" 아버지는 음악소리가 귀에 거슬렸는지 나를 쫓아내고 문을 닫아 버린다. 밖에서는 아버지의 목소리가 거의 들리지 않지만 다음과 같은 말만은 알아들을 수 있다. "내 생각엔 그냥 여기 두는 게 나을 것 같소. 그 녀석이 필라델피아에 나타나지 않길 바라야지. 그래……그래……알았소. 돌아가서 봅시다."

어쨌든 내가 몸은 건강하다는 것을 확인한 부모님은 내가 캘리포니아의 샌안드레아스 단층 위에 불안하게 위치한 이 마을에서 내 뜻대로 살도록 내버려 두자는 결정을 내린다. 어머니는 특유의 차분한 태도로 나를 위해 기도한다. 그리고 내가 지나친 행동을 하지 않는지 감시하기 위해 가끔 직접 찾아오고 매주 편지를 주고받겠다고 한다.

아버지가 내 여행을 이해하게 되자, 나는 혼자만의 행동이 세상을 바꿀 수는 없을지라도 자기 자신을 바꿀 수는 있다는 교훈을 얻는다. 나 자신을 바꾸면 내 주변 사람도 나를 이해하려고 노력하는 과정에서 바뀔 수 있다. 우리 모두는 서로를 이해하려고 노력하는 존재기 때문이다.

며칠 후 아버지가 필라델피아로 돌아간다. '첫 번째 골짜기'에 있는 우리 집으로 돌아와 부엌에서 아침식사를 하는데 진이 빵에다 버터를 바르면서 불쑥 말한다. "당신, 어젯밤에 말을 하던걸."

나는 귀가 쫑긋 선다. 내가 잠꼬대를 했나? 말하기를 중단한 지 몇 달밖에 되지 않은 터라 나는 가끔 무심결에 말을 내뱉곤 한다. 그런 사건은 다섯 손가락으로 꼽을 수 있을 정도다. 한번은 식료품점에서 어떤 사람과 부딪치고 나서 나도 모르게 "미안합니다."라고 이야기했다. 모텔에서 텔레비전으로 〈십계〉를 보다가 모세 역으로 나온 찰턴 헤스턴이 손을 들자 홍해가 쩍 갈라지는 장면에서 "오, 하나님!"이라고 소리친 적도 있었다. 지금까지 이런 경우는 모두 나 스스로 알아차렸을 뿐 아무런 증거도 없었기 때문에 내가 정말로 그 말을 했는지 의아할 정도였다. 그런데 지금 진은 내가 잠결에 말을 했다고 하지 않나. 이건 너무 심하다. 나는 풀이 죽은 채 그녀가 자세한 내막을 이야기하기를 기다린다. 진이 다시 말한다.

"그뿐이 아냐. 당신은 차도 타고 있었다고."

진은 이런 일로 거짓말을 할 사람이 아니다. 나는 그녀가 꿈 이야기를 하고 있다는 것을 알아차리고 안심하며 그녀의 얼굴 앞에 커다란 물음표를 그려 보인다. 진은 멍하니 나를 바라본다. 나는 물음표를 한 번 더 그리고 내 입 앞에서 손바닥을 펄럭여서 말하는 흉내를 낸 다음 어깨를 으쓱한다.

"아. 당신이 뭐라고 했냐고?"

나는 고개를 끄덕인다.

"모르겠어. 기억이 안 나. 기억나는 건 당신이 자동차 뒷좌석에 앉아 있었고, 이야기를 나눴고, 캄캄한 밤이었고, 우리는 사람들과 함께 차를 타고 어디론가 가는 중이었다는 게 전부야. 처음에는 나도 이상하다는 생각을 안 했어. 그런데 갑자기 생각이 나더라고. '아니, 존이 차 안에 있고 이야기

도 하잖아!'"

나는 다시 어깨를 으쓱해 보인다. 나는 모르는 일이니까. 며칠 후에는 이웃에 사는 켄 폭스가 나에게 자기 꿈 이야기를 한다. 그는 이 근방 어느 집에 가서 나하고 한 자리에 앉아 이야기를 나누었다고 한다.

"당신이 뭐라고 했는지는 잘 모르겠어요. 하지만 모든 게 잘 될 거라는 느낌을 받았지요."

알고 보니 친구들과 이웃들 가운데 내가 그들과 이야기를 나누는 꿈을 꾼 사람이 꽤 많다. 그들은 대체로 꿈에서 내가 말을 하는 모습을 보고 기뻐했지만 내가 말한 내용을 기억하지는 못한다.

나는 어디에 가든 밴조를 어깨에 메고 다닌다. 오랫동안 혼자 해변을 따라 걷거나, 언덕을 넘거나, 도시와 도시 사이에 있는 구불구불한 길을 걸을 때면 음악이 나와 함께한다. 그리고 대나무의 정신이 내 안에 조용히 뿌리를 내린다.

제 4 장

영혼을 훔치다
죽음과의 만남

여기는 인버네스 시내의 '프란시스 드레이크 경 자동차 정비소'다. 나는 푸른색 알루미늄 외벽에 바짝 붙여 놓은 폭이 좁고 그늘진 나무벤치에 앉아서 승용차와 픽업트럭이 들어와 자리를 메우는 광경을 바라본다. 대부분은 내가 아는 사람이 차를 몰고 온다. 나는 활달한 지역주민의 책무에 걸맞게 그들을 향해 웃으며 고개를 끄덕여 준다.

내 복장은 색깔이 뒤죽박죽이다. 옷에 닳아 해진 데가 있는가 하면 색바랜 헝겊 조각으로 기운 데도 있고, 먼지투성이 부츠에다, 항상 하던 대로 밴조를 메고, 머리에는 크로셰 뜨개질로 만든 무지개 색 모자를 쓰고 있다. 모자는 사촌의 아내 펄이 준 선물이다. 내 옆에는 정비공 테드가 기름이 묻은 줄무늬 작업복 차림으로 앉아 있다. 흐트러진 금발 머리가 언제나 어리벙벙해 보이는 테드의 네모난 얼굴을 돋보이게 한다. 나는 다리를 꼬고 앉

아 밴조의 녹슨 금속 줄을 조용히 뜯으며 한가롭게 즐기고 있다. 우리 둘이 앉아 있는 모습은 한 장의 그림엽서라 해도 과언이 아니다.

그 때 주유소에 검은 세단을 몰고 온 낯선 남자가 몰래 카메라를 꺼내 우리를 찍으려 한다. 내가 차도 타고 말도 하던 몇 달 전이었다면 누가 내 사진을 찍는다고 해서 꺼림칙하게 생각지는 않았을 것이다. 하지만 지금 나는 걸어다니고 있으며 침묵을 맹세한 만큼 누가 내 사진을 찍는 일에도 민감해져 있다. 카메라가 영혼을 빼앗아간다고 믿기 때문이다.

어쩌다 그런 믿음을 갖게 됐는지는 나도 모르겠다. 오래 전에 본 텔레비전 쇼에 나왔거나 「내셔널 지오그래픽」 잡지에서 읽은 이야기가 아닐까? 하여튼 나는 사진이 영혼을 빼앗아간다는 말을 믿는다. 나는 순간적으로 연주를 멈추고 몸 안의 모든 근섬유를 동원하여 사진을 찍으려는 남자에게 "안 돼!"라는 메시지를 보낸다.

남자는 마음을 고쳐먹고 카메라를 치우려 한다. 바로 그 때 별안간 활기를 찾은 테드가 소리친다.

"이봐요, 그러지 말고 사진을 찍으세요. 우린 상관없어요."

뭐라고? 테드는 카메라가 영혼을 훔쳐갈 수 있다는 것도 모르나? 고개를 돌려 테드를 보니 여전히 어리벙벙한 표정이다. 테드는 재빨리 나를 가까이 끌어당겨 내 어깨에 팔을 두르고 함박웃음을 짓는다. 나는 다시 주유소 쪽을 바라본다. 카메라 셔터가 찰칵 소리를 낸다. 남자는 한 마디 말도 없이 차 안에 쏙 들어가더니 차를 몰고 가 버린다.

나는 가만히 앉아 있다. 몸뚱이 한가운데에 관통상을 입은 느낌이다. 다만 바닥에 피가 흘러내리지만 않을 뿐이다.

테드가 일어서서 기름투성이 헝겊에 손을 문지르며, 입 안에 대리석이 가득 든 것 같은 목소리로 말한다. "어이, 존. 진정해. 그렇게 나쁘진 않았잖아? 누가 다친 것도 아니고. 안 그래?"

나는 차량 번호를 적느라 바빠서 테드가 한 질문에 대답할 겨를이 없다. 번호를 보니 캘리포니아 주정부에 소속된 차다. 그러자 곧장 어둠 속에서 이루어지는 일들을 상상하게 된다. 나쁜 목적으로 어딘가에 보관 중인 비밀 데이터베이스에 넣으려고 사진을 찍었다면? 혹은 사진을 인쇄해서 "캘리포니아로 오세요." 광고에 쓰려고 한다면? 뭐가 됐든 상관없다. 다음날 나는 지방 변호사 존 마드리어스를 만나기 위해 6.5킬로미터 떨어진 포인트 레이에스 역까지 걸어간다.

존 마드리어스 씨의 변호사 사무실은 구식 서부 술집 위층에 있다. 사무실에서는 시내를 가로지르는 1번 고속도로가 내려다보이고, 건물 밖 말뚝에는 세실 산체스의 말이 매여 있다. 존의 비서가 사무실로 나를 안내해 준다. 사무실에 들어가자 존이 책상 뒤에서 나와서 나에게 손을 내민다.

나는 마르셀 마르소(Marcel Marceau: 프랑스 팬터마임 연출가 및 배우—옮긴이)가 보아도 만족할 만한 마임 공연을 해 가며 인버네스에서 있었던 일을 자세히 설명한다.

"할 수 있는 일은 아무것도 없습니다. 당신은 유명인사가 돼 버렸으니까요. 사진을 상업적인 목적으로 사용한다면 몰라도, 당신 사진을 찍는다는 이유만으로 조치를 취할 수는 없어요."

마드리어스 씨는 복잡한 사생활 침해 규정을 설명해 나간다. 나는 가슴에서 영혼을 뜯어내 바닥에 던져 버리는 팬터마임을 한다. 마드리어스 씨는 재미있어 하면서도 안타까운 눈으로 나를 바라본다. 나는 그 사진이 나를 해치는 일에 쓰이지 않을까 걱정된다는 의사를 표현한다. 내 사진을 찍은 기관이 어디며 사진을 어디에 쓸 작정인지를 알아낼 수만 있다면, 사진을 찍어 간 것이 내게 얼마나 해로운 일인가를 그들에게 이야기할 텐데……. 그러자 마드리어스 씨에게 무슨 생각이 떠오른 모양이다. 그는 내가 침묵으로 표현하던 문장을 도중에 끊고 책상 위에 놓인 명함 정리기를 빠르게 넘기며 말한다.

"감사관실에 아는 사람이 있어요. 당신한테 어떤 도움이 될지는 모르겠지만 한 달에 한 번 이상은 공청회가 열리니까, 내가 당신에게……그러니까…… '발언' 할 기회를 줄 수 있습니다." 마드리어스 씨는 잠시 생각하고 나서 말을 잇는다. "당신은 해낼 수 있을 겁니다."

물론 그 정도면 충분하다. 나는 웃으며 두 손가락을 다른 손 손등에 얹어 걷는 시늉을 한다. 손가락은 손등에서 팔꿈치 쪽으로 팔을 타고 올라가다가 공중으로 떠올라 그의 책상, 새크라멘토로 착지한다. 사실 나의 원정 투쟁은 다소 역설적인 면이 있다. 나는 벌써 세 번째 공책에 그림을 그리고 있는데 늘 그리던 풍경 대신 사람들의 얼굴을 그리고 있기 때문이다. 마을 사람들과 관계를 유지하기 위해 고안해 낸 방법이다. 나는 날마다 한 사람씩 골라 초상화를 그려도 되겠냐고 물어본다. 그렇게 해서 내 침묵을 다른 이들과 공유한다. 하지만 본인의 허락을 받았다고 하더라도 초상화를 그리는 것 또한 다른 사람의 영혼을 훔치는 행동이 아닐까? 나는 그 초상화들을 볼 때마다 왠지 모르게 친밀한 감정을 느끼고, 남에게 그림을 보여 줄 때는 유대감을 느낀다. 내 결론에 따르면 내가 그린 초상화는 내 영혼을 스치고 지나가는 남의 영혼을 표현한 것이다. 한데 섞인 두 사람의 영혼은 보다 풍요로워진다.

'가운데 골짜기(Central Valley)'를 지나 새크라멘토까지 160킬로미터나 되는 길을 걸어가려면 꼬박 닷새가 걸릴 것이다. 캘리포니아 주 주도(州都)인 새크라멘토는 새크라멘토 강과 아메리칸 강이 합류하는 지점에 위치한다. 나는 낯선 지역을 가로지르는 길을 따라 최초로 장기 도보여행을 떠나야 한다. 시에라네바다 산맥과 코스트 산맥 사이에 있는 가운데 골짜기는 어림잡아 길이가 640킬로미터, 폭이 80킬로미터에 달하는 거대한 골짜기다. 가운데 골짜기에서 흘러나온 물의 대부분은 새크라멘토 강과 샌호아킨 강에 흡수되고, 두 강은 거대한 삼각주에서 하나로 모여 샌프란시스코 만으로 흘러든다.

나흘 후 데이비스에 도착한다. 데이비스는 새크라멘토에서 남서쪽으로 15킬로미터 남짓한 거리에 있는 도시로, 시민들에게는 '세상에서 제일가는 자전거 도시'라는 애칭으로 불리는 곳이다. 시내에 가 보면 도로 양쪽에 설치된 자전거 보관대에 형형색색의 산악자전거, 하이브리드 자전거, 경주용 자전거가 줄지어 세워져 있다. 자전거와 보행자가 우선 통행이라고 쓰여 있는 간판도 보인다. 나는 도시 외곽에 야영지를 잡고 데니스 식당(미국 각지에 있는 대중적인 프랜차이즈 식당—옮긴이)에 가서 데비 넬슨을 만난다. 토말리스 만에 사는 친구 데비는 감사관 회의 자리에서 내 몸짓언어를 통역해 주겠다고 제안했다. 요즘 나는 팬터마임과 함께 배우 아이언 아이스 코디(Iron Eyes Cody, 본명 Espera De Corti, 1904~1999—옮긴이)가 쓴 '인디언 몸짓언어' 책에서 배운 몸짓언어를 함께 구사한다.

아이언 아이스 코디는 '토마스 롱 플럼(Thomas Long Plume)'이라는 이름을 가진 체로키 인디언의 아들이다. 아이언은 블랙푸트 인디언 '투 건 화이트 카프(Two Gun White Calf)'와 쉐이엔 족 출신이면서 아라파호 족 족장이었던 '화이트 호스(White Horse)'에게서 인디언 몸짓언어를 배웠다. 그는 인디언 몸짓언어 전문가로서 미국과 캐나다를 구석구석 돌아다녔고, 수상 경력을 지닌 무용수로서 영국 왕과 여왕 앞에서 춤을 춘 적도 있다. 그러나 미국에서 아이언이 유명해진 계기는 무엇보다 1971년 제1회 '지구의 날'에 미국 공영방송에서 방영한 〈울고 있는 인디언〉이라는 프로였다. 방송에 출연한 아이언은 오염된 강에서 카누를 타고 노를 저어, 검은 구름을 내뿜는 굴뚝 옆을 지난다. 그리고 나서는 쓰레기가 가득 쌓인 혼잡한 고속도로를 갓길로 걷는다. 카메라에 클로즈업으로 잡힌 그의 뺨에 눈물 한 방울이 떨어지고, "사람이 오염을 만듭니다. 하지만 사람은 오염을 막을 수도 있습니다."라는 내레이터의 목소리가 들린다.

나는 말하기를 중단한 지 몇 주 후에 서재에서 아이언 아이스의 책을 우연히 발견했다. 그리고 그가 출연한 방송과 아메리카 원주민으로서 환경을 걱정하는 마음에 굉장히 감동을 받아 생전 처음으로 팬레터를 썼다. 얼마 지나지 않아 아이언 아이스의 부인이 쓴 편지가 도착했다. 친필 사인이 적힌 책과 아이언 아이스가 머리에 독수리 장식을 쓰고 찍은 사진도 함께였다. 부인은 아이언이 내 편지를 받고 무척 고마워했으며 나에게 환경을 보호하기 위한 활동을 계속하라고 격려했다고 전했다. 나는 그 편지와 책을 표지가 너덜너덜해질 때까지 지니고 다녔다.

캄캄한 새벽에 몇 킬로미터를 더 걸어 새크라멘토 시에 도착한다. 내가 민원을 제기하기로 한 공청회장에 와 보니 감사관 주위에 주 정부 공무원들이 모여 앉아 있다. 감사관이 각종 안건을 처리하기 위해 회의를 소집한 것이다. 내가 들어가자 사람들의 눈길이 일제히 나에게 쏠린다. 나는 밝은 색 천으로 기운 청바지에 해진 청 셔츠를 입고 번쩍이는 주황색 야광조끼에 스컬캡(테두리 없는 베레모의 일종—옮긴이)을 쓰고 있다. 밴조는 무지개 색 가죽끈으로 어깨에 고정돼 있고 내가 쓴 모자도 무지개 색이다. 회의실 안에 침묵이 흐른다.

감사관이 옆자리에 앉은 여자에게 뭐라고 속삭이자 그녀는 고개를 끄덕인다. 감사관은 목청을 가다듬고 말한다.

"오늘 회의에 참석하려고 인버네스에서 오신 분입니다." 그는 아래를 보며 서류를 뒤적인다. "성함이……음……존 프란시스 씨입니다." 그는 나를 바라보며 미소를 짓는다. "프란시스 씨는 우리에게 탄원하기 위해 포인트 레이에스에서 여기까지 걸어왔습니다." 놀란 공무원들이 눈을 동그랗게 뜨고 입을 벌린다.

데비가 천천히 회의실 한가운데로 나가서 말한다.

"존 프란시스 씨는 침묵하기로 맹세한 사람이기 때문에 몸짓언어로 말합니다. 제가 통역을 하겠습니다."

나는 데비 옆으로 자리를 옮기면서도 작은 방에 둥글게 모여 앉은 열댓 명가량의 사람에게서 눈을 떼지 않는다. 한 사람 한 사람에게 시선을 주면서, 내 가슴 앞의 빈 공간을 움켜잡아 바닥에 세게 내동댕이치는 동작을 선보인다.

데비가 통역한다. "저는 가슴이 아픕니다."

공무원들의 눈이 휘둥그레진다.

나는 손바닥으로 가슴을 탕탕 치고 두 손가락으로 V자 모양을 만들었다가 다시 손가락을 빠르게 빙빙 돌려 토네이도처럼 점점 커지는 원을 만든다. 그리고 같은 손으로 그 보이지 않는 폭풍을 휙 잡아챈다.

"제 영혼을 빼앗겼습니다."

누군가가 조용히 한숨을 쉰다.

나는 이어서 카메라와 차들과 불행한 내 얼굴에 떨어지는 눈물방울을 팬터마임으로 표현하고 닷새 동안 걸어오는 과정을 연기한다. 동그라미 하나가 나타났다가 내 손 뒤로 사라지는 동작을 통해 해가 뜨고 지는 모습도 보여 준다. 두 손은 쉬지 않고 움직이며 덜덜 떤다. 두려운 마음과 제발 도와 달라는 간청을 형상화하기 위해서다. 마지막으로 그곳에 침묵을 지키며 앉아 있는 사람들에게 감사의 뜻을 표한다. 팬터마임이 끝나자 감사관이 입을 연다. 데비에게 하는 말이다.

"흥미로운 이야기군요. 우리 모두 프란시스 씨가 어떤 심정인지 이해했습니다." 그는 다시 목청을 가다듬고 나를 바라보며 묻는다. "프란시스 씨는 우리가 어떻게 해 주기를 바랍니까?" 나는 왼손 손바닥을 내밀고 오른손 집게손가락을 그 위에 올려놓는다.

"사진을 돌려받기를 바라지요."

감사관이 대답한다. "우리는 그 사진을 갖고 있지 않습니다. 하지만 만약 우리가 한 일이라면 돌려드리겠다고 약속합니다. 최선의 방안은 조사를 해 보고 프란시스 씨 사진을 찍은 사람이 누군지 알게 되면 사진을 받아서 프란시스 씨에게 돌려주는 것이겠군요."

감사관은 자기 오른쪽에 앉은 여자를 보며 다시 한 번 고개를 끄덕인다. 그녀는 공책에 뭐라고 써서 감사관에게 보여 준다. 그는 다시 나를 바라본다.

"포인트 레이에스 역에서 근무하는 당신의 친구 마드리어스 씨가 그 차의 번호와 사진을 찍은 날짜와 시간을 전자우편으로 우리한테 보내셨다고 하니, 필요한 정보는 모두 확보된 셈입니다."

감사관은 계속 데비를 보며 말한다. 나는 다시 귀머거리나 투명인간으로 전락한 기분이다. "오늘 여기까지 찾아와 이야기해 주셔서 감사하다고 프란시스 씨에게 전해 주십시오. 인버네스로 돌아가서 걱정 말고 기다리라고 하셔도 됩니다. 우리가 다 알아서 할 테니까요."

몇 분 후 우리는 거리에 나와 있다. 데비가 기분이 어떠냐고 묻자 나는 어깨를 으쓱한다. 내가 정말로 사진을 돌려받으리라고 생각했는지 잘 모르겠다. 돌려받는다면 그 사진을 어떻게 할지도 잘 모르겠다. 도둑맞은 영혼을 도로 집어넣는 방법은 알지 못하기 때문이다. 사진이 영혼을 빼앗아간다고 믿기는 하지만 영혼을 되찾는다는 이야기는 들어 본 적도 없다. 사진을 불태워서 연기를 내 몸에 묻히거나, 재를 바람에 날려 보내거나, 작은 약주머니에 넣어 목에 걸고 다녀야 하는 걸까? 어찌됐든 내 안에 아직도 영혼이 남아 있는 것으로 보아 내가 영혼을 몽땅 도둑맞지는 않은 듯하다.

확실한 것은 이번 여행이 지금까지 중에 가장 긴 도보여행이었으며 나에게 많은 변화가 있었다는 사실이다. 닷새 동안 걷기, 내가 지나친 길과 장소, 도중에 만난 사람들……. 나를 바꿔 놓은 여행이었다. 나는 감사관실에서 나오자마자 웃음을 터뜨린다. 소리 없이 활짝 웃으며 내 무릎을 아플 정도로 세게 친다. 일주일 만에 처음 터뜨린 소리 없는 웃음이다. 데비가 약간 걱정스런 시선으로 나를 바라보다가 함께 웃는다.

우리가 카프카의 소설처럼 부조리한 상황에 처해 있음을 깨닫고 나니 또 한 가지가 명확해진다. 나는 이미 악명 높은 공인이 되었으므로 공공장소에서 남들이 내 사진을 찍는 일을 막기란 거의 불가능하다는 사실이다. 누가 내 사진을 찍을 때마다 언짢아한다면 나는 더없이 불행한 사람이 될 것이다.

나는 내 처지를 있는 그대로 받아들이기로 마음먹는다. 용기를 내서 뛰어들어 보자. 내 유명세를 이용해 환경 보호라는 대의를 촉구하는 것이다. 지금 이 순간부터 나는 토말리스 만 해변에서 자연을 벗 삼아 조용히 살기를 바라는 사람이 아니라, 행동하는 사람이다. 내 삶을 바쳐 변화를 이끌어 내면서 계속 배워 나가자.

영혼을 도둑맞은 자리에 따스하고 행복한 감정이 밀려온다. 그러자 나는 삶의 목표와 웃음과 음악과 시를 가진 사람이 된다. 집에 돌아와서도 행복한 나날이 계속된다. 봄이 오자 내가 보호하기를 바라마지 않는 '환경'이라는 것을 제대로 이해하기 위한 탐색을 시작한다. 여전히 행복한 마음이다. 나는 본격적으로 환경 공부를 시작할 겸 북쪽으로 800킬로미터 떨어진 오리건 주까지 걸어간다. 해안을 따라 걷는 첫 여행이다. 오리건 주에 도착해서는 시스키유 산맥을 답사하고 높은 산봉우리에 올라 바위가 많은 칼미옵시스 야생지대의 아름다움을 유심히 관찰한다. 그리고 언젠가 다시 오리라고 다짐한다.

10월에는 해변을 따라 남쪽으로 이동하여 집으로 돌아온다. 오리건 주의 숲과 시스키유 산맥이 꿈처럼 희미해진다. 포인트 아레나보다 약간 북쪽에서 발걸음을 멈추고 야영을 한다. 완만한 언덕들 뒤로 가을 해가 지고, 갈색으로 변한 여름 잔디가 서늘한 바람에 살랑살랑 흔들린다. 비가 오기를 기다려 보지만 하늘은 여전히 푸르다.

아침 해와 함께 일어나 양말을 수선하고 종일 포인트 아레나에서 돌아다닌다. 식당에 들어가서 '가정식' 수프와 빵을 주문해서 먹고 있는데 이곳 주민들 몇몇이 "밴조를 가지고 걸어다니는 키 큰 흑인" 어쩌고저쩌고 하는 소리가 들린다. 내가 귀머거리라도 되는 줄 아는 모양이다. 나는 손가락에서 흘러나오는 대로 음악을 연주한다. 사람들이 내 연주를 들으려고 고개를 돌리고 발로 박자를 맞추며 웃는다. 나는 박수를 받고 따뜻한 격려의 말을 들은 후 노란 반사판이 박힌 고속도로로 나간다. 하늘이 파란데도 안개가 짙게 끼어 있다. 때때로 내가 아는 사람 한두 명이 차를 타고 지나간다. 차들이 노란 점 위로, 위로, 위로 쌩쌩 지나가면서 내는 소리가 마음에 위안이 된다.

나는 저녁별이 총총히 박힌 하늘로 걸어간다. 바다에서 따스한 바람이 불어온다. 잠시 멈춰 서서 공기를 들이마시며 바람에 나부끼는 나무를 바라보고, 저 밑에서 우르릉거리는 파도 소리에 귀를 기울인다. 공기는 달콤하다. 여름 향기에 조분석(오랜 세월 쌓인 새 똥이 굳어진 천연 비료—옮긴이) 냄새와 썩어 가는 해초 냄새가 섞여 있다. 나무들은 춤을 춘다. 가지가 날씬한 유칼리나무는 거세게 출렁이고 사이프러스는 천천히 몸을 굽힌다. 바닷물이 바다와 대지를 조각조각 찢어 놓는다. 이 모든 풍경은 하나의 축제다. 다음 도시까지 이동하는 동안 나는 매 순간의 매력을 마음껏 즐긴다. 별이 총총한 하늘을 배경으로 나무들이 윤곽만 보인다.

"우리는 은하수다." 언덕과 산을 넘고 해변을 따라 침묵하며 걸어가는 가운데 문득 떠오른 말이다. "우리는 은하수다." 이 말은 수채화로 바뀌고 다시 음악으로 바뀐다. 내 눈에 눈물이 고였다가 흘러내린다.

아침이다. 구알랄라 강어귀에 완만하게 솟은 절벽 옆에서 잠을 깬다. 해가 떠오르는 중이라 동쪽 하늘이 붉게 물들고 있다. 나무 몇 그루 너머에서는 아이들이 조용히 웃으며 노란색 스쿨버스를 기다린다. 온 마을이 잠에서 깨어난다. 우체국 지붕 위로 깃발이 나부낀다. 나는 소나무 그늘을 따라 길을 오르락내리락하면서 하루 내내 한 장소에만 머문다. 저녁이 되자 바닷가에서 안개가 밀려온다.

3일 후 나는 1번 고속도로와 수백 미터 간격을 두고 평행하게 뻗어 있는 시뷰(Seaview) 도로를 걷고 있다. 외딴 곳에 있는 한적한 길이다. 양쪽 옆으로 미송이 줄지어 늘어서 있다. 지나가는 차도 별로 없고, 내 영혼은 충만하고 평화롭다. 걸음 하나, 호흡 한 번에도 의미가 있다. 나는 걸음을 옮기며 밴조로 '삶의 축복'이라는 노래를 나지막하게 연주한다.

나를 지나쳐 북쪽으로 가던 파란색 픽업트럭이 되돌아와서 바로 내 앞 길가에 멈춘다. 내가 앞으로 나아가자 트럭 안에 탄 두 사람은 얼굴을 보이지 않으려는 듯 고개를 돌린다. 순간 분위기가 격해지면서 온몸이 욱신거린다. 고요함은 사라지고 내가 연주하던 음악도 멈춘다. 트럭 운전석에 앉은 남자가 거칠고 신경질적인 목소리로 말한다.

"어이, 당신 잠깐만 이리 와 봐."

어깨 너머로 트럭을 바라보니 이제야 두 남자의 모습이 보인다. 그들의 얼굴에 떠 있는 군인 특유의 표정이 어쩐지 익숙하다. 전에 만난 적이 있는 사람들인가? 나는 뒤로 돌아 운전석 옆 열린 차창 쪽으로 걸어간다. 트럭은 작은 수입차여서 내가 왼쪽 팔을 차 지붕에 올려놓고 상대방의 경계하는 듯한 눈을 들여다볼 수 있을 정도다. 남자는 둘 다 금발인데 운전석에 앉은 쪽은 군대식으로 머리를 짧게 쳤고 조수석에 앉은 쪽은 어중간하게 기른 머리를 바람에 나부끼고 있어서 마치 털북숭이 강아지 같다. 조수석에 앉은 남자는 다리 옆에 뭔가를 숨긴 채 안절부절못하는 표정이다. 그가 숨기고 있는 물건이 내게는 보이지 않는다.

그가 짐짓 친절한 투로 묻는다. "형씨, 길을 잃고 헤매는 거요?"

나는 고개를 저으며 오른손 손가락으로 언덕 위를 걷는 시늉을 하다가 마지막에는 지금 걷고 있는 길을 남쪽 방향으로 가리켜 보인다.

"남쪽으로 가고 있다고?"

나는 고개를 끄덕이며 손가락으로 언덕을 넘어가는 동작을 되풀이한다. 다만 이번에는 입가에 웃음을 머금고 있다. 왜 웃었는지는 확실치 않다. 이 친구들이 길을 잃었을지도 모른다고 생각하니 즐거워진다. 사실 그들은 길을 잃지 않았다. 우리는 모두 있어야 할 곳에 있다. 그 사실이 내 온몸으로 느껴진다. 운전석에 있던 남자가 좌석 밑에서 오른손을 들어올려, 시커먼 44구경 연발 권총의 총구를 내 머리에 들이댔기 때문이다. 모든 것이 명백해지는 순간 저승사자의 얼굴이 눈앞에 오락가락한다. 마치 오랜 친구의 얼굴 같다. 나는 그를 잊고 살았지만 그는 언제나 제 자리에 있었고, 숲속에서, 산에서, 언덕을 넘고 골짜기를 건널 때마다 언제나 나와 함께 걸으며 내 여행을 완전하게 만들어 주었다. 마침내 내 눈에서 눈물이 강물처럼 콸

콸 흘러내린다.

"우리는 깜둥이가 이 근처에서 어슬렁거리는 게 싫어." 저승사자가 이렇게 말하지만 그가 뭐라고 말하는가는 중요하지 않다. 마치 전에도 들어봤지만 전혀 이해하지 못했던 암호처럼 난해하게 들린다. 지금 중요한 건 저승사자가 이 자리에 나와 함께 있다는 사실이다.

"딸깍!" 그가 방아쇠를 당긴다. 공이가 뒤로 젖혀진다.

그러나 폭발음은 들리지 않는다. 내 몸이 쿵 하고 아스팔트 도로에 나가 떨어지지도 않는다. 나는 눈을 크게 뜨고 총신 너머로 그의 겁먹은 눈을 살핀다. 눈 깜짝할 새에 한 줄기 빛이 번쩍 한다. 어떤 생각이 머릿속을 스치고 지나가는가 싶더니 머릿속을 떠나지 않는다.

'이런! 오늘 그림을 그리지 않았잖아!' 하마터면 생각나는 대로 소리칠 뻔한다. 하지만 나는 다시 활짝 웃으며 손가락으로 나를 가리켜 보이고 다시 한 번 두 손가락으로 언덕을 넘어가는 시늉을 낸다. 마치 아는 것이라고는 그것밖에 없는 바보처럼. 그리고 모든 게 다 '오케이'라는 사인을 보낸다.

저승사자와 그 옆에 있는 남자는 영문을 모르겠다는 표정을 주고받는다. 그들은 다시 나를 본다. 시간이 멈춰 있는 것만 같다.

"이제 가 봐."

나는 다시 '오케이' 사인을 보내고 천천히 트럭에서 물러나 몸을 돌려 걷기 시작한다. 잠시 후 뒤를 돌아보니 파란색 트럭은 가고 없다. 나는 조금 더 나아가다가 나무 사이가 많이 벌어진 곳을 발견하고 길가에 앉는다. 우리 집이 있는 포인트 레이에스 반도가 푸른색으로 아스라이 보이고, 반짝이는 하얀 구름 무리가 해안을 감싼다. 여기서는 가장 높은 언덕과 산등성이와 산꼭대기만 보인다. 나는 오후 햇살을 받으며 그림을 그린다.

그림은 명상이다. 그림을 그리면 머릿속으로 똑같은 생각을 계속 되풀이하거나 손이 떨리는 현상을 막을 수 있다. 우리는 산맥이다. 우리는 나무다……. 하지만 상념이 오래 가지 못한다. 커다란 흰색 트럭이 앞을 가로막으며 내 앞에 섰기 때문이다. 트럭에는 흰색 카우보이모자를 쓴 남자 두 명이 타고 있는데 둘 다 내가 모르는 사람이다. 그들은 괜찮은 사람들 같아 보인다. 마침 차를 몰고 집으로 돌아가는 길이었던 모양이다. 한 남자가 부보안관 신분을 증명하는 금색별을 들어 올려 나에게 보여 주자 안도감이 밀려온다.

"이봐요, 길을 잃었소?"

나는 고개를 흔들어 아니라는 의사를 표시하고 아직 완성하지 못한 그림을 그에게 보여 준다. 길옆으로 울타리가 쳐진 가파른 산등성이의 여름 잔디밭이 보이고, 바닷가를 향해 굽은 미송과 자욱한 안개와 갈색 언덕이 있으며, 멀리 포인트 레이에스가 보이는 그림이다.

보안관은 그림을 받지 않고 손을 내저으며 말한다. "아, 됐소. 당신이 여기 와 있어서 목장 주인들이 화가 잔뜩 나 있어요."

나는 허공에 대고 손가락으로 걷는 시늉을 한 다음 길을 가리킨다.

"왜 그러는 거요? 말을 못 알아듣습니까?"

나는 고개를 흔들며 약속을 할 때처럼 십자가를 긋고 다문 입술 앞에 집게손가락을 갖다 댄다. 부보안관은 옆자리에 앉은 남자의 무릎을 넘어 트럭 창문 밖으로 몸을 내밀고, 고개를 절레절레 흔들며 눈을 부라린다.

"당신이 누군지는 내 알 바 아니오. 무슨 말인지 알지요? 다음번에 내가 올 때는 여기 앉아 있지 마시오. 그랬다가는 정말 문제가 생길 거요."

그들이 차를 세우고 기다리는 동안 나는 짐을 챙겨서 언덕을 내려가기 시작한다. 내가 움직이자 트럭은 덜거덕거리며 앞으로 가다가 나무 사이로 모습을 감춘다. 그들이 지나갈 때 나는 손을 흔들고, 그들이 시야에서 사라진 후에도 몇 발짝 더 걷는다. 아직 햇빛이 조금 남아 있었으므로 나는 다시 발걸음을 멈추고 그림을 마무리한다.

짙은 안개 사이로 1번 고속도로를 따라 걷는다. 태양의 열기가 사라지고 등골에 냉기가 스친다. 나는 기분이 언짢고 겁도 난다. 삶이 여전히 그렇게 추하고 익숙한 양상을 띤다는 데 화가 나고, 집에 도착하기 전에 죽음이 나를 따라잡을까봐 겁이 난다. 덜덜 떨리는 몸을 주체할 수가 없다.

고속도로에 들어서자 포인트 레이에스에 사는 친구들이 지나가다가 차를 세우고 나를 끌어안는다. 내가 해안을 따라 걸어오고 있다는 소식이 집에도 전해졌다고 그들이 이야기해 준다. 친구들을 만나니 반가운 나머지 눈물이 난다. 주책없는 미소를 지으며 말없이 굵은 눈물을 뚝뚝 흘리는 나를 보고 친구들이 걱정스런 표정으로 괜찮으냐고 묻는다. 나는 잠시 망설이다 고개를 끄덕인다. 순간적으로 그들과 함께 안전한 차에 올라타고 싶다는 생각도 든다. 하지만 고속도로 옆을 걸으며 표현하고 싶은 것이 너무 많아서 안 된다. 내가 할 수 있는 일은 해안을 따라 차를 몰고 가는 친구들에게 손을 흔들어 주는 것이 전부다.

저녁에는 러시안 강 옆에서 야영을 한다. 조그맣게 모닥불을 지피고 멀리서 들려오는 파도소리와 바다사자 울음소리에 귀를 기울인다. 바다사자 울음소리는 개 짖는 소리와 아주 흡사하지만 전혀 귀에 거슬리지 않는다. 더 가까이에 있는 석호에서 흔한 물새가 구슬피 운다. 조용한 밤에 나는 광활한 바다에 휩쓸려 간 제리 태너를 떠올린다. 저승사자에게 붙잡힐까봐 아직도 겁이 난다. 그래도 모닥불에 몸을 녹이며 다시 여행길에 몸을 싣기로 한다. 다음날 아침에도 계속해서 집으로 걸어간다. 때가 되면 죽음이 나를 찾아올 것이다. 하지만 그 전에 해야 할 일이 있다.

제 5 장

다리
보행자의 시점

    3월의 이른 아침, 인버네스 산등성이에 조용히 내리던 비가 멈춘다. 아래쪽 탁상대지에는 작은 굴뚝에서 나온 엷은 연기가 물기 어린 나무 사이를 떠돈다. 나는 소나무와 월계수와 탠 오크 나무 사이에 있는 단칸방 오두막집 안에 있다. 고요한 아침에 난로 앞에 앉아 차를 마시며 장작이 우지직우지직 타는 소리를 듣는다.

    받은 지 2주일이 다 되어 가는 편지를 다시 읽는다. 버클리에 있는 캘리포니아 건축대학에서 에너지와 자원과 환경을 주제로 강의하는 심 판 데르린 교수가 수업 시간에 초청 강연을 해 달라고 요청해 온 것이다. 편지에는 수강생들이 에너지를 적게 소비하는 생활방식에 관심이 많으며 화석연료로부터 독립하여 자연과 조화를 이루자는 운동의 모범 사례로 꼽힐 만한 사람을 만나고 싶어한다고 쓰여 있다.

나는 편지를 접어서 어느덧 내 몸의 일부가 된 배낭에 달린 주머니에 도로 넣는다. 걸어다니기 시작한 지 이제 2년이 넘었다.

지금까지 나는 마린 카운티를 통과하여 샌프란시스코와 새크라멘토로 가 보았고 오리건 주로 여행을 떠난 경험도 있다. 하지만 버클리로 걸어가기는 처음이다. 나는 수업을 하기로 한 날보다 엿새 일찍 출발한다.

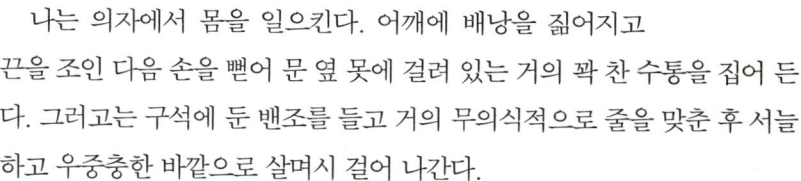

나는 의자에서 몸을 일으킨다. 어깨에 배낭을 짊어지고 끈을 조인 다음 손을 뻗어 문 옆 못에 걸려 있는 거의 꽉 찬 수통을 집어 든다. 그러고는 구석에 둔 밴조를 들고 거의 무의식적으로 줄을 맞춘 후 서늘하고 우중충한 바깥으로 살며시 걸어 나간다.

비에 흠뻑 젖은 길을 따라 숲을 가로지르고, 닳아빠진 아스팔트 도로를 타고 '첫 번째 골짜기'로 내려간다. 언덕 아래로 내려오니 공기가 상쾌하고 깨끗하다. 골짜기 개울을 건너는 나무다리에 잠시 서서 토말리스 만으로 흘러드는 물을 바라본다.

다시 다리를 건넌다. 밴조로 조용한 곡조를 연주하면서 인버네스 시내에 있는 우체국까지 간다. 우체국에 가서는 앞으로 길을 가면서 내게 오는 편지를 받을 수 있도록 주소를 미리 남겨 둔다. 이제 침묵하며 산 지도 2년이 다 되어 간다. 지금은 약음기를 단 밴조와 그 동안 꼬박꼬박 그린 펜화와 수채화와 내가 쓴 글이 담긴 일기장 몇 권을 들고 조용히 걷고 있다. 길가에서 끊임없이 걸으며 꾸었던 수많은 꿈처럼 인버네스가 천천히 사라져 간다.

인버네스에서 6.5킬로미터 가량 떨어진 포인트 레이에스 역에 닿을 무렵에는 오후가 되어 비가 내리기 시작한다. 나는 오랜 친구인 제리와 릴라 코빗 부부에게 잠시 들러 늦은 아침식사를 함께한다. 제리가 속한 악단은 버클리에 있는 지역 회관에서 연주하고 있다. 이웃이자 친구인 제시 콜린 영도 함께 연주한다. 마침 내가 버클리에 갈 예정이므로 우리는 미리 약속을 잡는다. 언제나 음악을 좋아하는 나는 공연을 손꼽아 기다리지만, 공연 장소는 수십 킬로미터 떨어져 있으므로 며칠 더 가야 한다.

계속 비가 내린다. 나는 포인트 레이에스 역을 떠나려고 '투 볼 여관'의 따뜻한 난롯가에서 일어선다. 카운터 뒤에 있던 조지가 빙그레 웃고, 근사한 치즈 오믈렛을 만들어 준 셜리는 나에게 여행 잘 하고 빠른 시일 내에 무사히 돌아오라고 이야기한다.

이제 나는 날씨가 사나울 때 입는 점퍼를 착용하고 밴조는 조심스럽게 플라스틱 통에 넣어 작은 판초(남미 원주민들이 입는 일종의 외투—옮긴이)로 헐렁하게 감싼 채 포인트 레이에스에서 페탈루마로 가는 길이다. 땅에서 솟아나온 거대한 주먹처럼 생긴 블랙 산을 지나고, 물이 불어 콸콸 소리를 내며 아래쪽에 있는 개울에 하얀 물줄기를 쏟는 니카시오 호수를 지나고, '치즈 팩토리'를 지난다. 그리고 길가에 있는 표지석을 세다가, 젖을 짤 준비가 된 검정과 하양 얼룩소들이 드문드문 보이는 초록빛 언덕에 녹아들었다가, 조용한 밤을 맞이한다.

내가 가려는 길은 약 120킬로미터다. 우선 마린 카운티를 통과하여 노바코로 갔다가, 발레이오 시를 거쳐 샌파블로 만을 돌아 로데오, 헤라클레스, 피놀레, 샌파블로, 리치몬드, 엘 체리토, 알바니 등의 도시를 지나 최종적으로 버클리에 도착할 예정이다.

거의 12시간 만에 물을 뚝뚝 떨어뜨리며 비를 피해 노바토 거리의 환한 불빛 속으로 들어선다. 고요한 이른 아침에 나는 피로와 싸우고 발이 아픈 것을 참으면서 몇 킬로미터를 더 절뚝거리며 걷는다. 그러다 낯익은 문으로 살며시 들어가 배낭과 신발을 벗어 놓고 내가 가져온 오리털 침낭 안으로 힘없이 기어들어간다.

잠에서 깨 보니 정오가 다 되어 있다. 나는 노바토의 가까운 친구 집에 와 있다. 그 집에서 사흘간 머무르면서 휴식을 취하고, 언덕과 만 위로 굴러다니는 구름을 바라보며 봄 폭풍의 기운을 느낀다. 어느 날 아침 나는 다시 빗방울이 떨어지기 전에 혼잡한 101번 고속도로를 건너 철길로 넘어가 선로를 따라 사라진다. 침목을 하나씩 조심스럽게 밟는다.

바람이 무척 세다. 하얗고 커다란 솜털구름이 푸른 하늘을 미친 듯이 내달리고, 구름이 떠난 자리에 태양이 밝게 비춘다. 나는 종종 걸음을 멈추고 날씨를 음미한다.

블랙 포인트에 도착하기 직전에 철길을 벗어나 도로(37번 고속도로)로 돌아온다. 페탈루마 강을 건너 소노마 카운티로 들어가기 위해서다. 곧 캘리포니아 고속도로 순찰대 차가 내 앞에 멈춘다. 순찰 경관 한 명이 동료 경관과 함께 차에서 내려 한 손에 모자를 벗어들고 손을 저어 인사하며 나를 멈춰 세운다. 경관이 뭐라고 말을 하는데 바람소리 때문에 알아들을 수가 없다. 그가 내 앞에 바싹 다가설 때까지 그의 입모양만 바라보고 있다.

"여보세요. 바람이 이렇게 센데 어디로 가는 길입니까?"

2차선에 불과한 도로지만 나는 '혹시 보행금지 표지판이 있었던가?' 라고 생각하며 내가 걸어가던 방향을 가리킨다. 빤한 대답을 하자니 조금 우습기도 하다. 경관은 내 얼굴에 떠오른 걱정스런 표정을 읽었는지, 캘리포니아 고속도로 순찰 경관에게서 들으리라고는 생각지도 못했던 말을 꺼낸다.

"겁먹지 마십시오. 그저 태워 드리려고 차를 세웠으니까요. 발레이오까지 태워 드릴 수 있는데 어떻습니까?"

나는 웃으며 여러 가지 손짓을 하고 황급히 글씨를 써서 거절의 뜻을 전달한다.

"알았습니다."

그가 나를 멈춰 세운 '진짜 이유'를 듣자 한결 마음이 놓인다.

"그런데 제가 당신을 멈춰 세운 진짜 이유는 밴조를 들고 있는 걸 보았기 때문입니다. 제가 제일 좋아하는 악기거든요. 당신이 들고 있는 게 밴조 맞죠?"

나는 고개를 끄덕인다.

"연주할 줄 아십니까?"

나는 할 수 있다는 뜻으로 고개를 끄덕이고 악기 보호용 플라스틱 통을 연다. 차들이 계속해서 휙휙 스쳐 가고 플라스틱 통이 폭풍우 속의 깃발처럼 바람에 나부낀다.

"잠깐만요. 괜찮다면 바람을 피해 연주할 수 있도록 우리 순찰차 안에 앉으시는 게 어떻겠습니까? 당신이 원하지 않는데 차를 몰고 이동하지는 않을 테니까요."

잠시 후 우리는 정차시켜 놓은 순찰차 안에 함께 앉아 사나운 바람을 피한다. 그리고는 안목 높은 청중과 강제로 음악을 듣게 된 다른 청중 앞에서 내가 가장 좋아하는 노래를 몇 곡 연주한다. 연주가 끝나자 우리는 각자의 길을 간다. 그래도 각자 조금씩은 더 행복해지지 않았을까.

나파 강에 닿기 전에 다른 고속도로 순찰차가 내 앞에 멈춰 선다. 경관이 차에서 나와 손을 흔든다.

"아, 걱정 마십시오. 무전기로 당신 이야기를 들었거든요. 당신 연주가 정말 들을 만하다고 돕이 말했어요. 쉴 새 없이 당신 이야기를 하더군요."

37번 고속도로가 끝날 때까지 순찰 경관을 두 번이나 더 만난다. 나는 약간씩 변화를 주어 가며 작은 연주회를 되풀이한다.

길가에는 자주색, 흰색, 분홍색 디기탈리스가 자란다. 벌새와 벌들이 꽃을 발견하고 모여든다. 그렇게 많은 벌새와 벌이 한 자리에 모여든 광경은 난생 처음이다. 가만히 바라보고 있는데 벌새와 벌들이 나를 발견하고 나를 덮친다. 벌떼가 몰려들고 벌새들이 내 머리를 향해 똑바로 날아온다. 윙윙대는 소리가 요란하기 짝이 없다.

그것은 꿈이었다. 차들이 윙윙 소리를 내며 지나가는 나파 강 다리 밑에서 푹 자다가 아침 일찍 잠을 깬 것이다. 날이 쌀쌀하다. 여전히 바람이 세게 불고 하늘에서는 커다란 회색 구름이 천천히 빗방울을 떨어뜨리는 가운데 나는 다리를 건너 발레이오로 나아간다.

강변에 있는 데니스 식당에 앉아 아침 식사로 익힌 달걀 두 개와 으깬 감자 요리를 주문한다. 내 몸짓 연기를 보고 즐거워하던 여자 종업원은 내가 주문한 음식에 달걀 하나를 더 얹어서 가져온다. 내가 접시를 가리키며 손가락 셋을 들어 보이자 그녀가 말한다.

"아, 그거요? 우리 주방장님이 전에 배낭여행을 해 보신 분이거든요. 여행 중에는 영양을 듬뿍 섭취해야 한다고 말씀하셔서요."

영양 섭취는 당연히 중요하다! 나는 고맙다는 뜻을 종업원에게 전하고 자리에 앉아 잠시 지도를 들여다본다. 빗물이 떨어져 주차장에 동그란 웅덩이가 몇 군데 생긴다.

잠시 후 나는 진흙탕이 된 들판을 첨벙대며 가로지른다. 머리 위로 갈매기들이 날아다니고 메어 섬에 있는 회색 강철선의 굴뚝에서 흘러나오는 흰 연기 기둥이 보인다. 메어 섬 해군 공창은 제2차 세계대전 중에 건설되어 태평양 함대의 배들을 관리하고 정비하는 역할을 했다.

발레이오라는 도시 이름은 마리아노 과달루페 발레이오 제독의 이름을 딴 것이다. 발레이오 제독은 인디언 부족을 물리치는 데 성공한 대가로 소노마 골짜기 동부와 카르퀴네즈 해협에 인접한 언덕의 소유권을 얻었다. 주 의회는 1852년 이 도시를 발레이오 시로 부르기로 결정하면서 발레이오 시를 캘리포니아 주 주도로 지정했다. 하지만 제독은 발레이오가 주도로 정해진다면 35만 달러의 예산을 조달하겠다는 약속을 지키지 못했고, 결국 주 의회는 새크라멘토로 이사했다.

어느 날 발레이오 제독이 조잡한 나룻배에 말을 잔뜩 싣고 콘트라 코스타 해변에서 해협을 건너 베니시아까지 가던 중 배가 전복되었다. 말들의 일부는 해변으로 헤엄쳐 돌아왔고 일부는 물에 빠져 죽었는데 제독이 특별히 아끼던 흰색 암말 한 마리가 온데간데없었다. 몇 주 후 발레이오와 해협을 사이에 두고 마주보고 있는 섬의 산허리에서 그 흰색 암말이 풀을 뜯고 있는 모습이 발견되었다. 그날부터 그 섬은 메어스 아일랜드(Mare's Island:

암말의 섬이라는 뜻—옮긴이)로 불리다가 나중에 메어 아일랜드로 굳어졌다.

나는 카르퀴네즈 해협을 건너는 다리의 요금징수소로 통하는 진입로에 다다른다. 길가 표지판에는 보행자와 자전거는 진입할 수 없다고 적혀 있다. 버클리에 도착할 수 없을지도 모른다는 불길한 예감이 든다. 요금징수소로 올라오니 원래는 보행자가 여기까지 오는 것도 금지돼 있다고 한다. 지나가는 차들 때문에 위험하다는 것이다. 내가 양해를 구하며 차선을 넘어오는 모습을 바라보고 있던 요금징수원은 내가 부스에 도착하자 껄껄 웃는다.

"이런, 뭘 하시는 겁니까? 불법인 줄 몰랐어요?"

나는 다리 건너편을 가리켜 보인 후 허공에 대고 손가락으로 걷는 시늉을 한다. 내 뒤로 차들이 줄을 서서 기다린다. 내가 이 다리를 도보로 건너기란 거의 불가능하겠다는 생각이 든다.

"안 됩니다. 걸어서 건널 수는 없어요."

나는 낙심한 표정을 짓는다. 내 뒤로 줄을 선 차가 점점 늘어나고 있지만 경적을 울리는 차는 한 대도 없다. 요금 징수원은 내 슬픈 얼굴을 보고 마음이 움직였는지 아량을 베풀어 준다.

그는 반대편 차선에 위치한 낮은 광장을 가리키며 말한다. "저기 사무실로 건너가서 한번 말해 봐요. 차들이 다니니까 조심하고요."

조심스럽게 차선을 넘고 금속제 장벽을 기어올라 반대편으로 넘어가니 요금징수소 사무실이 나온다. 사무실 안은 바깥에 비해 조용해서 당황스럽다. 근무 중인 경비원이 나를 반기며 말한다.

"아, 드디어 왔군요."

내가 깜짝 놀라자 그는 고속도로 순찰 경관 한 사람이 내가 곧 도착한다는 소식을 전해 줬다고 설명한다.

"당신의 밴조 연주가 일품이라고 하던데요?"

나는 어깨에 메고 있던 밴조를 내려서 옛날부터 전해 내려오는 엇박자 현악곡인 '6월의 사과'를 연주한다. 한 곡이 끝나자 비번인 요금징수원 몇몇이 내 주위에 모여 귀를 기울이다가 한 곡 더 들려 달라고 한다. 음악소리가 요금징수소의 그린 월(공공건물의 벽면을 식물로 마감한 것—옮긴이)에 부딪쳐 튀어 나오고 제복 차림을 한 사람들이 발을 굴러 박자를 맞춘다. 사무실 안의 분위기가 비협조적인 쪽에서 협조적인 쪽으로 바뀐다. 내가 직접 작곡한 '삶의 축복'이라는 노래를 연주하는 동안 경비원이 모자를 돌리고 요금 징수원들은 모자에 지폐와 잔돈을 넣어 준다.

연주가 끝난 후 경비원은 지도를 꺼내놓고 꼼꼼히 살핀다. 고속도로의 빨간 선을 따라 손가락을 움직이며 그가 말한다. "샌프란시스코 만과 카르퀴네즈 해협을 건너는 다리들은 금문교만 빼고 하나같이 보행자와 자전거 진입을 금지하고 있다는 게 문제지요. 다른 경로는 두 가지가 있어요. 그중 짧은 경로는 페어필드를 통과하여 리오 비스타로 가서 새크라멘토 강을 건너는 거죠. 그러고 나서 남쪽에 있는 샌호아킨 강으로 가서 앤티오크 다리를 건너면 됩니다. 앤티오크, 피츠버그, 마르티네즈 같은 도시들을 지나겠군요. 음……"

그는 말을 끊고 지도 한쪽 귀퉁이에 연필로 재빨리 계산을 해 본다. 그러다 눈이 휘둥그레져서 덧셈을 다시 하더니 나를 바라보며 웃는다.

"다른 경로로 버클리까지 가려면 대략 206킬로미터가 늘어날 거요. 가는 길과 돌아오는 길이 각각 320킬로미터 정도 되는 셈이지요."

우리는 믿을 수가 없어서 페어필드와 리오 비스타를 거쳐 버클리까지

가는 길을 손가락으로 몇 번이나 되짚어 본다. 피식 웃음이 나온다.

"왜 버클리까지 걸어서 가려고 하는지 이야기해 줄 수 있겠소?"

나는 편지를 꺼내 대학에서 강의를 해 달라는 초청장을 보여 준다. 그는 초청장을 유심히 들여다본다.

"당신 같은 사람은 처음이오." 그는 마치 누가 엿듣고 있기라도 한 듯 주위를 둘러본 후 나에게 따라오라고 손짓한다. 곧이어 사무실 맞은편에 있는 창문으로 나를 데리고 가서 바깥을 가리키며 말한다.

"밖을 보시오. 이 다리는 건너는 부분이 둘로 나뉘어 있는데 지금 보면 남쪽 부분에는 차가 안 다니지요? 보수공사 때문에 폐쇄해 놓았기 때문이오. 하지만 사람 한 명이 걸어서 건너는 정도는 괜찮을 거요." 그는 나를 향해 고개를 끄덕이며 덧붙인다. "특히, 내가 그를 못 보았을 경우에는 말이죠."

나는 살며시 문 밖으로 나가 텅텅 빈 교량을 향한다. 내 밑에 있는 바다에서는 갈매기들이 항해하고 나는 카르퀴네즈 다리를 건넌다. 혼자 물 위에 높이 솟아 있으니 기분이 최고다. 나는 어깨에서 밴조를 풀어 연주하기 시작한다. 그날 밤 늦게 버클리에 도착할 때까지 쉬지 않고 연주한다.

다음날 아침 약속 시간에 맞춰 대학에 도착한다. 프로젝터를 켜고 내 수채화 일기장인 〈길, 친구, 장소〉를 한 장씩 넘겨달라고 어떤 학생에게 부탁한다. 학생들은 슬라이드 화면을 따라 포인트 레이에스에서 출발하여 캘리포니아 북부에서 오리건 남부에 이르는 해안을 여행하고 돌아온다. 나는 계속 밴조를 연주한다.

며칠 후 나는 버클리 지역회관에 앉아 친구들이 연주하는 음악을 들으면서, 만 지역 다리에 접근이 금지된 점에 대해 문제제기를 하기로 결심한다. 인버네스로 돌아가서 나는 주에서 요금을 징수하는 다리에 보행자와 자전거가 접근할 수 없다고 지적하는 편지를 주지사 제리 브라운에게 보낸다.
주 교통 감독관인 하워드 울리히가 답장을 보내온다. 소형 트럭이나 버스, 만 지역 고속전철(BART)을 이용하면 자전거를 탄 사람과 보행자도 다리를 건너거나 만을 건널 수 있다는 내용이다.
다음은 내가 쓴 답장의 일부다.
"현행 제도를 주의 깊게 살펴보면, 보행자나 자전거를 탄 사람들이 그런 교통수단에 탑승하는 순간 그들은 이미 보행자나 자전거를 탄 사람이 아니라 산업화된 교통수단을 이용하는 소비자가 된다는 사실을 알 수 있습니다."
"저는 그런 교통수단 자체를 반대하지는 않습니다. 그것을 이용하기를 원하는 사람들이 있으니까요. 그러나 환경오염과 에너지 위기가 심각한 문제로 대두되는 요즘 같은 시대에 보행자와 자전거를 위한 시설이 없다는 것은, 오염이 전무한 인류 최초의 교통수단인 도보에 대한 계획도 관심도 없다는 뜻이라고 생각합니다."
"어쨌든 우리가 문제를 인식하는 단계에는 도달한 것 같아서 기쁩니다."
며칠 후 석유수출기구(OPEC)가 석유 수출을 금지하기로 담합하여 에너

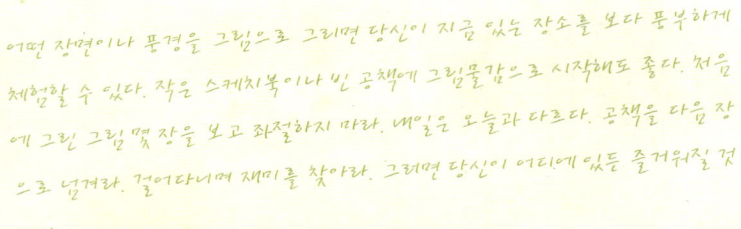

어떤 장면이나 풍경을 그림으로 그리면 당신이 지금 있는 장소를 보다 풍부하게 체험할 수 있다. 작은 스케치북이나 빈 공책에 그림물감으로 시작해도 좋다. 처음에 그린 그림 몇 장을 보고 좌절하지 마라. 내일은 오늘과 다르다. 공책을 다음 장으로 넘겨라. 걸어다니며 재미를 찾아라. 그러면 당신이 어디에 있든 즐거워질 것이다.

지 시장을 뒤흔들어 놓는다. 미국이 석유 의존도가 높다는 사실이 더욱 명백하게 드러난다. 만 지역에서는 사상 최초로 사람들이 주유소에 길게 줄을 서는 사태가 발생한다.

어머니가 편지를 보내 왔다. 내가 자동차 타기를 중단하고 말도 하지 않는다는 이야기를 친구와 친척에게 해도 잘 믿지 않는다는 소식이다. 어머니가 아들에게 찾아온 '변화'를 맨 처음 이야기한 사람은 어머니의 이웃이자 절친한 친구인 루실 러셀 아주머니다. 나는 두 사람이 나눈 대화를 상상해 본다.
"참, 라 자바, 조니는 어떻게 지내니? 조만간 집에 한 번 온대?"
"아, 잘 지낸대. 여전히 캘리포니아에 있지. 그 애가 자동차와 비행기를 타지 않기로 한 이후로 우리는 그 애를 만나리라는 기대를 접었단다."
"'자동차와 비행기를 타지 않기로 한 이후'라니?"
"걷기만 한다는 뜻이야. 어디든 걸어다니기 때문에 필라델피아에 올 일이 있어도 걸어와야 하거든."
"그건 완전히 미친 짓이다, 얘. 전화로 이야기를 좀 해 봤니?"
"그러니까 그게……전화로 이야기를 안 했어……근래에는 통화한 적이 없지. 걔가 말하기를 중단한 후부터는."
루실 아주머니가 눈을 동그랗게 뜨고 웃어댄다.
"자바, 나더러 그 이야기를 믿으라는 거야? 왜 그런 이야기를 지어냈어? 조니한테 무슨 일이 있구나? 감옥에 있다든가……마약 때문이지, 응?"

여러 이웃과 친척들을 만날 때마다 같은 대화가 약간씩 다른 형태로 되풀이된다. 대부분의 대화는 이렇게 끝난다. "불쌍한 라 자바. 조니가 캘리포니아에서 마약을 팔다가 어디 감옥에 들어가 있나 봐. 그걸 인정할 수가 없어서 저러는 거겠지."

하지만 아버지가 처음 캘리포니아에 오신 지 1년이 다 된 어느 날 어머니가 보낸 편지를 받고는 나도 깜짝 놀란다. 부모님이 가까운 사람들을 데리고 나를 찾아오겠다는 것이다. 처음에는 어머니를 만날 수 있다는 생각에 마냥 기쁜 심정이다. 그러다가 '현실에 적응하지 못한다'는 이유로 아들을 정신병원에 집어넣어 버린 어느 가족 이야기가 떠올라 약간 불안해진다. 내가 처한 상황을 객관적으로 따져보면 나 역시 안심할 수 없다는 결론이 나온다. 이후 몇 주 동안 나는 부모님이 오는 이유가 무엇일까 고민하면서 나에게 도움이 될 만 한 자료를 닥치는 대로 수집한다.

나중에 알고 보니 부모님은 친구와 이웃과 친척들로 이루어진 사교 모임 사람들과 함께 온다고 한다. 여행비용을 낮추려고 많은 사람을 모았다는 것이다. 이제 나는 걱정할 필요가 없다. 그들은 나를 잡아 가두려고 오는 것이 아니니까. 그럼에도 불구하고 나는 샌프란시스코로 마중을 나갈 계획을 세운다. 내가 미치광이가 아니라 조금 유별난 예술가일 뿐이라는 사실을 증명하고 싶다.

버스 한 대를 가득 메운 필라델피아의 이웃과 친척이 샌프란시스코에 도착하기 전에 나는 KRON 텔레비전 방송국(만 지역의 지역방송국—옮긴이)에 가서 준비를 한다.

일전에 지역 방송국 뉴스쇼에서 〈인버네스의 침묵 음유시인〉이라는 제목으로 3분짜리 휴먼스토리를 제작한 바 있다. 이미 전파를 탄 영상이지만 어린 조니에게 생긴 '변화'를 어른들에게 보여 주기에는 안성맞춤일 듯하다. 그 영상을 제작한 프로듀서도 내 생각에 동의하면서 방송국 상영실에서 가족에게 보여 주자고 한다.

드디어 약속한 날이다. 전세 버스 한 대가 반 네스 거리에 있는 KRON 방송국 앞에 선다. 내가 운전기사를 향해 손을 흔들어 제대로 찾아왔다고 알려 주자, 곧 익숙한 얼굴, 목소리, 냄새, 생김새가 우르르 쏟아지듯 계단을 내려오고, 자갈이 깔린 보도를 건너오고, 눈웃음을 지으며 나를 얼싸안는다. 아버지와 어머니의 모습도 보인다.

어머니와는 근 3년 만에 만나는 셈이다. 어머니는 필라델피아로 돌아간 후 공립학교에서 특수교육 교사로 일했다. 최근에 어머니가 보낸 편지에는 청각장애와 언어장애를 가진 여학생이 하나 있어서 그 학생과 의사소통을 하려고 수화를 배우는 중이라는 내용이 있었다.

나 또한 포인트 레이에스에서 수화를 배울 기회가 있었다. 어느 청각장애 소녀의 부모가 사람들이 자기 딸과 대화할 수 있도록 하려고 동네에서 수화를 배우고 싶어하는 모든 사람에게 무료 강습을 해 주었다. 내가 배운 수화는 SEE(Signing Exact English: 영어권 국가에서 사용하는 수화 체계의 하나로, 영어 단어와 문법을 정확히 옮기는 데 중점을 둔다—옮긴이)라는 방식이다.

SEE는 문자로 표현된 영어를 동작으로 옮겨, 들을 수 없는 것을 모두 눈에 보이게 하려

는 수화법이다. 어린이가 듣기와 독화(speech-reading: 독순술을 비롯한 청각장애자들의 언어 대체수단—옮긴이)로 이해한 내용을 보충하는 데 쓰이는 방식이기도 하다.

　SEE는 흔히 미국식 수화라 불리는 ASL(American Sign Language)과는 다르다. ASL은 자체의 어휘와 숙어와 구문이 있는 하나의 언어다. 1972년부터 상용화된 SEE는 청각장애 아동이 ASL로 교육을 받을 때 보조 언어로 활용된다.

　어머니는 그 동안 배운 수화로 나와 의사소통을 할 날이 기다려진다고 했다. 어머니가 보낸 편지는 수화 기술을 선보이고 싶은 열정으로 가득 차 있었다. 그래서인지 어머니가 나를 향해 걸어오는 순간 나의 두려운 마음은 눈 녹듯 사라지고 만다. 어머니는 손을 들더니 수화로 "사랑한다."라고 말한다.

　아버지도 다시 한 번 내 손을 부여잡는다. 하지만 이번에는 이리저리 춤추는 햇빛이 아버지의 굴곡 많은 얼굴을 훑고 지나간다. 루실 아주머니가 걸음을 멈추고 나를 끌어안으며 등을 두드린다.

　"만나서 반갑다, 조니. 우리는 네가 감옥에 있다고 생각했지 뭐냐. 네 엄마한테서 들었니?"

　나는 루실 아주머니와 눈을 마주치고 짐짓 놀라는 체하며 말없이 웃는다.

　"그래도 나는 네가 왜 이러는지, 무엇을 얻으려는 건지 정말로 이해를 못하겠구나."

　나는 다시 웃으며 어깨를 으쓱해 보인다. 루실 아주머니에게는 차라리 감옥에 있다는 이야기가 더 이해하기 쉬웠으리라. 나는 루실 아주머니의 팔짱을 끼고 방송국 문을 열어젖히며 일행을 따라간다. 방송국 안에 들어오자 우리는 로비와 가까운 상영실로 안내된다. 프로듀서가 상영실에 들어와 모두에게 환영 인사를 한 후 상영할 프로그램을 미리 설명한다.

"이렇게 먼 길을 오신 걸 보니 다들 존을 아주 자랑스럽게 생각하시나 봅니다. 이제부터 보여드릴 테이프는 지역에서 좋은 일을 하는 특별한 사람들을 인터뷰하는 우리 방송국 신규 프로그램의 일부입니다. 그럼 즐거운 시간 보내시길 바랍니다."

3분 동안 커다란 비디오 화면 안에서 내가 수채화를 그리고 밴조를 연주하며 마린 카운티의 언덕을 걸어다닌다. 그러는 동안 리포터가 차분한 목소리로 칭찬이 담긴 코멘트를 늘어놓는다. 리포터의 질문에 내가 몸짓으로 대답하는 장면도 나온다. 상영이 끝나자 스크린은 검은색으로 변하고 완전한 침묵이 흐른다. 몇 분 후 조용한 말소리가 들리기 시작하더니 점점 소리가 커진다.

누군가가 이렇게 말한다. "괜찮게 나왔구나, 조니." 그러나 어떤 분들은 이상하게 말이 없고 갑자기 벙어리라도 된 듯 모호한 손짓을 할 뿐이다. 머리가 반백이 다 된 할머니와 할아버지들이 웃으며 고개를 끄덕인다. 나에게는 막내외삼촌이며 집안의 반항아 격인 카터 아저씨가 말없이 나를 포옹해 주고 일행과 함께 버스를 타러 나간다. 그러고는 모두들 떠나간다. 언젠가 다시 만나게 되겠지……. 어른들이 영상을 보고 어떤 느낌을 받았는지 궁금하다. 내가 미쳤다고 생각하실까? 그건 중요하지 않다. 적어도 모두에게 새로운 관점에서 생각해 볼 기회를 제공했으니 그걸로 만족하자.

며칠 후에는 차이나타운에서 부모님을 만나 식사를 한다. 저녁에는 아버지 사촌인 셰프 아저씨를 만나러 '피노키오'에 간다. 피노키오는 유명한 여배우가 운영하는 클럽으로, 셰프 아저씨가 그곳 전속 밴드 드러머로 있다. 셰프 아저씨는 낮에는 시내에 있는 사무실 빌딩 경비원으로 일하고 남는 시간에는 가구를 만드는데 솜씨가 참 좋다. 나는 차이나타운에 갈 때마다 셰프 아저씨와 부인 펄 아주머니가 사는 집에 들른다. 셰프 아저씨는 음악을 하는 사람답게 창조적 감수성이 예민한 분이고, 나와는 음악에 대한 열정을 공유하는 사이다. 내 생활방식을 어떻게 생각하느냐는 질문을 받으면 아저씨는 얼른 나를 붙잡고 바짝 끌어당기며 이렇게 말해 준다. "난 이해한다."

부모님이 고향으로 돌아가기 직전에 우리는 마지막으로 시내로 나가서 마켓 스트리트에 있는 어느 빌딩에서 일하는 어머니 친구 분을 만난다. 아버지와 어머니는 감탄하고 있다. 우리가 가는 곳마다 부모님은 차를 타고 이동하고 나는 걷는데도 내가 제 시간에 약속 장소에 나타나기 때문이다. 그러나 우리가 느릿느릿 움직이는 엘리베이터를 타고 3층으로 올라가는 동안 어머니가 갑자기 돌아서서 내 귀에 대고 조그맣게 속삭인다.

"네가 정말로 진지하게 걷기를 하려면 엘리베이터도 타면 안 되지."

다음날 어머니와 작별인사를 나눈다. 나는 발길을 돌려 포인트 레이에스까지 먼 길을 걸어간다. 어머니가 하신 말씀이 기도문처럼 아직도 귓전에 생생하다.

인버네스로 돌아오자 진은 혁명에 매진하기 위해 집을 팔고 샌안젤모로 이사하겠다고 말한다. 나는 속으로 생각한다. '북쪽으로 걸어갈 때가 됐구나.'

제 6 장

반짝이는 모든 것
야생지대를 발견하다

존 뮤어는 야생지대가 광물과 목재와 야생생물 등의 자원을 착취하는 곳이 아니라 문명화된 사람들이 피로를 회복하고 휴식을 취할 수 있는 장소라는 견해를 최초로 제시한 사람 중 하나였다. 현재 야생지대 보호론을 주장하는 사람들은 대체로 캘리포니아 대학에서 역사와 환경을 연구하는 로드릭 내쉬 박사의 말에 공감한다.

"야생지대는……과도하게 문명화된 인류가 한때 알고 있었지만 불행히도 지금은 잊어버린 것을 가르쳐 주는 훌륭한 교과서다."〔이 장에 나오는 로드릭 내쉬 박사의 말은 모두 1979년 간행된 『환경 속에서 살기: 원칙, 관계, 해법 (Living in the Environment: Principles, Connections, and Solutions)』 초판에서 인용한 것이다. 이 책은 개정판이 여러 차례 나왔다.〕 나는 바로 이것을 배우려고 또다시 캘리포니아 해변을 따라 북쪽으로 걸어가고 있다.

두 달 동안 걸어가서 오리건 주 브루킹스에 도착한다. 일단 쳇코 산림경비소에서 등록절차를 밟는다. 이른 아침이라 소란스러운 사무실 안에서 덩치 큰 빨간 머리 미국 산림청 산림경비대원 딕 웨슬이 나를 발견하고 급히 달려온다. 그는 커다란 곰처럼 나를 꽉 껴안았다가 앙상한 내 몸을 공중으로 들어올려 흔들어대며 껄껄 웃는다. "야, 돌아왔구나."

내가 숨을 헐떡이자 딕은 그제야 나를 도로 내려놓는다. 타자기 소리가 멈추고 일을 하던 모든 사람이 고개를 든다. 웃으며 손을 흔드는 사람들도 있다. 나도 웃으며 답례로 손을 흔든다.

딕은 1974년 내가 처음 오리건 주까지 걸어갔을 때 만난 사람이다. 지금 그는 내 팔을 붙잡고 모두에게 들릴 만큼 큰 소리로 내가 아주 훌륭한 사람이며 오직 야생지대를 견학하려는 일념으로 샌프란시스코에서부터 걸어왔다고 설명한다. 그곳 사람들 가운데 몇 명은 지난번 여행에서 나를 만난 일을 기억하고 있다. 나는 사람들과 안부 인사를 주고받느라 아침 시간을 대부분 흘려보낸 후 야생지대에 체류하기 위한 준비를 마무리한다. 나는 3주 동안 머물 예정이다.

이제 여름이 막바지에 이르러서 야생지대를 산책하는 사람이 많지 않다. 모두들 나에게 마음껏 하이킹을 즐길 수 있겠다고 이야기한다. 지금 우리는 산림청에서 제작한 흰 종이에 푸른색 잉크로 인쇄한 지도를 들여다보는 중이다. 딕은 산길의 상태와 재미있는 장소를 알려 주고 여름철 가뭄 때문에 대체로 화재 위험이 높다는 이야기를 하다가 문득 말을 멈추고 미소를 짓는다.

"자네는 페리와 루스를 만나게 되겠군. 여행에서 최고로 흥거운 순간이 될 걸세."

딕은 페리와 루스가 광구의 불하 청구지에 사는 채금 광부들이며 20년 가까이 칼미옵시스 야생지대에서 일한 노부부라고 설명해 준다.

"그들은 진짜 명물이야. 페리와 루스가 사는 오두막집에 반드시 들러서 자네 소개를 하게. 내 안부도 전해 주고."

그렇게 말하며 딕은 그들의 오두막이 있는 위치를 지도에 조그맣게 표시한다. 곁에 서 있는 산림경비대원도 말을 거든다.

"데이비스 부부를 못 만나면 산 경험을 할 기회를 놓치는 거죠."

나는 웃으며 고개를 끄덕인다. 다들 그렇게 말하지만 내가 생각하는 야생지대 체험에는 광부들과 식탁에 앉아서 떠들어대는 일은 들어가지 않는다. 나는 훼손당하지 않은 자연의 모습을 보며 조용히 시간을 보내고 싶기 때문에 사람이 적으면 적을수록 좋다고 생각한다.

지난 며칠 동안 해변의 날씨는 비가 올 듯 하늘이 우중충하고 아침저녁으로 안개가 끼었다. 그러나 약 50킬로미터 거리에 있는 야생지대의 산들은 건조하고 무덥다고 한다. 브루킹스의 화재 위험 수치도 꽤 높게 나타난다. 나는 쳇코 강을 따라 걷기 시작한다.

이틀 후 칼미옵시스 야생지대 서쪽 경계선에 위치한 퀘일 프레리 전망대(높이 약 924미터) 밑에 도착한다. 바닷가에서 밀려온 저녁 안개가 산악 지대로 퍼져 나간다. 하늘에는 거대한 적란운이 떠오르고 있다. 나는 자그마치 34킬로그램이 나가는 배낭을 메고 조심스럽게 몸을 움직이며 천천히 한 걸음씩 계단을 올라간다. 높이 올라갈수록 내 발밑에서 나무 꼭대기들이 산들바람에 살랑살랑 움직이는 모습이 잘 보인다.

전망대 안으로 들어가 당직 화재감시원에게 내 소개를 한다. 화재감시원은 접근해 오는 폭풍을 관측하여 브루킹스에 있는 삼림소방대 본부에 알리는 일로 분주하다. 전망대 안에는 난방용 난로 하나, 취사용 가스버너 하나, 의자 몇 개와 탁자, 밑에 수납공간이 마련된 작은 간이침대가 갖춰져 있다. 방 한가운데에는 화재감시원이 산불이 난 장소를 보고할 때 사용하는 관측 장비인 화재 측정기가 있다.

전국적으로 산불이 났던 1907~1908년 이전에 칼미옵시스 야생지대에 발생한 화재는 기록으로 남아 있지 않다. 그러나 숯이 된 그루터기와 까맣게 탄 나무둥치들은 이곳이 거의 전소됐던 적이 있음을 말없이 증언한다. 모피 사냥꾼과 상인, 광부와 초기 정착민들이 불을 냈다고 추측하는 사람도 있고, 번개 때문에 화재가 발생했다고 하는 사람도 있다. 으레 그렇듯 둘 다 어느 정도는 진실을 담고 있을 것이다.

어두운 구름 뒤로 해가 모습을 감추고, 한낮이 갑자기 밤으로 바뀐다. 기온이 뚝 떨어져 몸이 부들부들 떨린다. 금세 폭풍이 우리가 있는 곳을 덮친다. 커다란 은회색 물줄기를 이룬 비가 귀청이 터질 듯한 소리를 내며 금속 지붕을 때린다. 폭풍우 때문에 어지러워진 하늘은 번개가 치자 푸른색과 흰색으로 변한다. 그래도 실내에 있어서 다행이라고 생각하다가 문득 화재감시원의 얼굴을 보니, 우리도 그다지 안전하지 않다고 이야기하는 듯한 표정이다.

여기저기 번개를 맞은 나무에서 조그만 불길이 타오르고 폭풍우가 치는 하늘로 흰 연기 기둥이 치솟는다. 일리노이 강변에 있는 산림경비대 캠프에서는 낙하산을 맨 소방대원이 비상대기 중이다. 안개 때문에 순식간에 시계 제로 상태가 된다. 사나운 강풍이 우리를 둘러싸고 울부짖는다. 쿵쿵거리며 천둥이 치고 비가 우르르 쏟아지더니 번개가 몇 번 더 번쩍 한다. 전망대가 흔들리고 내 몸도 떨린다.

내쉬 박사가 했던 말이 생각난다. "자연이 우리보다 힘이 세다는 사실을 아는 것은 좋은 경험이다. 장기적으로 인간이 자연 환경과 조화롭고 안정적인 관계를 맺으려면 반드시 그런 경험으로부터 교훈을 얻어야 한다."

얼마 있다가 안개가 걷히자 폭풍우가 몰아치는 광경이 뚜렷이 보인다. 한동안 비가 계속 내리자 불이 꺼지고 소방대원들은 비상 대기를 해제한다. 서쪽 하늘에는 구름이 없고 태양만 있다. 무지개가 하늘을 가로질러 불칸 호수 근처까지 드리워져 있다. 나는 선홍빛을 띤 태양이 조용히 내려와 바다로 가라앉는 모습을 바라본다. 칼미옵시스 야생지대에 온 나를 환영하는 인사가 아닐까?

태양이 나무 사이를 엿보고 골짜기에 연안안개가 우유를 뿌린 듯 짙게 낀 다음날 아침, 나는 산길을 따라 볼더 크릭 야영장으로 간다. 햇살이 세차게 흐르는 푸른 물속으로 녹아들고, 그늘진 회색 바위 사이로 흰 물보라를 일으키고, 나중에는 송어가 자라는 진녹색 웅덩이를 뒤진다. 나무들은 하늘을 향해 가파르게 뻗어 있다. 오후에 더위가 찾아오자 나는 수정 같은 물에 맨몸을 살짝 담근다. 무모하게 새로운 환경에 뛰어든 셈이다. 물이 차가워서 온몸이 덜덜 떨린다. 사방에 파란 그림자가 아른거리고 바위와 모래 바닥 위로 햇빛이 희미하게 가물거린다. 도롱뇽들이 어디론가 사라지고 물뱀 한 마리가 물속에 있는 커다란 호박돌 밑에 숨으려고 몸부림친다. 나는 물살을 가르며 물가로 헤엄쳐 가서 모래톱 위로 기어올라 햇빛 아래 휴식을 취한다. 물총새 두 마리가 날아다니며 공중 곡예를 선보인다. 지금까지 내가 가 본 장소를 모두 떠올려 보려 했지만 일일이 기억하기에는 너무 많다. 흐르는 물가에 앉아 있으니 그 모든 장소가 하나로 녹아드는 기분이다.

차가운 아침 공기 속에서 잠을 깬다. 흐르는 물에 한 번 더 들어가고 싶다. 얼른 옷을 입고 어제 가져온 티백에서 우려낸 차를 마저 마신다. 잠시 후 나는 바위에서 돌멩이로 조심조심 발을 내디디며 개울을 건너고 있다. 산길은 대부분 다닐 만한 상태지만 보수공사가 필요한 곳도 있다. 나는 굵은 나무가 넘어져 장애물을 형성한 곳을 극도로 조심하며 빠져나간다. 자칫하면 미끄러질 위험이 있기 때문이다. 다음으로는 이 야생지대와 이름이 같은 칼미옵시스 리치아나(시스키유 산맥 일대에서 자라는 야생화의 일종─옮긴이)가 만발한 지대를 통과한다. 칼미옵시스 리치아나는 진달래와 비슷한 모양의 작고 수수한 꽃으로 식물학자들의 견해에 따르면 세계에서 가장 희귀한 관목에 속한다. 5월 중순부터 6월에 걸쳐 피는 붉은 꽃은 과학 연구 목적으로 특별 허가를 받아야 채취할 수 있다.

3일 후 나는 슬라이드 크릭에 도착하여 버려진 채굴 장비와 무너진 판잣집 몇 채가 있는 자리에 텐트를 친다. 칼미옵시스 동쪽과 남서쪽 지대에는 광부들이 자기 소유지로 진입하려고 닦아 놓은 길 몇 개가 지금도 남아 있다. 대부분은 제2차 세계대전 기간과 전쟁 직후에 수요가 엄청났던 크롬 광석을 발굴하여 비축하기 위해 만들어진 길이다. 슬라이드 크릭을 비롯한 몇몇 장소는 금 매장량이 풍부한 것으로도 유명하다.

모닥불 곁에서 졸면서 꿈을 꾸다가 갑자기 말발굽 소리가 나는 바람에 정신을 차린다. 야생지대 내에 있는 산길은 아주 거칠어서 사람이 말을 타고 다니기에는 적합하지 않다. 사람을 태운 말 네 마리가 바위투성이 길을 따라 위태롭게 움직여 물이 흐르는 개울가로 천천히 내려온다.

말에게 물을 먹이는 동안 말을 타고 온 사람 중 하나가 개울을 건너 내 텐트 쪽으로 다가와 한 손을 내민다. 나는 다정하게 그의 손을 꽉 잡는다. 그가 자기 이름을 이야기하는 것 외에 모든 의사소통은 손짓과 땅바닥에 그림을 그리는 방식으로 이루어진다. 그들은 오늘밤 개울 건너편에서 야영할 예정이라고 한다. 개울가에 있는 둥글둥글한 바위에 말발굽들이 부딪치는 소리가 들린다. 불타는 삼나무에서 향기로운 냄새가 풍기고, 개울물은 귀뚜라미 울음소리가 나는 곳을 향해 콸콸 흐른다. 모든 소리가 한데 섞이는 가운데 바람이 어둠을 꿰뚫는다.

다음날 아침 나의 새 이웃들이 잠에서 깨 보니 말 두 마리가 달아나고 없다. 남은 말 두 마리 중 하나는 전날 협곡 옆으로 떨어진 탓에 약간 충격을 받은 상태다. 그들은 자기들이 횡단해 온 산길이 말을 타고 가기에는 매우 위험하다고 나에게 알려 준다. 나는 그들에게 계속 말을 타고 나아갈 작정이라면 어디든 위험하기는 마찬가지라는 의견을 전한다. 적어도 내가 지나온 길은 그랬다고.

밤새 아무도 모르게 텐트 안으로 숨어들어온 배낭 여행객이 한 사람 더 있었다. 우리는 그와 함께 야생지대에서 경험한 일을 이야기하고 야생지대 보존에 대한 의견을 교환하며 하루를 보낸다.

말을 탄 사람 둘은 다음날 아침 일찍 출발한다. 오래된 광산 길을 거쳐 야생지대 동쪽 경계선 너머에 있는 '어니언 캠프'로 간다고 한다. 나머지 세 명은 도보로 따라간다. 다리를 절뚝거리던 말이 밤중에 다른 말과 함께 도망쳤기 때문이다. 나는 다시 혼자가 되어 조용한 명상의 운율 속으로 빠져든다. 말을 데려왔던 여행객들이 쌀과 밀가루와 여분의 소금을 주고 간 덕택에 야생지대 탐험을 며칠 연장하기가 쉬워졌다.

때로는 변화가 안에서 찾아온다

눈에 보이지 않고

귀에도 들리지 않아도

우리는 시작한다

1975년 9월 23일
칼미옵시스 야생지대, 슬라이드 크릭

    어쩐 일인지 적막 속에 널려 있는 녹슨 채굴 장비에는 눈길이 가지 않는다. 꼬인 밧줄, 봉과 피스톤이 다 드러난 빨간색과 노란색 모터, 완전히 못쓰게 된 기계 등이 버려진 채로 있다. 나는 협곡의 절벽을 열심히 들여다보며 며칠 전에 지나온 길을 찾고 있다. 하지만 지금은 나무와 바위 사이로 흙 색깔이 간간이 보일 뿐 그 길을 찾을 수가 없다. 뿌리가 바위에 얽힌 나무들이 절벽에 착 달라붙어 있고, 그렇지 않은 나무들은 헐거워져 아래쪽 개울로 굽어 있다. 눈에 익은 나무도 몇 그루 있다. 문득 내쉬 박사의 말이 생각난다.

    "위치며 규모는 중요하지 않다. 반드시 야생동물이 있어야 한다든가 첨단기술을 버려야 한다고 생각지 않아도 된다. 야생지대는 궁극적으로 사람의 마음 상태에 달린 것이다. 가령 당신이 시골의 어느 지역을 야생지대라고 생각하면 당신에게는 그것이 야생지대다.……뉴욕에서 온 멋쟁이와 아이다호 주에 사는 머리가 희끗희끗한 광부는 야생지대를 정하는 기준이 완전히 다르다. 하지만 어떤 종류든 간에 야생지대 체험은 존중할 만한 가치가 있다."

나에게 있어 야생지대란 길쭉한 초록색 잎을 가진 나무들이 춤추는 모습이다. 이 나무들은 어떻게 구부러지고 흔들리면서 바람을 견디는가? 어떻게 나무들이 물가로 다가가 세 자매처럼 바위틈에서 나란히 물을 마시는가?

그 때 뭔가가 움직인다. 온갖 초록색이 다 모여 있는 곳……양치류, 잔디와 덤불, 파란 월귤과 빨간 산벚 열매가 달린 작은 나무들 사이에서…… 회색빛이 반짝이는가 싶더니 살찐 다람쥐 한 마리가 꼬리를 높이 들고 펄쩍 뛰면서 보이지 않는 산길을 따라간다. 다람쥐는 가파른 벼랑의 나무 사이를 지그재그로 빠져나와 물가로 내려온다. 그것은 내가 상상한 길이 아니었다. 하기야 나는 고개를 돌려 길 위에 있는 회색 다람쥐를 발견하기 전까지는 그 길이 있는 줄도 몰랐으니까. 나는 편안한 마음으로 경험을 통해 얻은 단순한 진리를 받아들인다. 나는 사물을 보는 법을 배우는 중이다.

50마리가 넘는 푸른 어치가 눈에 들어온다. 어치는 날마다 귀에 거슬리는 웃음소리를 내면서 발톱을 숨긴 채 두 날개를 퍼덕이며 편안하게 급강하한다. 적막한 가운데 바위틈과 조약돌 위로 흐르는 물소리가 사방에서 들려온다. 물은 가파른 초록빛 협곡을 통과하여 바다로 나아간다. 나뭇잎이 스치는 소리에 섞여 있는

물소리를 가려내려고 귀를 기울여 본다. 어쩌면 사람의 말이 이렇게 시작됐을지도 모르는 일이다. 말이 생기기 전인 오랜 옛날에는 오직 강물만 있었고, 사람들은 물소리와……그 조용한 속삭임을 유심히 들었을지도 모른다.

나는 물의 웃음소리밖에 알아듣지 못하겠다. 아직 듣는 법을 더 배워야 한다. 물가를 따라 내려가니 매일 저녁 흐르는 물 옆 바위에 앉아 노래하는 이름 없는 작은 새가 보인다. 새는 조용한 노랫소리에 맞추어 까만 몸을 까딱까딱 움직이다가 물속에 뛰어든다. 나는 새를 찾으려고 바위 쪽으로 달려간다. 새가 물에 빠져서 못 나올까 걱정된다. 그런데 내가 개울에 닿기도 전에 새 한 마리가 또 보인다. 저게 아까 그 새일까?

밤에는 별이 총총한 하늘 아래 협곡이 시커멓게 보인다. 나는 벨벳처럼 부드러운 잔디밭에 누워 저 협곡에 숨어 있는 것들을 상상하며 머릿속으로 그림을 그린다. 어느덧 수면 위로 달이 떠오르고, 은색 그림자가 이리저리 움직이며 물속으로 뛰어들기도 하고 바위에 얼룩무늬를 만들기도 한다. 나는 슬라이드 크릭에서 속도를 줄이다가 잠시 발길을 멈춘다. 지금까지 급하게 걸어온 모든 길, 쌩쌩 달리는 차들과 소음과 배기가스 때문에 숨이 막히는 국도와 고속도로들이 미끄러지듯 사라져 간다. 나는 닷새 동안 이곳에 머문다.

비가 올 것처럼 하늘에 비늘구름이 잔뜩 낀 어느 날 아침, 나는 슬라이드 크릭을 떠난다. 돌 다섯 개를 밟고 쳇코 강을 건너, 빽빽하게 자란 옻나무 숲을 헤치며 남쪽으로 계속 나아간다. 산길은 심하게 손상돼 있지만 이제 나는 그런 상황을 미리 짐작하고 야생지대의 일부로 받아들이기에 이르렀다. 시커멓고 위협적인 모습을 하고 갑자기 나타나 공중을 떠돌며 나방을 잡아먹는 커다란 줄무늬 호박벌이나, 무릎 높이까지 오는 잔디 사이에서 위협적인 소리를 내며 꼬리를 흔드는 방울뱀 또한 야생지대의 일부다.

이틀 후에는 광부 루스 데이비스와 페리 데이비스 부부가 지난 17년 동안 일해 온 불하 청구지에 도착한다. 원래는 그곳에 들를 생각이 아니었는데 나도 모르게 어느새 '에밀리 오두막집'으로 통하는 산길을 걷고 있다. 페리는 한낮의 햇빛을 피해 단풍나무 숲 그늘에 녹슨 접이의자를 놓고 앉아 있다. 손에 확대경을 들고 바위 파편을 들여다보며 뭔가를 알아내려고 온 정신을 쏟고 있어서 내가 가까이 온 줄도 모른다. 나는 아까부터 줄곧 내던 휘파람 소리를 계속 내며 그에게 바싹 다가선다. 조용한 숲속에서 자기만의 생각에 골몰해 있다가 깜짝 놀라는 것을 누가 좋아하겠는가?

돌과 삼나무로 지은 통나무 오두막집 옆을 보니 땅에 박고 돌로 고정시킨 녹슨 파이프에서 샘물이 솟아나온다. 물은 이끼로 덮인 돌에 부딪치고 페리가 앉아 있는 곳을 지나 저 아래 있는 리틀 쳇코 강으로 흘러간다. 파리 한 마리가 페리의 귓가를 맴돌자 그는 손을 저어 파리를 쫓으며 고개를 든다. 처음으로 우리의 눈이 마주친다. 그의 주름진 얼굴에 뭔가 알겠다는 기색이 스쳐간다. 빗자루 같은 콧수염 뒤에서 반백의 광부가 빙긋 웃으며 외모에 걸맞은 퍼석퍼석한 목소리로 외친다.

"이런, 이런! 오랜만이로군."

루스와 페리가 야생지대를 찾아온 여행객을 늘 반갑게 맞이한다는 이야기는 들은 바 있다. 침묵하고 있는 나 역시 예외는 아닐 것이다. 하지만 이런 인사말은 좀 뜻밖이다.

나는 웃으며 그가 내민 손을 잡는다. 다년간 힘들게 노동하고 강에서 사금을 채취하느라 마디가 박힌 손이다. 우리는 아까보다 조금 더 날카로운 시선으로 서로를 바라보다가 같은 결론에 도달한다. 첫 번째 만남이기 때문에 뭐라고 딱 집어 말하기는 힘들지만 분명히 둘 다 서로에게 왠지 모를 친근감을 느끼고 있다. 우리는 웃음을 터뜨린다.

페리는 낡은 펠트 모자 밑으로 헝클어져 내려온 흰머리를 잡아당기며 말한다. "아, 내 말에 신경 쓰지 마시오."

그는 곁에 있는 손님용 의자를 권하며 다시 말한다. "내가 아는 사람인 줄 알았다오."

아내 루스는 치과에 가려고 며칠 예정으로 시내에 나가고 없다고 페리가 설명해 준다. 나는 내 도보와 침묵 이야기가 실린 최근 신문기사를 건넨다. 그는 천천히 읽어보고 나서 작년에 찾아왔던 한 쌍의 남녀 이야기를 꺼낸다.

"그들은 여기 있는 내내 한 마디도 안 했소. 침묵 수련인가 뭔가를 하고 있었어……웃거나 고개를 끄덕이기만 했다오. 저 아래 코퍼 크릭 야영지에서 단 둘이서만 지냈더랬지. 그나저나 당신도 저기에 텐트를 치는 게 좋겠군. 물도 있고 불 피우는 곳도 있으니까."

그는 나를 대강 훑어보며 묻는다. "불을 다루는 요령은 알고 있소?"

내가 자신 있게 고개를 끄덕이자 그는 만족하는 눈치다. 그는 불과 몇 분이면 오두막집은 물론 골짜기 전체가 연기에 휩싸여 날아가 버릴 수 있다고 똑같은 말투로 계속 이야기한다. 손가락을 딱딱 꺾으며 열심히 설명하고 나서는, 철사와 접착제로 고정시킨 뿔테 안경 뒤로 눈웃음을 짓는다.

"젊은 양반, 이따가 저녁에 야영 준비를 마치고 따뜻한 음료수나 한 잔 하러 오시오." 페리는 대화를 즐기는 사람이다. 내가 생각하던 것과는 영 딴판이다.

밤이다. 나는 광부 페리의 초청에 응해 그의 통나무 오두막집에 앉아 있다. 낡은 장작이 타는 오래된 난로와 부드러운 노란 빛을 발하는 석유램프 덕택에 몸이 따뜻하다. 내 밴조에서 음악이 쏟아져 나온다. 색이 바랜 낡은 바지와 재킷을 입은 페리가 흥겹게 춤추는 모습을 보니 기분이 좋다. 페리는 점잔 빼는 걸음걸이로 돌아다니며 발꿈치로 바닥을 두드린다. 내가 연주를 계속하는 동안 페리는 생각에 젖어 파이프를 훅 분다. 그가 내뿜는 달콤한 회색 연기가 램프 불빛이 미치지 않는 구석까지 소용돌이쳐 간다.

페리가 입을 연다. "그 음악을 들으니 산에서 흐르는 시냇물이 생각나는군. 아주 빠르게 흐르는 산골짜기 시냇물 말이야."

그는 말하다 말고 다시 한 번 파이프를 빨아들이더니 창밖을 응시한다.

"세차게 흐르는 물 옆에 사는 특이한 작은 새도 생각나."

그의 말에 나는 밴조 연주를 거의 멈추어 버린다. 그는 웃으며 말을 계속한다. "물까마귀를 본 적 있소?"

나는 고개를 끄덕이고 큰 소리로 웃음을 터뜨리고 만다. 음악의 소통능력이란 너무나 신기하다! 나는 며칠 전에 본 새처럼 아래위로 몸을 까닥거리며 돌아다니는 춤을 추다가 물에 뛰어드는 동작을 흉내 낸다.

나는 사흘간 오두막집 근처에서 야영하며 페리를 찾아가 그림을 그리면서 그가 살아온 삶과 야생지대 이야기를 듣는다. 페리는 몇 년 전 겨울 그들 부부가 본 회색 곰 이야기를 들려준다.

"이 일대에 남아 있던 마지막 회색 곰이었을 거야. 아주 못생긴 녀석이었어. 아무도 안 믿었지만 우리 눈으로 똑똑히 봤다고."

페리는 70년 전 오리건 주 동부에 있는 농가에서 태어나 자기 힘으로 억세게 살아온 사람이다. 다섯 살 때 이미 삼촌이 가시철망을 만드는 일을 도왔고, 짐마차를 타고 30킬로미터나 되는 초원을 지나 읍내로 가서 필요한 물품을 사 왔다고 한다. 페리는 우울한 목소리로 말한다. "내겐 어린 시절이 없었던 것 같아." 그는 평생 목장에서 지내거나 아니면 산에서 광물을 채굴하면서 살았다. 유일한 예외는 제2차 세계대전 중 해안경비대에 있었던 시절인데, 그 때조차도 말을 다룰 줄 안다는 이유로 해안 순찰을 담당했다.

그는 고향에서 사귄 애인 루스와 결혼했다. 군복무를 마치고 스탠포드 대학을 졸업한 후 뉴욕으로 가서 콜롬비아 대학에서 체육학 박사 학위를 받았다. 얼마 지나지 않아 도시 생활이 그들에게 맞지 않는다는 결론을 내리고 서부 해안으로 돌아가 배 한 척을 샀다. 그런데 기상이변이 일어나 높은 파도가 배를 덮치는 바람에 그들은 캘리포니아 북서부에 있는 크레센트 시티 해안으로 밀려갔다. 페리와 루스는 그것을 일종의 계시로 받아들였다. 그들은 손상된 배를 팔고 몇 년 후에 당시만 해도 아직 국유림이었던 여덟 개의 버려진 불하 청구지로 이사해 사광(砂鑛)을 재개발하는 힘든 일에 뛰어들었다.

페리는 마치 자기만 아는 엄청난 비밀을 누설하려는 사람처럼 웃으며 이렇게 말한다. "반짝이는 것이 모두 금은 아니라네. 많이 들어본 말이겠지만, 정말 그렇거든."

탁탁 소리를 내며 타는 불이 저녁의 냉기를 누그러뜨린다. "알다시피 이곳에는 금이 있지. 양은 무진장 많지만 선광 냄비 바닥에서 볼 수 있는 그런 금은 아니야. 아, 물론 그런 금도 많긴 하다네. 하지만 내가 지금 이야기하는 건 그냥 묻혀 있는 금일세. 자네도 둘러보면 알겠지만 우린 최소량만 채굴하고 있네. 필요한 만큼만 캐고 최대한 그대로 놓아두려고 하는 거야."

솔직히 말해서 맨 처음 데이비스 씨네 불하광산에 왔을 때는 괴물 같은 기계, 움푹 패고 헐벗은 대지, 진흙탕이 된 냇물과 출입금지 표지판이 있을 줄 알았다. 그러나 막상 내 눈에 비친 모습은 정반대로, 고요한 정원에 비길 만하다. 나는 페리가 하려는 이야기에 흥미가 생긴다. 그는 '은퇴한' 교수지만 사람들과 이야기하기를 좋아하며 강의라고 해도 손색이 없을 만한 방식으로 이야기한다. 필시 나의 침묵과 그가 지난번에 만난 남녀의 '침묵 수련'이 그의 호기심을 돋우는 듯하다. 뭔가를 묻는 듯한 그의 눈을 보면 침묵이라는 주제를 놓고 깊이 사색하고 있음을 알 수 있다. 그러던 어느 날 밤, 어두운 오두막집 안에서 페리가 나에게 말한다.

"발생 반복! 그거야. 내 생각에 자네는 걸어다니고 말을 안 하면서 '발생 반복'을 하고 있는 거야. 그게 뭔지 아나?"

나는 고개를 가로젓는다.

"그러니까 출발 지점으로 되돌아가서 인간의 모든 발달 과정을 다시 거쳐 우리의 현 상태에 도달하는 걸세. 자네는 뭔가를 배우려고 되돌아갔을 거고, 재현은 좋은 선생이지. 사실 우리는 모두 이런저런 방식으로 '발생 반복'을 한다네. 특히 태어나기 전에 말이야."

페리는 태아가 세포 하나에서 시작하여 아가미가 달린 개체로 발달하

적극적으로 들으면서 배워라. 새로운 것을 들을 때는 머릿속으로 재지 말라. 지금 있는 장소에서 소리를 들어 보고, 전에 들어 본 소리에도 귀를 기울여라. 배움이란 이미 안다고 생각하는 것을 새롭게 이해하면서 얻을 수도 있다.

고, 꼬리가 생겼다가 다시 사라져 우리 같은 인간의 모습으로 세상에 태어난다고 설명한다.

"우리는 앞 단계를 모두 거쳐야 지금처럼 되는 거야. 의식하든 못하든 자네도 그런 일을 하고 있다네. 언젠가 자네도 다시 자동차를 타고 재잘거리는 날이 오겠지만, 그 때의 자네는 달라져 있을 거야. 당연히 세상도 달라져 있을 거고."

내가 떠나기 전날 루스가 돌아온다. 루스는 일흔 살이지만 깡마르고 단단한 체구를 지니고 있으며, 스스로 길을 개척한 여인이 대개 그렇듯 거리낌이 없다. 루스는 마치 나하고 미리 계획을 짜기라도 했던 것처럼 자기가 없는 동안 페리의 벗이 되어 주어서 고맙다고 말한다.

그녀는 짐짓 책망하듯 페리에게 묻는다. "당신, 이 젊은이한테 쉴 틈도 안 주고 이야기를 늘어놓았지?"

페리는 지그시 웃기만 하고 뭔가를 생각하며 파이프를 빨아들인다. 그들은 50년 가까이 함께 살았다. 그에 비하면 나는 루스와 같이 보낸 시간이 적어서 아직은 그녀를 잘 모른다.

나는 이듬해에 다시 그곳을 찾아 더 많은 시간을 함께한다. 그 다음해 겨울에는 내 친구 체리와 함께 설피(산간 지대에서 눈에 빠지지 않도록 신 바닥에 대는 넓적한 덧신—옮긴이)를 신고 에밀리 오두막에 들어선다.

체리는 금발에 다부진 체격을 지니고 있으며 자신이 남자 같다고 생각하는 열아홉 살짜리 아가씨다. 나는 전부터 그녀가 고등학교를 졸업하면 오리건 주까지 걸어갈 때 데려가겠다고 약속해 놓았다. 체리의 졸업식이 끝나자 우리는 포인트 레이에스에서 출발하여 캘리포니아 해안 지대를 지나 칼미옵시스로 걸어온다.

겨울철에 칼미옵시스 야생지대를 여행하기란 쉽지 않다. 루스와 페리는 말벗이 생겼다고 반가워한다.

루스가 난로에 장작을 몇 개 더 넣으며 털어놓는다. "나이가 드니까 여기서 살기가 힘들어. 겨울이 되면 너무 힘들고 외롭거든."

데이비스 부부에게는 아이가 없다. 대신 그들은 배낭을 메고 찾아와 야생지대 보호에 의견을 같이하는 사람들을 양자로 삼는다. 그들은 이곳을 찾는 손님을 진심으로 대하고 가족으로 받아들인다. 체리와 나에게도 마찬가지다.

우리가 임시 거처로 정한 호크스 크릭 오두막에서 단 둘이 식사를 했다는 이야기는 루스에게는 절대 비밀이다. 호크스 크릭 오두막은 데이비스 부부의 불하 청구지 맨 끝에 위치한 낡은 통나무집으로 에밀리 오두막과는 약 1.5킬로미터 거리다. 우리는 전날 해질녘에 눈을 헤치고 나와 피곤하고 다 젖은 몸을 이끌고 비틀거리며 호크스 크릭 오두막에 도착했다. 바닥은 먼지투성이지만 작은 난로가 있어서 우리에게는 영락없는 천국이다.

루스가 우리에게 말한다. "여기 있는 동안에는 우리랑 같이 식사를 해야 해. 비축해 놓은 식량이 많으니까." 우리는 기꺼이 동의한다. 대신 우리도 식료품을 좀 보태기로 한다. 내 생일이 되자 루스가 하얀 설탕가루를 입히고 스무 개가 넘는 초를 꽂은 케이크를 만들어 준다. 참으로 행복한 시간이다.

우리가 설거지를 마치자 페리가 말한다. "자네 둘은 우리만큼이나 여기를 좋아하나 보군."

페리는 내가 매년 수천 킬로미터씩 걸어 칼미옵시스까지 오다가 이제는 체리까지 데려온 일을 두고 말하는 것이다. 그는 대답도 기다리지 않고 껄껄 웃어대지만 뭔가를 염두에 두고 있는 것이 틀림없어 보인다. 짚을 씹고 있는 사람처럼 페리의 입 끄트머리가 살짝 벌어져 있다. 루스는 난로 뒤쪽에서 몸을 덥히며 살짝 웃는다. 이야기를 듣지 않고 있는 척하면서도 실은 다 듣고 있는 것이다. 페리가 강의처럼 이야기를 시작하면 루스는 항상 내용을 수정하거나 보충하며 정확한 날짜와 세부사항을 덧붙여 주기 때문에 우리 입장에서는 두 사람의 이중창을 듣는 기분이다.

페리는 말투를 바꿔서 용기를 얻으려는 사람처럼 다소 퉁명스럽고 고압적인 목소리로 이야기한다. "이 집은 혼자 살기에도 꽤 괜찮을 거야." 페리는 지난 몇 년간 에밀리 오두막을 팔고 이사할 생각이라는 이야기를 꺼낼 때마다 이 말을 했다. 그런데 올해에는 페리가 우리에게 묻는다.

"내년 가을에 자네들 둘이 코퍼 크릭 오두막으로 이사를 오면 어떻겠나? 우린 이제 나이가 들었어. 둘이서만 지낼 수 있는 날도 얼마 안 남았다고."

체리와 나는 즉시 좋다고 대답한다. 다음날 우리는 800킬로미터를 걸어 마린 카운티로 돌아가려고 떠난다. 동쪽 출입구로 칼미옵시스를 빠져나가 산을 넘고 애플게이트 골짜기를 지나 애쉬랜드로 향한다. 그리고 들뜬 마음으로 '가운데 골짜기'를 넘어 남쪽으로 가서, 샌프란시스코 만을 빙 돌아 서쪽으로 이동한다. 우리가 포인트 레이에스에 도착할 무렵에는 봄이 와 있다.

우리는 초여름 내내 준비를 한다. 칼미옵시스에 눈이 녹을 때쯤 나는 페리와 루스에게 편지를 써서 우리가 겨울에 쓸 땔나무를 모으는 시기에 맞춰 도착한다고 미리 알린다. 평소처럼 휴식을 취할 여유는 없다. 칼미옵시스에 돌아가는 대로 땔감을 모을 생각이기 때문이다.

여름이 끝나갈 무렵 북쪽으로 도보여행을 떠날 준비가 끝난다. 이번에는 최대한 서두르면서 800킬로미터 거리를 걸어간다. 체리가 만돌린을 가져왔으므로 우리는 때때로 발걸음을 멈추고 음악을 연주하거나 여행길에서 사귄 친구들을 찾아다닌다. 이제 해안을 따라 걷는 일은 익숙하다. 우리는 브루킹스에서 출발, 쳇코 강을 거슬러 올라 우리 집이 있는 산악지대까지 먼 길을 꾸준히 걸어간다.

가을이 되자 에밀리 오두막에 도착하여 코퍼 크릭 옆에 있는 작은 삼나무 오두막으로 이사한다. 페리와 루스와 체리는 눈이 내리기 전에 마지막으로 식료품을 들여오기 위해 낡은 지프차를 타고 광산 도로로 나가서 케이브 역까지 간다. 눈이 내리고 나면 설피나 스키를 이용하지 않고는 밖에 나갈 수가 없기 때문이다.

우리 집 근처에는 내가 꿈꾸던 나무인 포트오포드 시더(오리건 주 포트 오포드에서 발견된 측백나무과의 희귀품종—옮긴이)가 자란다. 포트오포드 시더는 키가 크고 곧은 나무로, 나무껍질에 깊은 홈이 있고, 잎은 없고 양치류처럼 녹색 포엽(苞葉)이 있으며, 둥치 뒷면에는 작고 하얀 X자 표시가 있다. 미송과 소나무, 단풍나무와 가문비나무도 함께 자란다.

나는 페리에게 언젠가 목조 선박을 만들어 항해를 하고 싶다는 이야기를 한다. 페리는 나에게 산 이야기와 그들이 캐는 금 이야기, 그가 중요하게 여기는 가치에 대한 이야기를 한다. 그는 나에게 헨리 데이빗 소로우의 『월든(Walden)』을 읽어보라고 권한다.

"나는 그 책을 삶의 본보기로 삶으려고 노력했다네. 나 정도면 잘 한 편이지."

그러나 페리도 언제나 그렇게 행동한 것은 아니었다. 그는 한때 비행기를 사고 싶어서 야생지대의 산을 평평하게 깎아 비행기 활주로를 만들려고 했다는 이야기를 들려준다.

그는 낄낄대며 말한다. "산림청에서는 당연히 허가를 내주지 않았지. 지금이라면 그런 짓은 생각도 않겠지만 젊을 때는 철이 없었어."

말을 마친 그는 늘 입에 물고 있는 파이프를 훅 불어댄다.

5년이 지나갔지만 우리는 처음 만난 날과 다름없는 마음으로 하루하루를 함께 보내고 있다. 하지만 페리와 루스는 이제 나이가 많이 들었고, 루스는 추위와 외로움을 견디기가 힘들다고 말한다. 그들이 떠나야 할 순간이 다가오고 있다. 페리는 이렇게 말한다. "우리도 결국은 손님일 뿐이니까."

그러던 어느 날 그가 우리에게 놀라운 이야기를 한다.

"원한다면 자네와 체리가 이 집을 사게나."

그는 우리에게 8,000달러라는 터무니없이 낮은 가격을 제시하면서 그들이 떠난 후에 집을 넘겨받으라고 한다.

국유림에서 불하광산을 사고파는 일은 흔히 있다. 실제로는 채굴권을 거래하는 것이다. 하지만 에밀리 오두막을 양도받는다는 것에는 역사적인 장소뿐 아니라 그들의 생활방식도 넘겨받는다는 의미가 있다. 체리와 나는 그 의미에 대해 이야기를 나눈다. 이것은 가볍게 내릴 수 있는 결정이 아니다. 엄숙한 책임과 많은 양의 힘든 노동이 뒤따른다.

봄이 오자 우리는 그 오두막집을 살 돈을 구하려고 야생지대 밖으로 나간다. 그런데 돌아와 보니 페리가 또다시 놀라운 소식을 전한다. 우리가 없는 동안 그들이 알지도 못하는 다른 사람에게 집을 팔았다는 것이다.

루스는 우리 어깨에서 무거운 짐을 덜어내려는 것처럼 아주 진솔한 말투로, 자기 체험에서 우러난 이야기를 들려준다.

"자네 같은 젊은이들한테 그렇게 큰 짐을 지울 수가 없었어."

우리는 어차피 서로 마음을 숨길 수가 없는 사이이므로 이번에도 굳이 숨기려 하지 않는다. 페리는 우리를 위해 옳은 일을 했으며, 칼미옵시스에서 산다는 것이 보기와는 달리 금이 아니라는 확신을 가지고 있다. 그는 이렇게 말한다.

"자네들은 지금은 이해하지 못할 걸세. 하지만 언젠가는 고마워할 게야."

하지만 우리에게는 명석한 사고 능력을 상실해 가는 노인이 자기 합리화를 하는 것으로밖에 보이지 않는다. 어찌됐든 집을 팔기로 약속하고 악수를 나누지 않았던가. 우리는 실망을 넘어 배신감까지 느낀다.

우리가 페리와 루스의 입장에서 문제를 바라보기까지는 시간이 좀 걸린다. 페리와 루스는 25년 가까이 야생지대에서 전원생활을 하다가 나이 때문에 어쩔 수 없이 자기들이 떠나왔던 세상으로 돌아가려 하고 있다. 그리고 그런 상황이 우리에게 충격으로 다가오지 않기를 바란다. 그들은 미몽에서 깨어났다고 이야기하고 있다. 이곳에서 사는 일은 상당한 부담이다. 고독과 긴 겨울과 힘겨운 노동. 집을 물려받는다면 우리도 결국에는 똑같은 어려움에 봉착할 것이다.

나는 실망하는 한편으로 안도감을 느낀다. 사실 나는 꿈이 많다. 학업을 마치고 싶고, 배를 만들어서 세계일주 항해를 하고 싶은 바람도 아직 있다. 아주 솔직히 말하자면 야생지대의 조용한 집에 정착할 준비가 되어 있지 않다. 페리도 그런 사실을 알고 있을 것이다. 아직 나에게 야생지대란 가끔 들러 피로를 풀고 새로운 활력을 얻는 장소다. 게다가 다시 떠날 때가 가까워 오고 있다. 나는 언제든지 길가에 있는 야생지대를 즐길 수 있다.

떠날 준비를 마치자 페리가 나를 서재로 불러들인다. 서재는 이 오두막집을 처음 지을 때부터 있었으므로 백 년도 넘은 오래된 방이다. 페리와 루스는 집을 개조하면서 부엌과 거실을 증축했다. 서재에는 창문이 하나밖에 없는데 그 창문은 서리 낀 플라스틱으로 덮여 있어 전체적으로 어둡다. 페리는 그림자가 드리워진 곳에서 담배갑보다 조금 큰 나무 상자를 꺼낸다.

페리는 내게 상자를 건네며 말한다. "이걸 자네한테 주고 싶네."

놋쇠 경첩이 달린 상자 안에는 옛날에 그가 범선을 탈 때 쓰던 해군용 육분의(항해 중에 천체의 고도를 측정하여 현재 위치를 구하는 기기—옮긴이)가 들어 있다. 그것은 페리와 루스가 드넓은 태평양에서 길을 찾는 데 도움을 준 도구였다.

"여행길에 그게 필요할 거야."

그의 눈가에 물기가 어린다. 어두운 방 안에 있는 적은 양의 빛이 그의 눈가에 몰려 반짝인다. 나는 진한 감동을 받는다. 나는 그들이 항해하던 시절의 활기차고 감상적인 이야기를 들을 때 딱 한 번 이 육분의를 본 적이 있다. 이 육분의를 빼면 노부부가 간직하고 있는 그 시절의 유물은 오직 추억뿐이다. 지금 페리는 그 추억마저도 잃고 있다.

내가 감사 인사를 하자 페리가 말한다. "루스는 항해를 좋아하지 않았어. 우리가 난파당한 후 육지에 정착한 데는 그런 이유도 있었지. 아, 내 삶은 정말 좋았어. 하지만 존, 자네는 반드시 꿈을 이루려는 노력을 계속해야 하네." 내 기억에 페리가 이토록 아버지 같은 목소리로 말한 적은 일찍이 없다. 그의 말이 옳다. 진짜 금은 자기 꿈을 이루려고 노력하는 가운데 있다.

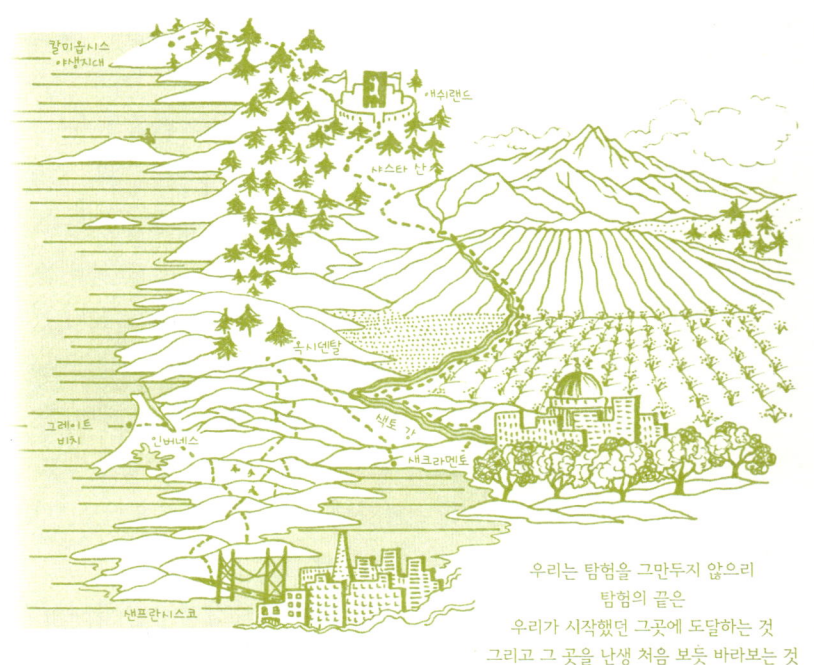

우리는 탐험을 그만두지 않으리
탐험의 끝은
우리가 시작했던 그곳에 도달하는 것
그리고 그 곳을 난생 처음 보듯 바라보는 것
— T. S. 엘리엇

제 7 장

반성의 학교
도구를 모으다

    체리는 자전거를 타고 마린 카운티에 사는 가족들에게 가고 나는 오리건 주 애쉬랜드로 간다. 친구들을 만나고 싶어서 체리와는 나중에 만나기로 한 것이다. 애쉬랜드는 3년 전 야생지대로 오는 길에 들렀던 곳이다.

    나는 무더운 날씨에 새크라멘토 계곡으로 한참을 올라갔다. 4.3킬로미터 높이의 캘리포니아 주 북부 샤스타 산에 오르고 나니 잠시 쉬어 가고 싶은 생각이 간절했다. 그리고 나서 고속도로를 따라 내려오는 길에 나무와 벽돌로 지은 깔끔한 건물을 지나쳤다. 남오리건 주립대학(SOSC)의 기혼자용 기숙사였다. '이런 데 살면서 학교를 다니면 얼마나 좋을까?'라는 생각이 들었다. 대학 캠퍼스를 둘러보고 나니 그런 생각이 한층 강해졌다. 남오리건 주립대학은 학생 수가 약 5,000명인 작은 학교였다. 가로수가 늘어선 오솔길은 애쉬랜드 시내로 이어졌다. 세계적으로 유명한 셰익스피어 축제를 알리려고 세워 놓은 기둥에서 사자 문양을 새긴 깃발들이 색색으로 펄럭였다. 온 도시가 축제 분위기였다. 나는 몇 주 동안 머무르며 친구를 사귀고 식당과 광장에서 음악을 연주했다. 애쉬랜드는 내 마음에 쏙 들었고 그곳 사람들도 나를 좋아했다. 내가 공부를 다시 시작하려는 곳이 바로 애쉬랜드다.

그렇지만 침묵의 서약을 계속 지키면서 학위 과정에 등록할 수 있을지가 문제다. 지금까지 학교에 가지 못했던 이유도 그런 불안감 때문이었다. 하지만 SOSC 학적 담당 사무원 데이비슨 씨와 함께 앉아 있는 동안 내 기분도 달라지기 시작한다.

데이비슨 씨는 오려낸 기사를 읽는 중이다. 중간 중간에 내가 그에게 설명하려고 쓴 종이가 끼워져 있다. 놀랍게도 데이비슨 씨는 내가 대학에서 공부하고 싶다는 생각을 긍정적으로 받아들인다.

"재미있어요. 아주 재밌는 분이시군요. 그럼 몇 년째 말을 안 하고 계신 겁니까?"

나는 천장을 올려다보며 머릿속으로 숫자를 세다가 손가락 여섯 개를 들어 보인다.

"6년이라고요? 좋아요. 당신은 말을 안 하고도 잘 해낼 것 같습니다." 그는 말하다 말고 일어나더니 자기 자리로 가서 서류 몇 장을 가져온다. "각 과목 담당 강사에게는 말을 하지 않고 수업을 듣겠다는 허락을 따로 받아야 할 겁니다. 당신이 침묵을 지키는 이유를 캐묻거나 당신의 진의를 의심하는 사람도 있겠지만 별다른 문제는 없을 겁니다. 우리는 통상적인 규범을 따르지 않는 학생들을 대상으로 하는 새로운 교육 과정을 운영하고 있어요. 당신에게는 사전교육 체험 프로그램이 적합할 것 같습니다. 줄여서 PLE라고 부르는 프로그램인데, 기존의 대학 울타리 바깥에서 체험으로 얻은 지식을 입증할 수 있으면 2년 동안 대학에서 수학했다고 인정하는 제도입니다."

데이비슨 씨는 PLE 프로그램을 신청하려면 글쓰기와 PLE 포트폴리오 제작을 다루는 3학점짜리 강좌를 이수해야 한다고 설명한다. 그 이야기를 들으니 가슴이 두근거린다. 나는 그 강좌를 첫 수업으로 신청한다.

강사 앤 디어링은 짧은 금발머리에 키가 작고 통통한 여자다. 그녀는 말과 개를 무척 좋아한다. 수업을 마친 후에도 몇 시간 동안 즐겁게 그 이야기를 할 수 있을 정도다. 그녀의 수업에서는 우리가 지금까지 어디에 있었으며 지금은 어디로 가고 있는지를 살펴보는 과정을 통해 자아를 발견할 수 있다고 가르친다. 수강생은 여남은 명으로 스물다섯 살에서 쉰 살까지 연령이 다양하지만 대부분은 가족이 있는 직장인이다. 그들이 다시 공부를 시작한 이유는 제각각이다. 자기에게 맞는 다른 직업을 찾으려고 온 사람도 있다. 내가 왜 왔는지는 나도 잘 모르겠다. 그저 예전에 그만둔 대학 공부를 마치고 싶었을 뿐이다.

앤이 녹색 칠판에 노란 분필로 수평선을 그으며 말한다. "이 선이 여러분의 인생이라고 상상합시다. 여기서 시작해서……여기서 끝나는 거죠."

학생들이 불만스런 신음소리를 낸다. 모두들 서로를 곁눈질하는 가운데 불편한 침묵이 흐른다.

앤이 수강생들에게 묻는다. "여러분이 몇 살까지 살 거라고 생각해요?"

아무도 대답하지 않는다.

"예순 다섯? 일흔? 아니면 일백 살까지?"

일순간 교실에 어둠이 깔리는 듯하다. 서른다섯 살쯤 된 여자가 손을 들고 말한다.

"이게 사전교육과 무슨 상관이지요? 저는 가족이 있는 사람입니다. 죽음에 대해서는 생각하고 싶지 않아요."

그녀는 언짢아하고 있다. 다른 수강생들도 마찬가지다.

"사전교육 수업을 이런 식으로 시작하는 것이 불쾌할 수도 있겠지요. 하지만 여기서 중요한 것은 우리의 인생이 유한하다는 자각입니다. 인생은 시작과 끝이 있지요. 단기적 목표와 장기적 목표를 세우려면 그 점을 명심해야 합니다." 그녀의 말은 명백한 진실이다. 하지만 아무도 삶의 유한성이라는 주제로 이야기하고 싶어하지 않는다. 앤이 다시 말한다. "자, 여러분이 1935년에 태어났다고 칩시다. 그러면 지금은 마흔네 살이겠지요."

그녀는 칠판에 그은 노란 선 옆에 숫자를 휘갈겨 쓰고 말을 잇는다.

"여러분이 일흔네 살까지 산다고 하면 장기적 목표를 실현할 시간은 30년이 됩니다. 이것을 두고두고 생각할 필요는 없지만 염두에 두기는 해야지요. 우리가 무언가를 이룰 기회가 한정되어 있다는 사실을 알아야 목표를 향해 한 걸음씩 나아갈 수 있습니다."

나이든 남자 수강생이 거북해하는 말투로 입을 연다. "나는 언제 죽을지 알고 싶은 생각이 조금도 없습니다." 그는 신경질적으로 이렇게 덧붙인다. "어차피 알 수도 없잖아요."

앤은 수강생들의 반응에 굴하지 않고, 집에 가서 각자 표를 그려 보라는 숙제를 내준다. 하지만 진짜로 숙제를 한 사람은 많지 않다. 앤이 내준 다른 과제들은 첫 번째 과제처럼 무서운 것은 아니다. 짧은 자서전을 쓰거나 연대순으로 이력서를 작성해 보라고 한다거나, 대학에서 듣는 수업과 유사한 경험을 나열하라는 식이다. 그러나 어떤 것도 첫 번째 과제만큼 강한 인상을 남기지는 못한다. 수강생들은 모두 자기 삶이 녹색 칠판을 가로지르는 희미한 노란 선이라는 생각을 떨칠 수가 없다. 나도 마찬가지다. 한동안 내가 했던 모든 일과 내가 하고자 하는 모든 일이 아무런 의미도 없다는 생각에 시달리기도 한다. 다시금 죽음과 대면해야 하는 상황에 처하자 나 자신이 매우 왜소하고 약한 존재로 느껴진다. 기름을 뒤집어쓴 새들, 캘리포니아 해변에서 썩어 가는 동물 사체들, 토말리스 만에서 실종된 제리 태너, 필라델피아의 거리에서 깔려 죽은 작은 개똥지빠귀 새가 머릿속에 가득하다. 하지만 우리는 죽음과 대면할 때 비로소 삶을 총체적으로 경험하게 되며, 총체적인 경험 속에서 삶의 의미를 찾고 때로는 커다란 어려움을 이겨 내면서까지 어떤 행동을 하게 된다.

    수년에 걸쳐 준비해 왔음에도 불구하고, 말을 하지 않고 수업에 참석하기란 쉽지 않다. 처음에는 교수 몇 사람이 나의 진심에 의문을 품기도 했다. 하지만 그들은 내가 수업을 따라가기만 하면 만족한다. 나는 늘 하던 대로 몸짓으로 의사소통을 하고, 다른 방법이 다 실패하면 글씨를 쓴다. 특정한 수업시간에 의사소통을 하는 일은 생각보다 쉽다. 모두 같은 배경지식을 가지고 있으므로 별다른 노력 없이도 질문을 하거나 요점을 파악할 수가 있다. 하지만 내가 가장 열심히 듣는 소리는 내면에서 나오는 침묵의 소리다. 이제 침묵은 내 삶에서 아주 큰 부분을 차지한다.

내가 검은색 서류철을 건네자 앤이 빙긋 웃는다. 나는 2년 동안 수업을 들으면서 PLE 포트폴리오를 완성하기 위해 필요한 서류를 모두 작성했다. 앤은 내가 쓴 단기 목표와 장기 목표를 큰 소리로 읽는다.

"내 눈 앞에 있는 개인적 목표는 남오리건 주립대학에서 학업을 마치고 과학/수학 일반과정 학위를 받는 것이다. 전공은 생물학, 부전공은 문예창작으로 할 생각이다. 그리고 자기주도 학습을 계속하며 환경학 및 연관 학문 분야에 종사하고 싶다."

"내 평생의 목표는 항해와 도보로 세계를 일주하는 것이다. 그것은 공부의 일환이자, 내가 다른 사람을 도울 수 있고 세상을 이롭게 할 수 있다는 희망의 표현이다."

포트폴리오를 훑어보던 앤은 내가 요청한 학점 내역을 하나씩 검토하면서 고개를 끄덕인다. 일반과학 9학점, 생물학 18학점, 체육 6학점……. 내가 화법/커뮤니케이션에서 15학점을 요청한 것을 보고 앤은 작은 소리로 킬킬댄다. 역설적이지만 화법/커뮤니케이션 분야에는 일련의 비언어적 의사소통 수업이 포함되어 있다. 계속 웃던 앤은 내 포트폴리오에 나온 학점을 합산해 보고 100학점이 넘는다는 사실을 발견한다.

"놀라운 성적이군요. 승인 가능한 점수가 96학점까지라는 건 알고 있지요? 하기야 더 많이 요청해서 나쁠 건 없겠죠."

나는 고개를 끄덕인다.

"지금까지 이 프로그램에서 9학점 이상을 받은 사람은 없었어요. 하지만 만약 당신이 제출한 포트폴리오가 승인을 받는다면 96학점을 얻게 되고, 그렇게 되면 수업을 들은 지 2년 만인 올 여름에 졸업할 수 있어요. 대단히 놀라운 일이죠."

내 얼굴에 환한 웃음이 번진다. 대학 공부를 마친다는 내 첫 번째 목표를 달성할 가능성이 손에 잡히기 때문이다.

학교에서는 내가 PLE로 신청한 학점 중 98학점을 인정해 준다. 나는 그중에서 96학점을 졸업에 필요한 학점으로 사용하기로 한다. 또한 내가 입학한 직후 SOSC에서는 학생들이 취득하는 학점 수에 따라 수업료를 내도록 PLE 규정을 변경했기 때문에, 내 경우에는 등록금 75달러라는 저렴한 비용으로 2년간의 대학 교육에 상응하는 학점을 인정받게 된다.

6월이 되자 아버지가 내 졸업식에 참석하러 온다. 아버지 사촌뻘인 세프 아저씨와 펄 아주머니, 루시 고모, 고모의 딸 모드, 모드의 12살 난 딸 마리아도 함께 온다. 내가 말을 중단한 이후로 루시 고모네 가족을 만나기는 처음이다.

루시 고모는 몸집이 큰 흑인 여인으로, 부드럽고 도톰한 입술에 이가 보이게 활짝 웃는 분이다. 고모는 원래 살던 필라델피아 주를 떠나 버지니아 주 스토니 크릭에 사는 농부와 결혼했고, 인종차별이 만연하던 시대에 교사로 일하다가 작은 초등학교 교장까지 지냈다.

지금 애쉬랜드에 온 루시 고모는 지난 2년 동안 내 집이었던 4.8미터짜리 트레일러 안에 있는 간이 식탁에 비좁게 앉아 있다. 고모는 내가 졸업을 해서 얼마나 자랑스러운가를 길고 느리고 두서없는 문장으로 이야기한다. 고모의 목소리에는 서인도제도 특유의 발랄한 기운이 있다. 고모가 아버지보다 아홉 살 많은데다 대학교육의 의미를 아는 분이기 때문에 아버지는 고모가 하는 말을 잠자코 듣기만 한다.

"조니, 네가 대학을 졸업한다는 건 나에게도 큰 의미가 있단다. 나한테 참 중요한 일이야. 중요한 일이 아니었다면 여기까지 안 왔을 게다. 정말이야."

나는 고개를 끄덕이고 몸을 돌려 아버지와 눈을 마주치려고 애쓴다. 아버지는 비좁은 간이 식탁 모서리 쪽에 커다란 몸집을 구겨 넣듯 앉아 있다. 아버지는 웬일인지 아무 말도 하지 않고 창밖으로 친구 존 셀리그만이 일구어 놓은 채소밭을 바라본다. 내 트레일러가 있는 곳이 바로 셀리그만네 집 뒤뜰이다. 루시 고모가 아버지를 다그친다.

"선생, 어떻게 생각하시나?"

아버지는 어디론가 흘려보냈던 정신을 되찾아 고모를 향해 활짝 웃는다. 아버지는 자주 입에 올리는 격언으로 대답을 대신한다.

"달콤한 것과 씁쓸한 것을 함께 먹게 되겠지요."

"조니가 대학 학위를 받는 데 씁쓸할 게 뭐가 있어? 더구나 말을 하지 않고서도 졸업을 했잖니. 난 이게 대단한 일이라고 생각한다."

"아, 나도 누님 말에 동의하니까 오해는 마세요. 조니가 학교를 졸업하고 여러 가지를 잘 해내서 뿌듯하다고요. 하지만 이제부턴 뭘 한단 말입니까? 말을 안 하고 차도 안 타는 애가 뭘 할 수 있겠어요? 어떻게 해서 말을

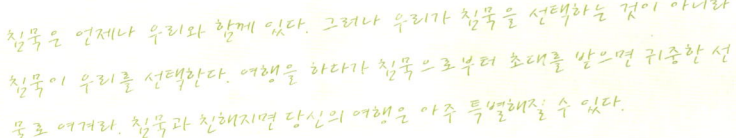

침묵은 언제나 우리와 함께 있다. 그러나 우리가 침묵을 선택하는 것이 아니라 침묵이 우리를 선택한다. 여행을 하다가 침묵으로부터 초대를 받으면 귀중한 선물로 여겨라. 침묵과 친해지면 당신의 여행은 아주 특별해질 수 있다.

하지 않고 학교를 끝까지 다녔는지는 모르겠지만, 현실 세계에서는 그게 통하지 않아요."

아버지는 고개를 돌려 나를 바라보며 직접적으로 이야기한다.

"굳이 네 목에 무거운 돌을 매달지 않아도 흑인으로서 세상을 살아가는 일은 녹록치 않아. 그런데 넌 도대체 뭘 하고 있는 거냐? 얘야, 이 바보 같은 짓을 제발 그만둬라. 다시 운전을 하고 뭐라고 말을 좀 해 봐라. 지금 이 순간도 너는 아무 말 안 하고 있잖니."

나는 대답할 말을 찾지 못한다. 말을 하지 않고 수업을 듣는 일이 얼마나 어려웠나를 생각해 본다. 어떤 교수들은 나를 미심쩍게 생각했다. 내가 침묵을 택했다는 이유만으로 수업에서 요구하는 활동이나 발표를 면제받은 적도 없었다. 나는 수업 시간마다 강사와 가까운 앞자리에 앉았다. 언제든 몸짓으로 의사를 전달하고 질문과 대답을 하거나, 쪽지와 오려낸 기사를 건네거나, 칠판에 글씨를 쓸 수 있도록 하기 위해서였다.

발표 수업은 더더욱 문제였다. 자연사 수업 과제 중 하나는 지도 제작에 관한 프레젠테이션이었다. 슬라이드와 동영상 자료를 모으는 일은 쉬웠다. 다음으로 나는 녹음기와 질문 목록을 들고 군 계획과를 찾아갔다. 우여곡절 끝에 내 용건을 이해하게 된 계획과 책임자는 밝은 얼굴로 내가 가져간 마이크에 대고 이렇게 말했다.

"그러니까 지도를 만드는 법을 배우고 싶다는 거지요? 제대로 찾아오셨습니다. 여기서는 계획사업을 하면서 온갖 종류의 지도를 사용합니다. 그럼 지도 제작 전문가를 만나러 가 봅시다."

딱딱한 리놀륨이 깔린 복도에 발소리가 울려 퍼져 인터뷰에 현장감을 더해 준다. 수업 시간이 되자 나는 편집된 녹음테이프를 틀어놓고 산악지대를 비롯한 여러 가지 지형을 촬영한 슬라이드를 상영했다. 그리고 가상의 작업대에서 일하는 시늉을 하며 미완성 백지도(각종 정보를 기입하기 위한 작업용 기본도―옮긴이)와 완성된 백지도를 한 장씩 차례로 그려 보였다. 발표를 마친 나는 링컨이 게티스버그 연설을 마쳤을 때처럼 침묵에 휩싸여 서 있었다. 어찌할 바를 몰라 고개를 숙여 인사하자 교실에서 박수가 쏟아져 나왔다.

졸업식이 끝난 후에는 각종 파티가 열리고 친구들이나 동료 수강생들과 작별하는 시간이 뒤따른다. 그들 가운데는 대학원에 진학할 사람도 있다. 조용히 대학원에 대해 생각하는 동안 두통이 나고 뱃속이 답답해진다. 내가 거둔 성과가 만족스럽기도 하지만 한편으로는 아버지 말이 맞다는 생각이 든다.

일요일이 되자 가족들은 다시 셰프 아저씨의 연청색 포드 스테이션왜건을 타고 샌프란시스코로 돌아간다. 나는 손을 흔들어 작별인사를 한다. 가족들이 탄 차는 중심가를 따라 가다가 다른 차들과 섞여 보이지 않게 된다.

30분 후 식료품점에 있는 나에게 한 친구가 달려와서 말한다.

"너희 아버지를 아직 못 만났니? 차를 몰고 다니면서 너를 찾고 계셔."

나는 중심가 벤치에 앉아서 기다린다. 셰프 아저씨의 포드 차가 내 앞에 미끄러져 선다. 차 안에서는 흥분한 친척들이 나를 불러댄다. 아버지는 손에 샌프란시스코 지역 신문을 든 채 눈을 동그랗게 뜨고 계신다.

"네가 신문 1면에 났어. 1면에!"

아버지가 신문을 들어 올리자, 졸업 가운을 입고 학사모를 쓴 내 사진 위로 "만 지역의 아들, 침묵 속에 졸업하다."라는 커다랗고 굵은 글씨가 보인다.

"얘야, 이것 좀 봐라. 네가 1면에 났다!"

나는 아버지를 향해 어중간한 웃음을 지어 보인다. 아버지가 내 사진을 들고 있는 모습을 보니 마음이 편하지 않다. 영혼을 도둑맞았기 때문은 아니다. 아버지가 그 사진이나 다른 사람들의 의견을 너무 중요하게 생각하기 때문이다. 그렇다고 달라지는 게 있을까? 루시 고모는 차창 밖으로 축하 인사를 퍼부으며 아버지에게 잔소리를 한다.

"그것 봐, 씁쓸한 건 없잖아. 지금은 조니를 어떻게 생각하시나?"

"아, 난 지금도 조니가 정신 나간 놈이라고 생각해요. 그러니까 신문에 실렸겠죠. 기자들은 항상 기상천외한 일을 찾아서 신문에 실으려 하잖아요. 난 조니가 이 정신 나간 짓을 그만두고 입을 열기를 바랄 따름입니다."

친척들은 나와 악수를 하고 다시 작별인사를 한 후 차를 몰고 떠난다. 나는 버스 정류장 벤치에 앉아 있다. 내 친구 체리가 나를 발견하고 다가와서 나란히 앉는다. 체리는 내 졸업식에 참석하려고 마린 카운티에서부터 자전거를 타고 왔다. 그녀는 며칠 더 머물면서 대학에 가고 싶다는 꿈 이야기를 한다.

1년 전에 나는 토말리스 만 수석 선박기술자 밥 다르에게 편지를 써서 도보와 항해로 세계 일주를 하는 것이 내 목표임을 알리고, 항해를 하기 전에 배 만드는 법을 배우고 싶다면서 견습생으로 받아 달라고 부탁했다. 밥은 마침 금문교를 사이에 두고 샌프란시스코와 마주보고 있는 소살리토라는 작은 도시에 선박제조 학교를 열었다는 답장을 보내왔다. 내가 대학을 졸업하면 자기 학교에 받아 주겠다는 것이다. 나는 이제나저제나 하고 기다리는 중이다.

자전거를 타고 만 지역으로 돌아가기로 결심한다. 내게는 자전거 페달을 밟으며 산길을 올라갈 만한 체력이 있다. 도로사면을 보니 해양생물 화석들이 햇볕에 다 드러나 있다. 나는 화석이 나타날 때마다 멈춰 서서 생물의 변화에 놀라고 이렇게 높은 지대가 과거에 바다였다는 사실에 또 놀란다. 그러고는 다시 자전거에 올라타 긴 해안선을 따라 캘리포니아 주로 간다. 처음에는 편안하게 가지만 어느덧 속도에서 희열을 느낀다. 나는 지나가는 차들과 나란히 달리고 있다. 속도는 점점 빨라진다. 픽업트럭을 타고 내 옆으로 지나가던 사람이 눈을 커다랗게 뜨고 웃으며 손가락 아홉 개를 들어 보인다. 시속 90킬로미터. 자전거 프레임이 떨리는지 내가 떨고 있는지는 모르겠지만 나는 두려움에 사로잡힌다. 앞바퀴가 부서져 엉킨 철사덩어리로 변했다가 흔적도 없이 사라지는 상상을 해 본다.

엄청나게 빠른 속도로 5번 고속도로를 따라간다. 아직 초여름이라 희끗희끗한 샤스타 산을 지나 뜨거운 골짜기로 접어든다. 옆으로는 새크라멘토 강이 샌프란시스코 만으로 흘러가고, 강가에 논과 노란 해바라기가 보인다.

소살리토에 있는 목공소에 도착한다. 애쉬랜드를 떠나온 지 이제 2주째다. 내 마음은 아직 여기에 와 있지 않다. 800킬로미터를 걸어왔더라면 두 달 가량 걸렸을 터이므로 내 몸의 일부는 아직도 샤스타 산 근처의 어느 길 위에 있다. 하지만 지금 내 주위에는 새로 가공한 포트오포드 삼나무 냄새가 진동한다. 코끝을 찌르는 그 냄새를 맡으니 시간과 공간을 이동하여 다시 오리건 주로 가 있는 듯하다.

예전에 캘리포니아 주 경계선에서 95킬로미터 북쪽에 위치한 오리건 주의 해변 도시인 포트 오포드까지 걸어간 적이 있었다. 선박제작자들이 칭찬해 마지않는 그 고장의 삼나무를 구해 배를 만들기 위해서였다. 삼나무 한 그루를 베어 넘어뜨린 다음 가늘고 긴 재래식 톱이나 내릴톱을 써서 손으로 판자를 가공할 생각이었다. 그리고 동력 엔진을 사용하지 않는 나의 생활방식에 맞게 말과 마차를 사용하여 가공한 목재를 포인트 레이에스까지 운반하고, 배를 만들어 세계를 일주한다는 계획이었다.

포트 오포드 외곽에 있는 랑글루아에서 우락부락하고 가슴이 두툼한 벌목업자 R. D. 터커 씨를 만났다. 터커 씨는 내가 나무에 대해 알아보려고 그곳까지 걸어갔다는 이유로 나를 마음에 들어 했고 내 밴조 연주도 좋아했다. 그는 삼나무가 고속도로 양쪽에 줄지어 자란 모습을 담은 사진을 나에게 보여 주며 말했다.

"그런데 이 나무들이 죽어가고 있소."

나무뿌리가 상하고 있는데 아무도 원인을 정확하게 알지 못한다는 것이었다. 터커 씨는 물속에서 전염되는 바이러스 때문이라는 이론을 제시하며 얼마 전에 있었던 홍수가 영향을 미쳤을지도 모른다고 이야기했다. 나는 일주일 동안 터커 씨네 벌목장에서 야영하면서 그의 가족과 함께 식사를 했다. 그러면서 터커 씨에게서 내 계획을 달성하는 데 필요한 가르침을 받았다.

그곳 사람들은 벌써 오래 전부터 재래식 톱으로 통나무를 켜는 일을 중단했다고 한다. 터커 씨는 그런 톱을 구할 수 있는 곳은 골동품 상점밖에 없다고 말하다가 도중에 말을 멈추더니 머리를 벅벅 긁었다. 그는 아들과 함께 지금은 폐허가 된 산악지대의 오래된 농장에 들렀다가 과수원에서 녹슨 톱을 보았던 기억을 떠올리고 손수 지도를 그려 주었다. 나는 이듬해에

톱을 구하러 그곳까지 갔다.

그 농장은 시스키유 산맥 안의 작은 골짜기 깊숙이 박혀 있었다. 아직 건물 몇 채가 남아 있고 건물 사이사이에 녹슬어가는 쟁기와 화반(꽃을 담도록 만든 자기―옮긴이)과 여타 농기구들이 흩어져 있었다. 나는 배낭에 사과와 딱딱한 배를 채워 넣으며 과수원을 뒤졌지만 톱은 없었다. 그로부터 몇 년 후, 나는 아그네스 서쪽에 있는 로그 강을 따라 걷다가 스미더스 씨라는 사람을 만났다. 반백이 다 된 아흔 살의 광부인 그는 60년이 넘도록 강둑 위의 농장에서 살았다. 나는 그의 작업장에 가서 생전 처음으로 진짜 톱을 보았다. 거친 판자벽에 걸려 있는 톱을 사겠다고 하자 스미더스 씨는 잠시 생각하더니 나에게 선물로 주기로 마음먹었다. 내가 그 톱을 알아보아서 기분이 좋기도 하고, 더 이상 필요하지도 않다는 것이다. 나는 균형을 잘 맞추어 톱을 어깨에 얹고 사흘 동안 해변으로 걸어갔다.

해안 고속도로를 따라 남쪽으로 가는 도중에 만난 부보안관은 내가 들고 있는 톱을 화물편으로 포인트 레이에스까지 보내 주겠다고 제안했다. 내가 그 톱을 본 것은 그것이 마지막이었다.

나는 또다시 내가 꿈꾸던 삼나무에 둘러싸여 있다. 깔끔하게 쌓아올려 벽에 바짝 붙여 놓은 판자들도 있고, 벌써 매끈하고 윤이 나는 선체의 표면을 이룬 판자들도 있다. 선체들은 제작 단계가 각기 다르다. 점심시간이라 작업장이 조용하다. 수석 기술자 밥 다르가 문간에 서 있는 나를 보고 다가와 반겨 준다.

"존, 왔구나! 일요 신문에 실린 사진을 보고 네가 오고 있는 줄은 알았지만 이렇게 빨리 오리라고는 생각지 않았는데."

나는 짐바구니 네 개를 달고 프레임에 밴조를 수직으로 동여맨 자전거를 가리킨다. 밥이 웃으며 말한다.

"좋아. 존, 바로 시작하자. 우선 네 연장을 보관할 상자를 만들어 봐."

*톱질을 하지 않은 삼나무를
층층이 쌓아 말려 놓으니 향내도 달콤하구나*

1981년 10월 14일
캘리포니아 주 소살리토
목공소에서

나는 애쉬랜드에서 도착한 트레일러를 목공소 옆에 두고 살기로 한다. 인접한 건물의 뜰에는 창고로 쓰이는 해운용 컨테이너 십여 개가 있다. 나는 밥과 의논하여 밤에 창고를 지켜 주는 대신 목공소 강습료를 면제받기로 했다. 낮 시간에 하는 작업은 무척 힘들지만 보람차다. 첫 번째 과제는 거의 완성 단계에 이른 바나나 보트에 끝손질을 하여 진수시키는 것이다. 겹판 구조에 세 군데서 노를 젓도록 만들어진 그 보트는 밥이 운영하는 주말반 학생들이 실습용으로 만든 것이었다.

다음으로는 8.5미터짜리 라일 헤스 커터선 레니게이드 호를 건조하는 대형 프로젝트에 돌입한다. 우리는 선체 골조 원형을 설계하고 만드는 일에서부터, 납을 녹여 부어 용골을 만들고 청동을 녹여 금속 부품을 만드는 일에 이르는 모든 공정을 열성적으로 배운다. 그리고 목공 기술을 향상시키려고 끊임없이 노력한다. 몇 달이 지나자 밥 다르의 통솔 아래 커터선이 거의 완성된다. 나도 기술이 늘어서 처음으로 소형 평저선을 제작해 달라는 주문을 받기에 이른다. 그러던 어느 날 오후, 밥이 작업장 구석에 위치한 사무실에서 나와서 나에게 다가온다. 나는 의자에 앉아 검은 아카시아나무로 레니게이드 호의 키를 만드는 중이다.

밥이 나지막한 소리로 말하는데 어쩐지 불길한 예감이 든다. "존, 방금 샌프란시스코에 사는 너희 친척인 셰프 씨와 통화했어." 나는 주먹을 꼭 쥔 손을 가슴에 갖다 대고 나쁜 소식을 들을 준비를 한다. "정말 안됐지만, 너희 아버지가 병원에 계시는데 돌아가실지도 모른다고 어머니가 전화를 하셨대." 나는 가만히 서서 충격이 가슴에서 손과 발로 이동하도록 내버려 둔다. 손도 발도 움직이지 않는다. 무슨 생각이든 하려고 애써 보지만 머릿속이 하얗다.

"셰프 씨가 샌프란시스코에 있는 자기 집으로 최대한 빨리 와 달라는구나."

나는 천천히 고개를 끄덕이고 손목시계를 들여다본다. 아직 오후 네 시밖에 안 됐지만 내가 다리에 도착할 무렵이면 도보 통행 허용 시간이 끝날 가능성이 있다. 최근 자살자가 속출하면서 새로 생긴 규칙이다. 생각에 잠긴 내 모습을 보고 밥이 말한다.

"존, 어서 가. 뒷정리는 걱정하지 말고." 우리는 하루 일이 끝나면 늘 연장을 치우고 작업장을 깨끗이 치운다. 그것은 밥이 우리에게 가르치는 규칙 중 하나다. 하지만 오늘 나는 밥의 말대로 그냥 나온다. 잠시 후 나는 다리의 보행자 통로로 올라가고 있다. 해가 지고 한 시간 가까이 지나 게이트에 도착했는데 다행히 아직 열려 있다. 다리를 건너면서는 더 큰 문제에 생각이 미친다. 걷기를 포기하라는 이야기를 듣게 될 텐데, 어떻게 해야 할까?

셰프 아저씨는 샌프란시스코 실버 테라스 지구 캔들스틱 경기장 근처에 산다. 집안 분위기는 침울하다. 셰프 아저씨는 뒤에 서 있고 아저씨의 부인 펄 아주머니가 현관에서 나를 맞이한다. 우리는 서로를 포옹한다.

아저씨가 낭랑한 목소리로 말한다. "아이고, 얘야. 네 엄마가 어제 전화해서 아버지가 열이 나고 오한이 나서 병원에 갔다고 하더구나. 그런데 오늘 다시 전화를 걸어서는 열이 40.5도까지 올라갔다지 뭐냐. 그렇게 고열이 나는 이유를 의사들도 모른단다. 네 아버지는 의식이 오락가락하고 헛소리를 하면서 너를 찾고 있다. 그래서 네 어머니는 네가 최대한 빨리 집에 와 주기를 바란다. 어떻게 할래?"

나는 망설임 없이 공중에 대고 손을 휘저어 제트 여객기 흉내를 낸다.

"잠깐만. 우선 전화를 걸어서 네 아버지가 어떤지 물어보자꾸나. 말할 필요는 없다. 듣기만 해라." 셰프 아저씨가 전화기 다이얼을 돌린다. "여보세요. 라 자바, 존은 어때?" 아저씨는 말없이 듣기만 한다. "알았어요. 조니가 여기 와 있으니까 이야기해 봐요. 바꿔 줄 테니까."

나는 셰프 아저씨가 건네준 전화기에 귀를 댄다. 어머니는 피곤한 목소리로 말한다. "조니, 듣고 있니? 글쎄, 네 아버지가 많이 아파서 밤새도록 네 이름을 불러댔다. 너를 꼭 만나야 한다는구나. 네가 아주 특별한 일을 하고 있는 것 같아서 이런 부탁은 안 하려고 오래 전에 마음먹었다만, 지금은 네 아버지를 위해서 부탁하는 거란다. 집에 와서 아버지를 만나렴. 아버지가 네 입장이었어도 너를 위해 기꺼이 그렇게 했을 거야."

나는 말을 하지 않으려고 안간힘을 쓴다. 하마터면 "바로 비행기를 탈게요."라고 어머니에게 이야기할 뻔 한다. 나는 긍정하는 의사를 표시하려고 콧소리만 약간 내고 전화기를 셰프 아저씨에게 도로 건넨다.

"라 자바, 존은 내일 여기서 비행기를 탈 거요. 우리가 아침에 전화해서 존이 어느 비행기편으로 가는지 알려 줄게요. 거기 있는 존에게도 그렇게 전해 줘요." 셰프 아저씨와 어머니는 몇 분간 더 이야기를 나누다가 전화를 끊는다.

우리는 저녁 내내 여러 가지 준비를 한다. 나는 공항까지 자전거를 타고 가겠다고 고집을 부린다. 비행기를 타고 가서 필라델피아 주에 내린 후에도 자전거를 이용할 생각이다. 어머니는 비행기 표를 사라고 익일 특급 우편으로 아버지의 신용카드를 보냈다. 나는 내일 아침에 일어나면 많은 변화와 함께 새로운 모험이 펼쳐지겠다는 생각을 하며 잠자리에 든다.

아침이다. 셰프 아저씨, 펄 아주머니와 함께 서둘러 식사를 하고 자전거에 짐을 싣는다. 문 밖으로 나서려는데 전화가 울리더니 셰프 아저씨가 나더러 도로 들어오라고 소리친다. 어머니 전화다. 나는 수화기에서 흘러나오는 소리에 귀를 기울인다.

"어젯밤에 아버지 열이 내려서 정상으로 돌아왔어. 그러니 안 와도 된다. 아버지한테는 그냥 네가 셰프 아저씨 댁에 와 있는데 걱정을 많이 했다고만 이야기했다. 자, 아버지가 너한테 이야기를 하고 싶다니까 바꿔 줄게." 어머니는 아버지에게 전화기를 넘긴다.

"여보세요? 안녕, 아들?" 아버지의 힘없는 목소리가 들린다. 아버지는 내가 대답하기를 기다리지 않는다. "네 엄마 말을 들으니 내 걱정을 많이 했다고 하더구나. 그래서 내가 직접 괜찮다고 알려 주려는 거다. 걱정 마

라. 듣고 있지?" 힘겹게 말씀하시긴 하지만 아버지는 이제 괜찮을 듯하다.

까마득히 높은 금문교 밑에

어선들이 잠자고

갈매기가 끼룩거리며 날아드네

1982년 1월 7일
캘리포니아 주, 샌프란시스코

    목공소에서 도제 생활을 하며 기술을 익힌 후, 사전학습 체험 포트폴리오에 적혀 있는 내 일생의 목표를 다시 읽어본다. "내 평생의 목표는 항해와 도보로 세계를 일주하는 것이다. 그것은 공부의 일환이자, 내가 다른 사람을 도울 수 있고 세상을 이롭게 할 수 있다는 희망의 표현이다." 나는 이 목표의 진정한 의미를 알지 못한다. 다만 걷기를 통해 그 의미를 배울 수 있기를 바랄 뿐이다. 도제 수업이 끝나자 나는 포인트 레이에스에 사는 몇몇 친구들과 함께 '플래닛워크'를 설립하여 법인으로 등록한다. 플래닛워크는 도보 순례를 통해 환경에 대한 관심을 불러일으키고 환경 보호와 세계 평화를 촉구하는 비영리 교육기구다. 함께 하는 친구들은 소기업 컨설턴트 신디 오하마, 의류 디자이너 테젠 그린, 버클리에 있는 캘리포니아 대학 환경계획과 교수이자 건축가인 심 반 데르 린이다. 이들을 플래닛워크 창립회원으로 하여 첫 회의가 열린다.

    나는 몸짓을 하고 친구들은 이야기를 하면서 토론한 끝에 우리는 법인의 규약을 마련한다. 그리고 '플래닛워킹'을 어떤 식으로 할 것인가를 의논한다. 결국에는 미리 계획하는 목표들은 뼈대에 지나지 않으며, 플래닛워크 자체가 새로운 것을 발견하는 여행이라는 결론에 도달한다. 우리는 흥분과 기대에 부풀어 있다.

나는 여행을 시작할 날짜를 정하고, 나 자신에게 필요한 준비를 계속하며 여행 자금을 모은다. 우리는 여행길에서 사람들을 모으기 위해「플래닛 워커」라는 제목의 소식지를 제작하기로 한다. 이 소식지는 내 도보여행에 동행하게 될 것이다. 나는 전국 각지의 고속도로와 국도와 오솔길을 돌아다니고, 대도시와 소도시, 작은 마을, 숲과 사막을 통과하고 야생지대 탐험도 할 예정이다. 때로는 발걸음을 멈추고 가만히 귀를 기울일 것이다. 나는 다음과 같은 문구를 인쇄한 명함 한 묶음을 가져가려 한다.

"존 프란시스를 소개합니다. 그는 1983년 1월 1일 캘리포니아 주 인버네스에 있는 집을 떠나 여행길에 올랐습니다. 18년간 세계를 돌며 환경 문제에 주의를 환기시키고 환경보호 정신과 세계평화를 촉구하려는 여행입니다.

존은 1971년에 샌프란시스코 만 기름유출 사고가 터진 직후에 동력 운송수단 이용을 중단했고, 1973년부터는 침묵의 서약을 지키고 있습니다.

더 자세한 정보를 원하거나 무료 소식지를 받아보시려면 다음 주소로 신청하십시오.

캘리포니아 주 94937, 인버네스, 사서함 701호, 플래닛워크."

동부로의 여행. 나는 일단 북쪽으로 걷기 시작한다.

제 8 장

걸어다니는 말(言)
북쪽을 향해

떠나는 날 아침
바깥에는 비가 내리고
나는 적당한 말을 찾으려 애쓴다

1983년 4월 27일
캘리포니아 주, 인버네스

여남은 명의 친구들과 함께 느린 걸음으로 인버네스를 떠난다. 아침 하늘 빛깔인 푸른색이 살짝 섞인 회색 구름에서 따스한 비가 내린다. 우리는 달리는 차들을 마주보며 갓길에 바짝 붙어서 간다. 지나가는 챠 안에 탄 사람들이 손을 흔들고 잘 가라, 힘내라고 소리친다. 나는 가장 편안한 자세를 찾아 배낭을 고쳐 멘다. 배낭 무게는 22킬로밖에 안 되는데 벌써부터 두고 가도 되는 물건이 없을까 생각하고 있다. 이런 갈등은 앞으로도 계속될 듯하다.

짐을 훨씬 적게 가져가도 여행이 가능하긴 하다. 하지만 내가 입은 고어텍스 방수복은 무척 유용하다. 캘리포니아 주 산타 바바라에 위치한 '시에라 웨스트'라는 소규모 캠핑 장비 회사가 새 제품 카탈로그에 내 그림 몇 점을 싣는 조건으로 협찬한 옷이다.

포인트 레이에스 역에 도착할 때쯤 비가 그친다. 푸른 하늘에 걸린 무지개가 부드러운 초록빛 언덕에 살짝 닿아 있다. 몸에 진흙이 묻은 얼룩소들이 지나가는 우리를 향해 고개를 주억거리며 꼬리를 흔든다. 우리는 어느덧 포인트 레이에스 반도를 뒤로 하고 올레마라는 마을을 지나, 토칼로마 언덕 위로 난 1번 고속도로에 접어든다. 플래닛워크의 프로젝트 책임자인 테젠 그린이 혼자 남아 몇 킬로미터 더 동행해 준다. 그러다가 테젠과도 작별 인사를 한다. 곧 다시 만나리라는 사실을 알고 있지만, 지금의 나와 내 삶의 다른 면 사이에 놓인 언덕을 바라보니 수많은 작별인사의 무게가 새삼 느껴진다. 나는 몸을 돌려 새로 닦은 자전거 도로에 올라선다. 이 도로는 폭이 좁은 아스팔트 길로, 라구니타스 하천을 따라가다가 새뮤얼 P. 테일러 주립공원의 삼나무 숲을 가로지르며 구불구불 이어진다.

72킬로미터를 걸어 샌프란시스코까지 가는 데 닷새가 걸린다. 샌프란시스코에서 일주일간 머무르며 가족과 친구들을 만나다가 간신히 떨치고 다시 길을 나선다. 비에 젖은 대지에서 부드러운 나무뿌리가 뽑히면서 툭 툭 부러지는 소리가 들린다.

> 다리 위를 걷는다
> 해질녘의 황금색 빛에 푹 젖어
> 흐르는 강물을 바라본다
>
> 1983년 5월 8일
> 캘리포니아 주, 소살리토

나는 금문교를 마지막으로 걸어서 건넌다. 시내에서 만난 테젠이 함께 건너 준다. 다시 혼자가 된 나는 마린 카운티를 통과하여 소노마 카운티로 이어지는 도로와 철길을 따라간다. 페탈루마에 가서는 포인트 레이에스에 사는 친구이자 이웃인 알란 스콧을 만난다. 잘 가라는 인사만으로는 부족했는지 알란은 함께 블루 마운틴 명상 센터에 가서 명상 교사인 에크낫 이스워런(Eknath Eswaran: 국내에는 『마음의 속도를 늦추어라』라는 책으로 소개된 바 있다—옮긴이)을 만나 보자고 제안했던 것이다. 알란은 명상 센터까지 40킬로미터나 되는 길을 걸어왔다.

명상이 끝나자 이스워런은 내 여행에 대해 이야기하면서 나중에 인도에 가면 자기 고향을 방문해 달라고 말한다. 간디 역시 걷기를 훌륭하게 실천한 사람이었으며, 내가 하고 있는 침묵 수행은 요가에는 있으나 서구 문화에서는 찾아보기 힘들다는 이야기도 해 준다. 몇 마디 말과 악수를 나누었을 뿐인데 가족이 된 듯한 친근감이 느껴진다. 이스워런은 내가 신성한 순례 여행 중이며, 우리 모두 각자의 여행을 하고 있으며 다른 사람의 여행길의 일부를 이룬다고 이야기한다.

이스워런과 헤어진 후 알란은 자기 친구들이 사는 집으로 나를 데려간다. 나는 환대를 받으며 그 집에서 하룻밤 묵는다. 밤하늘을 보니 달보다 약간 큰 코후테크 혜성이 태양 부근을 통과하며 희뿌옇게 빛나는 모습이 눈길을 끈다. 코후테크 혜성은 며칠 전부터 밤하늘을 장식하고 있었다고 한다. 알란은 혜성의 출현을 내 여행이 잘 되리라는 징조로 해석한다.

나는 며칠간 페탈루마에 머무르면서 소식지 「플래닛워커」 봄호 발행 과정을 총괄한다. 그리고 페러론스 연구소(현재는 옥시덴탈 예술·생태 교육센터로 변경)의 옥시덴탈 지부를 찾아간다. 페러론스 연구소는 태평양 연안에서 15킬로미터, 샌프란시스코에서 북쪽으로 110킬로미터 떨어진 곳에 있다. 연구소 부지는 약 320헥타르 넓이의 경사가 완만한 초원과 삼림지대로 이루어져 있다. 페러론스 연구소는 참여 교육을 실시하고 적합 기술(appropriate technology: 효율이 높고 비용이 낮으며 지역에서 통제 가능하고 지역의 필요에 알맞은 기술)을 연구하려는 목적에서 1974년에 설립되었다. 나는 예전에 이곳을 찾아와 자원봉사자로 일한 적도 있다. 따라서 나와 인터뷰를 하겠다는 브라질 텔레비전 방송국 〈엘 글로보〉 취재기자를 만나기에는 이곳이 안성맞춤이다. 인터뷰는 수화와 영어와 포르투갈어로 자막 처리되어 전파를 타고 브라질에 사는 2,500만 명의 사람들에게 전달된다. '지구촌' 시대의 현실에 다시 한 번 놀라게 된다.

내가 다시 길을 떠나기 전에 테젠이 주간 신문 「포인트 레이에스 라이트」에 실린 편지를 전해 준다. 마을에 돌아간 사람 중 하나가 쓴 편지다. 그 사람은 내가 너무 느리게 이동하고 있어서 스스로 정해 놓은 시간인 18년은커녕 평생 걸려도 세계를 일주하지 못할 것이라고 생각한 모양이다. 하긴 벌써 몇 주가 지났는데도 포인트 레이에스 역에서 40킬로미터 떨어진 페탈루마까지밖에 못 왔다.

편지를 읽고 나니 당장 자리를 박차고 나가 순식간에 40킬로미터쯤 이동하고 싶은 기분이 든다. 하지만 시간당 4.5킬로미터밖에 못 간다는 이성적인 사고를 금방 되찾는다. 목적지에 도달하기를 바라는 것은 좋지만, 여행을 하면서 현재의 매 순간에 충실하게 임하려면 명상이 필요하다. 나의 걷기는 이미 명상이 돼 있다. 만약 출발 지점으로 되돌아오는 것을 목표로 한다면, 나는 내가 있고 싶은 곳을 이미 떠났을 것이며 지금 가려는 곳에 이미 도착해 있을 것이다. 걷는 내내 '어디쯤 왔나?'라는 생각이 떠나지 않을 것이다.

나는 작별 인사를 하고 부엌에 있는 메모판에 감사 쪽지를 붙여 놓은 후 도시로 들어가는 길을 향한다. 쓸모없는 옷 몇 벌을 포인트 레이에스로 돌려보내고 다른 옷 몇 벌을 넣으며 배낭이 한결 가벼워졌다고 스스로를 안심시킨다. 곧이어 옥시덴탈 로(路)에 들어선다. 드루이드 묘지를 지나 가파른 산 속으로 들어간다. 구불구불한 길을 따라 과수원과 포도밭을 지나고, 붓으로 물감을 뿌린 듯 노란 야생화가 점점이 핀 푸른 잔디밭을 지나고, 녹슨 철망을 지나친다. 길가에는 황금빛 양귀비가 자란다. 고광나무 꽃향기를 맡으니 봄과 관련된 여러 가지 추억이 떠올라 마음이 설렌다.

새크라멘토를 우회하여 곧장 계곡으로 나아가기로 한다. 드디어 동쪽으로 걸어가는 여행이 시작된다. 아침에 해가 뜨자 기온이 높아져 땀방울이 이마에서 눈으로 똑똑 떨어지고 발도 아파 온다. 대형 트럭과 특대형 트럭이 전조등을 번쩍이며 지나간다. 도마뱀과 얼룩다람쥐는 내가 다가갈 때마다 종종걸음을 치며 달아나 작은 바람을 일으키거나 바스락대는 소리를 낸다. 해가 지고 나서부터 달이 뜨기 전까지의 서늘한 저녁 시간에 걸으면 기분이 상쾌하다. 나는 일주일 동안 야외에서 잠자리를 해결한다. 오랫동안 여행을 다닌 터라 노숙은 이미 몸에 익어 있다. 매일 날이 저물 때쯤이면 텐트를 칠 만한 호젓한 장소를 찾아보는데, 길에 바짝 붙어 있는 자리밖에 없을 때도 있다.

새크라멘토 강 계곡에 위치한 도시인 치코에 도착할 무렵, 며칠째 산봉우리에 빽빽하게 몰려든 먹구름이 드디어 우르르 터져서 계곡으로 밀려들어온다. 강풍이 불고 번개가 치고 비가 마구 쏟아진다. 나는 주립대학에 다니는 오랜 친구 톰 피터슨네 집에 머문다. 톰과 반갑게 상봉하고 나니, 비나에 위치한 트라피스트 수도원인 뉴 클레르보 사원 객실 담당자 요한 바오로 수사가 보내온 편지가 나를 기다리고 있다. 나는 작년 8월부터 그에게 편지를 써서 피정을 신청했다. 지금까지는 내 여행계획이 확정되지 않은 탓에 피정 일정을 잡기가 어려웠지만, 이번에 내가 받은 편지에 따르면 다른 사람이 일정을 취소해서 방이 비기 때문에 6월 1일부터 이틀간 피정이 가능하다고 한다.

치코에 머무르는 동안 대학에서 평화운동을 하는 사람들을 만나고 지역 신문과 인터뷰를 한다. 나는 이틀간 머물다가 밤의 폭풍우가 지나간 다음 날 아침에 출발한다.

황금빛이 도는 갈색과 연한 자줏빛을 머금은 녹색 잔디가 물결치는 들판을 똑바로 가로질러 난 길이 내 앞에 놓여 있다. 아름다운 날이다. 구름이 둥둥 떠다니는 짙푸른 하늘이 지평선 부근에서는 연한 푸른색으로 변한다. 동쪽에는 작은 언덕들이 완만하게 솟아 있고, 저 멀리 안개 낀 곳에는 눈 덮인 라센 산이 아른거린다.

수도원에 도착하니 정문이 열려 있다. 멜빵이 달린 데님 작업복 위에 갈색과 흰색 수도복을 걸친 요한 바오로 수사는 내가 상상한 수도사의 모습과는 영 딴판이다. 그는 구형 슈윈(Schwinn) 자전거를 탄 채 우렁찬 목소리로 인사말을 건넨다.

"존 프란시스 씨, 뉴 클레르보에 오신 걸 환영합니다. 오고 계신 줄도 몰랐군요. 지난주에 편지를 보내긴 했지만 당신이 제때 받기가 어렵지 않을까 했거든요." 그는 자전거에서 내려 나와 악수를 한다. 엄청나게 큰 그의 손을 보니 혹시 전직 복싱 선수가 아니었을까 궁금해진다.

나는 고개를 끄덕여 그의 말에 대답한 후 배낭 앞주머니에서 편지를 꺼내 보인다. 그는 자전거를 끌며 나와 나란히 걷는다. 나는 조금 떨어진 곳을 보다가 깜짝 놀란다. 수사 두 명이 지붕을 고치며 롤링스톤스 노래를 흥얼거리고 있는 것이 아닌가. 믹 재거(롤링스톤스 멤버―옮긴이)가 직접 와서 노래를 불러도 묻혀버릴 만큼 시끄러운 못질 소리 속에서 말이다. 나는 요한 바오로 수사를 흘끗 본다.

"아, 아직 최종 서약을 안 한 사람들입니다. 세월이 흐르면서 침묵을 요구하는 이곳의 엄격한 계율도 다소 느슨해져서, 일과 시간에는 수사들이 서로 이야기를 나눌 수 있어요. 물론 긴 대화는 여전히 금기시됩니다. 나는 당신의 침묵이 궁금해지네요. 수사가 되고 싶다는 생각을 한 적이 있습니까?"

나는 말없이 웃으며 고개를 끄덕인다. 그리고 한 손을 어깨 높이까지 들어올린다.

"아하. 어린 시절에 그랬단 말이군요? 당신이 보낸 편지는 아주 흥미로

왔습니다. 살던 곳에서 여기까지 걸어오려고 한다니 쉽사리 믿기지가 않았지요. 우리는 당신이 반드시 이곳에 머무르도록 하고 싶었습니다. 침묵한 지 얼마나 됐지요?"

나는 열 손가락을 모두 펴 보이며 빙긋 웃는다.

"뭐? 십 년이라고요? 그렇게 오래 된 줄은 몰랐군요."

우리는 그늘진 오솔길을 따라 고요한 수도원의 그림자 위로 걸어간다. 내가 수도원에 와 있다는 사실이 도무지 믿기지 않는다.

나는 다섯 달 전에 서른일곱 살 생일을 맞았다. 말을 하지 않고 지낸 지 십 년째 되는 날이었다. 매년 생일이 다가오면 나는 침묵을 유지해야 하는지, 중단해야 하는지를 스스로에게 묻는다. 올해도 다르지 않았다. 올해 생일에 나는 조지 루디 아저씨가 새로 개업한 드리프트우드 부동산 중개사무소로 성큼성큼 걸어 들어가 아저씨에게 인사를 하고 악수를 청했다.

"네가 비를 몰고 온 게로구나! 도대체 언제 입을 열 작정이냐, 이 천하에 쓸모없는 녀석아?" 조지 아저씨는 늘 그런 식으로 나를 놀려댔다. 그래서 내가 전화를 좀 쓰겠다는 몸짓을 하자 아저씨는 농담인 줄 알고 기꺼이 수화기를 나에게 건넸다. 전에도 나는 이따금씩 누군가에게 전화 거는 척을 했기 때문이다. 그러면 아저씨는 껄껄 웃으며 전화기를 도로 가져가셨고, 우리는 하던 이야기를 계속하곤 했다.

이번에는 달랐다. 나는 진짜로 전화 다이얼을 돌렸다. 신호음이 울리는 동안 조지 아저씨의 얼굴에서 웃음이 싹 가셨다.

"여보세요. 어머니세요?" 십 년 동안의 침묵을 깨고 터져나온 목소리는 마치 토말리스 만에 부는 세찬 남풍 같았다. 조지 아저씨의 두 눈에 눈물이 가득 고이는가 싶더니 아저씨가 흐느끼기 시작했다.

"오냐. 드웨인이구나. 무슨 일이냐?"

"아니, 드웨인이 아니라 저예요. 조니예요."

"드웨인! 장난은 그만하고 용건을 말하렴." 동생이 전에 이런 장난을 쳤던 모양이었다.

"아니에요, 어머니. 정말 저예요. 저만 아는 걸 한번 물어보세요."

"그래? 네가 진짜 조니라면……." 어머니는 잠시 생각하고 나서 말씀하셨다. "샌프란시스코에 갔을 때 내가 엘리베이터 안에서 뭐라고 했는지 말해 보렴."

나는 잠시 침묵을 지켰다. 조지 아저씨는 책상 앞에 앉아 눈가를 훔치며 그의 사무실에서 그의 전화기를 매개로 펼쳐지는 드라마에 귀를 기울이느라 여념이 없었다.

"제가 진지하게 그 일을 하고 있다면 엘리베이터도 타지 말아야 한다고 하셨죠."

"오, 하나님. 조니가 맞구나! 아버지를 바꿔 줄게."

어머니가 갑자기 흥분한 목소리로 말했다.

"여보, 여보! 전화 좀 받아 봐요. 조니가 말을 한다고요!" 곧 아버지가 다른 전화기를 든다. 십 년 만에 처음으로 나누는 대화다.

내가 먼저 입을 연다. "드릴 말씀이 있어요. 조만간 저에 대한 이야기를 듣게 되실 겁니다. 도보로 세계일주 여행을 떠나려고 하거든요. 그저 제가 별 탈 없이 잘 있고 어머니, 아버지를 사랑한다고 말씀드리고 싶었어요."

"우리도 널 사랑한다." 우리 식구들은 말로 애정을 표현하는 일이 지극히 드물다. 내가 사랑한다는 말을 한 것이나, 부모님이 그 말에 감격해서 두 분이 동시에 사랑한다고 대답한 것은 과히 기적에 가깝다. 우리는 얼마간 대화를 나눴다. 부모님은 내가 도보여행을 시작할 예정인지, 그리고 앞으로 계속 말을 할 작정인지 묻는다. 그래서 여행은 이미 시작됐고 내가 말을 하리라는 기대는 하지 마시라고 대답한다.

십 년 만에 침묵을 깬 데는 다른 의도도 있었다. 내 결심을 현재진행형이 되게 하며 습관에 의해서가 아니라 선택에 의해 말을 하지 않게끔 하려는 것이었다. 나는 전화를 끊고 나서 조지 아저씨와 이야기를 나누었다. 조지 아저씨는 다시 울먹이며 말했다.

"네가 부모님과 이야기를 나누다니 너무나 기쁘다. 내가 보는 앞에서 하니 더 좋구나. 원한다면 네가 말을 했다고 아무에게도 이야기하지 않을게."

내가 대답했다. "아저씨, 마음대로 이야기하셔도 괜찮아요." 나는 혼자 있을 때는 말을 하느냐는 질문을 종종 받았다. 사람들은 내 침묵이 남에게 보이기 위한 것이라거나, 사람들이 주위에 있을 때만 침묵을 행한다고 생각하는 것 같았다.

조지 아저씨가 다시 입을 열었다. "어쨌든 난 네가 잘 되기를 바란다." 우리는 몇 분간 더 이야기를 나누었다. 조지 아저씨는 내 여행이 끝날 때까지 당신이 살아 있을 것 같지 않다면서 지금 목소리를 들려 줘서 고맙다고 말했다. 우리는 악수를 나누며 작별 인사를 했다. 포인트 레이에스 역에 도착하자 나는 아무 일 없었다는 듯 다시 깊은 침묵에 잠겼다.

처음에는 논쟁을 피하려는 의도로, 다음에는 의사소통 방식을 실험해 보자는 생각에서 말을 않고 지낸 것이 어느덧 깊은 의미가 담긴 행위로 발전했다. 나는 고요함의 언저리에 도달했고, 침묵을 실천하는 과정에서 영성과 교감과 명상이라는 영역에 발을 들여놓았다.

요한 바오로 수사가 내빈용 숙소에 앉아 내게 속삭인다. "세계일주 도보 여행이 끝나면 다시 와서 우리와 함께 지냅시다. 당신은 수도사가 될 수 있어요. 수도원 공동체에서 얻는 것도 많을 겁니다."

이미 나는 수도원에서 내 집처럼 아늑하고 편안한 느낌을 받고 있다. 수도원에서는 아직도 침묵을 수도 생활의 중요한 부분이자 영적 성장을 촉진하는 가장 강력한 방법이라고 여긴다. 이곳에서는 한층 깊은 침묵을 경험할 수 있고, 다들 아무것도 묻지 않고 내 선택을 받아들여 준다.

한편 이곳에는 오랜 전통이 유지되고 있다. 해 뜨기 전 고요한 시간에 일어나 새벽기도를 하고, 일과 시간 중에도 아침, 점심, 저녁에 각각 기도를 올려야 한다. 잠시 그곳에 머무는 동안 나는 '고요한 명상'이라는 말에 담긴 새로운 의미를 발견한다. 그러다가 어느 날 아침에 배낭을 메고 계곡을 가로지르는 길로 계속 나아간다.

'레드 블러프(새크라멘토 강변에 있는 붉은 절벽—옮긴이)'를 지나자마자 내가 걷고 있던 샛길이 갑자기 끊기고 5번 주간(州間) 고속도로만 남는다. 완만하게 오르락내리락하며 북쪽을 향해 뻗은 길이다. 예의바른 고속도로 순찰경관이 차를 세우고 나에게 이 도로는 보행 금지라고 알려 준다. 그는 설명을 마치고 내가 가지고 있던 지도를 들여다보며 19킬로미터만 더 걸으면 다른 길이 나온다고 일러주기까지 한다.

19킬로미터를 우회해야 한다는 것은 부당한 일 같다. 더욱이 앞으로도 똑같은 제한에 계속 부딪치면 도합 수백 킬로미터를 우회해야 할 것이다. 이런 법을 시행하는 일은 새크라멘토 수송로 북쪽 구역에 보행자 통행을 차단하는 것이나 다름없다(자전거는 허용된다). 체포될 수도 있다는 말을 들었으므로 나는 일단 순순히 고속도로를 떠나 물이 말라버린 강바닥 위를 걷는다. 철망 울타리를 넘어 산야를 기어오르다가 철로로 이어지는 작은 길을 발견한다. 철로를 따라 다음 마을까지 간다.

여행길에 오른 지 얼마 지나지 않아 다른 이들의 소식이 전해진다. 잭 모리스 신부가 이끄는 순례자 18명으로 이루어진 '베들레헴 평화순례단(Bethlehem Peace Pilgrimage)'이 미국을 횡단하여 성지로 가는 중이라고 한다. C. B. 홀(C. B. Hall)은 '월드 피스 워크(World Peace Walk)' 회원들과 함께 유럽에서 모스크바로 가고 있다. 그리고 콜롬비아 대학 학생들이 이끄는 '플라우셰어 순례단(Ploughshares Pilgrimage)'이 텍사스 주 아마리요에 위치한 팬텍스(Pantex) 공장 근처에 당도했다. 팬텍스는 미국의 핵탄두가 만들어지는 곳이다. 이러한 현대 사회의 순례자들은 세계평화를 비롯하여 인권, 환경, 사회 정의와 같은 여러 가지 이상을 촉구하는 과정을 통해 모두 하나로 연결된다. 그들은 사회적 합의를 이끌어내고 세상을 바꾸는 데 일조하고 싶어하는 사람들이다. 나 역시 그들을 생각하며 용기를 얻는다.

캘리포니아 주 앤더슨이라는 곳에 위치한 뉴 모닝 피스 센터(New Morning Peace Center)를 둘러보다가 문득 사진 한 장에 시선을 빼앗긴다. 백발이 성성한 여인이 굳은 의지를 담은 표정으로 시골 길을 걸어가는 사진이다. 사진 속 여인이 입은 검은색 티셔츠에는 '피스 필그림(Peace Pilgrim)'이라는 글자가 새겨져 있다. 피스 센터 안내를 맡은 로버트 트라우쉬는 현재 추진 중인 채소농장 프로젝트 이야기를 늘어놓다가 사진 앞에 서 있는 나를 보고 이렇게 묻는다. "누군지 아시죠?"

나는 고개를 저으며 그녀의 생김새를 자세히 뜯어본다.

"피스 필그림이잖아요. 당신이 그녀를 모른다니 놀라운데요. 도보로 미국 국토를 여섯 번 이상 횡단한 여자였어요."

로버트는 벽에 걸린 사진을 조심조심 떼어 나에게 건네준다. 알고 보니 그 사진은 『피스 필그림: 언행일치의 삶(Peace Pilgrim: Her Life Works in Her Own Words)』이라는 책 표지를 접은 것이다. 뒤표지에는 더 작은 사진이 있다. 그리고 그녀가 동전 한 닢 지니지 않고 무려 4만 킬로미터가 넘는 거리를 걸으면서 평화를 촉구하는 단순한 메시지를 전했으며, 신념을 행동으로 옮기는 삶을 통해 많은 사람에게 감동을 주었다는 설명이 몇 문단에 걸쳐 실려 있다.

그 설명을 읽고 나니, 나와 비슷한 실천을 했던 사람이 있어서 반갑기도 하고 한편으로는 더 겸손해져야겠다는 생각도 든다. 몇 달이 아니라 평생 동안 자동차를 타지 않은 사람이 있다는 이야기는 처음 듣는다. 앞으로 내 모습을 피스 필그림에게 비춰보며 정신을 가다듬어야겠다. 그녀가 등에 짊어진 옷가지만 가지고 30년 가까이 도보 순례를 했다는 이야기를 들으니 '내 배낭에는 무엇이 들었나?'라는 의문이 생긴다.

로버트가 나에게 설명해 준다. "피스 필그림은 앤더슨에도 몇 번 들렀지요. 그 때 같이 있었던 사람 중 하나가 마침 센터에 와 있습니다." 로버트는 나를 그녀에게 데리고 가서 소개해 준다.

"그래요. 피스 필그림은 대단한 여자였어요. 진짜 성자였다고요."

그녀에게서 '성자'라는 말이 나오자 약간 당혹스럽다. 사람들이 내 이야기를 하면서 성자라는 단어를 쓴 적이 몇 번 있었는데 나는 그것이 마음에 들지 않았다.

그녀가 계속 말한다. "당신이 피스 필그림을 만나지 못해서 유감이네요. 몇 년 전에 교통사고로 세상을 떠났거든요."

나는 참으로 역설적이라는 생각에 고개를 절레절레 흔든다. 상실감도 느껴진다. 그날 오후 센터를 떠나 북쪽으로 걸어가며 피스 필그림이 어떤 사람이었는가를 생각해 본다. 그녀는 삶에서 어떤 경험을 했기에 순례자의 길에 올랐을까? 그녀의 삶이 사람들에게, 또 나에게 어떤 가르침을 줄 수 있을까?

앤더슨을 떠나 지선도로를 따라가다 보니 길이 어느새 올드 오리건 트레일로 바뀐다. 역사학자들은 1840년대부터 남북전쟁 시기까지 약 50만 명이 서쪽으로 이주했다고 추정한다. 대체적인 의견에 따르면 이주자 가운데 3분의 1 가량이 오리건 주를 향했고 3분의 1은 캘리포니아 주로 갔으며, 나머지는 유타 주, 콜로라도 주, 몬태나 주로 흩어졌다고 한다. 이주 행렬은 철도가 생길 때까지 계속되었다.

이제 아스팔트로 포장된 길이 나온다. 간혹 가다 길가에 집도 보인다. 그 중에서도 좋아 보이는 집 앞의 커다란 나무 아래 한 노신사가 서 있다. 그는 내가 지나갈 때 차가운 음료수를 건네주며 빙긋 웃는다. "당신한테는 이게 필요할 거요."

아스팔트길이 다차선 고속도로로 바뀌자 나는 다시금 법을 어길 수밖에 없는 처지에 놓인다. 일종의 시민 불복종(납세 거부 등 항의의 뜻으로 하는 상징적이고 의식적인 불복종—옮긴이)인 셈이다. 만약 필요하다면 감옥에도 가기로 마음을 굳힌다.

순찰차 한 대가 내 앞에서 멎는다. 빨간 불빛이 번쩍 하더니 한 손에는 규정집을 들고 다른 손에는 모자를 든 경관이 다가온다. 그가 내 연주를 들을 생각이 없는 줄 알면서도 나는 혹시나 하고 밴조를 준비한다. 그는 내가 며칠 전에도 간선도로에서 걷고 있었다는 이야기를 들었다면서, 간선도로 이쪽 구간은 보행 금지라고 재차 알려 준다. 내가 지도를 보여 주자 경관도 내 처지를 이해한다. 그는 나를 체포하지는 않겠지만, 내가 이 길로 계속 가다 만날지도 모르는 다른 경관들도 같은 생각이라고 장담할 수는 없다고 말한다. 나는 조금은 안도하며 다시 걸음을 옮긴다. 가능할 때면 철로로 내려가서 걷는다. 철길은 계곡을 가로질러 구불구불 이어져, 철제 교량으로 새크라멘토 강을 건넌 후, 나지막한 언덕 여러 개를 올라가고 무거운 바위 산 아래에 난 터널을 통과한다. 그날 밤에는 샤스타 호수 옆에서 잠을 청한다. 내 앞에 샤스타 산이 놓여 있다.

다음날 아침 '올드 스테이지 코치' 로를 따라 걷는다. 자갈 깔린 길은 샤스타 산 서쪽 산줄기 아래 자리잡은 마운트 샤스타 시티로 통한다. 자기 집에 머무르라고 나를 초대한 친구인 마지 링과 해리 링이 자전거를 타고 마중을 나온다. 마지는 몇 년 전 샤스타 산에 처음 오르려고 준비할 때 만난 친구다. 마지의 남편 해리는 샤스타 산에 소규모 스키장을 건설하는 일에 참여하고 있다. 눈사태로 원래 있던 스키장이 망가지면서 지역 경제에 손실이 컸다고 한다. 경제성을 고려하고 환경 보존을 염두에 두면서 토지를 다양한 용도로 활용해야 하기 때문에 스키장 건설은 간단하지 않은 작업이다. 그래도 해리 일행은 훌륭하게 해 나가는 듯하다. 그들이 노력해서 만든 결과물을 얼른 보고 싶다.

내게 편지가 와 있다. 테젠은 친구 돈과 함께 캐나다 토론토에 있는 시민단체 '플래니터리 콩그리스(Planetary Congress)' 로 가는 길이라고 한다. C. B. 홀과 플라우셰어 순례단에서도 안부 편지를 보내왔다. 그리고 간선

도로에서 불법 보행을 했다는 이유로 레드 블러프 법정에 출두하라는 통지서가 와 있다. 10달러만 내면 된다고 나와 있지만 나는 법원 서기에게 편지를 써서 새크라멘토 수송로의 해당 구역에서 북쪽으로 걸어가려면 다른 합리적인 방도가 없다는 점을 설명한다. 캘리포니아 주정부 교통 공무원들이 나에게 그런 상황에서는 간선도로로 들어가도 된다고 말했다는 설명도 덧붙인다. 어떻든 간에 차를 타지 않는 내가 다시 방향을 틀어 150킬로미터 떨어진 레드 블러프로 돌아가는 일은 여간 어려운 일이 아니라고 쓴다.

오리건 주로 들어가는 5번 주간도로를 20킬로미터 정도 남겨 놓은 지점에서 캘리포니아 주의 마지막 휴게소에 잠깐 들른다. 고속도로 순찰경관에게 도로 갓길로 걸어가겠다고 '이야기' 하자 그는 머리를 긁적이며 대답한다.

"음……. 알았소. 다른 방법은 없으니 그렇게 하시오." 내가 보행자 금지 표지판을 가리키자 경관은 자기 제복에 부착된 계급장을 가리키며 내 우려를 간단히 떨쳐 버린다. "이 구역은 내 관할이니까 당신을 가로막을 사람은 없을 거요." 나는 고맙다는 뜻을 전하고 계속 걸어간다.

고속도로가 완만한 오르막길로 바뀌더니 얼마간 클라마스 강을 끼고 간다. 나중에는 클라마스 강이 동쪽으로 빙 돌아, 녹음이 우거진 여름 골짜기 사이로 흐른다.

해질녘이 다 돼서 오리건 주와의 경계선을 넘는다. 오리건 주에서는 길이든 다리든 보행을 금지하지 않으므로 한결 편안해진 마음으로 발걸음을 옮긴다. 도로의 소음으로부터 멀리 떨어진 한적하고 푸른 언덕에서 잠을 자고, 아침에는 시스키유 고개 꼭대기에 올랐다가 애쉬랜드로 내려간다.

남오리건 주립대학에 다닐 때 2년 동안 애쉬랜드에 살았던 나는 고향에 돌아온 기분이다. 마침 여름학기가 시작되고 있어서, 나는 프랭크 랭 교수의 〈천연자원 보호〉 수업을 참관하며 재미와 커다란 보람을 얻는다. 랭 교수의 수업은 생태계적 관점에서 본 역사와 생물학적 원칙, 천연자원을 올바로 이용하고 남용을 막기 위한 실제적인 방법을 다룬다. 특히 천연자원이 지닌 상호의존성과 인간이 자원에 미치는 영향에 초점을 맞춘다. 대학 졸업 전에 들었던 수업이지만 지금 다시 들으니 복습도 되고 새로운 정보도 접할 수 있어서 좋다.

수업은 캐나다 영화위원회가 제작한 다큐멘터리 영화 〈당신이 지구를 사랑한다면〉을 함께 관람하는 데서 절정에 이른다. '사회적 책임을 생각하는 물리학자들'이라는 단체의 전국대표인 헬렌 캘디콧(Helen Caldicott) 박사가 핵전쟁을 주제로 강연하는 모습을 담은 영화다. 영화가 끝나자 모두들 할 말을 찾지 못하고 침묵에 잠긴다.

미국 영화예술 아카데미에서는 〈당신이 지구를 사랑한다면〉에 오스카상 단편 다큐멘터리 부문 최우수상을 수여한 반면, 미국 법무부에서는 그 영화를 '정치 선전 영화'로 규정하고 갖가지 규제와 제재를 가한다. 미국 시민자유연맹(ACLU) 일리노이 주 법무실장인 에드윈 A. 로스차일드는 그 영화가 검열을 겨우 피했다고 말한다.

새로 구독신청을 하는 사람들이 보내온 편지와 플래닛워크 소식지가 도착한다. 레드 블러프 법정 서기가 보낸 답장도 함께 도착한다. 판사가 내 청원을 기각하고 나에게 우편으로 보석금을 보내든가 법정에 출두하라고 명령했다는 내용이다. 명령을 따르지 않으면 체포 영장이 발부될 상황이다.

제 9 장

북쪽으로 가는 길
해안을 따라

여름 하늘
다이아몬드처럼 반짝이는 별들 속에서
은빛 달이 미소를 짓는다

1983년 8월 12일
오리건 주 애쉬랜드에서

나는 애쉬랜드를 떠난다. 아침 하늘이 푸른색에서 구름 낀 회색으로 변한다. 분명히 짐을 약간 덜어냈는데도 배낭이 더 무거워진 느낌이다. 몇 달간 등에 배낭을 메지 않고 지낸 대가를 톡톡히 치르는 셈이다. 버리고 갈수 있는 물건은 없는지 다시 한 번 생각해 본다. 옷가지만 달랑 짊어지고 평화를 이야기하며 몇 번이나 도보로 대륙을 횡단했다는 백발의 여인, 피스 필그림의 모습이 떠오른다. 계속 걷는 동안 긴장해 있던 근육이 이완되면서 체온이 올라간다.

잭슨빌에 있는 친구 집에서 하룻밤 묵을 계획이다. 잭슨빌은 30킬로미터 가량 떨어져 있으므로 나는 새 양말을 신은 발이 꽉 조여 욱신거리는 것도 아랑곳 않고 걸음을 재촉한다. 계곡 안으로 들어가고, 굽이치는 초록빛 언덕을 넘어, 수확 때가 다 된 배나무 사이를 한동안 걷고 나서야 발이 많이 아프다는 사실을 깨닫는다.

나는 무턱대고 어느 집 문을 두드린다. 그 집 식구들은 무거운 짐을 지고 자기네 앞마당에 있는 나를 보고도 별로 당황하지 않는다. 고등학교에 다니는 딸이 내가 들고 있던 빈 물병을 채워 주는 동안, 집주인 내외는 내가 쪼글쪼글한 종이에 갈겨쓴 주소를 들여다보며 생각에 잠긴다. 그들은 나도 이미 알고 있는 결론을 내린다. 내가 길을 잃었다는 결론을!

"가야 할 길에서 10킬로미터쯤 벗어났구려." 집주인 남자는 이렇게 말하며 어깨에서부터 바닥까지 머리를 빗어 내린다. 한 달에 한 번 하는 그의 머리 손질을 내가 방해한 것이다. "내가 그쪽까지 태워다 줄 테니까 같이 찾아봅시다." 그는 옷을 갈아입으러 들어간다. 나는 몸짓으로 차를 타지 않는다는 이야기를 한다.

내가 플래닛워크에 관해 설명하자 그들 부부는 내 친구 데이비드에게 전화를 건다. 데이비드가 그들에게 내가 여기서 어디로 가야 하는지를 설명해 준다. 전화를 끊은 주인 남자는 하수구에 문제가 있어서 온 마을이 자기를 찾고 있기 때문에 나와 함께 출발하겠다고 이야기한다. 우리는 같이 걷다가 어느 지점에 이르러 작별인사를 한다. 나는 내 길을 계속 간다.

회색으로 변한 하늘이 천둥소리에 전율하며 차가운 비를 뿌리고, 번개가 산꼭대기에서 춤을 추다가 이따금씩 도로변에 설치된 송전선을 건드린다. 해가 저물어 가고 내 걸음걸이도 느려져 천천히 절뚝거리며 나아가고 있을 무렵, 데이비드와 그가 초대한 저녁 손님인 메리키가 탄 차가 내 앞 갓길에 와서 선다. 그들은 내가 데이비드의 집까지 10킬로미터 정도를 더 걸어가는 동안 내 배낭을 차로 운반해 주겠다며 그렇게 해도 여행의 취지에 어긋나지 않는다고 나를 설득한다.

작은 가방만 메고 걷게 되자 발이 훨씬 덜 아파서 속도가 빨라진다. 도시에 도착하니 가로등이 다 꺼져 있다. 조금 전에 친 거대한 번개 때문에 전기가 나갔기 때문이다. 데이비드의 집까지는 아직 몇 킬로미터가 남았다. 몹시 피곤하고 어떻게든 폭풍우를 피하고 싶다. 나는 주머니를 더듬어 손전등을 찾는다. 찾아낸 손전등을 들고 동네 식당에 들어가서, 어두컴컴한 가운데 그림자처럼 희미하게 보이는 손님들을 뚫고 라운지로 가서 차가운 청량음료를 주문한다.

나는 바에서 빈자리를 찾아서 앉는다. 그러자 촛불 불빛 속에서 얼굴 하나가 불쑥 나타난다.

"어이, 내 친구가 봤다는 사람이 당신 아니오? 이렇게 비가 쏟아지는 날 도로에서 걷고 있었다고 하던데."

나는 말없이 고개를 끄덕인다. 사실 그들은 차를 세우고 나를 태워 주겠다고 말했지만 나는 거절했다. 그것도 폭풍우가 한창일 때. 그의 친구도 우리가 앉아 있는 곳으로 다가온다. 그들은 이 동네 사람들이 아니라고 한다.

"그래, 도대체 뭐요?" 내가 어떤 대답을 해도 시답잖게 여길 것 같은 말투다. 그가 내 쪽으로 몸을 바싹 기울이자 그의 숨결이 내 피부에 와 닿는다. 그가 다시 묻는다. "도대체 왜 빗속에서 걷고 있었소?"

나는 웃음을 터뜨린다. 한때 나도 똑같은 질문을 스스로에게 던졌다는 생각이 나서 하마터면 큰 소리로 웃을 뻔 한다. 나는 작은 가방에서 축축해진 샌프란시스코 신문기사를 꺼내 손전등과 함께 그들에게 넘겨준다. 두 남자는 천천히 기사를 읽어 보고 나서 이해하는 척하며 고맙다고 말한다. 하지만 촛불에 비친 그들의 얼굴을 보니 아직도 의문이 남은 듯하다.

잭슨빌은 여전히 캄캄하다. 나는 데이비드의 집으로 가려고 언덕을 오른다. 도로에는 차가 한 대도 없고 마침내 비도 멎었다. 구름 사이사이로 밝은 별빛이 비쳐드는 고요한 저녁, 지친 몸으로 마지막 남은 몇 킬로미터를 걷고 있는 내게는 아무런 의문도 생기지 않는다.

이틀 후. 애플게이트에 도착해서 노변 공원 그늘에 잠시 앉아 있다. 다양한 연령대의 사람들이 애플게이트 강에서 몸을 식힌다. 모래사장 근처에서 무릎까지 물에 담근 사람도 있고 튜브를 타고 노는 사람도 있다. 대담한 사람은 멀리 떨어진 강변에 있는 높은 바위에서 초록빛을 띤 깊은 물속으로 뛰어들기도 한다. 강에 웃음소리가 넘쳐난다. 나는 철제 다리를 건넌 후 간선도로를 벗어나 톰슨 크릭을 향한다.

친구들인 크리스 브랫과 조안 피터슨네 농장에 도착해 보니 집이 비어 있다. 자주 들르는 곳이어서 내 집에 온 듯 마음이 편하다. 나중에 알게 된 바로는 모두들 새 저수지를 파는 현장에서 일하고 있다. 저수지를 만들어 60헥타르가 넘는 농토에 관개용수와 식수와 에너지를 공급하고 이 일대의 화재도 예방하려는 것이다.

책임감 있는 환경주의자인 조안과 그녀의 남편 크리스는 지역주민들이 결성한 그룹과 함께 이 지역을 관할하는 토지관리국(BLM)과 미 삼림청의 의심스러운 삼림 관리 정책에 문제를 제기해서 소기의 성과를 거두었다. 연못 부지는 조금만 굴착을 하면 되는 곳이지만 그들은 신중하고 세심하게 계획을 짜서 진행해 나간다.

이곳에서 오빌 캠프 씨를 알게 됐다. 캠프 씨는 백호(지면보다 낮은 곳에 사용하기 좋은 대형 굴착기의 일종—옮긴이)와 트랙터를 다루는 기사로서 크리스와 조안이 진행하는 수자원 공급 계획에 참여하고 있다. 그는 중장비를 다루는 능력이 탁월할 뿐 아니라 자연선택 삼림관리 시스템을 직접 개발한 사람이기도 하다. 그는 1950년대부터 수많은 경험을 통해 구식 삼림 관리법의 문제점을 찾아 꾸준히 개선하며 자연선택 삼림 관리 시스템을 만들었다. 대략 20년 후인 1970년대부터는 삼림관리에서 우려가 되는 문제들을 효과적으로 제기해 나갔다.

현재 오빌 캠프 씨는 삼림과 사람의 필요를 동시에 충족시키는 것을 삼림관리의 목표로 삼고 있다. 내가 애쉬랜드에 두 번째 갔을 때 들었던 〈천연자원 보호〉 강의에서 랭 박사가 했던 이야기와도 일치하는 관점이다. 캠프 씨는 소규모 삼림지 관리로 지역에서 여러 번 상을 받았으며, 지금은 그가 가진 지식을 사람들에게 알리고자 책을 집필하는 중이다. 나는 애플게이트에 머무르는 동안 캠프 씨의 말을 경청하고 그와 함께 숲을 가로질러 농장까지 걸으며 많은 시간을 보낸다. 그는 숲의 친구로서 삼림 이야기를 하는 사람이다.

어느 날 저녁 어둠 속에서 떠오르는 달을 보며 애플게이트를 떠난다. 길에서 반가운 음악소리가 들려서 고개를 돌려 보니 우지직거리며 타는 불가에 이웃들이 모여 있다. 나는 얼마간 즐겁게 놀다가 깊은 밤에 스르르 잠든다. 사람들이 귀에 익은 민요를 부르고 노란색과 주황색 불꽃이 아른거리는 밤이다.

크라우스 캐빈까지는 네 시간 거리다. 11킬로미터쯤 가다 보니 올웨더(기후·기상의 영향을 받지 않는 포장재—옮긴이)로 포장된 도로가 끝나고 흙과 자갈이 뒤범벅된 산길이 시작된다. 로그 강 국유림에 위치한 통나무집인 크라우스 캐빈은 지난 백 년 가까이 목장주가 기거하던 곳이다. 푸르른 고산 초원지대 언저리에 서 있는 특별히 아름다운 그 집에서 하룻밤 머무를 생각이다.

저녁이다. 멀리 보이는 산봉우리 뒤로 순식간에 해가 지고, 회색 구름 아래 가느다란 선처럼 붉은 노을이 보인다. 식사를 마치고 난롯가에 앉아 손가락으로 밴조를 뜯다가, 쾅쾅 울리며 하늘을 가로지르는 천둥소리를 들으며 잠든다.

새벽 네 시쯤 빗방울이 떨어지기 시작한다. 나는 야외용 탁자에다 오두막집 안에서 찾아낸 낡은 매트리스를 올려놓고 자고 있다. 구름 뒤에서 보이는 달이 꼭 산 위에 올려놓은 엷은 색 진주 같다. 난롯불은 꺼졌고 석탄은 차갑게 식어 있다. 배낭을 질질 끌고 집 안으로 들어와 꿈나라로 돌아가려고 애써 보지만 소용없는 일이다. 해가 뜰 무렵에야 잠든다.

나는 느긋하게 출발한다. 처음에는 세차게 쏟아지던 빗줄기가 점점 가늘어져 소나기처럼 된다. 하늘은 연한 푸른색으로 바뀌었다가 다시 회색으로 변한다. 나는 초원을 가로질러 천천히 걸어간다. 때로는 높이 천 미터가 넘는 산을 오르고 내 앞에 놓인 길을 따라 걷는 것만으로도 더없이 기분이 좋다. 때로는 진흙탕이 된 길에서 젖은 풀잎과 자주색, 황금색 야생화를 스치면서 강행군을 해야 한다.

산길을 벗어나 개울을 따라 산중턱으로 내려가다 문득 조안이 했던 말이 생각난다. 조안은 크라우스 캐빈에서 한나절만 걸어가면 천연기념물인 오리건 동굴지대가 있다고 했다. 오리건 동굴지대는 200헥타르에 불과하지만 종 다양성이 풍부하다. 지상에는 거대한 돌들이 오래된 침엽수림의 잔해를 둘러싸고 있으며, 지하에는 자연력으로 수십만 년에 걸쳐 형성되어 지금도 변화하고 발달하는 중인 살아 있는 동굴이 있다. 이 동굴지대는 세계 어디에도 뒤지지 않을 만큼 지질 분포가 다양하다.

날이 저물 때쯤 비틀거리며 수풀을 빠져나와 '모뉴먼트 트레일'에 올라선다. 천연기념물 내에서는 야영이 금지돼 있으므로 나는 경계선 바로 밖에 텐트를 치고 산림 경비대에 있는 친구를 만나러 갔다가 텐트로 돌아와 잠을 청한다. 빗방울이 후두두 떨어지는 소리를 들으며 잠이 든다.

다음날에는 25킬로미터를 더 걸어 칼미옵시스 야생지대 동쪽 끄트머리에 있는 커비라는 작은 마을로 간다. 도로시 모어 아주머니 댁에서 하룻밤을 보낸다. 일 년 내내 청소와 집안일로 분주한 도로시 아주머니는 다른 일들 때문에 정신없어 하면서도 내가 머물 방을 깨끗이 치워 준다. 도로시 아

> 길 위에서 많은 시간을 보내면 자연 세계가 당신에게 모습을 드러낸다. 일몰과 월출을 오랫동안 관찰하다 보면 언제 월식이 일어날지 미리 알 수 있게 된다. 또 구름이 모여드는 모습을 지켜보고 새들의 노래를 유심히 듣다 보면 날씨를 예측할 수 있게 된다.

주머니를 만날 수 있어서 정말 좋다. 아주머니는 그 동안 누구네 집에 아이가 태어났고 누구는 결혼을 했으며 누구는 죽음을 맞이했다는 소식들을 알려 준다. 공장은 문을 닫았고, 에잇 달러 산(Eight Dollar Mountain)에서 니켈 광석을 캐려는 사람들이 있다고 한다. 인근 주민들은 대부분 반대하는 입장이지만 마을의 경제 상황이 어렵기 때문에 광물 채취를 뜻하지 않은 행운으로 받아들이는 사람도 있다.

다음날 아침, 도로시 아주머니 집을 떠나 너무나도 익숙한 길로 접어든다. 적색토에 바퀴 자국이 나 있는 구불구불한 진흙탕 길. 나는 고개를 넘어가서, 디딤돌을 밟으며 첫 번째 개울을 건넌다. 겨울에는 급류로 바뀌기 때문에 개울 맞은편으로 건너가려는 사람은 머리 위에 매달린 이동활차를 이용해야 한다.

오래된 추억이 가득한

오두막집 안에서

작은 촛불이 타오른다

1983년 8월 25일
오리건 주, 칼미옵시스 야생지대
피터슨 광구에서

피터슨 오두막집에는 아무도 없다. 쥐가 제멋대로 뛰어다니며 낡은 매트리스 커버를 뜯어먹고 물어뜯은 천 조각을 쌓아 둥지를 만든다. 나는 촛농을 쓸어내고 나무를 쪼개 장작을 만든 후 샘에서 물을 길어온다.

나는 저녁식사 거리를 난로 위에 올려놓고 끓이면서 베이킹파우더를 넣

지 않은 빵을 오븐에 굽는다. 난롯불이 타오르자 저녁의 냉기가 가시고, 따뜻한 석유램프 불빛 속에서 침묵의 소리를 들을 수 있다.

다음날 아침 푸른 어치가 찾아와 깍깍댄다. 나는 달링토니아(미국 캘리포니아 주와 오리건 주에서 자라는 사라세니아과의 식충식물—옮긴이)가 가득한 강가 습지를 통과하여 몇 해 전 체리와 함께 겨울을 났던 코퍼 크릭 오두막집을 지나친다. 루스 아주머니는 내가 포인트 레이에스를 떠나려고 준비하던 그 해 봄에 세상을 떠났다. 우리가 처음 만난 날들이 아직도 기억난다. 언젠가 루스 아주머니는 이곳의 지명과 같은 이름을 가진 칼미옵시스라는 희귀한 식물을 가리키며 이렇게 말했다. "잎사귀 뒷면에 있는 황금색 반점이 보이지?" 아직도 루스 아주머니의 목소리가 귀에 생생하다.

나는 자연 상태 그대로 보존된 산길을 걸어 단 사흘 만에 칼미옵시스 야생지대를 횡단한다. 전에도 산야를 횡단하여 불칸 피크로 올라간 적이 몇 번 있기 때문에 길을 속속들이 알고 있다.

산길을 따라 내려올 때 보니 구름이 두꺼워지고 있다. 주말이라 사슴 사냥꾼들이 돌아다닌다. 그들은 지프나 픽업트럭을 타고 지나가며 손을 흔들고, 나도 오랜만에 사람을 보니 반가워서 손을 흔든다.

40킬로미터 가량 내려와서 무세르 씨네 모래톱에서 야영을 하려고 걸음을 멈춘다. 이곳에서는 쳇코 강이 모래 위로 퍼지며 얕아져서 자동차를 타고 건널 수도 있을 정도다. 야영장에 다가가자 윙윙대는 동력 사슬톱 소리가 들린다. 바람에 넘어진 떡갈나무 한 그루에 칼 무세르 씨가 기대 서 있다. 우리는 서로를 보고 깜짝 놀란다. 우리는 무세르 씨의 트럭 뒷문을 내리고 앉아 같이 점심을 먹던 때가 몇 년 전인지 계산해 본다.

무세르 씨는 브루킹스에 있는 공장에서 일했다. 종업원들이 지분을 나누어 갖는 협동조합 형식의 공장이었다. 그처럼 좋은 조건에서 일했고 자녀들도 모두 자라 독립을 했으므로 그는 자기와 아내가 운이 좋다고 이야기한다.

점심을 먹고 나자 마땅히 할 일이 없다. 우리는 장작을 패는 일을 마무리한다. 트럭에 장작을 가득 실은 무세르 씨는 내가 시내에 닿으면 저녁식사를 하러 들르겠다는 약속을 받아서 돌아간다.

낮 동안 왔다 갔다 하던 구름이 황혼녘에 이르러서는 제자리로 돌아와 움직이지 않는다. 그리고 비가 내린다. 나는 누군가 버리고 간 방수포 밑으로 기어들어가 밤을 보낸다. 여전히 비가 내리는 아침, 언덕길로 30킬로미터 정도 더 내려가 오리건 해안지대의 브루킹스로 간다. 희미해진 태양이 짙은 회색 바다에 감기고 있다.

친구들과 함께 브루킹스에 머무르며 폭풍우가 멎기를 기다린다. 브루킹스는 내가 없는 동안 더 성장하고 경제도 활성화된 듯하다. 반대편 산자락에 위치한 커비 마을이나 케이브 역과는 사뭇 다른 모습이다.

나는 한때 칼미옵시스에서 여름철에 산림청 임시직으로 일한 적이 있다. 나는 잠시 산림청 지부 사무소에 들러, 주민들의 반대가 많은 볼드 산 목재 운반용 도로공사가 어떻게 되고 있는지 알아본다. 연방법원은 산림청에 패소 판결을 내리고 공사를 일단 중지시켰다고 한다. 반대론자들은 도로 공사가 불법적으로

이루어지고 있다고 주장하고 있으며, 심지어는 일부 산림경비대원도 공공연히 같은 이야기를 하는 실정이다. 공사를 맡은 회사가 산림청에 소송을 제기하면서부터는 법적 의무와 이권과 정치적인 문제가 뒤죽박죽이 되었다. 해당 회사에서는 보상을 받지도 못하고 공사를 중단한 데 대해 미국 산림청이 책임져야 한다고 주장했다. 좌우지간 주민들의 생활은 달라졌고, 어디로도 통하지 않는 미완성 도로에서 시위대가 연행되는 사태도 있었다. 갈등은 금방 해소되지 않을 듯하다.

한편 나는 '지속적인 안전을 위한 시민 행동(CALS, Citizens Action for Lasting Security)'이라는 시민단체의 분과 회의에 초청받아 참석한다. CALS는 오리건 주 전역에서 세계평화와 안보 사안에 관한 대중적 관심을 촉구하는 단체다. CALS에서 발간하는 소식지에는 핵전쟁은 피할 수 없는 일이 아니며 사람들이 힘을 모아 막을 수 있다고 쓰여 있다.

참석자의 대다수가 노인인 회의 자리에서는 영화 〈위험한 게임(War Games)〉(1983년작으로 컴퓨터 해킹으로 핵전쟁을 유발할 수 있는 상황을 다룬 영화—옮긴이)이 끝나는 시간에 맞추어 전단을 배포하자는 계획이 논의된다. 사람들이 생각을 하게 만드는 전단이다. 며칠 후 마을 영화관에서 개봉될 예정인 〈위험한 게임〉은 "핵전쟁에서는 누구도 승자가 될 수 없다."라는 메시지를 전하는 영화다. 하지만 전 세계 사람들 사이에 신뢰를 구축하는 문제에 대해서는 아무도 답을 제시하지 못한다. 유진 시(Eugene: 오리건 주 서부의 도시—옮긴이)에서 조사 행정관으로 일하다가 은퇴한 사회학자 딕 드레이퍼는 소련 국민들에게 개별적으로 편지를 써 보내면 어떻겠냐고 제안한다. 하지만 그런 일을 어떻게 할 것인가라는 문제가 여전히 남는다.

1980년대 이전에는 '확실한 상호 파멸(MAD, Mutual Assured Destruction)'이라는 개념 덕택에 핵전쟁의 위험이 크지 않았고 미국과 소련 간에는 교착 상태가 형성되어 있었다. 하지만 점차 '제한 핵전쟁'과 같은 말이 등장하면서 미래에 대한 불안이 전 세계로 퍼져 갔다. 1983년 로널드 레이건 미 대통령은 '전략 방위 구상(SDI, Strategic Defense Initiative)'을 발표했다. 속칭 스타워즈 계획으로 알려진 전략 방위 구상은, 미국을 겨냥한 핵공격에 대비하여 방어막을 구축하는 계획이었다. 대부분의 사람들은 SDI로 인해 MAD 정책의 근간이 흔들릴 수 있다는 사실을 알고 있다. 곳곳에서 핵전쟁에 대한 두려움이 감지된다.

떠나는 날 아침이다. 식사를 하고 몇몇 사람들과 작별인사를 나눈 후 바닷바람 속으로 나간다. 해안을 따라 북쪽으로 걷는다.

바람에 깃털을 나부끼는

회색 바다갈매기

한 발로 서서

내가 먹이를 던져주길 기다린다

아니면 내 배낭 안으로 뛰어들려고

기회를 엿보는지도 모른다

하지만 내가 발걸음을 옮기자

갈매기는 바닷가를 맴돌며 나를 따라온다

하늘에는 회색 구름 한 점

모래밭에는 갈매기 그림자

1983년 9월 4일
오리건 주 모래언덕, 네시카 해수욕장

모래언덕 사면에 관목과 유목(流木)을 찔러 넣어 만든 방벽 뒤에서 바람을 피할 수 있는 장소를 발견한다. 불가에서 파도 소리를 들으면서 하늘이 점점 어두워지는 모습을 바라보다 잠든다.

모래사장에서 걷기는 쉽지 않다. 이쪽으로 온 것이 실수였다는 생각도 든다. 바람을 맞받으며 걷다 보면 금방 피곤해지기 때문이다.

새벽녘에 잠에서 깨는 순간 마치 꿈이 기억에서 달아나듯 갈매기가 푸드덕거리며 날아간다. 나는 우리가 가까운 친구여서 저 갈매기가 나를 따라오면 좋겠다고 생각하다가 혼자 피식 웃으며 오래된 해안도로를 따라 계속 걷는다.

노동절이 낀 주말이 끝나고 학교 수업이 다시 시작된다. 아침저녁으로 빨간 빛을 번쩍이는 노란색과 주황색 버스로 도로가 꽉 차고, 활기찬 아이들이 창문에 얼굴을 눌러댄다. 때로는 지나가던 아이들이 손을 흔든다. 며칠 후 나는 밴든이라는 도시에서 남쪽으로 약간 떨어진 곳에 있는 '투 마일 카페'에 들러 아침 식사를 한다. 사람들이 크랜베리 수확철이 왔다고 떠드는 소리를 들으니 기분이 좋다. 온 마을이 수확을 준비하고 있어서 들뜬 분위기가 느껴진다.

나는 하루 동안 밴든에 머문다. 부두 옆에 있는 '올드 타운'을 둘러보고, 거리와 안드레아의 식당에서 밴조를 연주하여 팁을 받고 식사도 해결한다. 새 친구를 사귀기도 하고 원래 알던 친구를 우연히 만나기도 한다.

저녁에는 시청으로 가서, 핵전쟁을 염려하는 사람들 40여 명이 모인 공개 회합에 참석한다. 이름은 없지만 밴든 시의 모든 계층을 대표하는 모임이다. 전국 각지의 소도시와 마을에, 어쩌면 전 세계에 이런 모임이 있으리라는 상상을 해 본다.

회합이 끝나자 시 스타 호스텔로 가서 밤을 보낸다. 미국 유스호스텔 협회에서는 플래닛워크의 취지에 공감하는 뜻에서 나에게 3년간 쓸 수 있는 무료숙박권을 제공했다.

나는 아래층 남자 숙소에서 뜨거운 물로 샤워를 한다. 다른 여행객들을 찾아가 경험을 나누고 다양한 주제를 놓고 생각과 아이디어를 교환한다. 잘 때가 되자 침대가 너무 푹신하다는 생각이 들어 바닥에 눕는다. 푹 자고 일어나 보니 널찍한 창으로 아침 햇살이 마구 쏟아져 들어온다. 옆에 있는 다른 침대들에서는 지친 사람 몇 명이 가볍게 코를 고는 소리가 들린다.

쿠스 만까지 가는 데는 이틀이 걸린다. 남쪽에서 불어오는 바람이 블랙베리 잎사귀를 뒤집어 허연 녹색을 드러낸다. 나는 지역 전문대학 근처에 있는 찻집 '네이브 오브 컵스'에서 밴조를 연주해 주고 공짜로 하룻밤 머무르기로 한다. 다음날 아침에는 켄 케이즈 주니어(Ken Keyes, Jr: 명상 교사 겸 작가—옮긴이) 센터에 들른다. 사람들이 있는 그대로를 사랑하면서 평화롭게 살아갈 수 있는 세계를 만든다는 목표를 가지고 독자적인 활동을 펼치면서 의식화 프로그램을 제공하는 곳이다. 켄 케이즈 주니어의 베스트셀러 『백 마리째 원숭이(The Hundredth Monkey)』(몇몇 특정 원숭이들이 새로운 행동방식을 익히면 원숭이 종족 전체에 정착된다는 내용이다—옮긴이)는 사회 변화 과정에 적용될 수 있는 법칙인 형성 인과율(formative causation) 이론을 다룬 책이다. 기쁘게도 센터에서는 회원과 정기구독자들에게 무료로 책을 보낼 때 플래닛워크 소식지도 함께 나눠주겠다고 한다.

때로는 쓸쓸하게 느껴지지만 영화 화면처럼 아름다운 장소인 오리건 모래언덕을 가로질러 60킬로미터 정도 더 걷는다. 오리건 모래언덕은 사실상 바다에 접해 있는 커다란 담수호 여러 개가 있는 국립공원이다. 이 일대는 아직 지질 조사가 완결되지 않았지만 지질학자들 가운데는 이곳이 해변에서 가장 안정적인 지대라고 믿는 사람도 있다. 나는 고요한 언덕에서 한동안 서성대다가 날씨가 바뀌고 있음을 알아차린다.

북쪽으로 계속 걸어가면서 마을마다 들러 음악을 연주하고 사람들을 만나 함께 어울린다. 빗방울이 듣기 시작하자 바닷가를 떠난다. 계절의 변화가 느껴질 때쯤 라파예트에 있는 수도원에 도착한다. 수도사들은 나를 반가이 맞이한다. 같은 길로 계속 걷다가 이틀 후에 만난 포틀랜드 사람들도 마찬가지다.

> 나뭇가지를 떠난 황금빛 잎사귀들이
> 가을비처럼 떨어져
> 땅에 부드럽게 내려앉는다
>
> 1983년 10월 10일
> 오리건 주, 포틀랜드

포틀랜드에 도착한 나는 플래닛워크 후원자인 데본 홈즈와 래리 홈즈 부부 집에 머문다. 래리 홈즈는 제임스 와트가 책임자로 있는 내무부 토지 관리국에서 조사관으로 일한다.

제임스 와트가 시행하는 정책은 논쟁을 유발하고 있다. 연방정부가 소유한 토지 개발권을 대기업에게 넘겨주기 때문이다. 내가 보기에 제임스 와트가 시행하는 정책은 세상이 끝날 날이 얼마 남지 않았으니 보존할 필요도 전혀 없다는 믿음에 기초하고 있다. 우리가 지구를 파괴하든 안 하든 별로 상관없는 일이라고 생각하는 듯하다.

저녁에 우리는 내무부가 시행하는 정책과 그런 정책이 토지관리국과 우리 모두에게 미치는 영향에 대해 잠시 이야기를 나눈다. 그러고는 지금까지 가 본 숲과 나무와 산과 강을 화제 삼아 이야기꽃을 피운다. 태어난 지 얼마 안 된 홈즈 부부의 아들 로린은 거실 바닥에 여기저기 흩어진 장난감을 가지고 놀면서 울다가 킬킬대다가 미소를 짓다가 얼굴을 찡그리기를 반복한다. 나는 며칠 동안 낮 시간에는 시내로 걸어가서 구경을 한다.

콜롬비아 강과 윌라멧 강이 합류하는 지점에 있는 포틀랜드는 오리건 주에서 가장 큰 도시로서 인구는 약 50만 명에 달한다. 윌라멧 강 서쪽에 형성된 중심가와 내가 머물고 있는 구역 사이에는 아홉 개의 다리가 있다.

나는 시내로 가다가 탁한 강물이 보이는 곳에서 종종 걸음을 멈추고 배에 곡물을 싣는 사람들을 바라본다. 배의 이름과 깃발에는 멀리멀리 나아가려는 꿈이 숨어 있다. 배 화물칸에서 노란 먼지가 구름처럼 피어오르다가 바닥에 가라앉는다. 배가 얕은 물속에 잠긴 채 며칠 동안 기다리며 화물칸을 다 채우고 나서야 바다로 나갈 때도 있다.

다리를 건너 조금 더 나아가니 노숙자 쉼터와 숙소 앞에 사람들이 아침 식사를 하려고 줄을 서 있다. 굶주린 사람들이 식사를 하러 몰려오는 바람에 순식간에 줄이 한 블록 길이로 늘어난다. 저녁에는 집이 없어 잠자리를 찾아 헤매는 사람들이 또다시 줄을 선다. 무료 쉼터에 비집고 들어가지 못한 사람들은 간선도로 고가 밑에 지붕이 있는 자리를 찾는다. 밤이 되면 좋은 자리는 모두 누군가가 차지하고 없다.

나는 밴조를 가지고 다니며 거리에서 연주한다. 포틀랜드 시내에 있는 작은 채식주의 식당 '푸드 가디스'에서는 나에게 식사를 제공받고 팁을 챙기는 조건으로 연주를 해 달라고 한다. 식당 주인 낸시가 놀라운 이야기를 들려준다. 식당을 처음 열었을 때 한 달에 하루는 단 한 명만 빼고 모든 종업원이 침묵하는 날이 있었다는 것이다. 말을 하는 종업원 한 사람은 전화를 받았다고 한다. 푸드 가디스 식당에 오니 샤스타 산 근처에 있는 베이커리 겸 카페인 '마운트 에디'에 있는 친구들이 생각난다. 사람들이 의견을 교환하는 중심지 같은 장소는 이곳 포틀랜드에도 있다.

며칠간 포틀랜드 주립대학을 오가며 언어학부 교수로 있는 스티븐 코소코프 씨를 만난다. 코소코프 교수는 중국에서 영어를 가르치다가 얼마 전에 돌아왔다. 나는 언젠가 중국에 가고 싶은 생각이 있으므로 그의 경험담을 열심히 듣는다. 코소코프 교수 또한 플래닛워크에 관심을 보인다. 특히 내가 침묵을 지킨다는 점을 대단히 흥미롭게 받아들인다.

코소코프 교수는 작년에 심사위원 자격으로 「말을 하지 않음에 대한 고찰: 사례 연구」라는 제목의 논문을 읽고 승인했다고 한다. 한 사람이 아무런 설명 없이 갑자기 입을 다물고 1년간 주위 사람과 말을 하지 않을 때 생기는 언어의 단절 '문제'를 다룬 논문이었다. 나는 언어학부 학과장을 만난 후 그 논문을 한 편 복사하여 배낭에 쑤셔 넣고 대학을 떠난다. 올 겨울에 읽어 보면 재미있을 듯하다.

포틀랜드에 머무른 지 일주일이 조금 지나서 메리 제인 백웰이라는 사람을 만난다. 몇 년 전 자기 개를 데리고 일본인 불교 승려들과 함께 도보로 전국을 일주한 사람이다. 돌아와서는 항의의 뜻으로 콜롬비아 강을 따라 도보여행을 떠났다. 강물이 흐르는 곳에 원자력 산업이 들어서면 환경이 파괴될 위험이 있다는 사실을 널리 알리기 위해서였다. 그녀는 오솔길을 밟으며 장기간 도보여행을 할 때 어떤 즐거움이 있고 어떤 어려움이 있는지를 이야기해 준다.

메리 제인이 자기 조카가 다니는 '퍼시픽 뉴' 학교에 나를 초청해서 나는 기꺼이 수락한다. 우리는 40블록이나 되는 거리를 함께 걸어간다.

학교는 포틀랜드의 어느 주택지 한가운데에 있는 오래된 석조 건물로 된 교회 한쪽 모퉁이에 있다. 그곳에 도착한 우리는 약간 숨이 차서 현관에 있는 긴 나무 의자에 앉아 기다린다. 몇 안 되는 교사들의 지시에 따라 아이들이 부지런히 왔다 갔다 한다. 하루 일과를 마무리하며 청소를 하는 중이다.

우리는 교실 안으로 들어가서 바닥에 둘러앉는다. 메리 제인이 모여든 학생들에게 '플래닛워크'를 소개하자 몇 명이 숨을 헐떡이며 감탄한다. 내가 음악과 몸짓으로 여러 가지 이야기를 하자 아이들은 아주 즐거워한다. 그들은 노래 한 곡이 끝날 때마다 박수를 치며 이것저것 묻는다.

"잠은 어디서 자요?"

"뭘 먹어요? 돈은 어떻게 벌죠?"

돈을 어떻게 버느냐는 질문에 대답하기 위해 나는 옛날 관습을 흉내 내어 예의바르게 모자를 벗어서 돌린다. 아이들은 깔깔거리며 동전을 던져 넣는 시늉을 한다.

"모자가 넘치겠어요, 아저씨!" 한 소녀가 한숨을 쉬며 말한다. 나는 빙그레 웃으며 다음 곡을 연주한다. 마지막 곡을 마친 후에는 주머니에서 작은 지구의를 꺼내 손가락으로 세계 일주 경로를 그려 보인다. 학생들이 바짝 다가와 또다시 질문을 퍼붓는다.

"바다는 어떻게 건널 건데요?"

"다른 악기도 다룰 줄 알아요?"

"아저씨는 몇 살이세요?"

우리가 떠날 준비를 하고 있을 때 한 소년이 질문을 하려고 손을 든다. 내가 고개를 끄덕여 보이자 소년은 알아들을 수 없는 소리로 뭐라고 중얼거리다가 적당한 단어를 생각해 내려고 애쓴다. 마침내 소년은 시선을 바닥에 깔고 혀 짧은 소리로 묻는다. "디디사이서 연주도 할 줄 알아요?"

누군가가 소리친다. "신디사이저를 말하는 거예요."

내가 고개를 젓자 소년이 속삭이듯 작은 소리로 말한다. "할 수 있을 줄 알았는데."

우리는 한바탕 웃음을 터뜨리고 작별 인사를 나눈다. 아이들을 집으로 데려가려고 온 학부모나 친척들 때문에 어느새 교실이 꽉 차 있다. 나는 학생 몇 명과 잠시 이야기를 나눈 후 메리 제인과 함께 다시 거리로 나선다. 돌아오는 길에는 둘 다 '말'이 별로 없다. 내 모자는 아직도 넘치고 있다.

온화한 날씨가 계속된다. 어떤 날은 따스한 비가 내려 공기가 깨끗해진다. 데본과 래리 부부네 집 앞 보도에는 갈색과 황금색 낙엽이 융단처럼 깔려 있다. 나는 다음 번 소식지에 실을 글을 쓰려고 하다가, 여름호 발행이 지연되고 있으므로 조금 더 기다렸다 쓰는 게 좋겠다는 결론을 내린다.

캘리포니아에서 타운센드 항구까지 걸어온 친구 트리시아 비질란테가 며칠 동안 함께 다녀 준다. 트리시아는 따뜻한 옷가지와 나에게 온 편지와 최근에 나온 플래닛워크 카세트 테이프를 가져왔다. 처음으로 플래닛워크 테이프를 보니 기쁘기 그지없다. 윈햄 힐 기획사의 좋은 사람들이 뜻을 같이하며 도와 준 덕택에, 친구이자 이웃인 제시 콜린 영이 운영하는 인버네스 스튜디오에서 내가 작곡한 밴조 음악을 녹음할 수 있었던 것이다. 제시는 얼마 전 자신의 앨범인 〈더 퍼펙트 스트레인저〉 작업을 끝내고 지금은 여행 중이다. 그는 내가 떠나기 전에 포틀랜드에서 콘서트를 열 예정이다.

나는 음악과 함께 포틀랜드를 떠난다. 빗방울이 떨어지고 있어서 마음이 급해진다. 비가 오는데 어디서 밤을 보내야 할까? 한참 걸었는데 얼마 못 온 느낌이다. 마음 맞는 새 친구들을 사귄 터라 다시 길을 떠나기가 쉽지 않다.

작은 개울가 콘크리트 다리 밑에 흰독말풀을 깔아 만든 침대에서 잠을 깬다. 비가 그쳐 있고 머리 위에서는 아침에 출근하는 차들이 붕붕댄다. 나는 다시 길에 올라선다. 어슴푸레한 이른 아침에 양배추와 부드러운 레몬 라임 잎을 실은 트럭 몇 대가 덜거덕거리며 지나간다.

포틀랜드에서 북동쪽으로 약 60킬로미터 떨어진 도시에 도착하여 마크 힐과 보니 힐 부부가 사는 집을 찾아간다. 힐 부부는 메리 제인이 콜롬비아 강을 따라 여행했을 때 숙소를 제공해 준 사람들이다. 그들은 나를 보고도 똑같이 반가워하며 집으로 맞아들여 준다. 저녁에 나는 마크 씨와 함께 군축을 주장하는 단체가 교회 지하실에서 여는 회의에 참석한다. 그 단체에서는 학교 이사회의 승인을 받아 세계 평화와 핵군축에 관한 교육 프로그램을 제작하려고 노력하는 중이다. 처음에는 난관에 부딪혔지만 지금은 일이 잘 돼 간다고 한다. 이사회가 일부러 시간을 끄는 모습에 적잖이 실망한 몇몇 회원들은 더 강력한 방법을 쓰자고 주장한다. 모임의 일원인 나이든 아주머니 한 분이 그들을 이렇게 타이른다. "설령 거절당하는 한이 있더라도 우리 마음의 평화부터 이루려고 노력해야 해."

보름달이 떠 있다. 돌아가는 길은 조용하며 나무 타는 냄새가 가득하다. 온종일 낙엽을 태우는 향긋한 냄새를 맡고 있자니 필라델피아 주에서 보낸 어린 시절과 그 시절의 가을 냄새가 떠오른다.

꽤 늦은 시각에 집에 도착했는데도 보니 씨와 아이들은 자지 않고 내가 약속한 밴조 연주회를 기다리고 있다. 피로를 풀고 스트레스를 해소하는 데는 음악이 최고다.

다음날 아침 힐 씨 집을 떠난다. 현관문이 잠기는 소리를 뒤로 하고 걷던 나는 몇 번이나 막다른 길에 부딪쳐 가며 헤맨 끝에 간선 도로로 이어지는 길을 찾아낸다. 하지만 나는 좁은 오솔길로 걷다가 나중에는 자전거 도로를 따라간다. 시끄러운 소리를 내며 지나가는 차들이나 차에 탄 사람들을 피해 혼자 사색을 즐기기 위해서다.

회색 구름이 층층이 쌓이더니 곧 비가 내릴 태세다. 트로이안 원자력 발전소의 거대한 냉각탑에서 굽이치며 흐르는 세찬 물줄기가 흐린 하늘을 향해 높이 솟아나온다. 나는 고요한 연못가에 우거진 축축한 풀밭 사이로 난 길을 따라 걷는다. 잘 가꿔 놓은 정원에는 야외용 탁자들이 놓여 있어, 해가 쨍쨍한 날 방문객들이 앉기 좋을 듯하다.

발전소 정문 가까이에 있는 안내 센터에는 일반인도 기적 같은 핵분열의 원리를 이해할 수 있도록 공들여 만든 전시물이 있다. 그러나 기적이든 아니든 간에 많은 에너지 관계자들은 핵에너지가 사라져 가는 꿈에 불과하다고 생각한다. 핵에너지가 주요 에너지원으로 발전하지 못하는 데는 경제적 요인도 있지만 안전 문제도 있다. 원자력 발전을 옹호하는 사람들의 주장에 대한 대중적인 불신이 점점 증가하는 추세다. 1979년 펜실베이니아 주의 스리 마일 아일랜드 핵발전소에서 원자로 노심 용해와 방사능 유출사고가 일어난 후로 불신은 더욱 커졌다.

오늘은 천천히 30킬로미터 정도만 걷는다. 레이니어라는 작은 마을에 도달하자 해가 지고 있다. 나는 도시 경계선 내의 오솔길에 바짝 붙어 있는 키 큰 잡초에 둘러싸인 모래밭에 텐트를 치고, 식당을 찾아 차를 마시며 글을 쓴다. 비가 내리기 시작하더니 밤새도록 그치지 않는다.

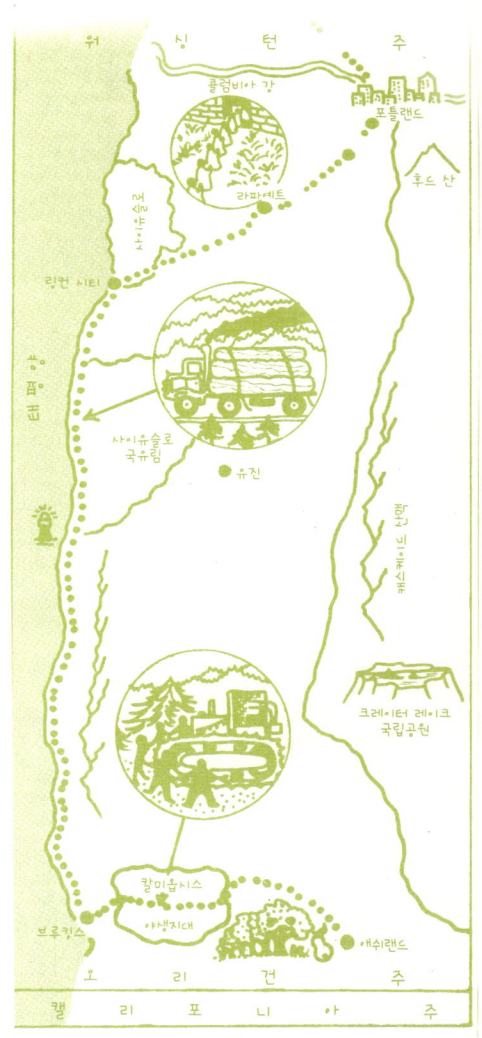

제 10 장

라 자바
찻잎과 교감

철제 다리 밑에서
경적이 울리고 유개화차가 삐걱댄다
화물 수송 기차도 지나간다

1983년 10월 10일
오리건 주, 포틀랜드

    도시 북쪽 외곽에서 루이스 앤 클락 다리로 콜롬비아 강을 건너 워싱턴 주 롱뷰로 간다. 비가 멎을 때까지 기다리다가 텐트를 걷고 다리로 걸어가니 에버그린 주(워싱턴 주의 속칭—옮긴이)에 온 것을 환영한다는 간판이 다리 한가운데 상부구조물에 매달려 있다. 하늘에는 이곳으로 날아온 제비갈매기들이 무리지어 날아간다. 양쪽 강변에 늘어선 공장들이 연기를 휘날리고 있고, 모양이 불규칙한 벌판에는 차곡차곡 쌓인 통나무가 보인다.

우체국을 찾아가 편지 몇 통을 부친 후 시내를 이리저리 돌아다닌다. 배낭이 한결 가볍게 느껴진다. 구름 사이로 햇빛이 살짝 비쳐들기 시작했기 때문일 수도 있고, 내가 잠시 걸음을 멈추고 아침을 든든하게 먹었기 때문일 수도 있다. 어느 쪽인가를 두고 굳이 고민할 필요는 없다. 나는 북쪽으로 뻗은 큰길을 벗어나 선착장 길로 방향을 틀며 부디 이 길이 카울리츠 강을 따라가는 길이기를 기원한다. 짜릿한 모험을 하는 기분이다. 가다 보니 과연 카울리츠 강을 따라가는 길이긴 하다. 하지만 몇 킬로미터 더 가니 아스팔트 길이 끝나고 자갈길이 나오고, 주에서 관리하는 도로가 아니니 주황색 선 안쪽은 출입 금지라고 쓰여 있는 간판이 보인다. 다시 배낭이 무겁게 느껴진다. 그냥 큰길로 계속 갈 걸 그랬다는 생각도 든다. 잠시 후에는 길이 아예 없어지고 비포장도로가 끝나는 지점에 집 한 채만 달랑 있다.

나는 그 집 문을 두드리고 길을 잃었다고 이야기한다. 문을 열어 주러 나온 여자는 강가에 있는 작은 오솔길을 가리켜 보인다. 아직 불그스름한 가을빛을 띠고 있는 단풍나무 숲을 지나 그녀가 알려 준 오솔길을 따라간다. 가다 보니 다시 큰길이 나온다. 그리고 오래지 않아 작은 개울을 건너는 다리에 이른다. 밤을 보낼 만한 장소를 찾은 셈이다. 나는 개울가에 텐트를 쳤지만 근처에서 소들이 풀을 뜯는 모습을 보고는 개울물을 마시지 말아야겠다고 판단한다. 비어 있는 물통을 들고 400미터 거리에 있는 가장 가까운 농가로 발걸음을 옮긴다.

농가에 도착해 문을 두드리자 나이든 여자가 문을 열어 주며 마치 친할머니처럼 따스하게 웃는다. 나는 몸짓을 해 가며 내가 말을 하지 않는다는 사실을 알리고 보다 자세한 설명을 위해 닳은 신문지를 건넨다. 그녀는 시종일관 웃음을 띠고 신문 기사를 읽는다. 내가 빈 물통을 꺼내 수도꼭지에서 물을 채우는 시늉을 하자 그녀는 고개를 끄덕이고 물통을 받아들더니 집 안으로 들어간다. 그녀가 돌아와서 물통을 도로 건넨다. 나는 믿기지 않아서 잠시 멍하니 서 있다가 서서히 조용한 기쁨을 느낀다. 물통 안에는 물이 아니라 접힌 1달러짜리 지폐가 들어 있었던 것이다. 그녀는 뭐라고 설명을 하려는 나에게 돈을 가져가라고 채근한다.

"됐어, 됐어. 받아요." 더없이 상냥한 목소리로 이렇게 말하는 그녀에게 무슨 말을 할 수 있겠는가? 그저 감사하다고만 하고 뭐라 형언할 수 없는 감정에 젖어 도로로 걸어 나온다. 어쨌든 물은 구해야 하므로 나는 다음과 같은 쪽지를 써서 옆집 사람들에게 보여 준다. "물을 좀 얻을 수 있을까요?" 그들은 내 부탁대로 물을 준다.

해가 뜨기 전이다. 골짜기에 스며드는 안개 위로 이지러지는 달이 나타났다가 사라진다. 저 멀리서는 강에서 모래와 자갈을 채취하는 기계들이 우르르 소리를 내며 덜거덕거린다. 나는 배낭에 물건을 도로 집어넣고 길에 올라서서 북쪽을 향한다.

햇빛이 조금씩 새어나온다. 동쪽으로는 비옥한 들판과 울긋불긋하게 물든 언덕을 지나 세인트 헬렌스 산이 반짝인다. 몇 년 전 세인트 헬렌스 산에서 일어난 화산 폭발이 아직도 기억에 생생하다.

정오가 가까워질 무렵 나는 베이더 시 남쪽에서 걷고 있다. 트럭 한 대가 다가와 내 뒤에 선다. 내가 고개를 돌리자 트럭 운전사가 엔진을 끄고, 시골 도로는 다시 조용해진다.

뒷좌석에 앉아 있는 머리가 희끗희끗한 남자가 소리친다. "당신 혹시 라디오를 갖고 있소?"

나는 고개를 끄덕인다. 나는 소형 트랜지스터 라디오를 들고 다니면서 저녁 시간이나 출발하기 직전 아침 시간에 듣곤 한다. 남자는 부드럽지만 어딘지 슬픈 목소리로 묻는다.

"오늘 뉴스를 들었소?"

나는 고개를 가로젓는다.

"오늘 베이루트에 있는 미국 해병대 초소에서 폭탄이 터졌소. 사망자가 이백 명도 넘는다오. 당신이 요 며칠간 걷고 있기에 이 일에 대해 이야기를 나눠 보고 싶었소."

그는 내가 대답을 하지 않아도 개의치 않는다. 그저 슬픈 심정을 누군가에게 토로하고 싶은 모양이다. 그는 나에게 자기 집에 와서 점심을 함께하자고 권하고 나는 초청에 응한다.

점심 식사를 마친 후 계속해서 베이더 시내로 걸어간다. 잠시 발걸음을 멈추고, 농부들이 노새 몇 마리를 데리고 작은 밭을 가는 모습을 바라본다. 번화가를 벗어나 철도 건널목 근처에 이르자 헬리콥터 한 대가 착륙해 살충제를 추가로 싣기 위해 대기한다. 빨간 불빛이 깜박거리고 기차가 지나간다는 경고음이 울리더니, 호화 급행열차가 은빛 연기처럼 번쩍이며 지나간다. 나는 철로를 따라 걷다가 어느 목장 울타리 옆에서 밤을 보내기로 한다. 불을 피우니 쌀쌀한 저녁 기운이 가신다. 목장 주인이 출입문을 살피러 왔다가 장작으로 쓰라며 울타리 기둥 몇 개를 준다. 나는 고마움을 표시한다.

기온이 떨어지고 불도 꺼진다. 아침이 되자 내 침낭과 주위의 잔디가 흰 서리로 덮여 있다. 좁은 비포장도로 표면에 트럭 전조등 빛이 나타나 철길을 건너온다. 지난밤에 들렀던 목장 주인 프랭크 히구에라스가 가축들에게 풀을 먹이러 오는 김에 보온병에 담긴 뜨거운 커피와 과일이 들어간 빵을 가져온 것이다. 우리는 추위를 날려 보내고 함께 서서 고요한 아침을 맞이한다. 하늘에 줄무늬를 만든 투명한 구름 사이로 기러기 한 무리가 날아간다. 기러기가 울음소리를 내자 프랭크 씨는 손가락으로 하늘을 가리킨다. 나는 무슨 뜻인지 묻기 위해 하늘을 향해 총을 쏘는 시늉을 해 보인다. 그는 고개를 흔들더니 낚싯대에서 낚싯줄을 드리우는 동작을 취하고 웃으며 고개를 끄덕인다. 나도 고개를 끄덕이고 미소를 짓는다. 떠날 시간이 되자 목장 주인은 나와 악수를 하고 나서 여행 경비로 쓰라고 1달러짜리를 몇 장 쥐어 주고 작별인사를 한다. 그가 모는 트럭은 상하로 흔들리고 길을 뒤범벅으로 만들며 앞으로 가다가 저 멀리 희미하게 보이는 곳으로 사라진다.

나는 계속 걷다가 나파빈느(워싱턴 주의 도시—옮긴이) 근처에 있는 작은 식당에 들러 점심을 먹는다. 손님들이 센트레일리아 근교에 있는 증기 발전장치를 가동하려면 한 달에 연료비만 8백만 달러가량 든다고 이야기하는 소리가 들린다. 종업원 한 명은 개인적으로는 가까운 곳에 원자력 발전소가 들어서는 것이 마음에 들지 않는다고 하면서도 원자력 에너지가 비용이 더 적게 든다고 굳게 믿고 있다. 나는 그들의 대화를 귀담아 듣는 한편으로 내가 배운 내용을 기억해 내려고 애쓴다. 원자력 발전의 겉으로 보이는 비용과 보이지 않는 비용은 모두 다른 누군가에게 전가된다. 오늘날 우리가 겪는 환경 문제나 앞으로 겪게 될 환경 문제는 대부분 환경의 질을 떨어뜨리는 외부 비용으로 인한 문제다. 예컨대 사람들의 건강 상태가 나빠진다든가 오염 제거 및 감시 비용이 높아지는 것이 심각한 문제다. 이 점은 신중하게 생각해 보아야 할 일인데도 사람들은 갈수록 무심해지는 듯하다.

다음 도시로 서둘러 들어가지 않고 그날 밤에도 철길 옆에서 야영을 한다. 화물 수송 열차가 커다란 굉음과 함께 천천히 지나갈 때 잠에서 깨어나, 다시 불을 피워 손을 녹이고 뜨거운 차를 홀짝인다. 고요한 아침을 만끽하며 기관사를 향해 손을 흔든다.

이틀 후에는 '오리건 트레일(미주리 주에서 오리건 주까지 이어지는 산길―옮긴이)'이 끝나는 지점인 텀워터를 통과한다. 계속 앞으로 나아가자 워싱턴 주 주도인 올림피아가 나온다. 나는 주지사 집무실을 찾아가 비서에게 소식지 몇 장을 전해 주고 나온다. 잠시 후 거리에서 한 남자가 다가와 숙식을 제공하겠다고 말하며 나를 '애플잼 민속문화 센터'로 데려간다. 나는 그 지역에서 활동하는 연예인들과 함께 즉석 연주를 선보인다. 마침 할로윈이 다가오고 있어서 거리에 사람이 붐빈다.

올림피아에서 일주일 동안 머무르고 금방 다시 길을 떠난다. 올해 최초의 겨울 폭풍이 바다에서 밀려오고 있다. 나는 빗속에서 올림픽 반도를 향해 걷는다. 추운 밤 80킬로미터를 걸어 후드 운하 근처에 이르러서야 걸음을 멈추고 잠을 청한다. 굽은 손가락 모양으로 흐르는 후드 운하는 북쪽 끝에서 퓨젯 사운드(태평양에 접해 있는 워싱턴 주 북서부의 긴 만―옮긴이)에 합류한다. 사실 운하라기보다는 협만(峽灣)에 가까운 지형이다. 영국 탐험가 조지 밴쿠버(George Vancouver, 1757~1798)가 활약하던 시대에 후드 운하의 분수령 일대에는 츠와나 족이라는 토착민이 거주했다. 츠와나 족은 서쪽 해안과 운하의 위쪽으로 뻗은 운하의 남쪽 부분에 판잣집 아홉 채를 짓고 겨울철 휴양촌을 이루어 살았다. 그들은 후드 운하를 '츠와나의 소금물'이라고 불렀다.

> 새벽녘에 어부들이
> 조용히 물가로 나와서
> 은색 그물을 친다
> 아침은 너무 빨리 오고
> 별들은 순식간에 자취를 감춘다
> 1983년 11월 5일
> 워싱턴 주, 브리농

오래 전에 다친 자리에 탈이 나서 발목이 아프다. 비도 다시 내리기 시작했다. 이제 사흘만 걸으면 포트 타운센드에 도착한다. 지금 나는 천천히 걷고 있다. 발목 때문이기도 하고, 올 여름 도보여행이 끝나 가고 있다는 생각 때문이기도 하다.

포트 타운센드에 도착해서는 몇 주 전에 차로 도착한 친구 트리시아와 넓고 쾌적한 집을 나누어 쓴다. 포트 워든 주립공원 바로 위에 있는 우리 집에서는 푸젯 사운드로 통하는 입구인 어드미럴티 수로가 내려다보인다. 멀리 북쪽으로는 주위 땅보다 3킬로미터나 높이 솟은 베이커 산이 마치 흰 유령처럼 보인다. 뜰에는 채소와 꽃을 가꾸는 정원이 있으며 다른 데서 옮겨 심은 삼나무 두 그루가 있다. 삼나무는 워싱턴의 토양에서도 그럭저럭 잘 자라 이제는 적삼목 지붕널 위로 우뚝 솟아 있다.

하루 종일 화물선과 유조선, 힘센 예인선이 끌거나 미는 바지선이 근처

항구로 이동하거나 바다로 나가기 위해 어드미럴티 수로를 들락거린다. 범선, 엔진이 달린 요트, 온갖 종류의 고기잡이배들도 분주하게 움직인다. 어업과 조선술의 중심지인 포트 타운센드에는 퍼시픽 노스웨스트 목조 선박 제작술 학교가 있다. 나는 포트 타운센드에서 작은 보트를 만들어 푸젯 사운드를 건넌 후 이듬해 여름에 플래닛워크를 계속할 계획이다.

가끔 후드 운하에 위치한 뱅거 해군기지로 가는 핵잠수함이 천천히 지나갈 때면 어렴풋이 생각나는 것이 하나 있다. 해군기지는 올림픽 반도만큼이나 멀리 떨어져 있는 것처럼 보이지만 실제로는 '그라운드 제로(핵폭발이 일어난 지점 또는 피폭 중심지를 가리키는 말—옮긴이)' 구역 내에 있다는 사실이다.

포트 타운센드에서 50킬로미터 정도 떨어진 뱅거 해군 기지에는 파괴력과 정확도 면에서 세계 최고로 알려진 미사일 시스템을 갖춘 '트리덴트 잠수함'이 있다. 텍사스 주 아마리요에 있는 팬텍스 발전소에서 조립한 핵탄두를 실어 나르는 '화이트 트레인(1951년부터 1987년까지 미국에서 핵탄두를 운반했던 열차—옮긴이)'의 최종 목적지도 바로 이곳이다. 기지를 둘러싼 가시 철망 울타리 옆에는 '비폭력 행동을 위한 그라운드 제로 센터(Ground Zero Center for Nonviolent Action)'가 자리 잡고 있다. 전쟁과 핵무기 사용에 반대하는 의미에서 도보로 전국 횡단이나 세계 일주를 했던 많은 이들이 출발지로 삼았던 곳이다. 그라운드 제로 센터에는 사람이 살지 않는다. 원래 토지 소유주였던 짐 더글라스와 셸리 더글라스는 비폭력적인 수단으로 세계 평화를 이루려는 뜻을 가진 사람들이 만남의 장소로 쓰라는 취지에서 토지를 내놓았다.

일본에서 온 불교 승려 단체가 평화의 탑 건립 운동을 시작했지만 주 정부에서 건축 허가를 취소하자 그들은 사업을 중단해 버렸다. 탑 건립을 완성하는 결정은 이제 주 의회의 손으로 넘어가 잠자고 있다. 승려들은 완성되지 못한 탑 골조 주위에 매일 찾아와 불경을 외우며 평화를 기원한다.

포트 타운센드에서는 수많은 사람들이 자기 나름의 방식으로 평화를 이루기 위해 노력하고 있다. '포트 타운센드 평화 연합(Port Townsend Peace Coalition)'은 이러한 노력을 장려하면서 서로 다른 견해와 접근방식을 일치시켜 나간다. 결코 쉽지만은 않은 일이다. 포트 타운센드에서는 회의와 집회와 철야기도가 자주 열린다. 주민들 가운데는 전국을 일주하거나 유럽을 통해 소련으로 가는 도보여행에 참가했던 사람도 있다. 또 현재 혁명 봉기의 소용돌이에 휩쓸리고 있는 중앙아메리카(예컨대 엘살바도르에서는 내전이 진행 중이다. '앰네스티인터내셔널'에 따르면 반정부세력으로 의심되는 사람들은 자의적인 고문, '실종', 처형 등 광범위한 인권 침해를 당하고 있다)에 가서 마을과 농장을 돌며 직접 사람들을 만나고 함께 활동했던 사람도 있다. 이런 사람들은 특별한 지식을 획득하고 돌아와 지역사회에 전파한다. 또 어떤 사람들은 체포될 각오를 하거나 목숨을 걸고 시위에 직접 참가한다. 가령 트리덴트 잠수함이 최초로 취역해 뱅거 해군기지로 이동하는 것을 차단하려는 시도를 한다. 어떤 방식이 옳은가에 대해 서로 의견이 엇갈릴 때도 있지만 그들이 굉장한 인내심을 발휘하는 모습은 나를 감동시킨다. 인내심이야말로 인류가 평화롭게 살아가는 데 반드시 필요한 자질이다. 더 중요한 자질로는 다름을 인정하는 자세를 꼽을 수 있다.

포인트 레이에스에서 사귄 옛 친구들 가운데 올림픽 반도로 이사를 온 사람이 많다는 사실을 알고 나니 놀랍기도 하고 반갑기도 하다. 지역사회가 개방적인 분위기인데다 아는 사람도 많아서 고향에 온 듯 마음이 편하다. 1,500킬로미터나 떨어져 있긴 하지만 포인트 레이에스와 올림픽 반도는 공통점이 많다. 둘 다 바다에 면해 있으며 기후가 온화한 곳이다. 포트 타운센드는 올림픽 산맥에 막혀 강수량이 적은 지역에 위치하고 있으므로 포인트 레이에스 반도보다 건조한 편이다.

지난 몇 주 동안은 바람이 많이 불고 쌀쌀하며 비가 자주 내렸다.

"이런 날씨는 드문데." 조각조각 찢겨진 회색 구름이 떠 있는 하늘을 바라보며 가브리엘이 말한다. 절벽 가장자리에 높이 솟은 철제 탑에서 날씨를 알리는 주황색 깃발 두 개가 세차게 펄럭이며 폭풍을 예보한다. 바닷물은 펄펄 끓다시피 한다. 내 친구 가브리엘은 토말리스 만에 15년 가까이 살다가 가족과 함께 북쪽으로 이사하여 포트 타운센드에 정착했다. 원래 샌프란시스코에 있는 은행에 근무하며 80킬로미터 거리에서 출퇴근을 했으나 지금은 정신적 또는 신체적 장애를 가진 사람들에게 직업 훈련과 일자리를 제공하는 지역 아웃리치 프로그램인 '베이 쇼어 엔터프라이즈'에서 왕성하게 활동하고 있다. 그런데 가브리엘이 건강하고 행복한 사람의 전형처럼 보이는 이유가 뭘까? 직업을 바꾼 후 놀라운 변화를 겪은 걸까?

내가 던진 말없는 물음에 가브리엘은 담담하게 대답한다. "아, 요가 덕분이야." 가브리엘은 최근 자신에게 일어난 변화와 요가 강사가 된 과정을 자세히 설명해 준다. 나는 여름 도보여행이 끝났으므로 요가를 배워도 되겠다는 판단을 내린다.

다음 달부터 한 달 반 동안 가브리엘이 가르치는 요가 수업에 나간다. 자전거를 타고 다니며 올림픽 반도의 변덕스런 날씨를 골고루 경험한다. 기온이 떨어져 물이 꽁꽁 얼면 어딘가 숨어 있던 스케이트 초보자들이 끝없이 쏟아져 나와 얼음이 단단한지 시험해 본다. 개중에는 모든 치수의 스케이트가 다 든 상자를 들고 나오는 사람도 있다. 나는 오랫동안 걷다 탈이 난 발목이 완전히 회복되지 않았으므로 요가에 만족하기로 한다. 나는 도보를 주요 이동 수단으로 삼는 사람이기 때문에 언제나 신중을 기해야 한다.

　아이들은 이렇게 눈이 많이 온 적은 없었다면서 몇 센티미터 깊이로 쌓인 눈 위로 썰매를 질질 끌고 다닌다. 학교 뒤 언덕에서 쏜살같이 내려오며 뭐라고 고함을 치고 깔깔 웃어대기도 한다. 나도 웃음이 나온다. 필라델피아 주 부모님 댁 지하실에는 내가 옛날에 쓰던 '플렉서블 플라이어' 썰매가 아직 그대로 있을까? 공기가 차가우면서도 상쾌하다. 나는 나무를 가득 쌓아 놓은 후 보기 드문 특별한 날씨를 즐기며 시내로 걸어간다. 내 뒤로 커다란 흰 발자국을 남기며.

회색 하늘이 해협과 맞닿아 있다
나룻배는 조용히
맞은편으로 건너간다
1984년 1월 2일
워싱턴 주, 포트 타운센드

　새해가 밝아 온다. 멀리 떨어진 포인트 레이에스 해변에서는 친구들이 모여 태양 둘레를 도는 지구의 여행을 축하하고 있다. 작년 이맘때 나는 그들과 함께 새해를 축하하며 여행의 첫발을 내디뎠다. 오늘은 바닷가로 내려가 방파제 위의 노란색과 갈색 건물을 향해 걸어간다. 이 건물은 '해양 과학 박물관'으로, 건물 안에는 다양한 해양생물을 보유한 수족관이 있다.

해양과학 박물관은 인근에 사는 여자 두 명이 취미를 남들과 공유하려는 목적으로 처음 만들었다가 나중에 규모가 더 커졌다. 현재 해양과학 박물관은 포트 워든 내의 통행량이 많은 지역에 위치해 있다. 사람들은 이곳에 우르르 밀려와 손가락으로 이것저것 가리키고 유심히 관찰하며 가까운 곳에 있는 자연에 관해 배운다. 나도 해양생물을 보고 배우러 온 것이었는데 박물관은 닫혀 있다. 가까운 수중 공원 기슭에 파도가 철썩인다. 작살로 물고기를 잡는 일은 금지돼 있다. 여름에 찾아오는 관광객들은 마스크와 잠수용 물갈퀴와 튜브를 착용하고 헤엄을 치면서 바다 속의 신비를 감상할 수 있다.

나는 바닷물에 떠밀려온 오래된 통나무에 앉아 흔들거리며, 얕은 해변이 순식간에 차갑고 짙푸른 바다로 뒤덮이는 광경을 바라본다. 가마우지 한 마리가 물에 뛰어들었다가 다시 밖으로 나온다. 길고 날씬한 목이 희미한 햇빛을 받아 반짝인다. 푸젯 사운드 바깥에서 나룻배 한 척이 만을 건너고 있다. 저 멀리 청회색 땅을 배경으로 나룻배가 흰 점처럼 보인다.

배를 만드는 도구가 UPS 택배로 도착하자 나는 평저선(平底船) 제작에 착수한다. 만을 건너기 위해서이기도 하지만 친구 잉그리드가 나에게 배를 주문하고 계약금을 지불했기 때문이기도 하다. 도제 생활을 하는 동안 설계 단계에서부터 나무를 골라 벌채하고 목재를 켜는 과정까지 모든 공정을 익혀 두었다. 이제는 길이 4미터짜리 배를 내 손으로 조립하는 일에 도전하고 있다. 나는 숙련된 제작자들이 있는 회사에서 많은 시간을 보내며 도움을 받고 조언과 정보를 얻는다. 그리하여 제작 과정에서 끊임없이 부딪치는 문제들을 해결한다.

목공소 책임자인 밥 다르는 가까운 데서 구할 수 있는 나무를 사용하라고 끊임없이 역설했다. 외국에서 목재를 수입하는 것보다 훨씬 실용적이고 환경 보호라는 측면에서도 올바른 방법이기 때문이다. 외국산 목재를 쓰면 대다수 개발도상국에서 진행되고 있는 삼림 파괴에 일조하는 결과를 낳는다. 밥의 가르침 덕택에 나는 주위에서 흔히 볼 수 있는 재료를 존중하고 감사하게 여기는 마음을 갖게 됐다. 그런 재료가 널리 쓰이지 않는 이유는 오랜 세월에 걸쳐 전해진 선입견 때문이다. 그래서 나는 개아카시아나무, 전나무, 삼나무, 떡갈나무를 구해 평저선을 만들기로 한다.

    작업은 느리게 진행된다. 나는 날마다 제작 과정의 특정 단계와 씨름하는데 오늘은 설계 작업이다. 평저선 갑판 전체의 평면도를 그리는 것이다. 설계를 마치고 수치 보정을 끝내면 적어도 머릿속으로는 실제로 보트를 제작하는 작업에 돌입한다. 보트의 모양을 그리고 유선형으로 정형(整形)하며 3차원으로 만들면 어떻게 보일지를 상상해 보는 단계다. 나에게 보트 제작은 내가 해낼 수 있는 일을 뜻하는 삶의 상징이다.

    일주일 후에도 여전히 머릿속으로 고민하고 있는데 지역 활동가인 신디 울핀이 부탁을 한다. 학교에 와서 아이들에게 환경과 평화와 내 여행 이야기를 해달라는 것이다. 나는 쾌히 승낙하고 이웃에 사는 소설가 장마리 앤더슨의 도움을 받아 스완학교 학생들을 대상으로 하는 프로그램을 구상한다. 5~7세 아이들이 다니는 지역 대안학교인 스완학교는 이번 봄 학기에 세계 평화를 주로 가르치고 있다고 한다.

장마리는 평화를 주제로 아이와 어른이 모두 흥미를 가질 만한 글을 쓰고 싶다면서 바로 작업을 시작한다. 그 결과 말을 중단하고 '플래닛워커'가 되기로 한 나의 결단을 소재로 한 매력적인 동화가 탄생한다. 어느 머나먼 나라, 무심한 왕, 냉혹하고 어리석은 괴물. 물론 아이들도 등장한다. 장마리가 동화 구연을 하고, 나는 옆에서 밴조 연주와 춤을 선보이며 모든 역할을 몸짓으로 연기한다. 혓바닥을 날름거리는 어리석은 괴물 흉내를 내자 아이들이 한바탕 웃음을 터뜨린다.

동화 속에서 괴물이 어슬렁거리며 돌아다닐 때 주인공 '피스 워커'가 나타난다. 아이들의 눈에는 알록달록한 모자를 쓰고 줄 다섯 개짜리 독특한 악기를 배낭에 넣어 가지고 다니는 이상한 남자가 보인다. 남자는 음악을 연주하며 공중에 글씨를 써서 악기 이름이 밴조라고 알려 준다. 아이들이 글씨를 읽을 줄 아는 것을 보고 그는 안심한다. 평화를 찾기 전까지 말을 하지 않기로 했기 때문이다. 마침내 아이들과 '피스 워커'가 이기고 괴물이 패배한다. 아이들이 평화를 위해 함께 걷고 싶다고 이야기하자 남자는 이렇게 대답한다. "아냐. 그건 내가 할 일이란다. 너희 마음속을 들여다보면서 평화를 이루는 방법을 스스로 찾아보렴."

밤새도록 울리는 농무 경적(안개가 짙게 낄 때 위험을 알리는 소리—옮긴이) 때문에 잠을 설친다. 구슬픈 경적 소리와 함께 갖가지 꿈을 꾼다. 유조선 충돌로 기름이 유출되는 꿈. 아니면 보트 제작 과정에서 부딪친 어려운 문제를 해결하는 꿈. 선수재를 용골에 고정시키거나, 나무와 나무를 접합하거나, 드디어 경사 각도를 계산해 내는 꿈. 잠에서 깨어나 해답을 기억해 내려고 애쓰다가 현관문을 나서면 하늘에 걸려 있는 차가운 비구름과 마주친다. 바다갈매기들이 낄낄 웃고 음침한 악령 같은 까마귀들은 정원에 쌓인 퇴비를 쪼아 먹는다. 썰물이 되자 바닷물은 빠져나간다. 얕은 물에서 까만 야생 거위 떼가 먹이를 찾아다니는 모습을 보며 나는 해변을 따라 시내로 걸어간다.

지역 협동조합에서 운영하는 식당 '살랄'에 들어서니 아직 사람이 별로 없다. 일광욕실은 싸늘하고 휑하다. 얼마 전 지역민들이 만든 예술작품인 다채로운 만다라 직물이 벽에 걸려 있을 뿐이다. 가스난로 옆에 앉아 있자니 사람들이 나직한 목소리로 꿈과 배와 하나님에 대해 이야기하는 소리가 간간이 들린다. 바깥에서는 나룻배가 오가며 경적을 울려댄다. 거두고래 한 마리가 해수면 위로 불쑥 솟아나와 자욱한 안개 같은 따뜻한 물보라를 공중에 내뿜는 바람에 나는 숨이 멎을 만큼 놀란다.

2월 말경 트리시아는 알래스카 연안에서 게를 잡아 가공하는 배에서 간호사로 일하기로 한다. 나는 이제 설계를 끝마치고 제작에 들어간 보트를 작은 온실 바닥에서 집 정면에 있는 지붕이 덮인 현관으로 옮긴다. 톱질 모탕 세 개를 가로질러 용골을 올려놓고, 톱으로 개아카시아나무를 잘라 골조를 만드니 보트 모양이 제법 갖추어진다. 어떤 부분을 제작할 때는 열 가지도 넘는 방법이 있어서 어느 것이 좋을지 판단하기가 어렵다. 나는 능력 있고 탐구 정신이 강한 사람이 찾아올 때마다 나에게 필요하다고 생각되는 아이디어와 방법을 모두 알려 달라고 부탁한다. 그래서 그 중 한 사람의 의견을 따른다.

봄이 오고 있다. 평저선은 아직 완성되려면 멀었다. 장마리와 나는 여러 학교와 지역 문화센터에서 피스 워커 동화 구연을 하기로 돼 있고 리허설 일정도 잡혀 있다. 또 포트 타운센드를 떠나기 전에 평화 연합이 후원하는 플래닛워크 기금마련 콘서트가 열릴 예정이기 때문에 나는 플루트 연주자 앤 맥클루어와 콘트라베이스 연주자 알렉스 파울러와 함께 매주 연습을 한다.

나는 8년이 넘도록 어머니를 만나지 못했다. 어머니가 진 이모와 함께 나를 만나러 오겠다는 편지를 보내오자 속으로 소리친다. '참 잘 됐다!'

어째서 늘 모든 일이 한꺼번에 일어나는 걸까? 6월에 어머니와 진 이모가 사흘 하고도 반나절 동안 버스를 타고 전국을 횡단하여 도착한다. 그들은 여행 내내 이야기꽃을 피웠을 것이다. 진 이모는 핏줄로 이어진 이모가 아니라 어머니의 절친한 친구지만 친척이나 다름없다. 그녀는 나를 조카처럼 아껴 주고, 나는 그녀를 이모처럼 가깝게 대한다. 그녀는 어머니와 달리 호리호리하고 숱이 적은 회색 머리에, 날카로운 목소리로 천천히 조심스럽게 속삭이는 분이다. 진 이모와 어머니는 어떤 이야기도 함께 나눌 수 있으며 아무것도 아닌 화제를 가지고도 몇 시간이고 이야기할 수 있다. 두 사람은 함께 차를 타고 오다가 마지막으로 시애틀에서 배를 타고 포트 타운센드에 도착한다. 나는 시내버스 정류장으로 마중을 나간다. 어머니와 이모는 며칠 동안 여행을 하느라 다소 흐트러진 매무새로 버스에서 맨 마지막에 내린다. 끊임없이 이야기를 주고받던 두 사람은 간신히 나를 알아보고 웃으며 안부를 묻는다.

"조니가 아주 건강해 보이는구나. 그렇지 않니, 자바?" 진 이모가 말한다.

"그래. 건강해 보이네." 어머니는 벌써 나를 들볶고 있다. 어머니는 내 뺨에 키스를 한다. 씻지 않은 두 여인에게서 나는 냄새가 견딜 수 없을 정도로 심하다. 내가 코를 움켜쥐고 얼굴을 찌푸리자 어머니가 농담조로 말한다. "나한테 코웃음을 치면 안 된다. 사흘 동안 씻을 기회가 없었거든."

나는 빙긋 웃으며 어머니의 등을 가볍게 두드리고 내 친구 신디를 소개한다. 신디는 어머니와 이모가 목욕을 하고 여독을 풀 수 있게끔 차로 집까지 태워 드린다. 내가 자전거를 타고 집에 오니 두 분은 거실에 평화롭게 앉아 평소 습관대로 기도서를 경건하게 읽고 있다. 어머니는 나를 보고 미소를 지은 후 다시 책으로 눈을 돌린다.

친구 딕이 현관에서 기다린다. 선수재를 용골에 고정시키는 작업을 도와주러 온 것이다. 선수재란 뱃머리의 이물을 보강하는 역할을 하는 길고 가늘며 구부러진 모양의 막대다. 우리는 선수재를 고정시킨 후 고물 쪽에 보를 고정시킨다. 전에 나 혼자 할 때는 몇 번 실수를 했지만 지금은 둘이서 정확하게 해낸다. 이제 밑바닥과 측면 판재만 붙이면 평저선이 완성된다.

보트 제작은 어린 시절의 꿈이었다. 어머니는 내가 필라델피아의 우리집 지하실에서 보트 만드는 흉내를 냈던 일을 기억한다. 하지만 이번에는 현관 포치에 거의 완성된 진짜 보트가 놓여 있다. 어릴 때 지하실에서 만들었던 보트는 아버지의 톱질 모탕 두 개에 나뭇조각 몇 개를 덧댄 것에 불과했다. 배 모양을 갖추는 과정이나 접착제로 고정시키는 과정은 내 상상 속에서 이루어졌다. 크리스마스가 되면 톱질 모탕들은 반투명 채광창이 달린 식당으로 옮겨져 탁자 다리로 쓰였고, 탁자 위에서는 장난감 전기 기차가 숫자 8과 원 모양을 그리며 돌아갔다.

"네가 진짜 보트를 만들고 있는 줄은 몰랐구나." 어머니가 감동한 듯 말한다. 어머니가 수화를 섞어 가며 말해 나도 감동을 받는다. 우리는 오랫동안 함께 산책하며 어머니가 중요하게 생각하는 것에 관해 대화를 나눈다. 아버지 이야기, 어머니와 아버지의 관계, 우리 가족, 내 동생 드웨인, 영성...... 우리 부모님은 결혼한 지 40년이 됐는데, 나는 두 분의 결혼 생활이 항상 매끄럽지만은 않았다는 이야기를 처음 듣는다. 하지만 어머니의 말에 따르면 앞으로 40년은 너끈히 유지될 관계라고 한다. 산책 도중 어머니는 내 동생이 걱정이라는 이야기도 한다.

나는 손가락으로 나를 가리키고 손톱을 물어뜯으며 눈으로 질문을 던진다. "그리고 저요? 제가 걱정된다는 이야기죠?"

이제 집에 다 왔다. 현관 울타리 너머로 거의 완성된 보트가 보인다. 어머니는 발걸음을 멈추고 나를 바라보다가 보트로 시선을 옮긴다. 우리는 현관으로 통하는 계단을 올라가서 보트 옆을 간신히 통과한다.

"나는 요즘도 매일 널 위해 기도하지만 네 걱정은 점점 줄어든단다. 네가 하나님께서 주신 일을 하고 있든가 아니면 하나님께서 너를 통해 일을 하고 계신다고 생각해. 아, 물론 처음엔 나도 네가 미친 게 틀림없다고 생각했지. 하지만 난 너를 알잖니. 지금 하고 있는 일이 너한테는 좀 버거울 게다. 넌 오랫동안……너무 오랫동안 말을 안 했어. 하지만 넌 사람들과 함께 살아가고 사람들도 너와 함께 있으려 하더구나. 네 자신에게도 충실하게 지내는 것 같고. 너는 좀 특별해. 이기적이지 않거든. 바로 그렇기 때문에, 그리고 네가 내 아들이기 때문에 내가 여기 온 거란다."

간혹 친구들이 찾아와서 어머니와 진 이모를 포트 타운센드로 데리고 가서 구경을 시켜 준다. 하지만 대체로 두 분은 나와 함께 집에 머무르며 기도서를 읽고 평저선이 모습을 갖춰 가는 과정을 지켜본다. 이제 얇은 전나무 판자를 잘라 만든 판재가 리벳으로 골조에 고정되어 있다. 어머니와 진 이모는 일주일간 머물다가 버스를 타고 선착장으로 가서 시애틀행 여객선을 탄다. 그리고 한참 동안 차를 타고 집으로 돌아간다.

살랄 협동조합 창립회원인 제리 고슬린은 다음 호 「플래닛워크」 소식지의 객원 편집자가 되어 달라는 요청을 받아들인다. 그러자 일이 한결 질서 있게 진행된다. 나는 단조롭게 길을 걷고 싶은 생각이 간절하다. 하지만 현관을 내다보면 아직 완성되지 못한 보트가 보인다. 보트를 다 만들기 전에는 떠날 수 없다.

아이린 힝클이 나를 돕겠다며 포트 타운센드로 와서 플래닛워크에 동참한다. 아이린은 예전에 올림피아를 지나다가 그녀의 부모인 딕 힝클과 래모나 힝클이 나를 불러들였을 때 알게 된 친구다. 몇 년 전 힝클 부부는 올림피아에서 그들의 고향인 캘리포니아 주 타호 호(湖)까지 3개월간 도보로 여행했다. 지금은 그들이 시작한 여러 가지 사회복지 사업에 종사하고 있다. 아이린의 도움과 힝클 가족의 지지는 내게 큰 힘이 된다.

플래닛워크 콘서트는 대성공이다. 중앙아메리카에서 '평화를 목격하고' 돌아온 더그 밀홀란드가 우리 내면에, 우리의 이웃들 속에, 그리고 침묵하는 순간에 깃드는 평화를 주제로 짤막한 개회사를 한다. 포트 워든 예배당에 모인 200명가량의 청중이 장마리의 이야기와 우리의 삼중주에 귀를 기울인다.

6월에 우리가 살던 집이 팔린다. 아이린과 나는 장마리와 남편 로웰의 권유로 이사를 하고, 제작 중인 보트를 길 건너편에 있는 장마리의 집 뜰로 옮긴다. 2주 후 보트가 완성되자 떼를 지어 몰려온 친구들이 보트를 800미터나 떨어진 물가로 운반해 다 같이 축하를 한다. 모두들 노를 저어 보겠다고 달려든다. 보트 이름은 츠와나 호다.

아이린과 나는 며칠 동안만에 나가서 보트 조종법을 몸에 익히고 날씨를 관찰하며

시간을 보낸다. 아이린은 다음 달까지 나와 함께 도보여행을 하다가 벨링햄으로 가서 소식지 제작을 비롯한 플래닛워크 사업을 돕기로 한다.

밤새도록 경적이 울린다. 우리 둘은 새벽에 일어나 텐트를 걷어 배낭에 넣고 남은 물건 몇 가지를 챙겨 잉그리드에게 준다. 보트를 사려고 캘리포니아 주에서 며칠 전에 이곳에 도착한 잉그리드는 여객선을 타고 위드비 섬에 미리 가 있다가 우리를 만날 계획이다.

포인트 허드슨 항을 벗어나니 솜털 같은 흰 안개가 짙게 끼어 있다. 우리는 비요른과 군다의 집에서 안개가 걷히기를 기다린다. 비요른은 우리가 떠날 때 자기 보트를 타고 얼마간 동행하겠다고 말한다.

아이린은 기상 관측소에 전화를 걸어 날씨가 어떻게 변하고 있으며 조수는 어떻게 되는지 문의한다. 우리가 하려는 일을 이야기하자 그들은 웃음을 터뜨린다. 기상예보관이 동료에게 소리친다.

"이봐, 이 사람들이 노를 저어 인디언 섬으로 건너갈 생각이래." 수화기를 통해 새어나오는 그의 목소리가 방 건너편에 있는 나에게도 들린다.

"아니에요. 위드비 섬이라고요." 아이린이 말을 바로잡자 기상예보관은 더 큰 소리로 비웃어댄다. 그가 아이린의 말을 제대로 듣든 말든 상관없긴 하지만 안개는 여전히 자욱하다. 기상예보관은 조수 시간을 알려 주고 전화를 끊는다.

위드비 섬까지 노를 저어 간다는 말에 기상 관측관이 그런 반응을 보인 것도 무리는 아니다. 어드미럴티 수로와 후앙 드 푸카 해협에 치는 파도가 장난이 아니라는 사실은 널리 알려져 있다. 만에 하나라도 방향을 잘못 잡거나 조류를 잘못 타고 출발한다면 파도에 휩쓸려 바다에 빠지기 십상이다. 서서히 안개가 걷히면서 하늘이 푸른색을 되찾는다.

우리는 안전한 방법을 모색하기 위해 키트 아프리카 씨를 찾아간다. 보트제작자이자 샌프란시스코 만 유역에서 활동하던 선원인 키트 씨는 도시 전체에서 평저선을 만든 경험이 가장 많다. 손수 제작한 평저선을 타고 샌후안 섬 구석구석을 누빈 적도 있고, 해류에도 일가견이 있는 사람이다. 키트 씨는 집에 있다가 우리를 맞이한다.

오늘 출발한다는 이야기를 듣고 키트 씨가 소리친다. "좋아!"

그는 우리에게 반드시 필요한 지식을 가르쳐 준다. 마침내 안개가 엷어지더니 맑고 푸른 하늘에 녹아든다. 우리는 밀물 때 출발한다. 친구들 여남은 명이 선창에서 손을 흔든다. 비욘은 삼각파를 헤치며 빨간 종 모양 부표 너머까지 우리를 따라오다가 뱃머리를 돌린다. 이제 우리 둘만 남았다.

제 11 장

동쪽으로의 여행
워싱턴에서 몬태나로

단조롭게 일렁이는 바다 위로
휘익 하고 불꽃이 솟아오르더니
날카로운 폭발음이 울려 퍼진다

1984년 7월 4일
워싱턴 주, 위드비 섬

   연한 푸른색 하늘 아래 우리가 탄 배 뒤쪽에 포트 타운센드가 서서히 모습을 드러낸다. 해변에 우뚝 솟은 절벽 위로는 올림픽 산맥을 배경으로 빅토리아 풍 건물들이 보인다. 등대에서 불빛이 깜박이고 레이니어 산은 동쪽을 향해 반짝인다. 어드미럴티 수로의 물은 푸른색 유리처럼 고요해진 채 얌전히 넘실거린다. 가까운 물 위로 몸을 내민 물개 한 마리가, 우리가 노를 물에 담갔다 끌어당겼다 하며 나아가는 모습을 빤히 쳐다본다. 수로에 도달하자 우리가 탄 보트는 밀물을 타고 조용히 움직인다.

대양 항로에 흔히 다니는 유조선이나 화물선을 찾아보지만 한 척도 보이지 않는다. 소형차와 트럭을 실은 오후 연락선이 거품을 일으키며 지나갈 뿐이다. 승객 몇 명이 목을 길게 빼고 드넓은 바다에 배가 남긴 자취를 바라본다. 경적 소리가 슬프게 울리자 우리는 연락선이 지나간 길 중에서도 가장 열악한 항로로 보트를 돌려 항해를 계속한다.

세 시간 동안 연락선 몇 척이 지나간다. 우리는 해류에 밀려 목적지를 지나쳐 버렸다는 사실을 깨닫고, 위드비 섬의 키스톤 여객선 선착장 옆으로 노를 저어 간다. 위드비 섬은 미국에서 두 번째로 큰 섬으로, 스카깃 군과 스노호미 군에서 서쪽으로 80킬로미터 정도 거리에 푸젯 사운드를 따라 절반쯤 올라간 곳에 위치해 있다. 섬 서쪽 해안은 후앙 드 푸카 해협에 맞닿아 있다. 해가 지고 바람이 점점 세게 분다. 세차게 물결치는 바다는 개머리판의 금속처럼 차가운 푸른빛이 도는 검은색으로 변한다.

유능한 선원이 노를 저을 경우 평저선의 항해 성능은 우수한 편이다. 1890년대 뉴잉글랜드 지역에서 어업에 활용되면서 입증된 성능이다. 아이린과 나는 동시에 구명조끼에 손을 뻗는다. 아이린은 배 전체의 무게 중심을 조금이라도 낮추려고 보트 밑바닥에 들어간다.

내가 노를 젓는 동안 츠와나 호는 파도가 높이 솟아오를 때마다 물에 잠겼다 도로 올라온다. 노걸이가 끽끽대며 신음 소리를 내자 마음이 놓이긴 하지만, 노 젓는 작은 보트를 타다가 겨울 폭풍을 만나 살아남는다는 것은 상상하기 어려운 일이다. 육지가 보이는 곳까지 왔지만 우리가 안전하다고 장담할 수는 없다. 내가 온 힘을 다해 노를 젓는 동안 아이린은 방향을 알려 주며 나를 응원한다. 하지만 한동안은 전혀 진전이 없다. 만의 해변이 가까워질 때마다 이정표를 설정하지만 도무지 닿을 수가 없다. 그러다 우리가 해류를 거스르지 않고 같은 방향으로 나아가려 하자, 붉은색 축사와 나무와 언덕이 서서히 움직이더니 우리 옆으로 미끄러져 지나간다.

잠시 후 딱딱한 해변에 배를 댄다. 천만다행이다. 하지만 우리는 법석을 떨지는 않는다. 잉그리드가 몰고 온 트럭에 보트를 실어 캘리포니아로 보낸다.

가까운 야영지를 발견하고 텐트를 친다. 밤이 되자 어둠 속에서 식사를 한 후 촛불을 켜놓고 우리가 가져온 페이퍼백 책에 빠져든다. 여전히 해협에 파도가 칠 때마다 바닥이 쿵쿵 울리는 가운데서 잠을 청한다. 나는 꿈속에서 항해를 한다. 파도를 타고 위 아래로 살살 움직이면서 세상만사가 참으로 덧없다는 생각을 한다.

밤에 모닥불을 피워놓고
따뜻한 불가에 앉아 있으니
나뭇가지 사이로 달이 떠오른다

1984년 7월 5일
워싱턴 주, 오크 항

동이 터 온다. 우리는 텐트 안에서 빗방울이 똑똑 떨어지는 소리를 듣고 있다. 바깥에 있는 작은 가스버너에서는 오트밀을 만들려고 물을 끓이고 있다. 여기에 바나나와 딸기를 곁들여 아침 식사를 할 예정이다.

시야를 가리는 나무와 엉킨 덤불을 헤치며 도로로 나간다. 하늘은 구름으로 덮여 있지만 서쪽 지평선 위로는 선명한 푸른색 줄이 보인다. 이제 아득히 멀어진 포트 타운센드는 우편엽서처럼 조그맣게 보인다. 디셉션 패스(Deception Pass)를 향해 북쪽으로 가던 중 아이린이 샌후안 섬을 알아보고 손가락으로 가리킨다. 조지아 해협으로 들어가는 길목에는 수백 개나 되는 섬이 있다. 너무 작아서 해도에 실리지 않은 섬도 있고, 상록수 숲으로 덮인 섬도 여럿 있다. 샌후안 섬의 아름다움은 세계 어느 군도에도 뒤떨어지지 않는다고 알려져 있다. 이렇게 좋은 위치에서 풍경을 바라보고 있으니, 최근에 살던 지역이 내 마음속에 어떻게 자리 잡고 있는지 조금씩 이해되기 시작한다.

포근한 날씨와 등 뒤로 부는 미풍 덕택에 첫날 도보여행은 아주 유쾌하다. 등에 맨 배낭도 13킬로그램이 안 돼, 무겁지 않다.

해안을 따라 양 옆으로 여름 전원 풍경이 펼쳐지는 길을 걷는다. 길가에는 자주색 엉겅퀴와 노란색 겨자꽃이 피어 있고, 언덕은 연두색과 황금빛 나는 갈색으로 물들어 있다. 우리가 가까이 가면 누룩뱀과 유리도마뱀이 사각사각, 쉭쉭 소리를 내며 마른 풀숲으로 미끄러져 들어간다.

오크 항에서 북쪽으로 약간 떨어진 곳에 알트 필드라는 해군기지 마을이 있다. 샌후안 군도에서 가장 큰 마을이다. 해군기지 정문에 도착하니 소음이 발생할 수 있으나 자유의 소리임을 감안하여 양해해 달라는 간판이 보인다. '자유의 소리'는 귀가 멍멍할 정도로 시끄럽다. 하늘 색깔처럼 우중충한 청회색 전투기가 끊임없이 날아다니고 훈련을 위해 천천히 이륙하고 착륙한다. 거리가 아주 가까워서 전투기 안에 탄 조종사가 다 보이지만 조종사들은 손을 흔들어 주지 않는다. 부르르 떨리는 날개 밑에는 미사일과 폭탄이 실려 있다.

포트 타운센드에서 주택가 위로 날아다니던 비행기도 이곳의 전투기였다. 순식간에 나타났다가 해협 위에서 눈 깜짝할 새에 사라져 버리는 비행기. 포트 타운센드에 살 때 비행기가 나타나면 나는 어린아이처럼 하던 일을 멈추고 바깥으로 뛰어나가 한두 대씩 날아다니는 비행기를 바라보곤 했다. 그 때는 비행기들이 우아한 죽음의 여신들처럼 보였다. 하지만 이렇게 가까이 있으니 소음을 견딜 수가 없다.

우리가 지나가자 초록빛 들판에서 새김질을 하던 얼룩소 한 마리가 고개를 든다. 대지를 뒤흔드는 머리 위의 굉음을 알아차리지 못하는 모양이다. 매 한 마리가 공중에서 원을 그리더니 얼룩소가 있는 곳 위의 높은 나뭇가지에 내려앉는다.

길옆에서는 한 남자가 풀 베는 기계를 일직선으로 밀고 있다. 향기로운 초록색 잔디가 잘리고 깎여 금속제 슈트를 통해 쏟아져 나온다. 우리는 고속도로를 건너가 뒤쪽으로 난 산길로 이동한다. 아까 본 매가 나무에서 조용히 날아오르고 다른 비행기 한 대가 착륙한다.

> 길을 따라 걷는데
> 사방이 꽃 천지다
> 향기로운 여름 꽃
>
> 1984년 7월 7일
> 워싱턴 주, 베이 뷰 국립공원

디셉션 패스 국립 공원에 도착하자 우리의 도보여행 이야기를 들은 산림경비대 대장이 야영지를 무료로 이용하게 해 주겠다고 말한다. 그래서 우리는 해변과 숲을 돌아다니며 하루 더 머문다.

다음날, 아침에 꼈던 구름이 걷히고 푸른 하늘에 해가 쨍쨍 내리쬐는 한낮에 디셉션 패스 다리에 도착한다.

옛날에 처음으로 푸젯 사운드에 발을 디딘 스페인 탐험가들은 위드비 섬이 미국 본토와 연결된다고 생각했다. 탐험가 조지 밴쿠버의 시대에 이르러서야 섬과 대륙 사이에 모양이 복잡하고 좁은 해협이 가로놓여 있는 것을 발견했다.

양쪽 기슭 사이의 좁은 길목에서 물이 빠져 나가려다 소용돌이가 형성되고, 역류 현상이 일어나고, 하층 해수가 솟아오르는 모습을 높은 곳에서 내려다보니 아찔해진다. 크고 작은 모터보트도 물이 요동치는 좁은 통로를 뚫고 나가려고 힘센 파도와 맞서 싸운다. 길가에 핀 꽃은 점점 다양하고 풍성해지고, 날씨는 점점 더워진다.

아이린은 신발 때문에 발에 물집이 생긴 탓에 나보다 1.5킬로미터 정도 뒤처져 걷는다. 고속도로와 평행으로 뻗은 한적한 길이다.

몇 킬로미터 더 가다가 갯벌에서 걸음을 멈춘다. 한쪽 길가에 불꽃놀이용 베니어판이 열 개도 넘게 세워져 있다. '번창하는 신전', '스릴러', '용 저격수' 등의 글씨가 쓰인 밝은 색 간판이 반짝거린다.

이따금씩 로켓이 '핑' 하고 공중으로 솟구쳐, 희미한 폭발음과 함께 바람에 휩쓸려 사라진다. 독립기념일이 지났기 때문에 재고 정리 차원에서 모든 것을 반값으로 팔고 있다. 차 몇 대가 멈추더니 캐나다에서 온 아이들이 호기심 어린 미소를 지으며 쏟아져 나와 1년간 쓸 불꽃놀이용 화약을 산다.

아이린이 도착한다. 우리는 잠깐 쉬다가 고속도로로 나아가 작은 만으로 이어지는 소금기 어린 늪과 수로 위로 드리워진 다리를 건넌다. 맞은편에 도착해서는 철길을 따라가다가 분기점에서 멈춘다. 여기서 북쪽으로 가면 곡식이 자라고 있는 초록빛 논을 거쳐 베이 뷰와 그 옆에 있는 주립공원에 이르게 된다.

우리가 철길 건널목 옆에 앉아 있는 동안 구형 포드 스테이션왜건 한 대가 옆에 와서 선다. 차체에 움푹 들어간 자국과 긁힌 자국이 있으며, 금이 간 지저분한 창에 낡은 커튼을 드리운 차다. 운전석에 있던 턱수염을 기른 남자가 뭐라고 소리치는데 나는 못 알아들어서 빙긋 웃기만 한다.

"거기 당신들, 차를 태워 줄까?" 남자가 차창 밖으로 머리를 내밀고 소리친다. 그는 눈을 커다랗게 뜨고 흥분한 표정을 짓는다.

나는 고개를 가로젓는다.

"그래요? 그럼 먹을 건 괜찮겠지?" 그는 대답을 기다리지도 않고 어지러운 차 안을 뒤지기 시작하더니 비닐봉지에서 작은 초콜릿 바 여섯 개를 꺼내 나에게 건넨다. 운전석 옆에 앉은 여자는 아무 말 없이 재미있다는 표정으로 우리를 바라본다.

내가 고마움을 표시하자 그들은 검은 배기가스를 구름처럼 내뿜으며 덜거덕거리는 소리와 함께 멀어져 간다. 우리는 별 생각 없이 초콜릿을 먹으며 뒤따라간다. 해질 무렵 공원에 도착해서 텐트를 치려고 번호가 매겨진 야영지를 찾고 있는데 어디선가 목소리가 들린다. "여, 드디어 왔군. 왜 이렇게 오래 걸렸지?"

나는 손을 들어 인사말에 답한다. 아까 건널목에서 만난 사람들이다. 그들이 차에 싣고 온 물건들이 이제는 야외용 식탁과 주위 바닥에 흩어져 있다.

동그란 철제 고리에서 아무렇게나 삐져나온 나뭇가지들이 불타고 있다. 생나무에서 흰 연기가 모락모락 피어나 나무 그늘로 들어간다.

남자는 야외용 탁자를 정돈해 공간을 만들면서 들뜬 목소리로 말한다. "이봐, 우리는 자리가 넉넉하다고……자, 여기 앉으시지. 시원한 것도 좀 마시고." 그는 아이스박스에서 맥주 한 병을 꺼낸다. 아이린이 내 옆자리에 와서 앉는다. 물이 다 빠진 낡은 군용 작업복을 입은 남자는 이리저리 돌아다니며 키 작은 나무와 관목을 도끼로 자른다. 이제 연기만 피어오르는 불에 넣으려는 것이다. 그가 툴툴댄다. "빌어먹을 불이 꺼져 가는군."

남자는 허리에 동여매고 있던 총검으로 '화기 엄금'이라고 쓰여 있는 1갈론 캔을 따서, 연기가 피어나는 곳에 캔에 든 액체를 붓는다. 그곳에는 이미 빈 병과 천조각 등 온갖 쓰레기가 쌓여 있다. 남자는 다시 욕설을 퍼붓는다. 액체 방울이 탁탁 튄다. 불꽃이 확 일어나면서 가까이 있는 나뭇잎을 까맣게 그을린다.

나는 맥주를 꿀꺽꿀꺽 마시며 주위를 살핀다. 아이린이 내 귀에 대고 속삭인다. "여기서 밤을 보낼 거야?"

나는 눈에 띄지 않게 살며시 고개를 흔든다. 그 때 공원 산림경비대 트럭이 우리 앞에 와서 선다. 이제 우리가 도망칠 차례다. 우리는 남자에게 고맙다고 인사하지만 그는 산림 경비대원에게 해명을 하느라 정신이 없다. 그가 뭐라고 변명하는지 듣고 싶은 마음도 있었지만 우리도 텐트 칠 자리를 찾으러 가야 한다.

우리는 그 커다란 불꽃으로부터 조금 떨어져 있는 조용한 야영지에서 밤을 보내고 다음날 아침 일찍 떠난다. 아이들이 뭐라고 외쳐대는 소리와 아이를 데려온 부모들이 아침식사를 어떻게 하며 휴가를 어떻게 보낼지 의논하는 소리와 함께 공원이 잠에서 깨어난다.

에디슨이라는 작은 마을 외곽에서 점심 식사를 한다. 에디슨은 우리가 가진 지도에 나오지도 않는 작은 마을이다. 그곳에서 만난 유럽인 관광객이 수화로 말을 건다. 독일에 있는 농아 학교에서 교사로 일하는 여자다. 독일 유학을 다녀온 아이린은 독일어를 썩 잘 한다. 나도 독일에서 2년간 고등학교를 다녔지만 어학 실력은 좋지 못하다. 하지만 수화로는 의사소통이 잘 된다. 우리는 두어 시간 한담을 나누고 수화로 이야기를 하다가 다시 길을 떠난다.

저녁이다. 벨링햄 만이 내려다보이는 벼랑 위에 텐트를 친다. 아래를 내려다보니 해변을 따라 구불구불 이어져 도시로 통하는 작은 길이 보인다. 바다는 썰물이어서 개펄이 드러나 있다. 짠 바다 냄새에 뭔가가 썩는 듯한 이상한 냄새가 섞여 있다.

"오염되기 전에는 여기서 대합이 많이 잡혔어. 엄청난 산업 폐기물이 만에 버려진 결과가 현실로 나타나기 시작하는 거지." 아이린의 말에는 고향을 잃어버린 사람의 슬픔 같은 것이 녹아 있다. 해질 무렵 화물 열차 한 대가 지나가고, 곧 달이 떠올라 밀려드는 바닷물을 밝게 비춘다. 수면에서 물고기 떼들이 달빛을 받아 희미하게 반짝인다.

다음날 아침 철도 침목을 하나씩 밟으며 걷는다. 여름 해가 떠오르는 가운데 크레오소트(목제 방부용으로 쓰이는 페놀계 혼합물—옮긴이) 냄새가 풍긴다. 오늘은 13킬로미터만 걸으면 된다. 만에 깃든 조용한 고독을 즐기며 산길을 걷는다. 구름이 쫓겨 간 하늘은 내내 푸르다. 해변을 지나는 동안 발밑에서 자갈이 오도독거린다. 해변에서 옷을 벗고 일광욕을 즐기던 사람들이 우리를 보고 고개를 든다. 푸른 바다에 떠 있는 에메랄드빛 샌후안 군도가 하늘을 배경으로 두드러져 보인다.

우리는 아이린의 여동생 부부인 다운 소드와 빌리 소드와 함께 일주일 정도 벨링햄에 머문다. 소드 부부는 빌리의 부모님이 소유한 페어헤이븐 커뮤니케이션 인쇄소에서 일한다. 그들은 우리 소식지를 몇 번 무료로 인쇄해 주기로 했는데, 그것은 자주 있는 일이라고 한다. 소드 가족은 왕성하게 활동하며 평화와 인권에 관련된 일에 많은 시간을 쏟는다. 다운 소드는 비영리적인 목적으로 일하는 사람들에게 무료 인쇄 서비스를 제공할 뿐 아니라, 최근에는 기아에 허덕이는 사람들에게 식량을 지원할 돈을 모으기 위한 '곡물 도보' 여행을 성공적으로 조직하기도 했다. 또한 빌리의 어머니 리타 씨는 평화와 정의라는 첨예한 문제를 가지고 사람들에게 다가가는 라디오 프로그램을 운영한다.

빌리는 「플래닛워커」 마지막 장까지 인쇄를 끝낸다. 우리는 교정을 하고 소식지를 제본하여 이곳저곳으로 보낸다. 그러고는 지도를 챙기고 여행 도중에 식량이 배달될 장소를 정해 놓은 후 다음 예정지로 떠난다. 이제부터 오솔길로 베이커 산을 끼고 가다가 캐스케이드 산맥 북부를 통과하고 페세이튼 야생지대를 지나 워싱턴 주 센트럴 밸리에 진입할 계획이다.

벨링햄을 벗어나 베이커 산이 보이는 누크색 강에 잠시 들른다. 밤중에 우리 텐트 근처로 다가온 말 한 마리가 철망 건너편에서 발을 쿵쿵 구르고 콧방귀를 낀다. 아이린은 저 말이 자기 티셔츠에 새겨진 유니콘이라고 중얼거리며 스르르 잠들어 다시 켄타우루스 꿈을 꾼다. 나는 잠들기 전에 잠시 곰을 생각하며 누워 있다. 숱이 적은 꼬리를 흔들던 성난 암말은 가 버린다. 얼룩덜룩하게 모여드는 구름을 보니 비가 내릴 듯하다.

사흘 후 글라시에 레인저 산림경비대 사무실에 도착한다. 입장 마감 시간 1분 전, 우리 손에는 잡화점에서 산 아이스크림콘이 들려 있다. 산림경비대원 헬렌 화이트가 문가로 나와 들어오라고 말하며 웃는다. 그녀는 도무지 세상에 있을 법하지 않은 '아이스크림 받침'이라는 글씨가 쓰인 기묘한 도구를 들고 있다.

어안이 벙벙해 있는 우리를 보고 헬렌이 웃으며 말한다. "장난친 거예요. 봐요, 콘을 거꾸로 넣어야 하겠죠?" 우리는 고개를 끄덕인다.

헬렌은 노스캐롤라이나 주 채플 힐에서 온 대학원생으로, 건강미가 넘치는 몸매에 친절한 태도를 지닌 사람이다.

"당신들은 430번과 431번이예요." 그녀는 마치 우리가 '캐스케이드 대상' 수상자라고 발표하는 것처럼 기분 좋게 소리친다. 헬렌은 대단히 흡족해하며 정문을 잠근다. 분주한 하루를 보낸 듯하다. 테가 굵은 안경을 쓴 헬렌은 우리를 야생지대 통행권 서류를 작성하는 자리로 데려간다. 통행권은 국립공원 이용실태를 규제하고 감독하기 위한 수단이다. 통행권을 발급하는 동안 산림경비대원은 하이킹을 하는 사람들에게 관련 규정과 국립공원 이용법을 설명해 준다.

서구 문화권에서 미개지를 아끼고 보호한다는 개념은 그다지 오래 되지 않았다. 구약에는 미개지를 뜻하는 '광야'라는 말이 200번쯤 나오는데, 항상 피하고 싶거나 불유쾌한 대상을 가리키는 말로 사용된다. 가령 시험이라는 의미에서 '광야'라는 말을 쓴다. 이러한 유형의 사고 변화는 산을 배경으로 한 문학 작품에서도 발견할 수 있다.

더 '쉽게' 산을 넘어갈 수 있는 방법도 물론 있다. 산길들을 따라 굽어 있는 20번 고속도로를 따라가면 된다. 20번 고속도로는 형형색색의 자동차들이 줄지어 늘어선 가늘고 검은 아스팔트 띠처럼 보인다. 우리는 조용한 오솔길이 낫겠다는 결론을 내린다. 며칠 후 기점에 도달하여 첫 번째 산길 쪽으로 천천히 올라가기 시작한다.

저 멀리 푸르른 곳
반짝거리는 눈 속에 보이는 산봉우리가
하늘을 향해 솟아오른다

1984년 7월 24일
워싱턴 주, 해니건 등산로 밑

    처음에는 돌이 가지런히 깔린 길을 밟으며 들꽃이 가득 핀 환상적인 경치를 감상한다. 이어 숲속으로 들어갔다 도로 나왔다 하는 완만한 오르막길을 걷는다. 오래 전에 삼나무를 베어낸 자리에 이제는 키 큰 전나무가 그늘을 드리워 햇빛을 막아 준다.

    정오도 되기 전에 첫 번째 다리에 도착한다. 12미터 깊이의 도랑과 콸콸 흐르는 시냇물 위로 눈 쌓인 다리가 아슬아슬하게 휘어져 있다. 며칠 전 삼림경비대 초소에서 헬렌이 우리더러 눈이 녹고 있는 철이기 때문에 다리를 건너다 미끄러져 떨어질 위험이 있으니 조심하라고 말한 기억이 난다. 그래서 멀리 돌아가려고 하는 순간 산길 쪽에서 무슨 소리가 들린다. 건장한 등산객 두 명이 건너편에서 산길을 내려오더니 아무렇지도 않게 다리를 쾅쾅 밟으며 건넌다. 그걸 보고는 우리도 신중한 태도를 버리고 과감하게 다리를 건넌다.

    해니건 로는 해발 1,520미터 정도 높이에 있다. 배낭을 메고도 비교적 쉽게 올라갈 수 있는 길이다. 하지만 우리는 야영지로 정해 놓은 장소인 다음 골짜기에 어서 도착했으면 하는 생각이 굴뚝같다. 사람이 많이 몰리기 때문에 산길이나 길 가까운 곳에는 야영이 허용되지 않는다. 잠시 발걸음을 멈추고 길가에서 쉬는 동안 반대편에서 땀을 뻘뻘 흘리며 올라온 캐나다 등산객들과 마주친다. 좋은 기회라고 판단한 나는 밴조를 꺼내 연주를 들려주고 점심을 먹으면서 '플래닛워크'를 홍보한다.

회색 어치 몇 마리가 높은 나뭇가지에 날아와 앉아, 우리가 먹는 음식을 굶주린 눈으로 바라본다. 이곳 어치들은 사람에게 익숙한지 금방 우리 손바닥에서 음식을 쪼아 먹는다.

1,200미터 정도 내려와서 로스 호에 있는 빅 비버 야영장에 도착한다. 조용히 사흘을 보내는 동안 숲 속에서 미끄러지듯 88킬로미터를 걸었다. 이곳은 넓이 273,000헥타르인 공원의 동쪽 경계지대다. 마침내 우리와 함께 가기로 예정된 사람 여남은 명을 만난다. 통행권 시스템이 등산객의 이동과 야영지 이용을 관리하는 데 아주 효율적이라는 사실이 입증된 셈이다.

길이가 37킬로미터에 달하는 로스 호는 스카짓 강 상류에 로스 댐을 건설하면서 형성된 저수지다. 로스 호에는 시애틀 전기공사에 전력을 공급하는 수력발전 설비가 있다. 예전에 시애틀 전기공사는 푸젯 사운드로 흐르는 물의 유속을 증가시키기 위해 댐을 더 높이자고 제안했다가 반대에 부딪혔다. 인접한 숲이 물에 잠길 뿐 아니라 아름답게 구부러져 흐르는 물줄기를 수 킬로미터나 잃게 된다는 이유로 브리티시컬럼비아 주 주민들이 반대했던 것이다. 다행히 시애틀 전기공사는 댐 높이를 변경하지 않기로 결정했다. 카누 몇 대가 호숫가에 상륙하더니 우르르 내린 사람들이 마지막 남은 야영지로 몰려간다. 해가 뉘엿뉘엿 넘어가는데 수상비행기 한 대가 수면을 스치고 굉음을 내며 저녁의 고요함을 깨뜨린다. 나는 수상기가 호수에 착륙해도 되는 걸까 궁금해 하다가 남들처럼 휴일 분위기나 즐기기로 한다. 그래서 파란색과 흰색으로 칠한 수상기가 호숫가에 내려앉을 때 나도 야영지에 있던 사람들과 함께 손을 흔들고 사진을 찍는다.

비행기에 타고 있던 조종사와 승객도 웃으며 손을 흔든다. 군중 가운데 한 사람이 〈판타지 아일랜드〉(텔레비전 드라마—옮긴이) 이야기를 꺼내는 바람에 모두 웃음을 터뜨린다. 한 남자가 조종실에서 나오며 소리친다. "벨뷰(시애틀의 위성도시 중 하나—옮긴이)에서 여기까지 한 시간 만에 왔습니다." 남자는 흰색 스테트슨 모자(챙이 넓고 운두가 높은 카우보이의 모자—옮긴이)를 흔들며 비행기 버팀목에 기대 자세를 잡는다. 그러자 여기저기서 찰칵 소리가 난다.

"누구나 재미있다고 생각하는 게 다른 법이죠." 내 옆에 있던 남자가 조그맣게 말한다.

아침이 밝자 산림경비대원이 와서 호수에 무허가로 착륙한 수상기를 조사한다. 조사는 아주 부드럽게 이루어지지만 작은 '시비(Seabee)'호가 규

음악은 놀라운 의사소통 수단이다. 휴대하기 좋은 악기를 찾아보라. 음유 시인처럼 악기를 활용하여 여행 이야기를 사람들에게 들려줄 수도 있다. 음악은 지친 영혼을 달래고 상처 입은 마음을 치유해 준다. 음악은 걸을 때 훌륭한 친구가 되고, 뜻 깊은 변화를 일으키는 매개물이 되기도 한다.

정을 위반한 사실은 명백하기 때문에 경비대원은 의무에 따라 벌금 고지서를 작성한다. 그것으로 조사는 끝이다. 그런데 순찰 보트로 돌아가던 경비대원이 발걸음을 멈추고 선글라스 너머로 눈을 가늘게 뜨고 내 쪽을 바라본다. 약간 불안해진 나는 '안녕하세요?'라고 인사하듯 고개를 끄덕인 후 손을 흔든다.

"혹시 존 프란시스 씨?" 경비대원이 조심스럽게 묻는다. 나는 만면에 웃음을 띤다. 포인트 레이에스에서 사귄 친구이자 남오리건 주립대학에서 같이 공부한 급우인 크리스틴 페어차일드를 알아본 것이다. 이 얼마나 놀라운 상봉인가.

> 산길을 걸어 내려가니
> 빽빽이 늘어선 나무 사이로
> 깊은 청록색 호수가 반짝인다
> 1984년 7월 28일
> 로스 댐
> 노스 캐스케이드 국립공원

크리스틴은 로스 가드 산림경비대 초소에서 며칠 머무르라고 권한다. 그래서 우리는 급히 호수를 빙 돌아 강철과 콘크리트로 세운 댐을 건넌다.

경비대 초소는 호숫가와 가깝고 댐 방수로에서는 약 90미터 떨어진 부교(浮橋) 위에 지은 두 채의 통나무집이다. 한 채는 사무실과 생활공간이고 나머지 한 채는 상점과 창고로 쓰인다. 물 위에 뜬 부두 옆에 잡아매 놓은 배는 시애틀 전기공사가 소유한 예인선 '스카짓' 호다.

우리가 도착했을 때 사무실에는 아무도 없고 버려진 세탁기 안에 열쇠와 쪽지 하나만 달랑 있다. 폐수를 저장하고 운반할 길이 없어 세탁기를 한 번도 쓰지 않았다고 한다. 우리는 집에 온 것처럼 편안하게 머문다. 등산객이 고속도로에서 가파른 산길로 느릿느릿 넘어와 문을 두드리면 우리는 상황에 맞는 지도를 건네주고 최선을 다해 질문에 답한다.

호수 건너편 야영지와 낚시터 주인들이 우리가 왔다는 소식을 듣고 저녁 때 카누 한 대를 가지고 찾아온다. 카누를 타고 라이트닝 크릭 오솔길로 올라가 보라고 국립공원 관리인 짐 듀로즈가 말해 준다. 다른 경비대 초소에 있는 사람들은 우리가 떠날 때 포트럭 파티를 열겠다고 이야기한다.

떠나기 전날 아이린네 가족이 음식과 의류를 담은 상자를 가지고 도착한다. 다음날 오후 우리는 카누에 짐을 싣고 노를 저어 앞으로 나아간다. 32킬로미터를 가야 하니 이틀은 걸릴 것이다. 해질 무렵 호수에 찍힌 점 같은 작은 섬 중 하나인 '리틀 예루살렘' 섬 기슭에 닿는다. 바람이 세지고 곧 비가 올 듯하다.

우리는 텐트를 치고 불가에 앉아 조용히 식사를 한다. 쥐 한 마리가 열려 있는 내 배낭에서 갉아먹을 것을 찾다가 펄쩍 뛰어 내 신발에 내려앉더니 먼지투성이 바닥을 가로질러 재빨리 달아난다. 예전에 빈 배낭 옆에 달린 주머니에 다람쥐가 들어가려고 애쓰다 배낭이 못 쓰게 된 경험이 있었기 때문에 나는 항상 동물이 드나들기 쉽도록 배낭을 열어 둔다. 우리가 가진 식량은 소나무 두 그루에 줄을 매달아 걸어 놓았다.

몇 킬로미터 떨어진 호숫가에 보이스카우트가 두 무리로 나뉘어 캠핑을 하고 있다. 나도 한때는 보이스카우트가 되고 싶었지만 공동체 생활을 했기 때문에 불가능했다. 대신 나는 사촌과 삼촌의 경험담을 듣고 「보이즈

라이프」라는 잡지를 읽으며 상상 속에서 스카우트에 합류했다. 어둠이 내리자 보이스카우트 단원이 피워 놓은 모닥불이 밝게 빛난다. 나는 나중에 경비대 초소로 돌아가면 보이스카우트 무리와 함께 야영을 해도 재미있겠다는 의견을 밝힌다. 그러자 크리스틴이 웃음을 터뜨리며 대꾸한다. "굉장히 시끄러울 걸."

크리스틴은 얼마 전 호숫가에 난폭한 보이스카우트 단원들이 머물렀던 이야기를 들려준다. 그들은 이미 시끄럽다고 주의를 받은 상황이었다. 그런데 점검하러 간 경비대원들에게 자연 파괴 행위까지 적발당하고 말았다. 보이스카우트 단원들이 공로 배지를 만들기 위해 나무를 베어냈던 것이다. 게다가 단장은 온몸에 부목을 대고 붕대를 칭칭 감고 있었다. 얕은 물에 뛰어들었다가 목이 부러진 것인데, 결국 헬리콥터로 구조됐다고 했다.

이야기를 마친 크리스틴이 말한다. "응급처치 공로 배지를 받은 사람도 아무도 없었을 걸. 보이스카우트 근처에 가지 않는 게 나을 거야."

밤에는 비가 내린다. 커다란 천둥소리가 대지를 뒤흔들고 잠깐씩 번뜩이는 번개가 주위를 비춘다. 나는 나무 밑에서 밴조를 꺼내 안전한 텐트 구석에 밀어 넣는다. 우리는 폭풍우가 몰아치는 소리를 들으며 깨 있다. 아름다운 교향곡 같은 소리다. 우리는 곧 마음을 가라앉히고 잠든다.

깊은 초록빛 물 위로
황금빛 나뭇잎이 천천히 미끄러진다
짙푸른 하늘을 배경으로

1984년 8월 3일
데빌스 등산로

아침이 되자 호수가 거울 같다. 물 위에 뜬 황갈색 구름 속에서 벌레 몇 마리가 햇빛을 받으며 빙빙 돌다가 사나워지는 바람에 먼지처럼 휩쓸려 간다. 저 위로는 산들이 우뚝 솟아 있고, 산봉우리에는 지난해 겨울 내린 눈이 하얀 레이스처럼 남아 있다.

라이트닝 크릭에 있다가 순찰을 나온 경비대원 트레이시 모로가 우리 텐트에 잠깐 들어온다. 마침 우리는 떠날 준비를 하는 중이다. 떠날 때 보니 호수에 흰 물결이 쫙 깔려 있다. 다행히도 노를 저어 가는 방향으로 바람이 분다. 우리가 빠른 속도로 지나가자 밤새 비에 젖은 옷을 말리던 걸스카우트들이 호숫가에서 열렬히 손을 흔든다.

뒤쪽에서 또 폭풍이 다가오고 있어서 일단 데빌스 크릭 협곡 오두막이 있는 쪽으로 배를 몰고 간다. 물결이 잔잔하게 이는 곳에 이르러서는 연약한 양치류로 덮인 가파른 협곡의 두 벽 사이로 조용히 노를 젓는다. 그리고 흐르는 물을 거슬러 올라가, 크리스틴이 이야기해 준 대로 통나무가 몰려 있는 곳을 헤치고 폭포로 나아간다. 왠지 모를 긴장감이 느껴진다.

호수 가운데로 다시 노를 저어 가자 폭풍우는 이미 지나갔다. 우리는 저녁 늦게 라이트닝 크릭에 도착한다. 트레이시가 우리를 자기 오두막에서 하룻밤 재워준다. 호숫가에 세워진 다른 건물과 마찬가지로 그 오두막집은 수면이 높아져도 물에 잠기는 일이 없도록 물 위에 높이 띄워져 있다. 지금은 호수 수면이 높은 편이다. 호숫가 근처 수심이 얕은 곳에는 물에 잠긴 나무 그루터기가 보이기도 한다.

라이트닝 크릭 옆에는 국립공원 업무용 보트인 '로스 뮬'이 묶여 있다. 로스 뮬은 바지선과도 비슷하고, 경사로를 향해 이물이 열려 있는 제2차 세계대전 시기의 수륙 양용 주정과도 약간 비슷하다. 로스 뮬은 경비대 초소에서 나오는 쓰레기와 폐수를 모아 호수를 40킬로미터 거슬러 올라가 호조마인 기점까지 운반한다. 호조마인에서는 폐기물을 트럭에 실어 캐나다에 있는 처리장으로 보낸다. 스카짓 호도 호숫가 야영지에 있는 야외화장실에서 나오는 폐기물을 수거하는 일을 한다. 호수의 수질을 관리하는 데는 비용이 많이 들지만 깨끗한 물을 얻는 일이기 때문에 확실히 가치가 있다.

다음날 아침에도 여전히 사나운 바람이 불어 호수에 흰 물결이 일렁인다. 우리는 트레이시와 함께 햇빛이 쏟아지는 부두에 나가서 아침 식사를 한다. 아침 산책을 나온 작고 오동통한 갈색 곰이 개울에 놓인 인도교를 가로질러 산길로 간다. 우리는 편지를 쓴 후 오늘의 등산 코스인 1,828미터 높이의 데졸레이션 봉을 향해 출발한다. 꼭대기에 올라가서 캐나다를 내려다보고, 로스 호와 우리가 넘어온 산들과 앞으로 가려는 곳을 새로운 시점에서 바라본다.

산림경비대원들과 로스 호 리조트 주인들이 각자 특별 요리를 가지고 라이트닝 크릭 초소로 모여든다. 우리를 위한 송별연이 벌어진 셈이다. 산길의 상태에서부터 세계와 각국의 환경문제를 해결하는 방법에 이르기까지 다양한 주제로 대화가 오간다. 크리스틴은 소식지에 기고를 해 주겠다고 약속한다. 해가 지고 조용한 음악을 즐기기 좋은 시간이 되자 나는 밴조로 '나이트 레인'을 연주한다. 노래가 앞일을 예견한 것일까. 다음날 아침 해가 뜨기도 전에 빗방울이 떨어진다. 늦게까지 남아 있던 사람들은 황급히 방수포를 씌운 오두막으로 들어간다.

먼지 쌓인 산길이 축축해지지도 않았는데 몇 분 만에 비가 그친다. 불그스름한 갈색 구름이 두둥실 떠오를 때 우리는 무거운 배낭을 메고 낑낑대며 산등성이를 오른다. 두 시간 하고도 삼십 분 동안 걸어 페세이튼 야생지대 서쪽 경계선에 위치한 디어 릭 야영지에 도착한다. 텅 빈 통나무집 안에는 불쏘시개와 낡은 나무상자 하나만 달랑 있다. 널빤지 지붕은 상태가 괜찮다. 우리는 그 집에서 묵기로 한다.

아이린은 하룻밤을 나기에 충분할 정도로 나무를 모아 놓고 개울가로 내려가 고기가 잡히는지 시험해 본다. 통나무집에 남아 있는 나는 고기가 아이린보다 운이 좋을 경우에 대비하여 저녁식사를 준비한다. 여울에서 첨벙 소리가 들리지도 않았는데 아이린은 흠뻑 젖은 채 빈손으로 돌아온다. 개울에서 삐져나온 통나무 위에서 미끄러졌다고 한다. 내가 언급을 자제하는 것이 현명한 처사일 듯하다.

디어 릭에서 출발하는 산길은 스리 풀스 크릭을 거쳐 다음 오두막으로 이어진다. 다음 오두막은 제대로 된 집이 아니라 삼면을 막고 지붕을 덮은 것에 불과한 통나무 구조물이다. 오두막에서 멀지 않은 나무 그늘에 웬 사람 하나가 기대 서 있다. 자연 속에 있는 사람이 누구든 간에 갑자기 모습을 드러내 놀라게 하고 싶지 않기 때문에 나는 휘파람을 분다.

우리는 친구가 된다. 그늘에 서 있던 사람은 찰리 히킨바텀 씨다. 하루 32킬로미터를 걷는다는 그는 빠르게 움직이기에 적합한 강인한 체격에 노란 턱수염을 텁수룩하게 기른 사람이다. 예전에는 북서부 등산 잡지인 「사인 포스트」 편집자로 일했다고 한다. 우리는 공통점이 많다. 예를 들면 우리 둘 다 야생지대를 보호하는 동시에 즐겨야 한다는 견해를 지니고 있다.

하킨바텀 씨는 아이들을 좋아하기 때문에 겨울철에 스쿨버스 운전을 하고, 여름방학과 학교 휴가 기간에는 직접 만든 특별한 휴대식과 말린 생선을 챙겨서 하이킹을 떠난다. 이번 여행에서는 며칠 전부터 등산을 시작했다고 한다. 그는 남쪽에서 출발하여 서쪽으로 방향을 틀었고 지금은 로스 호 쪽으로 가는 길이다. 우리는 눈이 얼마나 깊이 쌓여 있으며 산길 상태가 어떻다는 정보를 교환한다.

나와 아이린은 바운더리 오솔길을 타고 갈 작정이다. 바운더리 오솔길은 캐나다 국경을 둘러싼 깊은 수림 속으로 150킬로미터 정도 이어지는 조용하고 평화로운 산길이다. 자동차로 접근하기 쉬운 길은 아니므로 사람을 많이 마주칠 일은 없지만 회색곰을 조심하라는 이야기는 귀에 못이 박히도록 들었다.

개울 옆에서 찰리 히킨바텀 씨와 헤어져 가파른 프리즈아웃 산을 오르기 시작한다. 히킨바텀 씨는 물을 많이 가져가라면서 자기가 그 길을 벗어난 것이 정말로 기쁘다고만 이야기했다. 사나운 모기와 등에가 날아다닌다는 이야기는 해 주지 않았다. 아이린은 모기와 등에를 피하기 위해 임시로 베일을 만들어 얼굴을 가린다. 다시 사람을 만난 것은 나흘 후다.

무엇이 기다리고 있는지도 모른 채 페세이튼 공항에 도착한다. 우리가 가진 지도에는 비행장과 산림경비대 초소가 있다고 나온다. 별안간 식욕이 솟으면서 피자와 밀크셰이크와 감자튀김 같은 음식이 생각난다. 페세이튼 강을 따라 녹색 직사각형으로 펼쳐진 비행기 활주로에는 어린 나무가 여기저기 자란다. 페세이튼 공항은 산불이 날 경우 각 초소를 지원하려는 목적에서 1935년경 민간자연보호사단(Civilian Conservation Corps)이 건설했는데 1968년 이후로는 이용된 적이 거의 없었다.

비행장 남쪽 끝에서 옆으로 조금 떨어진 곳에 문이 잠겨 있지 않은 통나무 오두막 한 채가 있다. 벽마다 유리창이 달린 단층 오두막이다. 안으로 들어가 보니 사람은 없고 구식 장작 난로 뒤에 항아리며 냄비가 걸려 있다. 하나뿐인 방의 한쪽 모서리에 침상 두 개가 놓여 있고 벽장 안에는 고딕 소설책과 웨스턴 페이퍼백 책이 한가득 있다. 이곳에서 하룻밤을 보내기로 하고 독서에 심취해 있는데, 짐 나르는 동물 떼가 씩씩거리며 산길을 오르다 오두막집 바로 옆에 있는 소나무 밑에 멈춘다.

짐을 실은 동물 떼는 1.5킬로미터 정도 떨어진 곳에서 야영 중인 국립야외휴양지도자학교(NOLS, National Outdoor Leadership School) 사람들에게 식량을 공급하려고 온 것이다. 전국 각지에서 온 스물다섯 명쯤 되는 NOLS 학생들과 강사 두 명이 야생지대에서 한 달 예정으로 등반에 나섰는데 출발한 지 이미 일주일이 넘었다고 한다. 저녁에 NOLS 사람 몇몇이 우리 야영지로 와서 불가에 앉아 이야기를 나누고 음악을 듣다 간다.

우리는 다음날 저녁 식사를 하러 오라는 초청을 기쁜 마음으로 받아들인다. 페세이튼 야생지대를 빠져나가 다음 마을에 닿으려면 적어도 1주일은 더 걸어야 하는데, 오면서 물고기를 잡긴 했지만 우리가 가진 얼마 안 되는 식량이 계속 줄어들고 있기 때문이다. 그들의 요청에 따라 나는 밴조를 가져가고 둘 다 왕성한 식욕을 가져가기로 약속한다.

"우리는 요리를 정말 좋아한답니다. 깜짝 놀라실 걸요." 학생 한 명이 말한다. 다음날 저녁 그들의 캠프에 가 보니 열 명도 넘는 요리사가 한꺼번에 화학 실험을 하고 있는 모습이 조직적이면서도 혼란스럽다. 쉿쉿 소리를 내는 가솔린 스토브, 보글보글 끓는 냄비와 주전자, 연기가 피어오르는 불 주위에 사람이 몰려 있다. 첫 번째 그룹은 면과 소스를, 두 번째 그룹은 부리토(고기와 치즈 등을 토야르에 싸서 구운 멕시코 요리—옮긴이)를 내놓는다. 벌겋게 빛나는 석탄 위에 놓인 팬을 둘러싼 곳에서는 절망적인 대화가 오가는가 싶더니 곧 희망찬 대화로 바뀐다. 요리가 공개되자 우리는 입을 딱 벌린다. 그것은 피자였다! 우리는 감격한다.

디저트로 치즈케이크가 나오고 모닥불 둘레에 음악이 흐른다. 우리는 나무 위로 높이 뜬 달을 보며 오두막집으로 올라간다. 풀밭에 비친 달빛이 하얀 눈 같다.

우리가 떠나기 전에 국립야외휴양지도자학교 그룹과 그들에게 식료품을 공급하러 온 사람이 몇 가지 선물을 주고 간다. 덕분에 다 떨어져 가는 우리의 식량이 조금 늘어났다. 우리는 며칠 내내 치즈케이크와 피자 이야기를 하며 걷는다. 먹고 싶은 다른 음식을 떠올리기도 한다. 예를 들면 아이스크림 등등.

계속 야생지대를 걷다가 2주일이 지나 트위스프라는 작은 마을에 도착한다. 아이린과 친분이 있는 도란 씨 가족은 핵동결을 위해 노력하는 목장주 가족이다. 핵동결에 공감하는 목장주가 점점 늘어나는 추세라고 한다. 우리가 도착한 시기에 마침 지역회관에서 '핵동결 스퀘어 댄스'가 열린다. 나는 사람들이 춤에 싫증을 낼 무렵 밴드와 함께 연주해 달라는 요청을 받는다.

도란 집안에서 가장 연장자인 댄 도란 씨는 초창기 핵실험에 참여했던 전직 해군 장교다. 과거에 그는 '핵전쟁에서 살아남는 법'이라는 훈련 과정을 준비하다가 핵전쟁에서 살아남기란 불가능하겠다는 결론에 도달했다. 그 후부터는 그러한 사실을 널리 알리는 활동에 헌신했다.

댄 도란 씨는 마을사람과 동료 목장주들을 초대하여 음악을 즐기고 핵동결을 주제로 토론하는 밤을 마련한다. 핵동결을 실현하는 방법에 대해서는 의견이 분분하지만 반드시 핵동결이 이루어져야 한다는 데는 모두가 동의한다. 댄 씨는 편지를 쓰고 정치적 압력을 행사하는 방안이 낫다면서, 조립된 핵무기를 미국 전역으로 운반하는 기차인 '화이트 트레인'을 몸으로 막아나서는 식의 전술에는 반대한다고 말한다. 트위스프 마을에도 그런 시위를 했다는 이유로 정부에게 기소당한 사람들이 있다.

트위스프에서 아이린은 다시 벨링햄으로 떠난다. 그녀는 벨링햄에서 소식지 발간을 몇 차례 거들어 주기로 한다. 나는 워싱턴 주 동부를 건너 스포캔으로 간다.

험준한 산맥은 서서히 사라지고 황금빛 곡식이 자라는 경사가 완만한 평원이 나타난다. 나는 열흘을 꼬박 걸어 240킬로미터 떨어진 도시로 간다. 가는 길에 메소우 식당에서 하룻저녁 접시닦이를 해서 돈을 번다. 트위스트 마을에서 스퀘어 댄스에 참가했던 음악가들이 식당에서 연주하다가 다시 한 번 함께 연주하자고 나를 부른다. 음악은 언제나 반가운 휴식이다.

스포캔에 도착해서는 은퇴한 페인트 사업가 W. D. 호텔 씨 부부네 집에 머문다. 그들은 트위스프에 있는 신문사에서 일하는 빌 호텔의 부모다. 며칠 후에는 길 건너편에 있는 미쉘 잼브라노와 데이비드 잼브라노 부부 집에 잠자리를 정한다. 그들은 콜로라도에서 갓 이사 온 젊은 부부다. 데이비드는 이제 막 사진가로서 첫걸음을 내딛고 있으며 미쉘은 광산 컨설턴트 밑에서 일한다. 그들은 내가 다음 번 소식지에 실을 글을 쓸 수 있도록 거실에 타자기를 설치해 준다. 글이 완성되자 호텔 부부가 이웃들을 저녁 식사에 초대하여 나를 위한 자리를 만들어 준다. 고마운 사람들이다. 케이크 위에 노란색 설탕으로 갈겨쓴 글자가 보인다. "존 프란시스, 행운을 빌어요."

빗방울이 조용히 떨어지고
알록달록한 나뭇잎이 깔려 미끄러운 도로에
차바퀴들이 뭐라고 속삭인다

1984년 9월 26일
워싱턴 주, 스포캔

   24킬로미터나 계속되는 비포장도로를 따라 오티스 오차드에 들어선다. 오티스 오차드는 워싱턴 주와 아이다호 주의 경계선 부근에 위치한 작은 마을이다. 그림자가 길어질 무렵 갈색 눈동자를 지닌 열한 살짜리 소년 테드가 BMX 자전거를 타고 나타난다. 테드는 잠시 내 옆에서 말없이 페달을 밟는다. 우리는 서로 마주보며 미소를 짓는다.
   궁금증을 억누르지 못한 테드가 마침내 입을 연다. "어디로 걸어가는 거예요?"
   나는 늘 하는 대로 몸짓으로 대답한다. 테드는 금방 이해하고 어머니한테 말하겠다며 앞서 가다가, 몇 분 후 뭔가를 골똘히 생각하며 돌아와서는 다시 내 옆에서 자전거를 탄다.
   우리는 테드의 같은 반 친구 조이와 마주친다. 두 소년은 이야기를 주고받기 시작한다. 조이가 외친다. "믿을 수 없어!" 정말 못 믿겠다는 뜻이 아니라 놀랍다는 뜻에서 한 말이다.
   나는 똑같은 몸짓을 되풀이하고 오려낸 신문기사와 플래닛워크 소식지를 꺼낸다. 두 소년은 감탄사를 연발하며 놀랍다는 표정을 짓는다. 조이가 나에게 부탁한다. "저랑 같이 우리 집에 가요. 저희 아버지를 만나 보세요."

오솔길은 큰길을 건너고 주택가 뒤편을 통과하여 들판으로 이어진다. 멀리 떨어진 들판에 나무 그늘이 보인다. 나는 나무를 가리킨 다음 양 손을 포개 베개처럼 만들고 머리를 소년들 쪽으로 기울인다. 그러자 조이가 말한다. "우리 집에서 주무시면 되잖아요."

테드도 끼어든다. "조이네 아빠는 좋은 분이에요. 우리 야구팀 코치신데요, 무서울 때도 있지만 정말 마음씨가 좋고요, 목소리가 우렁차지만 거칠지는 않아요."

날이 저물고 있는데다 조금 피곤하다. 나는 '사람과 접촉하며 우정을 쌓는다.'는 플래닛워크의 임무를 수행하기 위해, 혹시 나에게 있을지 모르는 불안한 마음을 떨쳐 버리고 테드와 조이를 따라간다.

조이가 먼저 집 안에 들어가고 테드와 나는 뜰에서 기다린다. 나는 약간 초조해진다. 조이의 아버지 바니 씨는 덩치가 큰 남자다. 그는 아내 낸시와 함께 문간으로 나온다. 낸시는 아들이 건네준 소식지를 들여다보느라 여념이 없다. 바니 씨는 한 손을 내밀어 내 손을 다정하게 꽉 잡으면서 안으로 들어와 커피를 마시라고 권한다. 그는 신문기사를 읽고 소식지를 훑어본 후 닳은 신문기사를 돌려주며 말한다. "아주 흥미롭군요." 그들은 나에게 저녁 식사를 함께하고 하룻밤 묵어가라고 권한다.

저녁 식사 후 우리는 거실로 옮겨 이야기를 더 나누고 텔레비전을 본다. 벽난로 장식물 위에서 조용히 째깍거리던 벽시계가 땡땡 울린다. 벽시계 근처에는 낡은 카우보이모자와 박차를 비롯한 로데오 장비가 걸려 있다. 작은 탁자에는 청소를 하려고 분해해서 조심스럽게 놓아 둔 산탄총이 있다. 마이클 잭슨 티셔츠를 입은 열두 살 난 딸 샤를렌은 총기 안전 강좌를 들었다면서 스키트 사격이나 사냥을 해 보고 싶다고 말한다.

바니 씨는 10년 동안이나 해병대 전체에서 로데오 챔피언 자리를 유지했다. 몬태나 주 스위트 힐 인근 목장에서 자라나 일생 동안 로데오에 빠져 살다가, 몇 년 전 벌채 도중에 사고를 당하는 바람에 척추융합수술을 받았다. 지금은 소 등에 타면 통증을 느낀다고 한다.

바니 씨는 말한다. "러시아에서 걷는다니, 나는 그런 게 무섭소. 사람들이 날 감옥에 처넣을지도 모르잖소. 베트남에 있을 때 공산주의자라면 질리도록 봤거든."

부인이 고개를 끄덕이며 말한다. "우리는 미합중국을 사랑하는 가정이랍니다."

카펫 위에서 놀던 새끼고양이가 갑자기 내 바지 안으로 기어들어온다. 나는 간지러워서 살짝 웃음을 터뜨리고, 고양이는 도로 빠져나가려고 꿈틀거린다.

나머지 식구들이 물러간 후 바니 씨는 나를 손님으로 반갑게 맞을 수 있어서 얼마나 기쁜지 모른다고 털어놓는다.

"몇 년 전까지만 해도 이런 일은 꿈도 못 꿨을 거요. 보시다시피 나는 편견에 사로잡혀 있었으니 말이오."

나는 바니 씨의 눈을 들여다보며 생각한다. 마흔세 살의 해병대 출신 로데오 챔피언에게 결정적인 변화가 일어난 계기가 무엇이었

을까? 내가 눈빛으로 묻는 말에 그가 대답한다.

"문제를 해결하려고 주님과 대화를 나누었지요. 그러자 내가 스스로를 좁은 틀 안에 가두고 있었다는 걸 깨달았다오."

제 12 장

안녕? 안녕!
몬태나를 떠나다

하루의 시작은 춥지만

파란 하늘 높이

해가 솟아오른다

1984년 9월 29일
아이다호 주, 쾨르 달렌

아침나절 주 경계선을 넘어 워싱턴 주에서 아이다호 주로 건너간다. 하지만 전원 풍경은 달라지지 않는다. 옆으로 미끄러져 지나가는 자동차의 번호판 색깔만 다를 뿐이다. 계속 걷다 보니 아득히 멀어 보이던 산들이 어느새 가까워져 계곡을 이룬다.

나는 구겨진 쪽지에 쓰여 있는 지시를 따라 '판도라스 북스'를 찾는다.

판도라스 북스는 도시 변두리에 있는 조그만 2층짜리 목조 건물로, 형이상학적인 책과 공상과학소설을 판매하는 곳이다. 즐거워 보이는 통통한 여주인 카렌이 나를 반기며 원하는 만큼 머물다 가라고 말한다. 나는 기도와 명상에 쓰이는 방 마룻바닥에서 잠에 곯아떨어진다.

다음날 카렌은 크리스털 공예 연구회를 초대한다. 나는 스무 명 정도 되는 사람들과 함께 2층에 있는 거실로 올라가 다양한 종류의 크리스털에 심령 능력이 있다는 이야기에 귀를 기울인다. 그 중 몇 가지는 예전에 돌을 이용한 치유법 이야기를 접할 때 들어본 적이 있다. 오늘 모임을 주관하는 여자는 크리스털을 이용하면 환각을 만들거나 별세계로 여행하는 등 자연현상을 초월하는 수많은 일이 가능해진다고 이야기한다. 나 역시 크리스털을 좋아하지만, 크리스털과 관련된 경험 가운데 기억에 남는 것이라고는 아버지와 함께 크리스털 라디오를 만들었는데 제대로 작동했던 일밖에 없다. 나는 여전히 수수께끼처럼 느껴지는 크리스털 이야기를 열린 마음으로 받아들이려 애써 본다.

사흘 동안 쾨르 달렌에 머물면서 서점에 오는 손님들과 이야기하다 보니 도시를 더 잘 알게 된다. 나는 가는 길에 머무를 수 있는 곳 몇 군데의 주소를 받아 가지고 떠난다. 팬핸들(다른 주로 좁고 길게 뻗어 있는 지역—옮긴이)에서 120킬로미터만 더 가면 아이다호 주가 나오고, 매일 밤 잘 곳도 있으니 안심이다.

사흘 후 20킬로미터 정도 산길을 올라가 아이다호 주와 몬태나 주의 경계선에 위치한 '룩아웃 패스'에 도착한다. 정상에는 스키 대여소가 있다. 나는 관리인 오두막에서 하룻밤을 묵기로 했지만 막상 도착해 보니 집에는 아무도 없고 문 반대편에 매 놓은 개 한 마리뿐이다. 스키 대여소와 리프트가 있는 쪽을 둘러보러 가려는 순간 자동차 경적 소리가 들린다. 잠시 후 연두색 볼보가 차도에 들어선다. 내가 절뚝거리며 다가가자 개가 요란하게 짖어댄다. 오늘 몇 번이나 마주친 눈에 익은 차다. 아까 차가 지나갈 때 내가 손을 흔들었던 두 남자가 내 배낭이 놓여 있는 현관에 서 있다. 한 사람은 커다란 니켈 도금 권총을 들고 있다.

"아, 당신이었소? 하마터면 머리를 날려버릴 뻔했군." 그가 큰 소리로 말한다.

그의 표정을 보니 농담이 아닌 듯하다. 체격이 좋고 짙은 턱수염을 기른 남자가 위협적인 자세를 취하고 있다.

"여기서 뭘 하는 거요?" 그가 묻는다.

위로 젖혀진 권총이 허공을 향해 있다. 나도 같은 질문을 던져 본다. 내가 여기서 뭘 하는 거지? 그러다 문득 셔츠 주머니에 들어 있는 편지를 생각해 내고 그것을 꺼내 그에게 넘겨준다. 그가 편지를 훑어본 후로는 분위기가 싹 달라진다.

"이런, 이런, 안심하시오. 댄의 친구라면 내 친구도 되니까."

흔한 말이지만 진심이 담겨 있다. 그는 권총을 도로 집어넣고 손을 내밀어 악수를 청한다. 모두 안도하며 긴장을 푼다.

"총을 꺼내서 미안하오. 전에 누가 이곳을 파괴하려고 유리창에 총을 쏜 적이 있어서요." 그는 총알구멍 몇 개를 가리키며 자기 말을 입증한 후 친구 폴과 꼬리를 흔드는 검은 래브라도 개에게 나를 소개한다. 알고 보니 그는 릭 케크라는 이름을 가진 온화하고 상냥한 사람이다. 그는 나에게 하룻밤 묵고 가도 좋다고 이야기해 준다.

"때를 잘 맞춰 오셨군요. 며칠 있다가 사슴사냥 시즌이 시작되거든요. 나는 아침에 사냥 캠프로 올라가서 준비를 해야 해요."

캠프에서 요리사 노릇을 하기로 했다는 릭은 흥분한 기색이 역력하다. 그는 방구석에 널린 지저분한 옷가지를 치우며 말한다. "집이 난장판이라도 좀 이해해 주시오."

릭은 컬러 텔레비전, 낚싯대, 고기 써는 칼 등 자기가 아끼는 물건을 모두 밖으로 가지고 나가서 차에 싣는다. 동료 폴이 오려낸 신문기사를 읽는 동안 검정 개 파드레스는 집에 남아 있는 흑백 텔레비전 위에 한 마리 새처럼 얌전하게 앉아 있다.

"집을 비울 때 이 물건들을 두고 가기가 싫어서요." 릭이 설명한다.

나는 릭이 기거하는 오두막에 붙어 있는 응급실 바닥에 매트리스를 털썩 내려놓는다. 응급실에는 썰매와 환자용 침대, 긴 의자와 책상, 부러진 스키 장비 따위가 어지럽게 널려 있지만 나는 개의치 않는다. 밤새도록 뿌리는 빗소리를 들으며 스르르 잠든다.

불이 붙은 산

연기 없는 황금색과 진홍색 불꽃이

모든 나무에서 떨어져 내린다

1984년 10월 10일
아이다호 주-몬태나 주 경계선

동이 터 오자 반짝반짝 빛나던 별들이 희미해진다. 바랜 듯한 빨간색과

분홍색을 띤 구름이 연한 푸른색 하늘에 녹아들어, 길가와 산등성이에 자란 황금빛 낙엽송을 한층 돋보이게 한다. 산 정상에는 대형 화물트럭 두 대가 서 있다. 엔진이 켜져 있고, 차창은 흐릿하며, 운전사들은 자고 있다. 만약 피스 필그림이 여행 중에 이 길을 걸었다면 어디서 잠을 잤을까? 마지막 고개를 오를 때는 어떤 기분이었을까? 내 안에서는 발이 아파서 더 이상 걷기 힘들다고 내내 아우성이지만 나는 무시해 버린다. 그저 아스피린으로 통증을 줄인 후 차량 통행이 적은 고속도로로 천천히 나간다. 그래서 몬태나 주로 건너간다.

트럭 몇 대가 4차선 도로를 지나며 땅을 쿵쿵 울린다. 그들이 이쪽저쪽으로 지나가는 동안 나는 트럭 운전사들과 얼굴을 익혀 서로 손을 흔드는 사이가 된다. 그렇게 길에서 보내는 날이 하루하루 쌓이고 걷는 거리도 늘어난다. 트럭을 멈추고 타겠냐고 묻는 사람도 더러 있지만 나는 늘 사양한다. 16킬로미터 더 걸어가서 솔테즈에 도착한다. 릭이 내게 준 쪽지에는 솔테즈에서 식당을 운영하는 친구 이름이 적혀 있다. 나는 그 식당에 들러 아침식사를 한다. 하루 일정을 끝마치기는 너무 이른 시각이므로 계속 걷기로 한다.

37킬로미터를 채우고 나서 시끄러운 차 소리가 없는 곳을 발견한다. 텐트를 칠 필요가 없으므로 강가에 솔잎 침대를 만들어 향기를 맡으며 잠든다. 부러진 철도 침목을 모아 조그맣게 피운 불이 뜨겁게 활활 타오른다. 크레오소트가 타면서 한밤중보다도 더 어두운 시커먼 연기가 짙게 피어오른다. 나는 머리 주위로 휙휙 스쳐가는 쥐를 쫓으며 밤늦게까지 책을 읽는다. 정적 속에서 강이 이야기하는 소리에 귀를 기울이다가 바위가 첨벙 하고 떨어지는 소리에 깜짝 놀란다. 밤하늘에는 별들이 천천히 움직인다. 별은 언제나 천천히 움직인다.

모여드는 구름이
햇빛을 받아 그림자를 드리우고
낙엽이 떨어지기 시작한다
1984년 10월 24일
몬태나 주, 미줄라

미줄라에 도착해서는 오는 길에 사귄 친구들의 소유인 낡은 스쿨버스 안에서 잠을 잔다. 그렇게 지내다가 어느 날 걱정스런 마음으로 몬태나 대학에 간다. 나는 2년 전 몬태나 대학 환경학 석사과정(EVST)에 지원해 입학 허가를 받았다. 지원할 당시에만 해도 내가 여행길에 오른 이유가 환경과 세계 평화에 대한 관심 때문이었으니 여행 도중에 얼마간 멈춰 환경 공부를 하면 좋겠다고 생각했다. 하지만 지금 나는 관성과 싸우고 있다.

관성이란 물리법칙이다. 움직이고 있는 물체는 계속 움직이려 하며 정지해 있는 물체는 계속 정지해 있으려 한다는 것이다. 다시 말해서 나는 계속 걷고 싶다. 눈이 내리기 전에 와이오밍 주까지 걸어가서 나를 기다리고 있는 천막촌 사람들과 함께 겨울을 나고 싶다. 미줄라에 남아 학교를 다닐 경우 수업료를 어떻게 감당할지도 막막하다. 내게는 친구 스티브와 베르단이 캘리포니아에서 보내온 설피를 수선할 돈도 없다.

EVST 사무실은 붉은 벽돌로 지은 오래된 2층 건물에 있다. 건물 이름은 몬태나 주 출신으로 미국 최초의 여성 하원의원이 된 자넷 랜킨의 이름을 따서 지었다. 자넷 랜킨은 미국이 두 차례의 세계대전에 참전하는 법안에 유일하게 반대표를 던진 의원이었다.

나는 건물 밖 계단에 서서 얼굴에 내리쬐는 따사로운 오후 햇볕을 즐긴다. 산자락 아래에 펼쳐진 캠퍼스와, 깊은 산속까지 들어가는 거대한 M자형 산악 도로에서 천천히 걸어가는 사람들이 보인다. 그 때 더듬거리는 말소리가 들린다.

"음……존 프란시스 씨?"

나는 소리 나는 쪽을 향해 고개를 끄덕인다.

"그렇잖아도 기다리고 있었습니다. EVST 주임교수인 톰 로이라고 합니다."

우리는 활짝 웃으며 악수를 나누고 사무실로 들어간다. 톰 로이 교수는 내가 제때 와서 기쁘다고 말한다. 내일이 가을학기 등록 마감일인데 기한을 넘기면 입학 지원부터 다시 해야 하기 때문이다. 나는 와이오밍 주로 계속 여행하는 안과 미줄라에서 학교를 다니는 안을 놓고 고민하는 중이며 사실은 수업료를 낼 돈이 없다고 털어놓는다.

톰 로이 교수는 이렇게 말한다. "방법을 찾아보지요. 내일 오후에 다시 나를 찾아와요."

다음날 톰 로이 교수는 나에게 봉투를 내민다. 수자원 문제를 다루는 자율학습(학생이 주제를 정하고 1년간 독자적으로 공부한 후 연말에 성적을 받도록 하는 방식—옮긴이)반에 등록할 수 있는 돈이 봉투 안에 들어 있다. 서서히 미줄라에 남아 학교를 다니자는 쪽으로 생각이 기운다. 며칠 후 와이오밍 주의 천막촌 사람들에게 편지를 써 보내니 그들은 어차피 겨울 동안 천막촌을 폐쇄할 예정이라는 답장을 보내온다. 깜짝 놀랄 만한 일은 아니다. 세상사에는 관성 외에 다른 법칙도 작용하게 마련이니까. 첫눈은 이미 내렸다.

나는 은퇴한 문학교수 존 무어 씨가 가정부를 데리고 사는 집에 하숙하기로 한다. 집세가 싸고 캠퍼스에서 세 블록 떨어져 있어서 좋다.

공부는 천천히 시작하기로 한다. 노스 캐스케이드를 가로지르는 길에서 여름을 보낸 내가 공부를 시작하려면 천천히 하는 것이야말로 가장 쉽고 현명한 방법이다. 나는 우선 개발도상국의 수자원 현황을 조사하고 관리에 어떤 문제가 있는지 알아보기로 한다. 특히 몇 년 후 여행할 계획이 있는 중앙아메리카와 라틴아메리카 지역에 초점을 맞춘다. 일단은 수자원과 관련된 일에 종사하는 사람들의 명단부터 입수하고, '플래닛워크'의 일환으로서 그들을 찾아가 함께 일할 생각이다. 그러고 보면 정규 교육이냐 아니냐를 떠나서 내가 하는 공부의 폭과 깊이가 플래닛워크 활동의 폭과 깊이를 결정할 수도 있다는 생각이 든다. 앞으로도 여행 도중에 공부할 기회가 생기면 놓치지 말아야겠다고 다짐해 본다.

두 번째 학기부터는 EVST 과정에 열정을 쏟는다. EVST의 장점이자 환경학 과정의 일반적인 장점은 교육과정에 다양한 학문이 망라돼 있어 학생에게 선택의 여지가 많다는 점이다. 나는 〈전쟁, 평화, 서구 사회〉라는 수업을 들으면서 평화와 환경의 관계를 더 깊이 이해하게 된다. 중동 철학자 사예드 호세인 나스르의 말을 빌리면 다음과 같다.

"우리는 전쟁이 유일무이한 악이며 전쟁을 피할 수만 있다면 인류가 평화롭게 지내고 지상 낙원을 건설하리라는 환상을 가지고 많은 일을 행한다. 그러나 우리가 잊고 있는 사실이 하나 있다. 전시 상태든 평화 상태든 인류는 끊임없이 자연과 전쟁을 벌이고 있다는 것이다."

산림 수문학(물의 성질, 현상, 분포 등을 연구하는 학문—옮긴이), 유독성 물질, 자원 분석, 환경 변화에서 인간의 역할, 수자원 지리학과 같은 전통적인 환경학 강좌도 수강한다. 생태철학, 화학전과 세균전, 환경전쟁에 대해서도 공부한다. 가장 재미있는 수업은 다른 나라의 환경문제와 해결책을 알아보는 특별 연속 강좌다. 나는 이 수업 덕택에 처음으로 외교관을 직접 만나 환경 문제와 플래닛워크의 관심사를 의논한다.

봄이 다가오자 내 마음은 다시 길 위를 둥둥 떠다닌다. 그러나 교과 과정을 거의 수료한데다 이미 논문 제목도「순례와 변화: 전쟁, 평화, 환경」으로 정해 놓았다. 게다가 연구를 완성하라는 의미로 장학금 혜택이 포함된 에라스무스 상까지 받았으므로 나는 별다른 갈등 없이 이곳에 남기로 결정한다. 여기에는 학업 외에 다른 이유도 있다. 겨울을 보내는 동안 몬태나 대학에서 만난 플래닛워크 견습회원인 톰 베네벤토와 에이미 야클을 지도할 책임을 맡았기 때문이다.

톰 베네벤토와 에이미 야클은 환경과 평화에 관심이 많은 학생이다. 톰의 플래닛워크 프로젝트는 중앙아메리카 순례 프로그램을 만들어 지역의 학생과 주민에게 니카라과 또는 과테말라를 방문할 기회를 제공하는 것이다. 한편 에이미는 지역주민의 힘을 모아 소련에 보낼 '평화의 퀼트'를 만드는 프로젝트를 담당한다. 두 사람은 집집마다 방문하여 소식지를 나누어 주는 플래닛워크 아웃리치 활동도 할 예정이다.

여름이 시작될 때쯤 나는 논문 작성에 돌입하고, 때때로 '업워드 바운드(연방 정부에서 저소득계층 학생을 미국 전역 대학에 소개해 주는 프로그램—옮긴이)' 수업에도 참석한다. 올 여름 업워드 바운드 프로그램은 대학 진학을 희망하는 아메리카 원주민 고교생들과 일부 동남아 학생들을 대상으로 한다. 대부분의 시간은 서로를 알아 나가는 데 할애한다. 서로의 사고방식과 감정에 어떤 공통점과 차이점이 있는지 살펴본다. 나는 서둘러 여행길에 오르지 않는다. 논문은 천천히 진행된다.

가을이 오는가 싶더니 금방 겨울이 된다. 에라스무스 장학금을 받으면 자동으로 조교 자격이 주어지기 때문에, 나는 대학 역사상 최초의 말을 하지 않는 토론수업 진행자가 될 준비를 해야 한다. 작년에 나는 침묵을 지킨다는 이유로 조교 자리를 정중히 거절했다. 지금도 대학 이사를 비롯한 관계자들은 말을 하지 않는 사람을 토론 진행자로 쓰는 일은 바람직하지 않다고 우려하고 있다.

그러나 내가 조교로 들어갈 〈몬태나 주의 천연자원과 인적자원 보존〉이라는 강좌를 담당하는 론 에릭슨 교수는 조금도 걱정하지 않는다. 에릭슨 교수는 3년 전 내가 입학 신청을 했을 때 EVST 책임자로 있었다. 내가 북쪽으로 이동해 몬태나로 오는 동안 우리는 줄곧 편지를 주고받았다. 에릭슨 교수는 지금 걱정하는 사람들이 이번 일로 교훈을 얻게 되리라고 철석같이 믿고 있다. 나도 같은 생각이긴 하지만 어쩌다 자신감을 잃거나 할 때는 그런 낙관을 갖기가 어렵다.

내가 담당하는 학생은 12명이다. 교육 전공자가 필수적으로 들어야 하는 수업이기 때문에 수강생은 대체로 교육을 전공하는 학생이다. 그 외에 삼림관리, 휴양지 관리, 음악, 인문학 등을 전공하는 학생도 있다. 우리는 일주일에 한 번 만나 지난 사흘간 강의에서 다룬 내용을 토론한다. 첫 번째 만남을 앞두고 나는 룸메이트 사라 밀러에게 수화를 말로 옮겨 달라고 부탁한다.

드디어 첫 번째 시간. 모두 둥글게 모여앉아 자기소개를 하고 이 수업을 듣는 이유와 앞으로의 계획을 짤막하게 이야기한다. 마지막으로 내 순서가 돌아오자 나는 수화로 이야기하고 사라가 말로 옮긴다.

"여러분에게 이런 식으로 말하는 건 오늘뿐입니다."

학생들은 입을 떡 벌리고 서로를 곁눈질한다. 교실 안에 충격과 불신이 번지는 듯하다. 하지만 나는 수화로 내 소개를 계속해 나간다. 말을 하지 않는 이유를 설명하고 도보여행에 나서는 계기가 됐던 기름유출 사건 이야기도 한다. 설명을 끝내고 내가 선택한 생활방식에 대한 질문에 답해 준 후에는 수업 교재로 넘어간다.

두 번째 시간에는 질문 다섯 개가 인쇄된 시험지를 나눠준다. 내가 첫 시간에 설명한 대로 이 질문을 학기말 시험에도 넣을 계획이다. 15분간 문제를 풀게 한 후 나는 둥글게 모여 앉은 학생들의 한가운데서 팬터마임을 시작한다. 모두의 시선이 집중된 가운데 나는 허공에서 두 손을 앞뒤로 움직인다.

"뭘 하는 걸까?" 한 학생이 말한다.

"잘 모르겠지만……톱으로 나무를 베는 것 같은데?" 다른 학생이 대답한다.

나는 고개를 끄덕이고 다른 동작으로 넘어간다. 한쪽 팔을 세워 허공을 수직으로 가르면서 학생들이 하는 말에 귀를 기울인다.

"맞아. 톱질하는 동작이야. 개벌(皆伐: 우량과 불량, 재목의 대소 구분 없이 임목 전부를 벌채하는 것—옮긴이)을 설명하는 거라고."

"아냐. 한 손으로 톱을 쓰고 있으니까 선별 벌채(나무와 나뭇가지를 솎아서 베는 방법—옮긴이) 이야기를 하려는 거야."

"흥. 한 손으로 톱을 써도 개벌은 할 수 있어!"

학생들이 내가 의도하지 않았던 이야기를 할 때도 있다. 때로는 학생들이 하는 이야기가 더 낫다는 생각도 든다. 교육이란 원래 쌍방향으로 이루어지는 법이다.

"하지만 우리가 지난 시간에 배운 내용일 테니까, 선별 벌채 이야기가 아닐까?"

이쯤에서 나는 뒤로 물러나 토론이 진행되게 놓아두고, 토론 예절을 지적할 때만 끼어든다.

학기말에 나는 조교 평가에서 가장 높은 점수를 받는다. 말을 하지 않는 토론 진행자가 어땠냐는 질문을 받고 우리 조 학생 하나가 이렇게 대답한다. "깜짝 놀랐죠. 처음엔 다른 조 진행자는 모두 말을 하는데 우리 조교만 말을 안 한다는 게 불공평하다고 생각했거든요. 하지만 그런 불만은 싹 사라졌어요. 다른 방식으로 배울 때보다 훨씬 많은 걸 얻었어요." 학기가 끝나자 나도 얻은 게 많다는 생각이 든다.

몬태나 주에 오신 적이 한 번도 없던 아버지가 내 졸업식에 참석하기 위해 미줄라로 온다. 이번에는 아버지 혼자다. 아버지는 내가 석사과정을 마쳤다는 사실을 선뜻 믿지 못하는 듯하다. 그래도 내가 잘 해내서 자랑스럽고, 교사 일 때문에 오시지 못한 어머니도 같은 마음이라고 말한다.

"오해하지 말고 들어라. 네 엄마와 나는 널 아주 자랑스럽게 생각한다. 네가 이 자리까지 오고……" 아버지의 목소리가 점점 작아져서 속삭임으로 바뀐다. "학교를 다니고 말이야……."

아버지가 무슨 말을 할지 짐작이 간다. 굳이 또 말하지 않기를 바랐건만 아버지는 이야기를 계속한다.

"그저 네가 말을 안 하는 게 이해가 안 갈 뿐이다. 말은 하고 살아야지. 석사학위를 가지고 뭘 할래? 무슨 직업을 가질 생각이냐? 제발 자동차 운전을 해라. 말도 좀 하고." 아버지는 고개를 절레절레 흔든다. 그러다 비 한 방울 오지 않는 산악지대에서 작은 폭풍이 밀려 내려오다가 사막으로 사라지는 광경을 보고 껄껄 웃는다.

아버지는 학사모를 쓰고 졸업 가운을 입은 내 모습을 사진기에 담는다. 어머니가 부탁한 일이라고 한다. 마침 지방신문에 내 이야기가 실리자 아버지는 그 신문을 몇 부 사서 비행기를 타고 필라델피아로 돌아간다.

거리를 걷는다

해 지기 전까지

세 차례 작별인사를 하려고

1986년 7월 1일
몬태나 주, 미줄라

미줄라에서의 마지막 밤은 몬태나 대학에서 대학원 과정을 밟고 있는 이웃인 팻 부부네 집에서 보낸다. 스티브 팻은 교육학 전공이며 메리 팻은 언어 장애 전공자다. 메리는 대학에서 열리는 수화 강좌에서 교사 노릇을 하기도 한다. 우리는 가끔씩 함께 수화 연습을 한다. 나는 플래닛워크 서류, 옷가지와 캠핑 장비, 그림도구와 책 따위를 골판지 상자에 넣어 팻 부부네 지하실에 보관해 둔다. 특히 책은 내 대학생활의 일부로서 어딘가에 저장해 둘 필요가 있는 물건이다. 겨울에 도보여행이 잠시 중단되면 팻 부부가 상자를 내게 보내 주기로 한다.

우리는 작별인사를 나누지만 슬퍼하지는 않는다. 몇 달 후 테톤 국립공원에서 만나 야영과 등산을 함께 할 계획이기 때문이다. 나는 석 달 전 발가락이 안으로 굽어서 통증을 유발하는 추상족지증이라는 병 때문에 양쪽 발에 교정 수술을 받았다. 아직 완전히 회복됐다고 할 수는 없다. 이대로 본격적인 등산을 해도 괜찮을까? 과연 나는 여행을 계속할 준비가 된 걸까? 팻 부부네 집 응접실에서 잠을 자다가 길에서 걷는 꿈을 꾼다.

다음날 아침에는 길 건너편으로 가서 지난 2년간 겨울 내내 존 무어 씨와 함께 생활했던 집 문을 두드린다. 회색이 다 된 머리에 강렬한 회색 눈동자를 가진 자그마하고 연약해 보이는 가정부 프란체스가 한참 동안 걸쇠를 만지작거리다가 드디어 문을 여는 데 성공한다.

프란체스는 문이 잠겨 있어 미안하다면서 나에게 말한다. "당신이 벌써 떠난 줄 알았어요." 내가 그 집에 머물렀을 때 프란체스는 노상 문을 열어 두고 살았다.

안으로 들어가자 낡은 집에서 풍기는 익숙한 곰팡내가 코를 찌른다. 소나무 살균제 향기도 섞여 있다. 나는 바닥 널이 삐걱대는 어두운 복도를 지나 은은하게 불을 밝힌 안방으로 들어간다. 침대에 앉아 신문을 보던 존 무어 노인이 고개를 든다. 오랫동안 담배를 피운 탓인지 몸이 많이 쇠약해져 있다. 그는 코에 연결된 플라스틱 관을 좀 더 편안한 위치로 옮긴다. 플라스틱 관은 깨끗이 닦인 리놀륨 바닥을 빙 돌아, 거품이 보글거리는 물이 담긴 병을 지나, 밸브를 통해 방구석에서 조그맣게 쉭쉭 소리를 내는 커다란 녹색 산소탱크에 연결된다.

어떤 학자들은 일상적인 의사소통의 90퍼센트 이상이 말 이외의 방식으로 이루어진다고 주장한다. 그러나 아주 기본적인 수신호조차 이해하지 못하는 사람도 간혹 있다. 그런 경우라 해도 의사소통이 안 될 때는 수신자와 송신자에게 모두 책임이 있다고 한다. 존 무어 노인과 나는 의사소통이 썩 잘 되는 경우다. 우리는 침묵 속에서 많은 것을 주고받는다. 그가 이야기를 하면 나는 가만히 귀를 기울인다. 그는 얼마 전에 쓴 시 한 편을 나에게 읽어 준다. 할로윈, 텔레비전, 죽음 등을 소재 삼아 자기 내면을 표현한 시다. 사실 우리의 의사소통은 특별한 경지에 올라 있다. 그가 두꺼운 안경 너머로 나를 바라볼 때 나는 아름다운 교향곡을 듣는다. 교향곡은 그의 얼굴을 훑고 내려가다가 틀니가 딸깍거릴 때 끝에서 두 번째 화음에 도달한다. 나는 몸을 홱 돌려 자리를 뜬다. 흐려진 두 눈에 고인 눈물이 왈칵 쏟아지기 전에 떠나려는 것이다.

"존, 신의 가호가 있길 비네." 그가 숨을 몰아쉬며 말한다.

나는 문을 닫고 돌아선다.

대학에서는 여름 학기가 시작되고, 잠시 비어 있던 내 책상은 다른 대학원생 차지가 된다. 환경학부 주임교수인 톰 로이 교수는 내가 사무실에서 학부 조교 비비안에게 감사 카드를 쓰는 모습을 발견하고 만면에 웃음을 띠며 묻는다. "그래, 언제 떠나나?"

나는 그를 바라보며 즉석에서 생각해 낸 몸짓으로 대답한다. 톰 교수는 내 수화를 잘 이해하는 편이지만 때로는 종이쪽지나 칠판에 써서 알려 줘야 한다.

"지금 당장?"

나는 고개를 끄덕인다.

"지금 당장? 허어……" 교수의 얼굴에서 웃음이 조금씩 사라지고 걱정과 의구심이 뒤섞인 놀란 표정이 나타난다. 그는 내가 감사 카드를 다 쓸 때까지 기다렸다가 나를 따라 바깥 계단으로 나온다.

"뭐? 지금 당장 떠난다고? 필라델피아까지 걸어갔다가 내년 가을에 펜실베이니아 대학에서 공부한다고 했던가?"

톰 로이 교수가 너무 놀라워하자 내가 오히려 의아해진다. 그는 플래닛워크가 어떤 단체인지 알고, 내가 캘리포니아 주에서 몬태나 주까지 2년 가까이 걸어왔다는 사실도 알고 있지 않나? 게다가 우리는 몇 달 전부터 의논을 했다. 나는 졸업 후 떠날 생각이며 펜실베이니아 대학에 있는 '적합 기술' 과정에 입학하고 싶다고 이야기했다. 공부를 할 때나 학위를 받기 위한 행정적 조치가 필요할 때마다 나는 톰 로이 교수에게 질문을 많이 했다. 그런데 오늘은 그가 내게 질문을 하고 있다.

나는 빙그레 웃으며 당장 떠난다는 것이 대수롭지 않은 일이며 지극히 자연스러운 일이라는 듯 고개를 끄덕인다. 하지만 사실은 나도 그의 기분이 어떨지 잘 안다. 내 기분과 꼭 같을 테니까. 내가 느끼는 의구심과 불안감을 로이 교수도 똑같이 느끼고 있을 것이다.

한동안 어색한 침묵이 흐른다. 교수는 나와 같이 출발해서 며칠 함께 걷기로 한 친구 라즈에게 고개를 돌리며 묻는다. "어떻게 간다든가? 자전거로 가기로 했나?" 부디 자전거로 가기를 바란다는 말투다.

나는 손가락 두 개를 교수의 얼굴 앞으로 가져가서 걷는 시늉을 한다. 하지만 그는 내 대답을 무시하고 라즈에게 대답을 들으려 한다. 라즈는 고개를 젓는다. 나는 톰 로이 교수와 악수를 하고, 1년 반 전에 우리가 만났던 계단에 그를 남겨두고 손을 흔들며 떠난다.

걸어가는데 뒤에서 톰 로이 교수의 목소리가 들린다. 내가 떠나는 광경을 보고 적잖은 충격을 받은 모양이다. "그 동안 같이 보낸 시간이 얼만데 어떻게 이런 식으로 떠날 수가 있나? 나 같으면 안 그랬을 걸세."

도시 외곽으로 나가는 고속도로를 걸어가며 라즈가 내게 말한다. "자네가 괴짜라서 그런 것 같다고 내가 교수님한테 이야기했지. 그랬더니 교수님이 건물 안으로 들어가면서 몇 번이고 이렇게 중얼거리더라니까. '그래, 괴짜지. 바로 그거야. 괴짜!'" 라즈의 목소리가 점점 작아진다.

차들이 휙휙 지나간다. 우리는 웃음을 터뜨린다. 나는 내가 괴짜라고 생각하지는 않는다. 하지만 지역 공동체 안에서 살다가 떠나는 일은 언제나 어렵다. 연약하게나마 뿌리를 내렸던 마음이 갈기갈기 찢기기 때문이다. 너무 작아졌거나 너무 커져 버린 겨울 외투를 다시 입는 기분이랄까. 어쨌든 나는 그 외투를 입고 있다. 한편 묵직한 부츠 안에서는 상처가 그대로 남아 있는 발이 심한 통증을 호소한다.

저녁 하늘

강물 위에서

초승달이 웃고 있다

1986년 7월 11일
아이다호 주, 새먼

라즈와 나는 비터루트 골짜기를 거쳐 남쪽으로 걸어간다. 우리는 가능한 한 시골길이나 철길로 이동한다. 초록색 건초 냄새와 장마철 특유의 축축한 냄새가 사방에 진동한다. 저녁에는 잠시 친구들을 만나고 돌아와 길가에서 야영을 한다. 우리 둘 다 절뚝거리고 걷고 있다. 한쪽 발에 물집이 생기더니 곧 다른 발로 옮아간다.

며칠 후 라즈는 걷기를 포기하고 미줄라로 돌아간다. 나는 산길을 계속 걸어 아이다호 주로 들어가 새먼 강 근처에서 야영을 한다. 이곳은 아일랜드 파크라는 도시에 있는 작은 '섬 공원(아일랜드 파크)'이다. 나는 부어오른 발목을 시원한 강물에 담근다. 종아리까지 부드러운 진흙에 푹 잠기게 해 놓고 근처 가게에서 사 온 얼음으로 찜질을 한다. 왜가리 열 마리가 어슴푸레한 푸른 하늘로 날아올라 느릿느릿 날갯짓을 한다. 아무렇게나 날아가는 것 같지만 잠시 후에 보니 모두 똑같이 움직이고 있다. 왜가리 떼는 뒤쪽 미루나무 숲속으로 사라진다.

나는 지도를 들여다본다. 구불구불한 빨간색 선이 남쪽으로 구부러지다가 서쪽으로 방향을 틀어 숲과 산맥을 지나고 마지막에는 동쪽으로 돌아 아코 사막을 가로지른다. 아코 사막은 분홍색으로 표시된 굵은 주 경계선에 접해 있다. 내가 가려는 방향은 동쪽이다. 지금도 여름이라 더디게 나아가는 판에 동쪽으로 가면 여행길이 1,600킬로미터나 늘어난다. 하지만 야생지대에 접한 길을 천천히 걷는 즐거움을 맛보고 싶다. 게다가 거의 20년 동안 만나지 못한 친구 존 마블을 찾아갈 예정이어서 기대가 크다.

발목 통증이 지속되자 도보를 포기하고 자전거를 탈까 싶기도 하다. 그런 생각을 하니 기운이 빠진다. 사실 나는 자전거 타기를 좋아해서 여느 도시에서와 마찬가지로 미줄라에 살 때도 자전거를 타고 곧잘 돌아다녔다. 하지만 걷기와 자전거 타기는 엄연히 다르다. 걷기란 땅을 밟고 천천히 나아가며 바위와 돌멩이의 촉감을 일일이 느끼는 행위다.

저녁이 되자 누덕누덕한 반바지와 청셔츠를 입은 남자가 내 텐트로 어슬렁어슬렁 걸어온다. 짧게 깎은 황갈색 머리에 홀치기염색을 한 커다란 녹색 손수건을 두른 남자. 강변에서 몽상을 즐기던 나는 그가 갑자기 걸음을 멈추는 바람에 퍼뜩 정신을 차린다. 남자는 내 배낭을 뚫어지게 보며 말한다.

"하! 난 멀리서 당신 배낭을 보고 오토바이인 줄 알았소. 그래서 오토바이 종류가 뭔지 보려고 가까이 오지 않았겠소." 둘 다 웃음을 터뜨린다. 나는 바닥에 데굴데굴 구르다시피 하며 웃는다.

껄껄 웃어대던 남자가 말한다. "살다 보면 이렇게 커다란 착각을 하는 일이 있죠."

나는 속으로 생각한다. '나한테 필요한 게 바로 그거군. 오토바이!' 우리는 다시 한 번 웃음을 터뜨린다.

남자의 이름은 팀 가즈다라고 한다. 그는 내가 야영하고 있는 곳에서 멀지 않은 풀밭에 주차된 낡은 파란색 버스에서 생활한다. 여름 내내 아이다호 주 곳곳을 여행하다가 가끔 발길을 멈추고 일을 했다고 한다. 그는 내가 말을 하지 않는 데 대한 놀라움을 가라앉힌 후 자기도 콜로라도 주에 있을 때 '침묵 수련'을 한 적이 있다고 말한다. 그러고는 폭풍 같은 연애를 하다가 끝이 나고 경찰에게 쫓기는 신세가 되어, 북쪽으로 말을 달려 프리스트 강 유역에 있는 집으로 돌아갔다는 것이다. 삶의 의미를 찾으려고 여행길에 오르기도 했으나 집에서 만든 짐짝이 잘 맞지 않아 짐승들의 양 어깨뼈 사이 돌출부에 염증이 생긴 탓에 몇 주 만에 여행을 포기했다고 한다.

나는 그의 이야기에 십분 공감하며 발목을 문지른다.

남자가 말한다. "자연은 스승이라오. 이렇게 자연을 벗 삼아 생활하니 치유가 되더군요. 덕분에 나는 구원을 받았소. 원래는 좀 난폭한 성질이었거든요. 도시에 살 때는 늘 싸움을 벌이고 범법 행위를 일삼았다오. 그러다 하나님과 약속을 했고 이제는 싸움을 하지 않지요. 언젠가 말을 타고 캐나다 같은 데로 다시 여행을 떠날 거요." 그는 웃으며 말을 잇는다. "하지만 지금은 내 버스만 있으면 된다오. 자유롭고 행복하거든. 지금 나한테 필요한 건 여자랑 강아지밖에 없소." 말을 마친 남자는 쓸쓸한 표정으로 미소를 짓는다.

나는 발목을 어루만지며 자전거를 탈까 하고 다시 한 번 생각하다가 나도 모르게 빙그레 웃는다. 사실 유혹을 느끼기는 한다. 자전거를 탄다 해도 내 신조에 어긋나지는 않는다. 하지만 일단은 계속 걸으면서 느긋하게 삶을 관조하기로 마음먹는다. 발목이 부어서 아프다든가, 팀이라는 남자와 함께 강가에 앉아 있다든가 하는 것도 오늘의 내 삶이니까.

산이 우뚝 솟아 있다

녹슨 트랙터 두 대 뒤로

구름과 조각난 꿈이 보인다

1986년 7월 21일
아이다호 주, 스탠리

친구 존 마블이 소나무 숲을 뚫고 도로로 나와 나를 맞이한다. 그가 서 있는 곳 뒤쪽으로 소투스 산맥이 하늘을 찌를 듯 높이 솟아 있다. 둘 다 시카고에 살던 시절 이후로 우리는 한 번도 만나지 못했다. 시카고에 있을 때

존 마블은 부인 스테파니와 함께 시카고 대학에서 공부했고, 나는 지역운동을 했다. 당시 나는 '아메리카프렌즈 봉사단(American Friends Service Committee)'와 손잡고 VISTA(미국 빈곤퇴치 자원봉사단)를 움직여 시카고 서부의 이스트 가필드 파크에서 집세거부 운동을 이끌었다. 그 동안 건축가로 성공한 존은 집을 두 채나 갖고 있다. 한 채는 소투스 산기슭에, 나머지 한 채는 헤일리의 선 밸리 남쪽에 있다고 한다. 스테파니는 직조공이 됐고 아이를 둘 낳았다. 짧은 포옹을 나누는 동안 17년이라는 세월이 천천히 녹아내린다.

매캐한 연기 냄새가 공중을 떠돈다. 번개와 폭풍이 지나간 직후여서 그렇다. 존은 자기 집 차고를 덮친 폭풍 때문에 귀중한 가보를 잃어버렸다는 이야기를 담담하게 늘어놓는다. "소중하게 간직하던 재산이 하루아침에 날아갔지. 그래도 오두막집은 남아 있으니 다행이야. 다친 사람도 없고."

며칠 전 150킬로미터 가량 떨어진 곳에서 텐트를 쳐 놓고 웅크리고 있던 기억이 떠오른다. 천둥과 번개를 동반한 폭우가 쏟아지던 밤이었다. 그날 밤의 폭풍우와 그로 인한 피해가 나하고 무슨 관련이 있을 줄은 꿈에도 생각지 못했다.

서른아홉 살이 된 존은 마지막으로 만났을 때 모습과 별로 다르지 않다. 흰머리가 늘어나고 살이 좀 붙은 것 같기는 하다. 나 역시 학교에서 공부를 하는 동안 살이 붙었다. 옛 친구를 직접 만나 목소리를 들으니 탐구정신이 왕성하고 반항심이 강했던 젊은 시절의 기억이 홍수처럼 밀려온다. 식구들이 잠자리에 든 후에도 우리는 자러 가지 않고 거실에 앉아 마주보고 있다. 우리가 서로 다른 길을 선택했으며 지금까지 각자 잘 살아왔다는 사실이 놀랍기만 하다.

우리는 서로의 눈을 통해 자기 모습을 보고 있다. 존은 내내 걷기만 하고 침묵하면 정신적으로는 어떨지 몰라도 몸이 상할 수 있다는 걱정을 솔직히 털어놓는다.

"이제 자네도 나이가 들 만큼 들었어. 이런 행동을 할 만한 나이가 못 된다고. 지금도 겨우겨우 걷고 있질 않나."

전적으로 틀린 말이라고는 할 수 없다. 발목 통증이 아직도 심해서 제대로 걷지 못하고 절뚝거리고 있으니 말이다. 하지만 진짜로 존의 비위를 거스르는 것은 걷기가 아니다. 존은 걷기는 환경을 보호하려는 행동이겠거니 하고 어느 정도 이해하지만 나의 침묵에 대해서는 못마땅하게 생각한다.

헤일리에 있는 존의 집에서 며칠을 보낸 후 대화가 재개된다. 존이 내게 말한다.

"자네는 이상한 짓을 하고 있어. 말하기를 그만두는 사람이 어디 있나?"

나는 존 마블에게 한때는 그도 침묵을 선언했던 동인도인 현자 머허 바바에게 감명을 받았다는 사실을 상기시킨다. 존은 머허 바바를 만나기 위해 친구들과 함께 인도 여행을 떠날 계획까지 세운 적이 있었다. 그러나 1964년 바바가 사망하는 바람에 계획은 무산되고 말았다. 존은 젊은 시절을 떠올리며 미소를 짓는다. "그건 다른 문제지. 넌 현자가 아니라 존 프란시스일 뿐이잖아."

우리는 대화하다 말고 한바탕 웃음을 터뜨린다. 존 마블은 오래도록 침묵을 지켜 온 사람이 큰 소리로 비명을 질러대는 모습을 보고 싶다고 놀려대며 나를 쿡쿡 찌른다. 그것은 짓궂은 장난이지만, 한편으로는 나 자신을 너무 대단한 존재라고 여기는 것은 위험하다는 충고를 담은 행동이기도 하다.

존 마블은 나의 침묵 도보 순례가 세계의 운명에 별다른 영향을 미치지 못하리라는 주장을 고집하지만, 아무것도 하지 않느니보다 뭔가를 하는 편이 낫다는 점만은 인정한다. 그의 말대로라면 나는 적어도 '다양한 삶의 방식을 창출하고' 있다는 것이다. 그는 이렇게 덧붙인다. "도보 순례에서 자유를 찾는다고? 그럴 수도 있겠지. 하지만 난 그렇게 할 생각이 없네."

나도 언젠가 가정을 이루게 될까? 당분간은 고독과 침묵을 가까이했던 트라피스트 수사 토머스 머튼의 말에서 위안을 얻어야겠다. "과감하게 사회의 주변부를 추구하는 사람은 어디에나 있다. 사람들에게 인정받는 일에 연연하지 않고, 사회가 정해 놓은 길을 따르지 않으며, 위험을 감수하고서라도 자유롭게 떠도는 삶을 원하는 사람. 이런 사람은 자기 사명과 직분에 충실하고 하나님께 받은 명령을 따를 경우 아주 깊이 있는 의사소통이 가능한 사람이다. 의사소통의 최고 경지는 소통이 아닌 영적 교감이다. 교감에는 말이 필요 없다. 교감은 말과 언어와 개념을 넘어선다."

친구를 찾아가길 잘 했다는 생각이 든다. 앞으로 길을 가면서 찬찬히 생각해 볼 거리가 많아졌으니까.

제 13 장

사막
물 운반 작전

아침 하늘에 분홍빛이 어리고
길 옆쪽으로 사막이 반짝인다
나는 걸음을 멈추고 경치를 감상한다

1986년 8월 3일
아이다호 주, 아코

    고속도로와 철길 사이에 있는 풀밭에서 잠을 깬다. 살포시 미소를 머금은 달과 한쪽 눈만 겨우 뜬 새벽별이 보인다. 나는 짐을 챙기고 어느 식당에 들어가 느긋하게 아침식사를 한다. 길 건너편 석조건물 전면에 번쩍번쩍한 글씨로 "세계 최초의 원자력 도시 아코에 오신 걸 환영합니다."라고 새겨진 간판이 붙어 있다.

나는 간판을 보고 깜짝 놀란다. 이 일대에는 농업과 관광업이 성행할 뿐 원자력 발전소가 있을 정도로 공업이 발달한 흔적은 찾아볼 수 없기 때문이다. 순간 아코 시 동쪽 외곽에 어두운 색깔로 칠해져 있고 굵은 분홍색 경계선이 둘러진 장소가 머릿속에 떠오른다. '아이다호 국립기술연구원(INEL)'이라고 불리는 곳이다. 지도를 다시 유심히 들여다보니 '미국 원자력 에너지 위원회 지정 보호구역'이라는 조그만 글씨가 보인다. 아코 사막의 절반도 넘는 면적이 연구원 부지인 듯하다. 나도 그곳을 통과해야 한다.

전에 그곳에서 반핵시위가 벌어지기도 했다는 이야기를 들은 기억이 난다. 하지만 지금 내 머릿속에는 어디서 물을 구할 수 있을까라는 생각만 가득하다.

사막 언저리에 있는 휴게소를 지나면 80킬로미터 떨어진 아이다호 폭포까지 가야 물을 구할 수 있다고 식당 여종업원이 말해 준다. 만약 더 쉬운 길이 있다면 기꺼이 그 길로 갈 생각이다.

오후에 아코를 떠나 빅 로스트 강 유역 휴게소로 간다. 이 휴게소를 떠나면 오늘은 더 이상 물을 구할 기회가 없다. 얼마 후에는 집 몇 채와 술집과 가스 충전소가 있는 뷰트 시티를 지난다. 때때로 사람들이 차를 세우고 태워 주겠다고 한다. 나는 고맙다고 인사한 후 그들이 차를 몰고 가 버리기 전에 내 소개가 담긴 작은 명함을 건넨다.

명함을 받은 사람들은 알겠다는 듯 고개를 끄덕이거나 놀라운 표정을 짓는다. 그리고 나서 고개를 절레절레 흔들며 사막으로 사라져 간다.

이제 평지가 나온다. 온종일 먹구름이 떠다니지만 내가 지나온 자리에만 비가 내린다. 나는 밴조를 연주하며 걷는다. 은색 선글라스를 낀 얼굴에 땀이 줄줄 흘러내린다. 에어컨이 달린 노란색, 흰색, 은색의 INEL 버스

100대 정도가 퇴근하는 노동자들을 싣고 도시로 돌아간다. 날이 저물어 가고 내 앞으로 그림자가 길게 늘어진다. 나는 점점 자신이 없어진다. 몇 시간째 걷고 있는데 휴게소는 없고 최초의 원자로가 있던 장소만 보인다. 지도가 틀린 걸까?

INEL은 핵 함대의 탄생지이기도 하다. 이런 곳에서 잠수함을 연구한다는 것이 이상하게 여겨지긴 하지만, 지나가는 사람들의 눈에는 나도 그에 못지않게 이상해 보일 것이다.

몇 시간 전에는 수평선 위에 낮게 그어진 짙은 녹색 선으로만 보이던 것이 점점 커져서 숲이 된다. 알고 보니 휴게소는 그 숲속에 숨어 있었다. 화장실은 물론이고 뜨거운 물과 차가운 물이 있으며, 손질이 잘 된 잔디와 그늘에 놓인 탁자까지 갖춘 훌륭한 휴게소다. 가스버너를 켜고 저녁식사를 준비하고 있는데 한 남자가 작은 스포츠카를 몰고 와서 근처 주차장에 세운다. 그는 젊어 보이고 간편한 복장에 금발 머리를 길게 길렀다. 그가 아이다호 폭포까지 갈 생각인지는 모르겠으나 물을 운반해 달라고 부탁해 보면 좋겠다는 생각이 머리를 스친다. 차에서 내린 남자는 내가 앉아 있는 자리로 건들건들 걸어온다.

"어이, 파티 가고 싶지 않아요?" 발음이 똑똑치 못한 목소리다.

"잘생긴 흑인 양반이 여기서 뭘 하시나? 나랑 같이 파티에 갑시다." 어디가 됐든 그를 따라갈 마음은 추호도 없다. 물을 실어 보내려 했던 생각도 싹 달아난다. 그는 악수를 한 후에도 내 손을 놓아 주지 않는다. 나는 가만히 웃기만 한다. 같이 가자고 재차 권해도 웃음을 떤 채 고개를 가로젓기만 하는 나에게 그가 묻는다.

"뭐라고 말 좀 해 보시죠?" 나는 대답 대신 내 손을 살짝 잡아당겨 그의 손아귀에서 빼낸다. 그러자 그가 다시 다그친다. "말 좀 해 보라니까요?" 그는 뭐라고 중얼거리며 자기 차로 돌아가 시동을 걸고 출발한다. "에이, 빌어먹을!"

다시 주위가 조용해진다. 나는 탁자에 침낭을 펼쳐 잠자리를 만든다. 그런데 잠이 들기도 전에 차 한 대가 또 들어온다. 차에 탄 사람이 펜실베이니아 주에서 온 수화 통역사라고 해서 깜짝 놀란다. 그는 동쪽으로 가는 길이라면서 다음 번 이정표에 물 한 병을 놓아 주기로 약속한다. 이제 물 1갤런을 들고 가지 않아도 된다. 나는 가뿐한 마음으로 잠에 빠져든다.

밤에는 코요테가 울부짖고, 순찰 도는 헬리콥터가 내 잠자리 바로 위를 낮게 맴돈다. 서치라이트 불빛이 어둠을 뚫고 들어오자 저들에게 발각될까 봐 겁이 더럭 난다.

INEL이 운영하는 특수전담반에서는 정기적으로 헬리콥터를 띄워 주변을 감시한다. 감시 비행은 미국의 '특수 핵물질' 보안 수준을 끌어올리기 위해 1984년에 시작된 항공안보 정책의 일환이다. 넓이가 2,315평방킬로미터에 달하는 INEL 부지 주변에는 작은 농지밖에 없다. 그러나 1983년 10월 레바논에 주둔하던 미국 해병대원 240명이 폭발사고로 사망한 후 INEL에서는 오래된 보안 시스템을 폐지하고 특수전담반을 양성했다.

1985년에는 감시용 헬기로 INEL 주위를 무작위로 비행하던 중 수백 년 전 쇼쇼니 족과 배너 족이 만든 동굴을 발견했다. 쇼쇼니 족과 배너 족이 과거에 거주하던 영역은 스네이크 강 유역 평원 전체에 걸쳐 있으며, INEL 부지보다 더 북쪽으로 나아가 바위투성이 비터루트 산맥 너머에 이른다.

남동쪽으로는 그레이트 베이즌 북쪽 변방 지대라든가 와이오밍 주와 몬태나 주에 있는 바이슨 카운티가 이에 해당된다.

과거에 쇼쇼니 부족과 배너 족은 가족끼리 무리를 지어 겨울 촌락과 여름 촌락 사이를 이동할 때 현재의 INEL 부지를 가로질러 빅 로스트 강 쪽으로 걸어갔다. 빅 로스트 강은 봄에 물이 흐른다고 확신할 수 있는 물길 중 하나였다. 동굴에서 발견된 여러 가지 물건을 보고 고고학자들은 초기 유목민족들이 어떻게 살았는가를 알아낼 수 있었다. 골풀로 만든 깔개, 짐승 가죽과 토끼 털, 옷과 같이 부패하기 쉬움에도 불구하고 잘 보존된 물건도 있었다. 나는 사막을 건널 준비를 하면서 원주민의 정령에게 부디 잘 인도해 달라고 부탁한다.

길가에서, 죽음이
파란 하늘을 멍하니 바라본다
한밤중에 날아오르는 영혼이여

1986년 8월 5일
아이다호 주, 아코 사막

해가 뜨기도 전에 아침이 시작된다. 환경미화원 아주머니가 쓰레기통 뚜껑을 탁탁 치는 소리가 사막의 정적을 깨뜨린다. 그녀는 까맣고 긴 담배를 입에 물고 욕지거리를 하며 손으로 나방을 쫓는다.

"빌어먹을 나방 같으니!" 그녀는 청소 중이니 들어오지 말라는 표지를 문에 붙여 놓고 남자화장실 안으로 사라졌다가 잠시 후 지저분한 노란색 고무장갑을 낀 채 나온다. 이제 기다란 회색 재로 바뀐 담배가 부러져 바닥에 떨어진다.

내가 자리에서 일어나자 그녀가 커피를 담은 찌그러진 녹색 보온병을 들고 다가와 녹색 플라스틱 컵을 내민다.

"안녕하세요? 뭘 하시는 거죠? 당신이 걸어서 여행한다는 그 사람인가요?"

나는 고개를 끄덕인다.

"그럴 줄 알았어. 어제 시내에서 당신을 봤거든요."

나는 물 운반을 미리 부탁해 놓으려는 계획을 그녀에게 설명한다. 쪽지를 써서 보여주고 지도에서 이곳저곳을 가리켜 보여도 그녀는 이해하지 못하는 듯하다.

그 때 다른 여자가 '현장'에서 일하러 가는 길에 잠시 차를 세운다. '현장'은 지역민들이 INEL을 부르는 별칭이다. 그녀에게도 쪽지와 지도를 보여 주지만 잘 못 알아듣기는 매한가지다. 너무 이른 아침이라 내가 설명을 조리 있게 못 하는 것 같다.

환경미화원 아주머니가 탁자에 놓여 있는 물병 두 개를 집어 들며 말한다. "이봐요, 물병을 채워 줄까요?"

나는 수화로 고맙다고 말하고 입가에 손을 가져갔다가 떼며 키스를 날리는 시늉을 한다. 야외에는 수도꼭지가 보이지 않고 화장실 세면대는 너무 작아서 물병을 대고 물을 받을 수가 없었던 것이다.

"당신이 출발하기 전까지 갖다 줄게요." 미화원 아주머니가 말한다.

나는 아침식사를 하면서 지도를 들여다본다. 휴게소에서 동쪽으로 15킬로미터 가면 20번 도로에서 26번 도로로 나가는 분기점이 나온다. 남동쪽으로 뻗은 26번 도로는 아토믹 시티를 지나 블랙풋으로 이어진다. 지도를 다시 보고, 또 한 번 보고 나서야 어젯밤에 만난 남자에게 다음 번 이정표에 놓아 달라고 부탁한 물병은 20번 도로에 놓여 있으리라는 사실을 깨닫는다. 물을 잃어버린 셈 쳐야 하는 상황이다.

  좀 더 신중하게 행동하지 못한 나 자신에게 화가 난다. 화가 나는 것은 두려움 때문이기도 하다. 나는 사막을 횡단해 본 경험이 없고, 사막에서 물이 있느냐 없느냐는 생사를 가르는 중요한 문제이지 않은가. 결국 나는 아침 내내 꾸물거리며 시간을 흘려보낸다. 이대로 사막에 들어가기는 너무 불안하다. 다시 지도를 보니 이곳에서 아이다호 폭포까지는 약 80킬로미터 거리다. 40킬로미터씩 이틀간 걸으면 충분히 갈 수 있지만, 그럴 경우 적어도 하룻밤은 INEL 영내에서 보내야 한다. 그런데 그곳에서는 쉬거나 야영을 하면 안 된다고 한다. 어젯밤만 해도 헬리콥터에게 시달린 바 있다. 바로 그 때, 지도에서 뭔가가 눈에 띈다. 휴게소와 아이다호 폭포의 중간쯤 되는 지점에 작은 호수 같은 것이 있다! 마음이 약간 놓인다. 나는 물 3갤런을 더 챙겨서 사막 횡단을 시작한다. 물이 무거워서 짜증이 나고 한편으로는 따가운 햇볕을 고려하면 3갤런도 모자랄 수 있다는 생각이 든다. 그래도 앞으로 나아간다.

  3킬로미터 정도 걸었을 때, 지붕에 카약(가죽을 입힌 에스키모인의 카누─옮긴이)을 싣고 뉴멕시코 번호판을 단 빨간색 4륜구동 트럭이 지나가다 돌아와 내 곁에 멈춘다. 트럭 안에는 햇볕에 그을려 까무잡잡해진 여자가 타고 있다. 강인해 보이는 회색 눈에는 놀라움과 호기심이 담겨 있다.

  "이 길에서 걷는 사람이 있을 줄이야. 태워 드릴까요?"

  나는 말없이 명함을 건넨다.

  그녀는 웃으며 말한다. "아, 그래서 걷고 있었군요."

그녀는 나와 이야기를 나누기 위해 트럭에서 내린다. 그러고는 내 배낭에서 삐져나온 밴조를 가리키며 묻는다. "뭘 가지고 다니는 거예요? 테니스 라켓?"

나는 몸짓으로 대답한다. 우리는 길가에 나란히 앉고, 나는 밴조로 '삶의 축복'을 연주한다. 사막에서 듣는 음악은 특별히 감미롭다. 서늘한 아침 기운이 아직 남아 있다. 그림자가 길게 늘어지고, 하늘은 수정처럼 푸르다.

그녀의 이름은 카루나다. 그녀는 새먼 강 중류에서 카약으로 190킬로미터 거리를 완주하고 지금은 와이오밍 주 잭슨으로 가는 길이다. 테톤에서 하이킹을 하고 언니를 만날 계획이라고 한다. 차를 멈추고 나와 같이 있어주는 사람이 있어서 기분이 좋다. 카루나는 물을 싣고 가다가 20마일 간격으로 두 군데에 놓아주겠다고 한다. 290이라고 된 표지판과 309라고 된 표지판이다. 카루나가 떠난 후 내 발걸음은 한결 가벼워진다. 털털거리며 지나가는 INEL 버스들이 사막에 교통체증을 일으킨다.

고속도로 양 옆으로 길이 두 갈래로 뻗어나간다. 하나는 원자력 발전소로 가는 길이며 나머지 하나는 1951년 12월 20일 최초로 전기를 생산한 원자로인 ERB-I으로 가는 길이다. ERB-I은 역사 유적지로 지정돼 있지만 굳이 찾아갈 마음은 나지 않는다. 멀리서 건물 윤곽만 봐도 충분하다. ERB-I 다음에는 ERB-II가 나오고, 그 다음에는 고온연료 시험장비와 원자로 과도 시험로(transient reactor test)가 나오고, 나중에는 제로파워 플루토늄 원자로가 등장한다. 어쩌면 사람은 누구나 믿음에 의거하여 행동하는 게 아닐까. 나는 약속된 장소에 물이 놓여 있기를 바라고, 핵물리학자들은 원자력을 안전한 기술로 만드는 폐기물 처리법을 발견하기를 바란다.

뜨거운 열기 속에 홀로 사막을 걷는다. 태양의 영혼이 지평선 위에서 춤을 추고, 길바닥에 팬 물웅덩이에 하늘이 비친다. 구름 한 점 없는 날씨에 어디서도 물을 찾을 수 없다. 조금 전에 본 물웅덩이는 기온과 지형과 거리가 만들어 낸 환각이었다. 필라델피아 전기회사에서 보선공으로 일하는 아버지가 생각난다. 언젠가 아버지는 회사의 '피치 바텀-I' 발전소 건설 현장에 나를 데려갔다. 피치 바텀은 미국에 처음으로 건설된 상업용 핵발전소 중 하나였다. 아버지는 건설 현장을 둘러보며 온 도시가 쓰는 전기를 생산하는 데 필요한 연료가 손바닥 안에 들어갈 수 있다고 설명해 주었다. 약간 과장된 이야기였겠지만 내게는 퍽 인상적이었다. 어린 시절에는 아무 의심 없이 원자력 발전소에서는 깨끗하고 저렴한 에너지를 생산한다고만 생각했다. 30년이 지난 지금 이 사막을 도보로 횡단하는 나는 옛날에 가졌던 믿음을 의심하고 있다.

INEL은 광범위한 핵 연구를 수행하는 동시에 부지를 환경 실험장으로 지정하여 인간의 활동이 사막 생태계에 미치는 영향을 연구하도록 했다. 그러자 불행한 결과가 나타나고 있다. 올빼미를 비롯한 맹금류의 바싹 마른 사체가 길가에 수도 없이 널려 있다. 밤중에 사막을 가로지르는 차에 치여 죽은 모양이다. 야행성 육식동물인 맹금류에게는 가장 흔한 죽음일지도 모른다. 과학자로서 내가 세운 가설은 자동차 헤드라이트 때문에 동물들이 방향감각을 잃었다는 것이다. 어찌됐든 간에 죽은 맹금류가 어찌나 많은지 그 숫자가 머릿속에서 떠나지 않는다. 슬픈 마음도 떨칠 길이 없다. 나는 걸음을 멈추고 새들의 멍한 눈동자를 뚫어지게 바라본다.

수통에 든 물을 마신다. 물이 공기만큼이나 뜨거워져 있다. 물이 금세 몸 안에 들어와 증발돼 버리기 때문에 땀을 흘릴 새도 없다. 빨간 트럭 한 대가 속도를 줄이더니 멈춘다. 스틱을 잡은 젊은 남자가 차창으로 머리를 내밀고 뒤쪽에 있는 나를 향해 소리친다.

"타실래요? 짜증나는 사막을 벗어나고 싶지 않아요?"

나는 고개를 젓는다. 감사 인사라도 하려고 트럭이 서 있는 자리로 서둘러 걸어간다.

"안 탄다고요? 그럼 물이라도 좀 드릴까요? 아직 녹지는 않았지만요."
그는 꽁꽁 얼어 있는 플라스틱 물병을 꺼내 내게 건넨다.

나는 달에서 온 신비로운 물체를 보듯 물병을 빤히 바라본다. 물병이 내 손에 들어오자마자 샤스타 산 정상 바로 밑에 위치한 얼어붙은 호숫가에 와 있는 기분이다.

"괜찮으세요?" 젊은 남자는 걱정스러운 눈빛으로 나를 바라보며 묻는다.

20번 고속도로에 있는 이정표는 26번 고속도로로 나가는 분기점에서 수 킬로미터 떨어져 있으므로, 첫 번째 물이 놓여 있을 이정표는 내가 하루에 갈 수 있는 거리보다 멀리 있다. 날씨까지 푹푹 찐다. 고작해야 4~5킬로미터밖에 걷지 못할 것 같다. 나는 쪽지를 써서 물통을 두 번째 이정표에 내려놓아 달라고 부탁한다.

"좋아요." 그가 대답한다.

3킬로미터를 더 걷는 동안 물이 눈앞에 어른거린다. 물을 발견하게 될 장소와 시각과 물맛을 상상해 본다. 하지만 두 번째 이정표에 도착했는데도 물은 보이지 않는다. 젊은 남자는 내 태도가 마음에 들지 않아 물을 주지 않기로 마음먹은 걸까? 아니면 모든 게 다 내가 만들어 낸 환각이었고, 신기루였고, 망상이었단 말인가? 나는 서둘러 다음 번 이정표로 걸어간다. 조금 더 가다 보니 두 번째와 세 번째 이정표 사이에 물이 놓여 있다. 젊은 남자는 차에 달린 주행기록계를 이용해 우리가 만난 장소에서 정확히 20마일 떨어진 곳에 물을 놓아두려 했던 모양이다. 안도감이 밀려온다. 물은 약간 녹아 있다. 차가운 얼음물을 한 모금 들이키자 상쾌한 아픔이 느껴져 이마가 터질 것만 같다.

　차가운 물을 한 모금씩 들이키며 계속 걸어간다. 오후 네 시다. 북쪽 길가에 작은 연못 같은 것이 보인다. 나는 안도의 한숨을 쉰다.

　물가에서 텐트를 칠 만한 장소를 발견한다. 연못처럼 보였던 것은 가축에게 먹일 물을 공급하는 웅덩이였다. 발굽 자국과 부패 정도가 각기 다른 가축의 분비물이 웅덩이를 둘러싸고 있다. 오늘 저녁 식사는 콩과 쌀밥이다. INEL 퇴근시간이 되자 도로가 붐빈다. 눈에 보일 정도로 가까운 거리에서 노란색과 은색 버스가 지나간다. 오늘은 45킬로미터를 걸었다. 나는 배낭을 깔고 드러눕는다. 벨벳 같은 밤하늘에 반짝이는 별과 사막의 밤을 가르며 날카롭게 질주하는 호박색 헤드라이트를 바라본다. 동쪽으로는 아이다호 폭포에서 나오는 빛이 희미하게 반짝인다. 저 위에서는 헬리콥터가 날아다니며 주위를 수색하는 소리가 들린다. 헬리콥터는 계속 앞으로 갔다 뒤로 갔다 한다. 어쩌면 나를 찾고 있는지도 모른다. 하지만 나는 불을 피우지 않고 가스버너만 쓰기 때문에 찾기가 쉽지 않을 것이다. 밤이 되자 기온이 떨어진다. 귀청이 찢겨나갈 듯한 코요테 울음소리를 들으며 잠든다.

사막의 길에서는

해가 뜨는 데 오래 걸린다

해가 장미꽃처럼 피어난다

1986년 8월 6일
아이다호 주, 아코 사막

이른 아침부터 걷기 시작한다. INEL 출근 시간 전이어서 길이 한산하다. 출발한 지 30분도 지나지 않아 어제 카루나가 두고 간 물을 발견한다. 사막의 밤기운 때문에 물은 아직 시원하다. 8킬로미터쯤 가다가 걸음을 멈추고, 배낭과 산쑥(미국 서부 황야에 많은 국화과 쑥속 식물―옮긴이) 덤불 사이에 양털 웃옷을 걸쳐 그늘을 만들어 놓고 휴식을 취한다. 아직 이른 시각인데 벌써 햇빛을 피하고 있는 것이다.

다시 8킬로미터를 걷기 시작한다. 나는 서두르지 않는다. 꼭 내 그림자를 밟고 서 있는 기분이다. 앞으로 영영 이 사막을 벗어나지 못할 것만 같다. 아슬아슬하게 삶을 영위하며 언제까지나 사막에 머무를 것이다. 아무리 걸음을 내디뎌도 제자리를 벗어나지 못한다. 나는 무언가를 기억해 내려고 애쓰다가 '신념이란 무엇인가?' 라는 질문을 떠올린다.

INEL 직원들을 싣고 돌아가는 소형 트럭이 내 옆에 선다. 나는 그들을 바라본다. 길가에 쓰러져 있는 수많은 올빼미 떼의 텅 빈 눈도 함께 그들을 바라본다. 내가 미소를 짓자 INEL 직원들도 나를 향해 미소를 짓는다. 한 사람이 내게 캔맥주를 건네준다. 그들이 차를 몰고 가 버리자 내 손에는 차가운 캔이 남아 있다. 나는 잠시 발걸음을 멈추고 맥주를 마시며 시원하고 매끈한 캔을 얼굴에 문지른다. 알코올은 탈수 현상이 일으키니까 마시지 말라고 누군가가 소리치지만 나는 개의치 않는다.

몽롱한 상태로 8킬로미터를 더 걷고, 다시 8킬로미터를 걷는다. 이정표에 이르자 이번에도 물 한 병이 놓여 있다. 얼어 있는 물병이다. 내가 놓아 달라고 부탁했던 물병은 아니지만 나는 뜻밖의 행운에 펄쩍 뛸 듯 기뻐하며 그것을 집어 든다. 아이다호 폭포까지 들고 가는 동안 얼음이 녹는다. 이제 사막을 뒤로 하고 떠나지만 사막은 언제나 나와 함께 있다.

시내로 들어서면서 피스 필그림을 떠올리고 그녀가 했던 여행을 생각해 본다. 그녀도 사막을 건넌 적이 있었을까? 나는 몬태나 대학에서 논문을 쓸 때 내가 하고 있는 여행과 내 삶이 바뀐 계기가 된 사건에 못지않은 비중으로 피스 필그림의 여행과 삶을 다루었다. 피스 필그림을 통해 나 자신의 여행과 삶을 이해하기 위해서였다.

'피스 필그림' 밀드레드 노먼은 1908년 북동부의 작은 도시 변두리에 사는 가난한 농민의 딸로 태어났다. 가난하긴 했지만 그녀는 들판과 숲과 시냇물과 같은 자연에서 풍족함을 느낄 줄 알았다. 그녀의 말에 따르면 "아이들이 자랄 공간"이 충분한 가운데 "매우 순조로운 어린 시절"을 보냈다고 한다.

훗날에는 아량이 넘치는 겸손한 삶을 살았지만 고등학교 때 노먼은 토론반 리더로서 남들의 주목을 받으며 위풍당당한 성격을 키웠다. 화장과 비싼 옷으로 자기를 표현하던 그녀는 다른 장신구에 맞는 색으로 신발을 물들이기 위해 일부러 아틀란틱 시티까지 가곤 했다. 노먼이 처음부터 아량 있는 사람이 아니었다는 것은 놀라운 사실이다. 그녀는 다른 인종에게 배타적인 태도를 취했으며 자기와 다른 부류라고 생각했던 여동생의 친구들을 인정하지 않았다.

피스 필그림은 결국 돈과 물건으로는 행복해질 수 없다는 깨달음을 얻고 순례를 준비한다. 그녀가 쓴 글은 다음과 같다. "마침내 나는 다른 길을 모색해야만 했다. 전환점은 절망 속에서 찾아왔다. 의미 있는 삶을 찾으려고 사색을 거듭하던 나는 어느 날 밤새도록 숲속을 걸었다. 달빛이 비치는 빈 터에 이르러 기도를 했다."

노먼이 사망한 후 오랜 친구였던 존 러시와 앤 러시 부부가 전한 바에 따르면, 노먼은 결혼생활이 성공적이지 못했고 2년 전 교통사고로 아버지를 잃은 불행까지 겹쳐 괴로워하다가 그날 밤 숲 속을 거닐게 됐다고 한다. 그리고 그날 숲에서 걸었던 경험을 바탕으로 순례를 구상했다.

피스 필그림의 순례에서 가장 중요한 것은 내면의 평화였다. 내면의 평화가 없이는 다른 어떤 평화도 얻을 수 없다고 역설했던 피스 필그림은 겸손한 자세를 갖는 것과 더불어 네 단계로 순례를 준비했다. 첫 번째 단계는 '삶을 대하는 올바른 태도'다. 올바른 태도란 삶에 당당히 맞서는 자세와, 삶의 표면에 머물지 않고 깊이 파고들어 진리와 진실을 찾으려는 마음가짐을 뜻한다.

두 번째 단계는 '조화로운 삶'이다. 피스 필그림은 초창기 생태학 이론에 의거하여 자연과 생물이 특정한 법칙을 따른다고 주장했다. 그녀가 말하는 자연을 움직이는 법칙은 구약에 나오는 '눈에는 눈, 이에는 이'라는 원칙이 아니다. 오히려 미국 환경학자 배리 코머너(Barry Commoner)가 주장한 '생태학의 법칙'에 가깝다. 생태학의 법칙에 따르면 자연 환경은 무엇이든 상호

연관을 맺고 있다. 인간은 이러한 법칙에서 멀어질수록 더 큰 어려움을 겪게 된다. 피스 필그림은 이를 다음과 같은 말로 표현했다.

"인류의 가장 큰 적은 인류다. 그래서 나는 아주 흥미로운 계획을 실현하기 위해 부지런히 움직였다. 흥미로운 계획이란 내가 믿는 가치를 추구하며 사는 것이었다."

세 번째 단계는 '똑같아 보이는 삶 속에서 특별한 자리를 발견하기' 다. "하나님의 계획에서는 어느 누구도 똑같은 역할을 하지 않는다. 귀를 기울여 듣기만 하면 누구나 내면의 목소리를 듣고 길잡이로 삼을 수 있다."

피스 필그림은 사람들에게 기꺼이 받아들이겠다는 마음으로 침묵 속에서 길잡이를 찾으라고 권한다. 그녀 역시 침묵을 통해 '놀라운 통찰'을 얻어, 심부름이나 정원 손질을 하고 책을 읽어 주는 등 간단한 방법으로 남을 돕기 시작했다. 나중에는 "불량 청소년들이나 정신 질환을 앓는 사람들, 신체적 또는 정신적 장애가 있는 사람들"과도 함께 일했다. 그녀가 쓴 글에는 다음과 같은 구절이 있다. "내가 했던 일은 동기가 순수했기 때문에 대체로 긍정적이고 바람직한 결과를 낳았다."

아무리 피스 필그림이라 해도 회의주의가 팽배해 있던 시대에 이런 말을 했다니 놀랍다. 나는 그녀의 말에 오해를 불러일으킬 소지가 있다고 생각한다. 동기가 순수하다고 확신할 때만 행동해야 한다는 뜻으로 받아들여질 수 있기 때문이다. 그런 조건이 붙는다면 아무리 순수한 의도를 가지고 있더라도 세상을 변화시키는 행동을 하기가 불가능하지 않겠는가?

피스 필그림이 순례를 시작한 해이기도 한 1953년 1월, 헨리 G. 버그비는 '사명을 체험하는 순간'(「종교 저널」, 1953년 1월호)이라는 글에서 동기가 순수하든 아니든 어떤 행동을 궁극적으로 정당화하기란 무척 어렵다고 밝했다. 그러나 동기가 어떻든 간에 어떤 행동이 좋은 결과를 낳을 가능성은 항상 열려 있다는 것이 그의 주장이다. "타인을 이롭게 하려는 정신은 단순하고 직접적인 방식으로 행동에 영향을 미친다. 아무리 복잡한 계획에 따라 행동하더라도 마찬가지다. 어쩌면 타인을 이롭게 하려는 의도는 실제로 도움을 줄 수 있는 역량과는 무관한 것일지도 모른다."

창조 과정의 본질을 알게 되면 동기가 순수해야 한다는 유혹을 뛰어넘을 수 있다. 사실 동기가 중요한 고려 사항임에는 틀림없다. 동기는 우리가 삶을 조직해 나가면서 변화하고 발전하고 진화하는 전 과정에 작용하기 때문이다. 피스 필그림도 다음과 같은 말로 비슷한 견해를 표명한 바 있다. "우리에게는 해야 할 일을 일단 준비하기 시작하면 무엇을 준비하고 있는지 잊어버리는 습관이 있다." 창조 과정에서 겪는 이러한 상태는 프랑스 인류학자 반 헤네프가 통과의례 연구에서 제시한 '경계 상태'와 유사하다. 순례자가 이런 상태가 되면 현재 있는 장소와 앞으로 가려는 장소 중 어디에도 속할 수가 없다. 부르스터 기셀린은 『창조적 과정』에서 이렇게 말했다. "창조적 노력의 의미가 겉으로 드러나고 그런 노력 속에서 예술가가 성장하는 것은 창작이 실제로 이루어질 때만 가능한 일이다."

피스 필그림의 준비 과정에서 마지막에 해당하는 네 번째 단계는 '삶을 단순화하기'였다. 그녀는 다음과 같이 이야기했다. "봉사에 헌신하기로 마음먹고 나니 이제부터는 내게 꼭 필요한 것보다 더 많은 것을 받아들이면 안 되겠다는 생각이 들었다. 지금 세상에는 필요한 만큼도 갖지 못하는 사람이 많지 않은가. 그래서 나는 삶의 방식을 바꿔 꼭 필요한 욕구만 충족시키기로 했다. 나는 그것이 어려운 일이며 수도 없는 곤경이 따르리라고 생각했다. 그러나 내 생각은 틀린 것이었다. 단순한 삶에는 커다란 자유가 있었다. 그 자유를 느끼기 시작하자 내 삶은 내적인 행복과 외적인 행복이 조화를 이루었다."

내면의 평화를 준비할 때 반드시 정해진 순서를 따를 필요는 없다. 피스 필그림은 준비 과정을 압축하거나 늘려도 된다고 말했다. "어떤 사람한테는 첫 단계인 것이 다른 사람에게는 마지막 단계일 수도 있다. 자신에게 가장 쉬워 보이는 단계를 먼저 실행하면 된다. 그렇게 첫 몇 발짝을 내딛고 나면 다음 몇 발짝은 더 쉬워진다."

내면의 순례에 관한 피스 필그림의 명징한 문장이 가슴에 와 닿는다. 나에게 피스 필그림의 영혼은 안내자요, 그녀가 남긴 말은 개략적인 지도와 같다. 나 역시 보이지 않는 여행길에 올라 있기 때문이다. 알고 보면 누구나 보이지 않는 여행을 하고 있다. 토머스 머튼은 이렇게 말한다. "공간을 이동하는 순례는 내면의 여행을 겉으로 드러내는 상징적인 행위이며, 내면의 여행은 외적인 순례에서 발견하는 의미와 신호를 토대로 내면을 알아 가는 과정이다. 두 여행 중 하나만 해도 되지만 둘 다 하는 것이 제일 좋다."

1953년 1월 1일 밀드레드 노먼은 그녀의 이름으로 된 모든 권리와 재산을 포기하고 과거의 삶과도 결별하고 떠났다. 파사데나에서 열리는 장미 축제 토너먼트를 배경으로 시작된 순례에서 그녀는 피스 필그림이라는 새 이름을 얻었다. 28년간 도보여행을 한 후인 1981년 피스 필그림은 인디애나 주 녹스 부근에서 자동차 사고로 사망했다. 그녀 자신의 표현에 따르면 '더 자유로운 삶으로의 복된 전환'이었다.

천년왕국설을 믿었던 과거의 순례자들이 모호한 표적을 근거로 세상의 종말이 임박했다고 해석했던 반면, 오늘날의 평화 순례자들은 핵전쟁이 일어난다든가 기후 변화와 사회 분열로 인해 종말이 찾아올 위험을 인식하고 있다. 아마 대다수 일반인들도 같은 인식을 가지고 있을 것이다. 이러한 묵시론적인 전망이 현실감 있게 다가오는 이유는 그것이 특정한 종교 교리도 아니고 자연의 변덕을 잘못 해석한 미신도 아니며 인류 스스로가 만들어낸 결과이기 때문이다. 따라서 우리가 행동해야 할 필요성도 더욱 크다. 현대 사회의 순례자들이 가진 동기와 목표에는 지극히 개인적인 요소와 환경과 평화라는 인류 공통의 관심사가 공존한다.

피스 필그림이 중요한 이유는 성자 같은 면모와 순수한 동기에 있지 않고 오히려 그녀의 인간적인 면과 진실한 행동에 있다. 피스 필그림은 소박하고 겸손하게 살았으며 특별한 행동을 할 의무를 받아들여 성실하게 수행한 사람이다. 구로사와 아키라 감독이 만든 영화 〈살다〉에서 생의 마지막을 남에게 봉사하며 보낸 주인공이나, 사람과 자연을 벗 삼아 평화의 길을 떠났던 여타의 순례자들도 마찬가지다. 헨리 버그비가 쓴 '사명을 체험하는 순간'에는 다음과 같은 구절이 나온다.

"행동하다 보면 어려움에 부딪힐 수도 있다. 감당하기 힘든 경제적 부담을 지거나, 앞날이 불확실해지거나, 혼신의 힘을 다해 일군 사업이 실패하기도 한다. 하지만 진실한 사명감을 가진 사람은 어려울 때도 흔들리지 않

플래닛워크를 하면서 공동체를 만들 방법을 찾아보라. 예컨대 편지를 써서 새로 사귄 친구들과 원래 알던 친구들을 연결해 줄 수도 있다. 마하트마 간디는 잡지를 발행하여 공동체 형성에 기여했으며, 지역사회의 관심을 기울여야 할 까다로운 문제를 글로 써서 일종의 봉사를 했다고 스스로 믿었다. 낯선 도시나 마을을 지나칠 때면 잠시 들러 자발적으로 봉사활동을 하면 어떨지 생각해 보라.

고 확고한 태도를 유지하며 결단력 있게 행동할 수 있다."

주유소 직원이 내 친구들인 존 시플리와 팻시 시플리 부부에게 전화를 걸어 준다. 존 시플리는 예전에 몬태나 주 산길에서 만난 사람이다. 그는 산길에 커다란 트럭을 세워 놓고 열 살 난 아들과 함께 경치를 감상하고 있었고, 나는 아이다호 폭포에 가면 그의 집에 들르겠다고 약속했다. 존을 기다리는 동안 주유소 직원이 말을 건다.

"어제 고속도로에서 당신을 봤어요." 그는 내가 건네준 유인물을 읽어 본다. 우리는 벽에 걸린 지도를 보며 캘리포니아 주에서 이곳까지 내가 걸어온 길을 되짚어 본다.

"이렇게 만나니 정말 반갑네요."

그는 이십 대 초반으로 보이는 젊은이다.

그가 다시 말한다. "만나게 돼서 정말 반갑습니다." 우리는 악수를 나눈다. 존이 도착해서 내 배낭을 픽업트럭에 싣는다. 그는 내가 계속 밴조 연주를 하며 그의 집까지 도보로 뒤따라가는 이유를 이해하지 못한다. 어쨌든 나는 재회의 기쁨을 누리며 그의 집에서 즐거운 시간을 보낸다. 얼마 후에는 마을 교회에서 나를 위해 도심지 술집 위층에 자리 잡은 남성 전용 호텔 '넬슨스'에 방을 구해 준다. 규정이 바뀌었음을 알리는 간판에는 여자는 절대로 숙박할 수 없으며 '밤의 여인'도 사절이고 여자아

이도 출입금지라고 쓰여 있다.

나는 코요테와 매와 사막이 나오는 꿈을 꾼다.

"하나님을 두려워하며 걷는 사람은 사악한 사람들에게 둘러싸여도 두려움을 느끼지 않는다. 하나님을 향한 두려움을 간직하고 있다는 것은 믿음으로 만든 무적의 갑옷을 입은 것과 같다. 그런 사람은 강력한 힘을 발휘하며, 대부분의 사람이 어렵다고 생각하거나 불가능하다고 생각하는 일도 능히 맡을 수 있다."

— 신 신학자(New Theologian) 성 시므온
『사막교부들의 어록: 믿음과 행함』

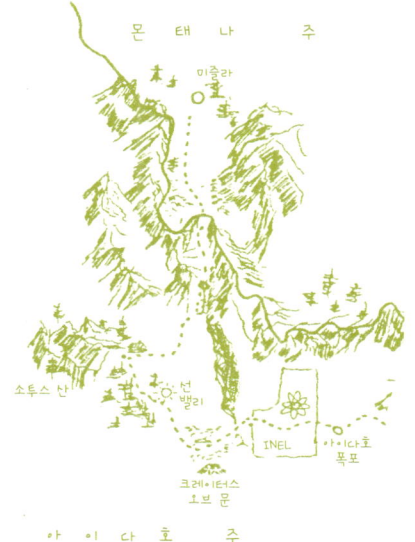

제 14 장

옐로스톤과 평원
곰과 미사일

풀밭에서 잠을 깬다
아침이슬에 젖은 해가 뜨고
길이 나를 깨워 준다

1986년 8월 13일
와이오밍 주, 잭슨 홀

 테톤 산길을 벗어나 뒷길로 내려온다. 자동차로는 출입할 수 없는 오래된 길이 굽이치며 내려와 골짜기까지 이어진다.
 오랜만에 관광객들이 탄 차들로 붐비는 도시에 들어선다. 차가 막히고 자동차 배기가스가 대기를 누렇게 물들이는 바람에 그렇지 않아도 더운 여름날이 한층 불쾌하게 느껴진다. 어서 이곳을 빠져나가 조용한 장소를 찾아 텐트를 치고 싶다. 그리고 내일 아침에 켈리까지 15킬로미터 정도만 걸어가면 친구들을 만날 수 있다. 전에도 이 친구들과 함께 겨울을 보내려 한 적이 있었으나 내가 미줄라에서 여행을 중단하고 몬태나 대학 환경학 과정에 등록하기로 마음먹었기 때문에 성사되지 못했다.

"어이, 혹시 잠잘 곳이 필요하오?" 고개를 들어 보니 며칠 전 낑낑대며 산길을 올라가던 나를 태워 주겠다며 차를 세웠던 남자와 눈이 마주친다. 남자의 이름은 래리다.

"아직 식사도 안 했소?"

나는 빙긋 웃고 고개를 끄덕이며 그와 악수를 한다. 그는 나를 옆 골목으로 데리고 가더니 '선한 사마리아 선교회' 건물 입구에 떨어뜨려 놓는다. 건물 입구는 골목에 면해 있으며 이중문은 주방과 식당으로 통한다. 주방 뒤쪽은 중고품 상점이다. 키가 작고 배가 불룩 나온 남자가 갈색 웨스턴 컷 바지와 날염 셔츠 차림으로 문가에 앉아 있다가 자기 이름이 론이라고 말한다.

"조금만 더 늦었으면 식사를 못 할 뻔했소이다. 먹을 게 있는지 찾아보겠소." 론은 약간 화가 난 목소리로 말한다. 그는 문을 열고 나를 다른 방으로 데려간다. 래리는 손을 흔들며 다시 거리로 나간다.

돼지고기 바비큐, 감자, 신선한 채소, 우유, 커피로 푸짐한 식사를 한다. 모두 인근 농민들이 기증한 음식이다. 알고 보니 론은 화가 나 있는 것이 아니라 원래 약간 퉁명스럽게 말하는 사람이다. 그는 목소리가 굵고 살집이 좋아서 셔우드 숲(로빈 훗의 근거지였던 영국 왕실림—옮긴이)에 있는 터크 수도사 같은 분위기를 풍긴다. 내가 식사를 끝내자 론은 위층으로 올라가 오빌을 만나보라고 말한다.

오빌은 선한 사마리아 선교회의 수장이다. 사무실에 들어서니 어질러진 책상 앞에 오빌이 앉아 있다. 그는 기도할 때처럼 고개를 숙인 채 자기는 기독교인이므로 일주일간 머무르게 해 주겠다고 말한다. 나는 머뭇머뭇 손가락을 하나만 치켜든다. 오빌은 몹시 근엄한 태도를 유지하며 피곤한 눈으로 나를 바라보다 눈꺼풀을 축 늘어뜨린다. 그는 플래닛워크 명함에 적힌 내 이름과 주소를 확인하고 순례에 관해 몇 가지 질문을 한다. 내가 하고 있는 일이 그의 기준에 어긋나지 않는지 알아보기 위한 질문들이다. 나는 아래층으로 내려가며 이곳에 계속 머물러야 할지 말지 고민한다.

지하에 있는 침실로 간다. 어울리지 않는 침대보를 씌운 침대 아홉 개가 벽에 바짝 붙어 있다. 새로 페인트칠을 한 천장에 마차 바퀴 모양 샹들리에가 걸려 있고, 방 한가운데에는 포마이카 탁자와 의자 몇 개, 초록색과 노란색으로 변색된 갈색 소파가 어수선하게 놓여 있다. 바닥에는 쿠션이 쌓여 있다. 침대 사이사이 빈 공간에 가지런히 놓인 침대 박스 스프링과 매트리스가 소란스러운 밤을 기다린다. 자연석으로 쌓은 벽의 맞은편 구석에 커다란 난로가 보이고, 난로 위에 매 놓은 빨랫줄에는 뻣뻣한 청바지 한 벌과 여남은 개의 빈 빨래집게가 걸려 있다. 바깥에서 빛이 들어오는 통로는 자연석 벽에 뚫린 구멍 하나밖에 없다. 한 마디로 밀실 공포증을 유발할 것 같은 분위기의 방이지만 이대로 머물러 보기로 한다.

여덟 명 가량 되는 남자들과 함께 밤을 보낸다. 침대에서 잘 수도 있지만 나는 딱딱한 소파에서 쿠션도 없이 자는 쪽을 택한다. 잠자리를 고른 후 밴조를 들고 공원으로 나가 어두워질 때까지 연주를 하다가, 선교회 건물에 불이 꺼지고 문이 잠기는 시간인 열 시가 되기 직전에 돌아온다. 사람들이 말다툼을 벌이는 소리가 점점 크게 들린다. 누군가가 술을 마셔서 규칙

위반으로 쫓겨나는 모양이다. 캄캄한 어둠 속에 희미한 녹색으로 빛나는 출구 표지가 영원한 새벽의 빛처럼 보인다. 가볍게 코 고는 소리와 함께 사람들이 나누는 이야기 소리가 들려온다.

"하루만 더 머무를 거야." 누구 목소리인지는 모른다. 하지만 나는 그가 직업을 찾은 이야기며 이제 새 직장에 적응해 나가고 있어서 곧 생활비를 벌 수 있게 된다는 이야기에 귀를 기울인다. "며칠 더 머무를 수 있으면 좋을 텐데." 그러자 이곳에는 아무리 길어도 8일이나 9일밖에 머무를 수 없다고 어둠 속에서 누군가가 대꾸한다.

사연을 털어놓은 남자가 다시 말한다. "오빌 씨와 이야기해 봐야지. 벌써 일주일 넘게 있었는걸."

어둠은 익명성과 친밀감을 조장한다. 모든 사람의 목소리가 다 내 목소리처럼 들린다. 조지가 잠꼬대를 하면서 끙끙거리기 시작한다. 마침내는 캘리포니아 주 유레카에서 온 형제들 중 한 명이 소리친다. "그만해, 조지!"

조지는 스무 살을 갓 넘긴 청년이다. 플라스틱으로 만든 전투용 헬기 모형과 영화 〈탑 건〉에서 배우 톰 크루즈가 해군 제트기 조종석에 앉아 있는 장면을 찍은 사진을 껴안고 자고, 낮에는 전쟁놀이를 한다. 나는 쉽게 잠을 이루지 못한다. 누군가의 시계가 매 시간 울려댄다. 삐삐……삐삐……삐삐…….

아침이 밝자 나는 선교회를 떠난다. 서늘한 도시 공원에 앉아서 편지를 쓰고, 이동식 천막촌에 사는 친구들을 만나기 위해 켈리로 출발한다. 광장

밖에 위치한 서점에서 린 델보트를 우연히 만나 이야기를 나눈 결과 나는 선택을 해야 하는 상황에 놓인다. 배낭을 들고 갈 것인가, 아니면 켈리까지 24킬로미터만 차로 운반해 달라고 부탁할 것인가. 린은 차를 태워 주겠다는 제안을 거절당해서 기분이 상했지만 배낭을 날라 달라는 부탁이라도 하면 한결 나아질 것 같다고 말한다.

나는 아침식사 내내 윤리적인 문제를 놓고 고민한다. "엔진으로 움직이는 탈것을 이용하지 않는 내가 어째서 차로 짐을 운반하게 한단 말인가?" 마지막 커피 잔을 내려놓는 순간, 전에도 그런 도움을 주겠다는 제안을 여러 번 받았는데 대부분 거절하긴 했지만 윤리적인 순결 때문은 아니었다는 사실이 기억난다. 다시 나 자신에게 질문을 던진다. 편지가 트럭과 비행기에 실려 목적지까지 운반되는 줄 알면서도 내가 우편을 이용해 편지를 보내는 일은 정당하다고 할 수 있을까? 미국 국토를 종횡으로 가로지르며 기름을 꿀꺽꿀꺽 삼키는 자동차로 운반된 음식을 먹으면서 어떻게 양심에 거리낌이 없었을까? 식량을 재배하는 데 들어가는 온갖 화학 비료는 또 어떻고? 이런 고민을 할 때 으레 그렇듯, 결국은 내가 그렇게 순결한 사람은 못된다는 결론을 내린다. 나는 작은 가방과 밴조만 달랑 들고 도시를 떠난다. 차를 몰고 뒤따라오기로 한 린은 기분이 조금 나아진 듯하다.

린은 켈리에 사는 친구다. 우리는 지난 3년간 꾸준히 편지를 주고받았다. 직접 만나기는 처음이었지만 린과의 만남은 감격적인 재회 같았다. 작은 기적이라 해도 과언이 아니다. 무거운 배낭을 벗고 걸으니 19킬로미터나 되는 길이 음악소리와 오가는 사람들과의 우연한 만남으로 채워진다.

중국 대륙 서부의 유목민들은 오랜 세월 동안 천막촌을 이루고 살았다. 옛날식 천막은 생김새가 투박하고 운반이 가능한 구조물로서, 겨울에는 따뜻하고 여름에는 시원하며 변화무쌍한 기후에 잘 견딘다. 켈리 천막촌은 현대 과학 기술의 이기를 어느 정도 받아들이면서도 독특한 생활 방식을 그대로 간직하고 있다.

테톤 근처에 자리잡은 켈리 천막촌은 원래 트럭과 모터홈(여행·캠프용 주거 기능을 가진 자동차—옮긴이)을 상대로 서비스를 제공하는 휴양 공원이었다. 그러던 어느 날 현대식 천막촌 건설업자인 딕 시몬이라는 사람이 공원 땅을 임대했다. 딕 시몬은 이 일대의 산맥에 신성한 기운이 있다고 믿고 그 기운이 미치는 범위 내에 작은 공동체를 설립하려는 희망을 품고 있었다. 그는 오랫동안 열심히 노력한 끝에 군(郡)으로부터 이 마을에 있는 천막집들을 영구적인 구조물로 인정하는 획기적인 판결을 받아냈다. 현재는 6.5헥타르 정도의 땅에 천막 11개가 허용된다.

천막촌을 인정한 것은 합당한 판정이었다. 1926년 홍수가 도시를 강타하고 지나가자, 마을이 범람원 위에 놓여 있으므로 앞으로도 홍수와 산사태가 자주 일어나리라는 사실이 명백하게 밝혀졌다. 그 전까지 켈리는 잭슨 홀보다 큰 도시였지만, 재건축을 하더라도 또다시 큰 홍수에 휩쓸릴 수 있다는 예측 때문에 본격적인 개발이 이루어지지 않았다. 재건축 비용을 많이 들이지 않으려면 천막 같은 간단한 집에서 사는 수밖에 없었다.

켈리는 전국 최대의 사슴 서식지인 국립 엘크 사슴 보호구역과 맞닿아 있고 주도로에서는 멀

리 떨어져 있어 관광객이 몰려드는 철에도 조용한 편이다. 나는 일주일 가까이 켈리에 머문다. 떠날 때는 배웅하러 나온 사람들과 작별인사를 나누느라 길 위에서 한동안 걸음을 지체한다. 초원을 가로질러 비포장도로를 걷는 동안 딕과 그의 아들 라이브가 길벗이 돼 준다. 딕은 내 배낭을 대신 메 주기도 한다.

빗방울이 떨어지기 시작한다. 다시 혼자가 된 나는 매끄러운 아스팔트 도로를 따라 국립공원에 들어선다. 차들이 정면에서 마주 달려온다. 나는 차 안에 있는 사람들에게 손을 흔든다. 사람들은 말코손바닥사슴이나 곰인 줄 알았다가 나를 보고 실망한 얼굴로 카메라 셔터를 누른다. 해가 지기 전에 등산객을 위한 관광 목장을 발견한다. 통나무집 몇 채가 옹기종기 모여 있고 산 옆에 새로 지은 목욕탕이 보인다. 까맣게 탄 나무들이 보이는 것은 지난해에 있었던 산불 때문이라고 누군가가 말해 준다. 나는 오두막집 안으로 들어간다.

내 옆 침대를 쓰는 사람은 메리 베스 무어라는 해군 정보장교다. 그녀는 하와이로 가는 길이며, 해상에서 소련 선박을 발견할 때마다 군사적 위험을 대대에 보고하는 일을 맡고 있다고 한다. 그녀는 자기 직업을 마음에 들어 하고 그것이 평화 유지에 기여하는 방법이라 여긴다. 하지만 우리는 군대 이야기를 많이 나누지는 않는다. 우리의 주된 화제는 곰이다. 그녀가 곰이 사람을 공격하는 이야기가 나오는 책을 읽고 있다고 해서 나온 이야기다. 그녀는 곰에게 공격당할까 두려워 휴가 계획을 변경했다. 이것이 겁이 날 때 그녀가 대처하는 방식이라고 한다. 등산도 겁이 나기는 마찬가지여서 내일 아침에 강사가 지도하는 등산 중급반에 들어가기로 예약해 놓았다

고 한다.

잠시 후 미줄라에 사는 친구들인 팻 부부가 도착한다. 그들을 다시 만나니 반갑기 그지없다.

> 산에 구름이 짙게 깔리고
> 갈가마귀 떼가 바람에 흔들리며 날아가더니
> 이내 빗방울이 떨어진다
>
> 1986년 8월 19일
> 와이오밍 주, 테톤 국립공원

아침 식사를 마친 후 스티브와 함께 앉아 음악을 연주한다. 그도 밴조를 가져왔는데 배우려는 열의가 대단하다. 나는 스티브와 음악으로 소통하며 커다란 만족을 느낀다. 누군가에게 노래나 연주법을 전수해 주고 그 사람이 자기만의 색깔로 다시 연주하는 소리를 듣는 것은 고도의 의사소통이다.

아무래도 끈질기게 지속되는 발목 통증 때문에 팻 부부와 함께 등산을 하려던 계획을 수정해야 할 듯하다. 나는 산에 오르지 않는 대신 북쪽으로 더 걸어가기로 한다. 켈리에 머무를 때 사귄 친구인 신다 스펜서와 함께 공원을 가로질러 옐로스톤으로 갈 생각이다. 아웃도어 교육 전문 강사인 신다는 산에서 휴가를 보내는 동안 천막촌을 방문했다가 나를 만났다. 그녀는 잭슨 호를 빙 돌아가는 크로스컨트리 코스로 함께 걷자고 제안한다. 별 수 없이 사람이 많은 길을 택해야겠다고 생각하고 있었던 나는 반가운 마음으로 그녀와 동행하기로 한다. 팻 부부와는 사흘 후 옐로스톤 외곽에 있는 온천에서 다시 만나기로 약속한다.

우리는 고속도로와 평행한 초원을 가로질러 제니 호에 있는 산림경비대 초소로 간다. 야생지대 통행권을 발급받기 위해서다. 초소 앞은 자동차와 캠프용 자동차와 여행사 버스로 만원이다. '트랜스 아메리칸 아시안' 사의 관광 안내인이 연령층이 다양한 한국인 관광객들을 인솔하여, 버스에서 내려 기념품 상점과 화장실에 들르도록 한다. 관광객들은 작은 소리로 이야기를 주고받으며 마치 의무를 수행하듯 서로 사진을 찍어 주고 주위 모든 풍경을 찍는다. 그들을 보니 내 사진기에 필름이 떨어져 간다는 사실이 생각난다.

우리는 관광객이 많은 장소를 떠나 오솔길로 걸어간다. 조금만 가면 잭슨 호가 나온다. 그런데 돌연 천둥이 치고 푸른 하늘이 회색으로 변하더니, 말코손바닥사슴이 풀을 뜯고 엘크사슴이 숨을 곳을 찾아 뛰어다닌다. 모두 비를 알리는 신호다. 우리는 1인용이라고 해야 할 정도로 작은 2인용 텐트 안에 들어가서 몸을 바짝 붙인다. 아침식사 후에는 빗줄기가 더 굵어지고 푸른 하늘에서 산발적으로 번개가 친다.

신다는 놀라운 속도로 걸으며 줄곧 나를 앞서 간다. 아웃도어 훈련을 받으며 습득한 능력이라고 한다. 그래서 나도 신다를 따라잡으려고 열심히 노력해야 한다. 누구를 뒤따라가는 일은 내게는 익숙하지 않다. 신다는 크로스컨트리 선수처럼 양손에 막대기 두 개를 쥐고 땅을 짚으며 걷는다. 나는 그것을 보고 낄낄거리며 웃어대지만 막대기를 이용하면 균형을 맞추기에 좋다는 사실을 곧 깨우친다.

우리는 함께 있어서 행복하다. 기분이 좋다가, 추위 때문에 지치고 짜증이 나다가, 다시 기분이 나아진다. 햇빛과 비를 넘나들다가, 자갈과 바위와 진분홍색 장미석영 덩어리로 이루어진 변화무쌍한 호숫가를 힘들게 걷다가, 부드러운 진흙탕에 빠진다. 산과 호수 사이는 야생동물 천국이다. 수달이 장난을 치다 멈추고 두건을 쓴 까만 눈으로 우리를 응시한다. 말코손바닥사슴과 물수리, 바다갈매기와 거위들이 한데 엮여 한 폭의 아름다운 천이 된다. 촉촉하게 젖어 있고 올이 촘촘하며, 영원히 샘솟는 노란색과 녹색 전류가 충전된 천이다.

팻 부부와 다시 만났지만 다들 말이 별로 없다. 작은 강 옆에 있는 온천의 김이 모락모락 나는 얕은 물에 다 같이 몸을 담그고 있자니 여기 오길 잘 했다는 생각뿐이다. 특별히 새로울 것도 없다. 마침내 우리는 작별 인사를 하고, 각자 서로의 일부를 나누어 가지고 노란색과 녹색으로 반짝이는 산을 탄다.

빨갛고 파란 잠자리들이
김이 자욱한 샘 위를 맴돈다
여름이 가을로 바뀌나보다

1986년 8월
와이오밍 주, 옐로스톤 국립공원

남쪽 출입구로 옐로스톤 국립공원에 들어간 후 산림경비대 초소에서 출입 허가를 받는다. 창구에 앉아 있던 여자는 걸어서 공원을 둘러보겠다는 이야기에 흥미를 보이다가 곧 당황해한다. 국립공원 내에서는 지정된 장소에서 야영을 하게 돼 있는데 나는 매일 밤 같은 야영지를 이용할 수 없기 때문이다. 그녀는 더 나이가 들어 보이는 경비원에게 나를 안내한다. 그 경비원은 나에게 길에서 멀찌감치 떨어진 곳에서 야영을 하되, 식량을 나무에 높이 묶어 놓고 불을 피우지만 말라고 이야기한다. 이미 날이 저물고 있는데 다음 야영장은 15킬로미터도 넘는 거리에 있다.

산길과 오래된 지선도로 상태가 어떤지 물으니 바로 곰 이야기가 나온다. 산림경비대원들은 순찰을 돌 때 살필 수 있도록 주 도로 근처로만 다니라고 당부한다. 나는 조용한 숲길에 더 매력을 느끼면서도 알았다고 대답한다. 여름철 아침 10시부터 오후 1시까지는 교통량이 가장 많은 시간이다. 그러나 나는 고속도로를 걷는 일에 꽤 익숙해져 있어서 차들이 지나다녀도 별로 신경이 쓰이지 않는다.

도로가 보이는 곳에 첫 야영지를 정한다. 식량이 담긴 자루는 내가 있는 곳에서 30미터쯤 떨어진 소나무 두 그루에 4.5미터 높이로 걸쳐 놓는다. 곰이 사람을 공격한 이야기까지 들은 터라 마음이 불안하다. 쥐가 나뭇잎을 긁는 소리만 들려도 떨 듯이 놀라며 밤을 보낸다.

아침에는 줄기차게 비가 온다. 더 이상 앞으로 나아가기가 어려워져 롯지폴 소나무 밑에 서 있다. 구름이 낮게 깔리고 공기에는 전류가 흐른다. 천둥소리가 쾅쾅 울리며 땅을 뒤흔드는 가운데 나는 로키 산맥 분수령(해발 2,435미터)을 넘어 옐로스톤 호수 근처에 있는 그랜트 빌리지로 내려간다.

길가에는 꽃이 활짝 피어 있다. 차들이 물방울을 튀기며 지나가고, 앞유리 와이퍼가 좌우로 움직인다. 나는 숨을 쉬는 리듬에 맞춰 팔을 휘두르고 발을 내딛는다. 들이쉬고……내쉬고……들이쉬고……내쉬고……. 서서히 아침 안개가 걷히자 김이 솟아나는 회색 간헐천이 눈앞에 펼쳐진다. 어떤 사람들은 출입금지 표지판도 무시하고 차를 세운 후 용감하게 담장을 넘어간다. 그러면 그들이 뜨거운 물에 화상을 입기 전에 산림경비대원이 따라가서 야단을 친다. 들리는 이야기에 따르면 간헐천에 빠져 버린 사람도 있었다고 한다.

이 황무지에서 나는 걷기의 기본적인 진리를 체험하고 있다. 인간이 별에 닿으려고 노력하는 세상이지만 기본적인 진리는 나에게뿐 아니라 모든 생물에게 중요하며 인류의 성장에 필수적이다. 자연 그대로 다양성을 간직하고 있는 우리의 환경에 대한 기본적인 이해를 가지는 것은 인류의 생존에 반드시 필요한 일이다. 그런 의미에서 나는 공원에 고마움을 느낀다. 야생지대를 보존해야 하는 이유를 더 확실히 이해할 수 있다. 최고의 체험을 통해 얻은 지식이다.

강물 속에서
물고기 세 마리가 물길을 거슬러 헤엄치고
우리는 위에서 내려다본다

1986년 7월 피싱 브리지
와이오밍 주, 옐로스톤 국립공원

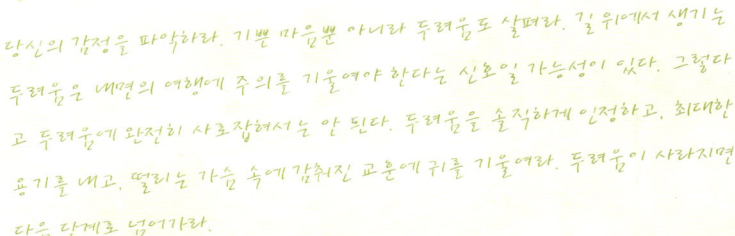

당신의 감정을 파악하라. 기쁜 마음뿐 아니라 두려움도 살펴라. 길 위에서 생기는 두려움은 내면의 여행에 주의를 기울여야 한다는 신호일 가능성이 있다. 그렇다고 두려움에 완전히 사로잡혀서는 안 된다. 두려움을 솔직하게 인정하고, 최대한 용기를 내고, 떨리는 가슴 속에 감춰진 교훈에 귀를 기울여라. 두려움이 사라지면 다음 단계로 넘어가라.

저녁에는 브리지 베이에서 캠프파이어 모임이 열린다. 사람들이 모닥불 주위에 모여 앉아 버몬트 주에서 한시적으로 파견된 삼림경비대원 바브에게 이야기를 듣는다. 그녀는 옐로스톤 국립공원의 역사 이야기며 버팔로를 비롯한 야생동물 이야기를 들려준다. 그리고 버팔로나 곰에게 가까이 가지 말라는 지당한 충고를 곁들인다. 하지만 그런 이야기를 귀담아듣지 않는 사람도 항상 있는 법이다. 공원관리사무소에서 세운 표지판에는 지난해 여름에만 12명이 버팔로에게 받혔다고 적혀 있다. 나는 곰이 나오는 산길을 따라 여행할 때마다 신중하게 거리를 유지하고 식량은 잠을 자는 곳과 멀리 떨어진 나무에 매달아 놓는다.

공원 경계선 밖에서 돌아다니는 물소와 엘크사슴을 죽여야 하느냐 마느냐를 두고 논쟁이 벌어진다. 동물이 너무 많아져서 탈이기도 하고, 경계선을 설정할 때 동물들의 이주 습성을 염두에 두지 않았던 것도 문제였다. 1930년대에 몰살된 늑대를 다시 데려오자는 이야기가 나오자 인근 농장주들이 기겁한다. 몬태나 대학에서 실시한 연구 결과에 따르면 공원 방문객의 대다수는 동물들을 다른 지역에 정착시키는 데 찬성하고 있다. 그 이야기를 들으니 기쁘다. 로키 산맥 북부에 늑대가 살게 된다면 생태계의 균형이 잡히고 다양성이 증가할지는 몰라도 농장주들은 경제적 손실을 겪을 것이다.

옐로스톤 호수를 빙 도는 데 나흘이 걸린다. 호수 둘레는 110킬로미터 정도 된다. 공원 서쪽 출입문 바깥에 곰 대여섯 마리가 어슬렁거리며 자신들의 존재를 과시한다. 내가 머물고 있는 야영장에서 멀지 않은 곳에 곰이 있는 셈이다. 파하스카 별장 사람들은 내가 텐트를 치고 잔다는 이야기를 듣고 오두막집으로 들어와야 한다고 주장한다.

유전지대 곳곳에서

소가 푸른 잔디를 뜯어 먹는다

아무런 걱정도 없어 보인다

1986년 9월 9일
와이오밍 주, 파월

옐로스톤에서 동쪽으로 120킬로미터 떨어진 파월에 도착해서 다시 발길을 멈춘다. 지역 신문 발행인인 데이브 보너와 다이앤 보너의 집에 머문다. 그들은 내가 올 줄 미리 알고 기다리고 있다. 내 친구이자 보너 부부의 친구인 윌시 부부가 내가 온다고 연락해 준 덕분이다. 나는 가족의 일원처럼 따뜻한 환영을 받는다.

파월에서 보낸 나흘 중 이틀은 노스웨스트 지역 전문대학에 가서 강의를 한다. '초청강사'로 불리니 기분이 좋긴 하지만 마지막에 가서는 내가 가르친 것 이상으로 많은 것을 배웠다는 생각이 든다. 교실에서 의사소통이 원활하게 이루어져 다행스럽기도 하다. 학생들은 대체로 본인이 원해서 온 사람들이고, 학생들은 물론 강사들도 사회문제에 대한 새로운 접근방식과 교육 개혁에 관심이 많다. 나는 이곳에 남아 한두 학기 정도 강의를 해 달라는 제안을 받고 진지하게 고민한다. 나 역시 그들과 지내면서 아주 즐거웠기 때문이다.

빅 혼 산맥으로 이어지는 고속도로에 있다. 이 도로는 와이오밍 주에서 가장 가파른 도로이며 심지어는 전국에서 가장 가파른 길일지도 모른다고 도로를 보수하던 기술자가 이야기해 주었다. 그의 말을 의심하지는 않았지만, 정상으로 올라가다 도로가 수직에 가까운 암벽에 달라붙어 있는 모습을 보니 입이 딱 벌어진다. 그야말로 기술의 승리다.

엘크사슴 사냥꾼들과 함께 일주일 동안 산맥을 횡단한다. 내가 지나온 길에 차가운 눈이 곱게 쌓인다. 셰리든으로 내려오자 눈이 비로 바뀐다. 1888년에 군으로 지정된 셰리든은 원래 크로우 족과 샤이엔 족과 수우 족이 거주하던 지역이었다. 이곳에 정착한 백인들은 원주민 주거지를 침범하지 않겠다는 협정을 맺었으나 결국 원주민을 쫓아내고 말았다. 셰리든은 인디언 전쟁 및 소규모 교전의 역사와 깊은 관련이 있는 지역이다. 북쪽으로 조금 더 가서 몬태나 주로 넘어가면 유명한 인디언 전사 '시팅 불'과 '크레이지 호스'가 커스터 장군을 상대로 승리를 거둔 리틀 빅혼(Little Big Horn) 전투 장소가 나온다. 나는 시내로 가는 길에 역사적인 장소를 알리는 표지판이 나올 때마다 걸음을 멈추고 읽어 본다. 장소 감각을 얻는 데 상당한 도움이 되기 때문이다.

> 초록색이던 미루나무가
> 빨간색과 황금색으로 변한다
> 구름은 은회색이다
> 1986년 9월 19일
> 와이오밍 주, 셰리든

셰리든 대학에서 강연을 하고 있는 나에게 CBS 텔레비전 프로듀서인 캐슬린 팰른이 다가온다. 겨울에 방영될 뉴스매거진 프로그램 〈웨스트 57번가〉(1985년부터 1989년까지 CBS에서 방영했던 프로그램―옮긴이)의 플래닛워크 편을 제작하고 싶다는 것이다. 나는 승낙하고, 며칠간 촬영이 진행된다. 그런데 뉴욕으로 돌아가 책임 프로듀서에게 승인을 받아야 한다는 이야기가 나온다. 어떤 이유든 간에 도보로만 다니고 말을 하지 않는 사람은 다소 이상해 보이기 때문에 방송에 내보내기에 적절한 소재가 아니라는 의견이 많을 수도 있다. 만약 방송국에서 내 이야기를 방영하기로 결정할 경우 캐슬린을 비롯한 제작진들이 여행 중인 나를 다시 찾아오기로 한다.

작별 인사를 나눈 후 나는 버팔로를 향해 남쪽으로 나아간다. 버팔로는 인구 약 4,000명인 작은 도시로, 버팔로라는 이름은 뉴욕 주에 있는 자매도시에서 따온 것으로 추정된다. 나는 버팔로에 도착하면 어느 고등학교에서 강연을 하기로 돼 있다. 내가 간다는 소문이 먼저 퍼진 덕택이다.

해질녘이 가까워 오자 나는 어느 집 문을 두드리고, 빈 물병을 보여 주며 물을 좀 달라고 부탁한다.

문을 열어 주러 나온 남자가 상냥하게 말한다. "아, 당신이 누군지 압니다. 얼마 전에 신문에서 봤지요." 그는 부엌으로 들어갔다가 내 플라스틱 물병을 꽉 채워 가지고 돌아온다. 내가 감사 인사를 하자 그가 말한다. "여행 잘 하십시오."

흰색으로 칠한 깔끔한 집을 뒤로 하고 잠시 걷다가 멈춘다. 어둑어둑해질 무렵 순찰차 한 대가 키 큰 잔디밭에 멈추면서 조사등으로 나를 비춘다. 나는 경찰과 대면할 준비를 한다. 빛 때문에 눈살이 찌푸려진다.

환한 순찰차 라이트 뒤에서 똑같이 환한 손전등을 들고 나온 경관이 묻는다. "무슨 일입니까?" 우스운 대답 몇 가지가 머릿속에 떠오르는 통에 큰 소리로 웃을 뻔하지만 웃음을 터뜨리지는 않는다. 침묵을 지킨 나 자신에게 감사하며 먹다 만 저녁밥을 경관에게 보여 준다. 이어 침낭을 가리키고 잠자는 시늉을 해 보인다. 경관은 내 대답을 이해하지 못하고 다시 질문한다. 나는 조심스럽게 몸을 움직여 신문 기사를 꺼낸다.

"당신 귀머거리요?"

나는 고개를 흔든다.

"당신이 돌아다니며 물과 음식을 훔친다고 사람들이 불안해하고 있소."

경관의 말을 들으니 캘리포니아 주에서 혼자 길을 걷던 때가 생각난다. 나는 물을 달라고 부탁했을 뿐이라는 뜻을 몸짓으로 전달하며 의아한 표정을 지어 보인다.

그는 뜻밖에도 내 연기를 잘 이해한다. 내 소개가 들어간 명함을 건네자 그가 말한다.

"어찌됐든 사람들이 불안해합니다. 주 경계선까지 태워다 드릴 테니 당장 짐을 챙기시오."

나는 소개글 중 엔진으로 움직이는 교통수단을 이용하지 않기로 했다는 구절을 가리킨다. 경관은 글을 다시 읽어 보고 얼굴 가장자리를 긁적이며 생각에 잠긴다.

"알았소. 오늘밤은 여기 있어도 되지만 구걸은 하지 마시오. 당신은 낯선 사람이기 때문에 이곳 사람들이 법석을 떨거나 호기심을 가질 거란 말이오. 정말 차를 태워 주지 않아도 되겠소?"

내가 고개를 가로젓자 경관은 가 버린다. 그는 다른 사람들의 걱정을 대변했다기보다 자신이 느끼는 우려를 이야기한 것 같다. 나는 편안하게 잠들지 못한다. 주민이 40명쯤 되는 배너라는 마을에 들어가 1.5킬로미터쯤 걷다가 잡화점에 들어선다. 내가 지나온 와이오밍 주의 다른 마을들과 마찬가지로 이곳에서도 잡화점이 우체국 역할을 겸하고 있다.

"아직 여기까지밖에 못 왔어요?" 우체국 책임자 메이 존슨이 나를 놀려 댄다.

나는 빙그레 웃으며 고개를 끄덕인다. 메이는 간식이라도 먹고 가라면서 자기가 가져온 바닐라 밀크셰이크를 반 나눠 주고 집에서 만든 체리파이 한쪽을 준다. 메이는 원래 잡화점 주인이었다고 한다. 그녀는 잡화점 안에 있는 작은 식당을 새로 인수한 사람에게 내가 떠날 때 가져갈 점심과 간식을 준비해 달라고 부탁한다. 음식을 주고받다가 돌아보니 어젯밤에 만난 경관이 잡화점 안에 들어와 있다. 그는 나를 보고 마뜩찮은 얼굴을 한다.

메이가 내 어깨에 팔을 두르고 들뜬 목소리로 소리친다. "경찰관 아저씨, 이 사람 좀 보세요. 캘리포니아에서부터 내내 걸어왔대요."

경관이 대답한다. "나도 알아요. 어젯밤에 어떤 주민이 저 사람 때문에 전화를 했지 뭐요. 그래서 내가 군 경계선까지 태워다 주겠다고 했는데 싫다더군요."

"로이드 아저씨, 이 사람이 차를 타지 않는 걸 모르셨어요? 여기 몬태나 주 신문에는 이 사람이 말도 안 한다고 나와 있어요. 그리고 미줄라에서 환경학 석사학위를 땄대요. 지금은 도보로 전국을 횡단하고 있고요." 메이는 경관에게 신문 기사를 건네며 나를 향해 한쪽 눈을 찡긋 한다. 경관은 예의를 차리기 위해 기사를 죽 훑어보고 돌려준다.

"순찰이나 가야겠군." 경관은 종이컵에 담긴 커피를 들고 성큼성큼 걸어 밖으로 나간다.

메이가 내게 말한다. "저런 사람들도 있는 법이죠."

그래도 내가 보기에는 메이 같은 사람이 더 많다. 나는 몇 시간 동안 음악을 들려주고 수채화가 있는 일기장을 보여 주면서 잡화점을 찾는 손님들과 어울려 즐거운 시간을 보내다가 떠난다.

날씨가 서늘해지는 가운데 파우더 리버 분지를 건넌다. 110킬로미터나 되는 사암 빛깔 땅이 펼쳐지고, 저 멀리 목장에는 영양이 흩어져 있고, 길이 1킬로미터가 넘는 석탄 수송 열차가 천천히 분지를 가로지르며 연기를 내뿜는다. 화물 운송 열차를 보니 1960년대 말 시카고에 살면서 C&O/B&O에서 보조 차장으로 일하던 때가 생각난다. 지금의 나에게 그곳은 강철선을 통해서만 연결되는 아득히 먼 세계다.

질레트라는 도시에서 열리는 일요강좌에 참석하고 있는데 캐슬린 팔렌이 지방 신문사를 통해 나에게 연락한다. 통신원 메레디스 비에라와 촬영기사를 데리고 사우스다코타 주 경계선 부근에 있는 선댄스로 오겠다는 것이다.

나는 질레트를 떠나기 전에 고등학교에도 들러 수업을 한다. 라디오 뉴스에서는 폐쇄되는 유정 숫자와 석유 생산을 계속하는 유정 숫자를 보도한다. 석유 가격이 하락하는 바람에 에너지를

기반으로 한 질레트의 경제 호황도 끝이다.

 '블랙 힐'이 보이기 시작하는 곳에서 기다리고 있던 캐슬린을 만난다. 북쪽으로는 '악마의 탑'(원주민들은 곰의 별장이라는 뜻으로 '마테오 티피'라고 부른다)이 보인다. '악마의 탑'은 땅딸막하게 생겼지만 계곡 밑바닥에서부터 잰 높이가 390미터에 달한다. 여기서 동쪽으로 조금 더 가면 사우스다코타 주다.

제 15 장

눈보라
사우스다코타 주의 겨울

붉은 산 아래
풀 뜯는 암소 옆에는
핵탄두미사일이 대기 중이다

1986년 10월
사우스다코타 주

밤에 소나기가 내려서 낮은 철교 밑에서 잠을 잔다. 아침이 되자 고속도로가 비에 젖어 있다. 한두 시간 더 걸어 주 경계선에 도착해 와이오밍 주에서 사우스다코타 주로 넘어간다. 걸음을 옮길 때마다 메뚜기들이 반투명 날개를 펄럭이며 날아오르는 시원한 가을날이다. 나는 새 지도를 받으려고 휴게소로 들어가서 여행자 안내 창구를 찾는다.

거무스름한 붉은색을 띤 높다란 구조물 밑으로 검은색과 흰색 얼룩소들이 보인다. 소들은 철망 울타리 주위에 새로 자라나는 연한 잔디를 여유롭게 뜯어먹는다. 나는 여행자 안내 창구에 앉아 있는 여자 두 명에게 내 소개를 하고 쪽지를 써서 건넨다. 그러고는 높다란 구조물을 가리키면서 손을 구부려 ICBM(대륙간탄도미사일)이 날아가다가 버섯구름을 일으키며 폭발하는 장면을 묘사한다. "저게 미사일 격납고인가요?"라는 질문인 셈이다.

"맞아요." 두 여자는 무미건조하게 대답한다.

미사일 격납고를 직접 보기는 처음이다. 사우스다코타 주 서부에는 미사일 발사 통제장치를 갖춘 미니트맨Ⅱ 미사일 격납고가 150군데나 있다. 나는 죽음의 가장자리에 서서 의연한 태도를 유지하기 위해 나 자신에게 타이른다. 그 미사일들이 실제로 사용되는 일은 없을 것이며, '확실한 상호 파멸(MAD)'이라는 논리가 평화를 보장할 수 있다고. 나는 얼마 전 몬태나 대학 환경학 수업에서 전쟁에 적용되는 MAD라는 개념을 공부했다. 그래도 불과 몇 분 만에 소련에 닿을 수 있다는 미사일이 이렇게 가까이 있다는 사실이 인상적이다. 이 미사일의 파괴력은…….

'찰칵!' 플래시가 터지는 바람에 나는 상념에서 깨어난다.

안내창구에 있던 여자가 사진 한 장을 더 찍기 전에 묻는다. "당신 사진을 찍어도 괜찮죠? 이곳을 걸어서 지나가는 사람은 드물거든요."

나는 블랙 힐 국유림보다 약간 북쪽에 위치한 스피어피시에서 며칠을 보낸다. 이 근방에는 구경거리가 많다. 블랙 힐 자체도 볼 만하고 북반구에서 가장 큰 금광인 홈스테이크 광산과 러시모어 산도 있다. 하지만 계절이 바뀌고 있으므로 눈이 오기 전에 자리를 잡아야 한다. 겨울이 되기 전에 위스콘신 주 메디슨에 도착하려던 계획은 이미 단념했다. 미네소타 주 남동부에 있는 미네아폴리스가 타당한 목표일 듯하다. 그래서 일단 스피어피시에 머물기로 한다. 내가 와이오밍 주 질레트를 떠날 때부터 나를 기다리고 있던 캐시 손즈의 집에 와 있다. 원래는 캐시네 집에서 멀지 않은 주립대학을 방문할 예정이었는데 마침 '스윔위크(홈커밍)' 주간이라 말을 하지 않는 사람에게서 강연을 들으려는 사람은 없을 듯하다. 그것도 좋다. 나는 다시 길을 밟고 싶은 마음이 간절하니까. 나는 지도상에서 미국의 중심에 위치한 장소를 향해 걸어간다. 북쪽으로 곧장 40킬로미터만 가면 되지만 하루 만에 가지는 못한다.

햇대에서 날아오른 붉은 매가

푸른 하늘 위로 미끄러진다

들종다리도 따라간다

1986년 10월 9일
사우스다코타 주, 뉴웰로 가는 길

스피어피시에서 북쪽으로 18킬로미터 정도 떨어진 벨 푸세에 도착한다. 신문기자 한 사람이 군 행정관에게 전화를 걸어 주선해 준 덕분에 나는 군의 초청을 받은 내빈 자격으로 모텔에 숙박한다. 초원 너머에서 불어오는 폭풍을 피할 수 있어서 고맙기 이를 데 없다. 모텔 벽에 걸린 달력에는 마을 경찰서 사진과 "약물 남용을 근절합시다."라는 글씨가 있다. 달력에 적힌 날짜와 이제 조금 잠잠해진 폭풍이 지나가는 소리를 들으니 곧 날씨가 바뀌겠다는 생각이 든다. 나는 텔레비전을 켜놓고 깜박 잠이 든다. 파도가 몰아치는 바다에서 작은 보트를 타는 꿈을 꾼다.

아침이다. 건물 밖에서 들리는 자동차 소리와 낙엽이 바스락거리는 소리에 잠을 깬다. 어느 친절한 빵집 주인에게 받은 갓 구운 달콤한 롤빵을 가방에 넣고 벨 푸세를 떠난다. 지나가는 차 안에 있는 사람들에게 손을 흔들며 걷는다. 길이 동쪽으로 꺾어지고 시골 풍경이 펼쳐진다. 나는 길을 따라 계속 걷는다. 이제는 제법 쌀쌀하다. 겨울 냄새를 맡으니 눈이 생각난다.

밤에는 비가 내린다. 나는 콘크리트 다리 밑으로 가서 방수가 되는 비비색 안에서 잠을 잔다. 내 몸이 겨우 들어갈 정도로 작고 가벼운 비비색이지만 사납게 퍼붓는 비에 몸이 젖지 않게 해 준다. 아침에 일어나 짐을 싸서 다시 길에 오르려다 보니 내 정리 솜씨가 너무 형편없어서 짜증이 난다.

효율적으로 짐을 챙기는 기술은 계절에 따라 달라진다. 아직 비가 오고 있다면 내 짐은 모조리 비에 젖어버릴 것이다. 게다가 나는 비포장도로 분기점을 놓치는 실수를 해서 벨 푸세 저수지 댐까지 걸어가야 한다. 그것도 처음 몇 킬로미터는 방향을 잘못 잡고 걷는다. 나는 고개를 절레절레 흔들며 얼마간 더 빙빙 돌다가 마침내 뉴웰로 가는 길을 찾아낸다. 붉은 기가 도는 녹색 사탕수수가 자라는 밭을 똑바로 가로지르는 길이다. 때때로 길 옆쪽이나 멀리 지평선 부근에 자리 잡은 농가가 보인다. 농가에는 미사일이 아닌 곡물을 저장하는 창고와 축사가 있다.

주유소 뒤에서 자다가 일어나 보니 금방 비가 내릴 듯해서 준비를 시작한다. 침묵 속에서 문득 선원의 노래가 떠오른다. "아침 하늘이 붉으면, 선원들은 경계한다네. 밤에 하늘이 붉으면, 선원들은 기뻐한다네." 내 기억은 정확하지 못하다. 생각에 생각을 거듭해도 매번 다른 가사가 생각난다. 이곳은 바다와는 멀리 떨어져 있지만 해 뜨는 풍경이 대단히 아름답다.

교회 옆에서 발걸음을 멈춘다. 대여섯 명이 아침 예배를 드리러 와 있다. 바깥 계단에 나와 있던 나이든 분들 몇몇이 나를 보고 어디로 가느냐고 묻는다. 내가 말없이 대답하자 그들은 즉석 기도로 화답한다. 모두들 농구 선수들이 둥글게 모일 때처럼 손을 한데 모아 기도를 올린다. 서로 손바닥을 마주 치며 '하이파이브'를 하고 다시 경기장으로 뛰어나가는 모습이 눈에 그려진다. 나는 그들과 헤어지며 혼자 씩 웃는다.

식당 바깥에 걸린 간판에는 '24시간 영업, 사냥꾼 환영'이라고 쓰여 있다. 사냥철에 걸어다니면 위험하지 않을까? 나는 불안한 마음을 지워 버리려 애쓴다. 식당 안에 들어서니 카우보이 가죽바지를 입고 박차 달린 신발에 야구모자나 카우보이모자를 눌러쓴 차림새로 김이 모락모락 피어나는 뜨거운 커피잔을 들고 있는 사람이 대부분이다. 바람을 맞으며 거친 생활을 해서인지 그들의 얼굴에는 주름살이 많다. 그들은 짐승을 찾는 방법에 대해 이야기를 나눈다. 창턱마다 싱싱한 금잔화가 놓여 있는 모습을 보니, 몬태나에서 보낸 봄과 막 베어낸 파릇파릇한 건초에서 나는 달콤한 냄새가 생각난다. 아코 사막을 건너 아이다호에서 맞이한 무더운 여름날의 꿈 생각도 난다. 바깥을 내다보니 회색 구름이 끼고 차가운 빗방울이 떨어진다. 커피를 마시자 살짝 흥분이 되면서 몸이 따스해진다.

잿빛 하늘에 매가 날아가고
길 위에는 눈보라가 날린다
추위가 뼛속까지 파고든다

1986년 10월 11일
사우스다코타 주, 머드 뷰트

야생 거위들이 구름같이 모여들더니 V자 대형을 만들어 남쪽으로 몰려간다. 나를 보고 자동차 두 대가 멈춘다. 그러나 나는 미사일 격납고를 지나치고 운전석에 있던 사람의 어안이 벙벙한 눈동자를 지나쳐 계속 걸어간다. 다행히 몬태나에서 우편으로 보내준 내 겨울 외투를 어제 뉴웰에서 받았다. 가벼운 우비와 여름용 텐트는 160킬로미터 앞에 있는 이글 뷰트로 미리 보내 놓았다. 잠시 여행을 중단하고 샤이엔 강 인디언 보호구역 내에 있는 이글 뷰트에 머무를 계획이다.

212번 고속도로는 이글 뷰트로 가는 2차선 아스팔트 도로다. 하루 만에 걸을 수 없을 정도로 길게 뻗은 적막한 길이다. 사우스다코타 주 서부에는 길가에 자리 잡은 집 몇 개가 전부인 마을이 많다. 내가 90번 도로를 택했더라면 여행자에게 긴요한 식당과 모텔과 휴게소가 잘 갖춰진 작은 마을들이 나오는 널찍한 4차선 내지 6차선 고속도로에 있었을 것이다. 길에서 만난 사람들은 하나같이 왜 그렇게 쓸쓸한 길을 택했냐면서 의아해한다. 하지만 텅 빈 들판을 걸으며 느끼는 고독은 나쁘지 않다. 텅 비어 있다는 건 이런 걸까? 나는 인디언 보호 구역에서 시간을 보내기를 고대하며 걸음을 옮긴다.

하늘에는 말꼬리구름이 떠 있고

바람과 함께 걷는 동안

초원의 잔디가 구부러진다

1986년 10월 14일
사우스다코타 주, 페이스

밤 동안 기온이 영하로 내려간다. 코요테 여러 마리가 달빛이 비치는 평원을 이리저리 뛰어다니며 깽깽거린다. 때로는 코요테가 가까이 다가와 부엉부엉 우는 올빼미들과 합창을 하여 나를 깨운다. 날씨가 추워지면 글을 쓰거나 그림을 그리기가 어려워진다. 할 수 있는 일이라고는 계속 걷고, 따뜻한 저녁 식사를 준비하고, 텐트를 쳤다가 도로 접는 일이 고작이다.

오늘은 아침 햇볕 덕택에 텐트가 따뜻하다. 다른 미사일 격납고를 지나치던 나는 차를 몰고 가는 군인들에게 손을 흔든다. 그들은 M-16 총을 옆에 끼고, 녹색 군복 차림에 셔츠의 느슨한 목둘레에는 다양한 색깔의 실크 스카프를 둘렀다. 고개를 끄덕이며 손을 흔드는 군인이 있는가 하면 멍한 눈으로 앞만 바라보는 군인도 있다. 작은 라디오에서는 레이건 미국 대통령과 고르바초프 소련 대통령이 아이슬란드에서 핵군축 협상을 성공적으로 진행하고 있다는 소식이 흘러나온다. 나는 상황이 다소 역설적이라는 생각이 들어서 쓴웃음을 지으며 거의 무의식적으로 조금 더 편안한 위치를 찾아 배낭을 고쳐 멘다.

굽이치는 언덕 위로 난 길을 따라 천천히 올라갔다 내려오면서 보니 죽음의 흔적이 눈에 들어온다. 차에 치어 죽은 동물들이 널려 있다. 멍한 눈의 코요테, 꿩, 여우, 들쥐, 뱀, 가지뿔영양, 사슴…… 2년 전에는 영양이 대량으로 도살되는 사태가 있었다. 영양이 너무 많다는 농부들이 민원을 접수하자 해양오락부에서는 해결책이랍시고 사냥 허가를 지나치게 많이 내 주었기 때문이다. 이제 이 일대에는 영양이 희귀해졌다. 이는 민감한 문제다. 특히 지금이 사냥철인 만큼 더욱 민감해져 있다.

오늘은 18킬로미터밖에 못 걷는다. 인디언 보호구역 서쪽 변두리에 위치한 작은 마을인 페이스에 도착한다. 페이스는 평지에 위치해 있어서 성난 바람이 사방을 휩쓸고 다니면 당해 낼 재간이 없다. 나는 「페이스 인디펜던트」지에서 일하는 기자와 내 여행에 대해 이야기를 나눈다. 기자가 주부 코미디언 못지않게 재미있는 사람이어서 그녀의 사무실에서 나와 모텔로 걸어가는 내내 웃음을 참지 못한다. 추운 바깥에서 자는 데 지쳐 모텔에 방을 잡아 놓았다.

키 작은 풀밭 위로

사냥꾼의 달이 뜨고

꿈도 은빛으로 물든다

1986년 10월 16일
사우스다코타 주, 샤이엔 강 인디언 보호구역

    맑고 따뜻한 날씨 속에 페이스를 떠날 준비를 한다. 나는 겨울 외투를 돌돌 말아 배낭에 끈으로 동여맨다. 며칠 전에는 추위와 바람과 때때로 안으로 파고드는 고독에서 벗어나기 위해 휴대용 라디오를 이용했다. 하지만 오늘은 날씨가 포근한데다 지나가는 차도 적어서, 들리는 소리라고는 산들바람이 살며시 속삭이는 소리와 마른 나뭇가지가 똑똑 꺾이는 소리와 발밑에서 자갈이 달그락거리는 소리가 전부다. 내 앞에는 완만한 언덕이 펼쳐진다. 끝도 없어 보이는 언덕이.

    저녁이 되자 철망 울타리 밑에서 쉬다가 잠잘 곳을 찾아 키 큰 풀밭으로 휙 내닫는다. 달빛이 휘영청 밝은 밤이다. 가끔 자동차가 조용히 지나가는 소리와 가까운 농가에서 개들이 컹컹 짖는 소리가 침묵을 깨뜨린다. 나는 잠에 굴복하고 만다.

마침내 밤이 어둠과 이별하고, 동쪽 지평선을 길게 가로지르는 붉은 선이 태양을 놓아 보낸다. 곧바로 자리에서 일어나 계속 걷다가 인디언 보호구역의 첫 번째 도시인 듀프리에 들어선다. 내가 가진 지도에는 듀프리가 군청 소재지라고 나와 있지만 넓은 중심가에는 적막한 분위기가 돌고 상점 문에 판자가 처져 있다. 나는 아침식사를 할 곳을 찾다가 이동식 집을 개조해서 만든 식당이 문을 연 것을 발견한다. 그 식당과 붙어 있는 목조건물이 마을 회관 구실을 하는 모양이다. 식당 안으로 들어가니 노란색 포마이카 탁자에 둘러앉아 커피를 마시고 있는 할머니 여섯 명의 눈 속에 마을의 분위기가 어른거린다. 할머니들은 나에게 들릴 정도로 큰 소리로 속삭인다.

"저기, 저 사람은 평화를 위해 걸어서 세계 일주를 하는 중이래."

할머니들은 장난기 어린 표정으로 서로를 바라본다. 짙은 담배 연기와 함께 왁자한 웃음이 터진다.

"걷다가 바다를 만나면 어떻게 한다던가?" 한 할머니가 묻는다.

"그야 나도 모르지." 다른 할머니가 대답한다.

"헤엄쳐서 건너지 않을까?" 다른 할머니가 담배를 깊이 빨아들이고 나서 말한다.

"글쎄. 물 위를 걸을 수 있는 사람은 한 분밖에 없다고 알고 있는데." 다른 할머니가 말한다.

"저 사람은 그분이 아닌 것 같군." 할머니들은 일제히 내 쪽으로 시선을 돌린다. 좁은 실내가 웃음소리로 꽉 찬다. 나는 한 할머니에게 내 명함을 건넨다. 할머니들은 내용을 읽지는 않지만 명함을 옆으로 돌려 보고 내가 걷는 모습과 밴조를 연주하는 모습을 담은 사진을 손가락으로 건드리며 쿡쿡 웃는다.

할머니들이 식당에서 나갈 때 가장 나이 많은 할머니가 다가와 악수를 청한다. 활짝 웃으며 오랫동안 나를 응시하는 할머니의 눈가에도 웃음이 퍼진다. 문득 내가 떠나온 집과, 내가 속한 장소와, 지금도 나와 함께 있는 우리 공동체가 생각난다. 다음날 나는 인디언 보호구역의 중심부에 위치한 이글 뷰트에 도착한다. 마중을 나온 루시 겐지가 나를 자기 집으로 데려간다.

붉은 달이 떠오른다
사우스다코타 언덕 위로
조용히 걸음을 옮기는 밤

1986년 10월 20일
사우스다코타 주, 샤이엔 강 인디언 보호구역

루시는 네 명의 아이들과 함께 이글 뷰트의 넓은 임대주택에 살면서 낮 시간을 이용해 부족 전화회사 아래층에 있는 인쇄소에서 일한다. 나는 주말에 도착한 관계로 루시네 가족이 계획해 놓은 일에 모두 동참하게 된다. 우선 가족 소풍에 따라가 20분 동안 자전거를 타고 도시 외곽으로 나간 후 바비큐와 배구를 즐긴다. 일요일에는 교회 예배에 참석한다. 이글 뷰트는 지금까지 지나온 보호구역 내의 다른 도시들에 비해 형편이 나아 보인다. 도시에 있는 커다란 오피스 빌딩은 인디언 사무국이며 근처에는 지역대학도 있다. 햇살이 쏟아지는 사흘 동안 이곳에 머무르며 이대로 겨울을 날지 말지 고민한다. 하지만 가만히 앉아 있기에는 너무 좋은 날씨이므로 나는 루시네 가족과 함께 아침식사를 한 뒤 길을 떠난다. 작별인사 도중 나에게 두 번이나 안긴 막내딸 앰버가 울음을 터뜨린다. 루시네 가족은 작별 선물이라며 구슬로 장식한 메달을 준다. 나는 메달을 목에 두른다.

퍼레이드라는 다음 마을에 물을 얻으러 잠시 들른다. 우체국 역할을 하는 상점이자 누군가 사는 집이기도 한 작은 목조건물 한 채가 퍼레이드의 전부다. 비바람에 닳은 목조건물 밖에는 낡은 가스 펌프가 있다. 하얗게 녹슨 붉은색 펌프에 검은색 블록체로 '판매 중지'라는 글자가 쓰여 있다. 나는 밤까지 꼬박 걸어 32킬로미터쯤 가다가 비포장도로에 올라, 루시의 소개로 하룻밤 머물게 된 도나와 짐의 목장으로 간다.

우리는 암소와 수소와 돼지 이야기를 나눈다. 목장에서는 매일 송아지가 태어나고, 돼지는 3인용 텐트 정도 크기의 작은 A자형 집 안에서 키운다고 한다. 도나는 나에게 식사를 대접하려고 난로 위에서 요리를 하면서, 지난해 송아지를 50마리 가까이 잃어버려 14,000달러나 손해를 본 이야기를 들려준다.

저녁 시간 내내 우리는 평야지대에 사는 사람들이 산악지대나 해안지방에 사는 사람들과 어떻게 다른가를 말로 표현하려 애쓴다. 거주지의 지형에 따른 성격 차이는 실제로 있을 것이다. 평야지대에 사는 사람들은 하늘에 더 많이 노출돼 자신을 드러내고, 날마다 먼 지평선을 바라보며, 끊임없이 부는 바람을 느낀다. 자연을 이해하게 되면 사람에 대한 이해도 더 깊어진다.

전화가 울린다. 나는 도나 어머니의 요청에 따라 수화기에 대고 밴조를 연주한다. 도나의 어머니가 연주를 듣다가 소리친다. "오-우-스파!"

"그를 붙잡아 둬라."라는 뜻이라고 도나가 말해 준다. 나는 웃음을 터뜨린다. 앞으로 숙박할 장소를 정하기 위해 전화를 몇 통 더 걸고, 도나와 짐의 아들의 교사에게도 전화를 건다. 다음날 아침에는 루크네 학교에서 토론 수업을 진행하기로 한다. 루크네 학교는 1학년에서 3학년까지 모두 아홉 명의 학생이 다니는 학교다. 2개의 교실에서 교사 2명이 번갈아 가며 수업을 한다.

우중충한 하늘
12번 고속도로 위로 기러기들이
들쑥날쑥 줄지어 날아간다

1986년 10월 22일
사우스다코타 주, 샤이엔 강 인디언 보호구역

비가 오려고 한다. 그 때 루시가 다니는 교회에서 만난 목사 에드 파셀 씨가 라 플란트 서쪽 길에서 나를 따라온다. 얼마 전에 마을에서 총격 사건이 일어나서 위험하다는 것이다. 실은 나도 아침식사 중에 날씨를 알아보려고 뉴스를 보다가 그 이야기를 들었다. 이번 주 내로 죽은 사람을 위한 추도식이 열린다고 한다. 인디언 보호구역 내의 약물남용 방지 사업 담당자이기도 한 에드 씨는 내가 보호구역을 벗어날 때까지 여행길에 동행하겠다고 말한다. 그와 부족의회 회장은 축제를 열거나 나와 함께 여유롭게 걸을 시간이 없어서 아쉬워하고 있다.

"내가 함께 가야겠습니다." 에드 씨가 말한다.

에드 씨는 작고 탄탄한 체격에 검은 곱슬머리를 가진 남자다. 그의 아내가 운전대를 잡고 기다리는 동안 에드 씨는 차에서 짐을 내린다. 웃옷과 물병을 꺼낸 후 주머니에 육포와 해바라기 씨를 가득 넣은 그는 뒤늦게 뭔가 생각난 듯 크롬 도금된 작은 자동 권총을 챙긴다.

"분위기가 험악해질 때가 있어서요." 에드 씨가 말한다. 나는 말없이 고개를 끄덕인다. 에드 씨는 권총을 눈에 띄지 않게 찔러 넣는다. 그는 인디언 보호구역을 '레즈(rez: reservation의 준말—옮긴이)'라고 부르는데 '레즈'에서는 알코올 중독과 약물 남용이 커다란 골칫거리다.

함께 걸으며 에드 씨가 말한다. "우리 어머니는 인디언이었고 아버지는 엘즈워스 공항에서 수리공으로 일하는 백인이었습니다. 지금까지 쉽지는 않았지만 두 세계에서 살려고 노력해 왔는데 여기가 더 편하게 느껴져요."

그는 '레즈'에 사는 데 대해 불평하지 않는다. 그러나 바로 그 때 멀리서 총성이 울리고 개 짖는 소리가 들린다. 고개를 돌려 뒤쪽을 보니 어떤 사람이 라이플총을 들고 판잣집 문간에 서서 소리를 지르는 모습이 보인다. 에드 씨는 불안한 목소리로 나에게 그냥 계속 걷자고 말한다.

저녁에 에드 씨의 부인이 간단한 식사를 준비해서 우리가 걷고 있는 길로 가져다준다. 비가 내리고 있다. 에드 씨는 길가에 텐트를 칠 때까지 나와 함께 있다가 가족이 기다리는 이글 뷰트로 돌아간다. 다음날 아침 내가 짐을 싸 놓고 기다리고 있을 때 그가 차를 몰고 다시 나타난다.

점심때가 되자 에드 씨의 부인이 닭튀김과 감자 샐러드와 달콤한 후식을 담은 바구니를 들고 다시 나타난다. 길 건너편에서 점심을 먹고 나니 빗방울이 떨어지기 시작한다. 우리는 우비를 입고 얼굴에 불어오는 바람을 맞으며 계속 걸어간다. 키 큰 십자 철망 뒤에 버팔로 한 마리가 외롭게 서 있는 곳을 지나친다. 살랑살랑 흔들리는 갈색 잔디 사이로 코요테 한 마리가 뛰어가는 모습이 보일락 말락 한다. 에드 씨는 길 한복판에 죽어 있는 스컹크 한 마리를 발견하고 그것을 집어 올려 길가의 키 큰 초록색 잔디 위에 내려놓는다.

"데사파." 그는 조그만 소리로 수우 족이 기도할 때 쓰는 말을 읊조린다.

우리는 물이 불어난 미주리 강으로 걸어간다. 강을 건너가서는 어느 리조트에서 에드 씨네 가족과 함께 식사를 한다. 에드 씨가 말한다. "강 이쪽 편은 다르다는 걸 알게 될 겁니다." 강 이쪽과 저쪽이 다르다는 말은 보호구역에서뿐만 아니라 사우스다코타 서부를 걷는 동안 수도 없이 들었다. 그게 정말일까? 우리는 악수를 나누고 말없이 작별을 고한다. 나는 다리 밑에서 잠을 청한다.

들종다리가 날아간다

밭고랑 위로 낮게 날아간다

풀잎에는 이슬이 반짝인다

1986년 10월 26일
사우스다코타 주, 세네카

벌써 며칠째 메뚜기를 보지 못했다. 보통 때 같으면 메뚜기가 몰려 있다가 내가 걸음을 옮길 때마다 뿔뿔이 흩어지곤 할 텐데 오늘은 아스팔트 위를 기어 다니거나 풀쩍풀쩍 뛰어다니는 귀뚜라미밖에 보이지 않는다. 귀뚜라미 소리는 내가 걸음을 멈추기 전인 저녁 시간부터 들리기 시작해 밤새도록 이어진다. 기온이 영하로 내려가자 이슬이 꽁꽁 얼어 텐트에 달라붙는다.

다음 마을로 이동하는 길에 세네카 카페라는 식당이 눈에 띈다. 겉으로 보기에는 평범한 주택 같지만 안에 들어와 보니 필라델피아에 사는 오필리아 고모네 부엌처럼 여기저기 곰팡이가 슬어 있고 맛있는 냄새가 풍긴다. 과일과 곡식 무늬가 들어간 벽지가 천장에서 반쯤 내려오다가 홈이 팬 짙은 색 널빤지로 바뀐다. 초록색 플라스틱을 씌운 노란색 스툴이 카운터에 일렬로 늘어서 있다. 여남은 명의 노인들이 인조가죽을 씌운 칸막이 좌석과 탁자에 앉아 전날 밤 레전 홀에서 있었던 댄스파티 이야기를 하고 있다. 그들은 도보로 여기저기 다니면서 자기들이 무서워하는 한적한 길도 걷는 사람이 있다고 수군거린다. 말소리가 나에게는 들리지 않는다고 생각하는 모양이다.

"환경 운동을 하는 거라던데. 난 어제 그 사람을 봤어."

"잠은 어디서 잔다던가?"

내가 계산서를 받아들고 돈을 내려 하자 카운터 맞은편에서 한 여자가 나오더니 계산서 위에 '지불 완료'라고 쓰며 말한다. "중요한 일을 하시는 분이니 그냥 가세요."

밖으로 나가 보니 개구리가 길 곳곳에 흩어져 귀뚜라미가 가까이 오기를 조용히 기다리고 있다. 뱀은 햇볕을 쬐며 살찐 개구리를 기다린다. 저녁이 되자 캠핑용 버너에 저녁식사를 올려놓고 보글보글 끓이며 텐트를 친다. 밤하늘에 화성과 목성이 나타난다. 어젯밤보다 서로 가까워져 있다. 부드러운 대지를 향해 키 큰 풀이 허리를 굽힌다. 근처에서 토끼 한 마리가 뛰어다닌다. 달이 뜬 후부터 날이 밝을 때까지 동물들이 쿵쿵거리는 소리가 그치지 않는다. 민달팽이가 텐트 그물에 은색 발자국을 남기고, 아침에는 꿩 여러 마리가 하늘로 날아올라 내 머리 위를 맴돈다. 차가 다니기 시작한다. 나는 태양을 바라보며 동쪽으로 걸어가서 다음 마을에 있는 식당에 들어간다. 식당 안에서는 날씨와 관개농업 이야기, 존 웨인 이야기, 아이들에게 줄 할로윈 과자 이야기가 오간다.

때로는 고속도로를 벗어나 시골길을 걸으며 조용한 가을날을 즐긴다. 갑자기 센 바람이 불어오면 작은 집만 한 건초더미 뒤에 몸을 숨긴다. 농부들이 건초더미를 운반하는 모습도 종종 보인다. 그들은 트럭이 끄는 트랙터에 건초더미를 싣고 덜컹거리며 좁은 시골길을 달린다. 그들이 손짓을 하며 차에 타겠냐고 물으면 나는 언제나 빙그레 웃으며 고개를 가로젓는다. 그리고 그들이 지나갈 때 손을 흔든다. 안녕? 안녕히!

> 어둠침침한 하늘이
> 겨울 풍경 위로 찬 기운을 드리운다
> 첫눈이 다가온다
>
> 1986년 11월 6일
> 사우스다코타 주, 워터타운

사우스다코타 주 동쪽 끝에 위치한 인구 3만 명 정도 되는 도시 워터타운에 도착하자 11월 초순이다. 나는 비싸지 않은 모텔을 찾아 방을 잡고 미네아폴리스까지 걸어갈 준비를 한다. 이제 밤마다 기온이 영하로 내려가기 때문에 밖에서 자면 다음날 아침에 걸음을 떼기도 어렵다. 추위 때문에 수채화 그리기도 중단하고 펜으로 간단한 스케치를 한다. 하지만 내 마음은 아직도 안개가 솟아올라 대지를 부드럽게 감싸며 시작되는 서늘한 가을날의 부드러운 파스텔 색조에 머물러 있다. 어쩌면 이것이 강 동쪽과 서쪽의 차이가 아닐까? 동쪽은 마치 가장자리를 둥글둥글하게 다듬은 것처럼 부드럽다. 농장과 경작지가 많고 도시 사이의 거리가 가까운 편이다. 반면 강 서쪽은 보다 황량하고 고립된 느낌이 강하다. 마을 사이사이에 가축 떼가 돌아다니고, 목장과 언덕이 넓게 퍼져 있다. 자칫하면 사나운 바람에 모두 휩쓸릴 위험이 있다.

모텔 텔레비전에서 겨울 폭풍이 다가오고 있으니 주의하라는 기상 예보가 나온다. "이번 폭풍은 피해가 클 것으로 예상됩니다."

기상 예보를 들으니 마음 한구석에서는 좀 더 기다리며 상황을 지켜보자는 생각도 든다. 하지만 결국은 길 위에 있어도 상황을 잘 파악할 수 있다는 쪽으로 생각이 정리된다. 나는 15킬로미터 정도 걸어 다음 마을인 크란츠부르그로 가서 성당 고해소에서 밤을 보낸다. 다음날 아침에는 크란츠 신부님을 만난다. 마흔네 살의 신부님은 이름이 크란츠임에도 불구하고 크란츠부르그 마을을 처음 세운 사람들의 후손이 아니라 남서쪽으로 150킬로미터 가량 떨어진 사우스다코타 주 하워드 출신이다. 아이들과 지역주민들을 위해 초등학교에서 특별 미사가 열리고 있다. 미사가 끝나자 밥 신부님(교구민들이 크란츠 신부님을 부르는 이름이다)은 나에게 아침식사를 마련해 준다. 나는 신부님과 잠시 대화를 나눈 후 다시 길을 떠난다. 동쪽에서 차가운 바람이 불어와 얼굴을 촉촉하게 적신다.

15킬로미터 정도 걷다가 식당에 들어간다. 내 뒤에 있던 손님이 눈이 온다고 말하는 소리를 들으니 창자가 꼬이고 뒤틀리기 시작한다. 물론 커피 때문일 수도 있다. 하지만 실망과 두려운 마음은 감출 길이 없다. 실망은 눈이 생각보다 일찍 내렸다는 데서 비롯된 감정이다. 메디슨까지 못 갈 줄은 알고 있었지만 이제는 미네아폴리스에 닿을 수 있을지도 의문이다. 하지만 실망보다는 두려움이 더 강하다. 이런 조건에서 과연 살아남을 수 있을까? 따뜻한 겨울옷이 있기는 하지만 이렇게 추운 날씨와 폭풍을 이겨낼 자신은 없다. 계속 식당에 앉아 있다 보니 문 닫을 시간이 다 돼 간다. 나는 활기찬 평소 모습과 달리 무표정한 얼굴로 가만히 앉아 있다가 추운 바깥으로 나간다. 깜깜한 밤이다. 말린 건초로 뒤덮인 들판을 가로질러 앞으로 나아간다. 어둠 속으로 사라지는 나를 주시하는 식당 주인과 손님들의 시선이 느껴진다.

건초 더미 옆에 쭈그리고 앉아 어둠과 세찬 바람 속에서 힘겹게 텐트를 친다. 그러고는 침낭에 쏙 들어가 램프 안에서 깜박거리는 촛불을 바라본다. 기상 예보관이 하던 말이 머릿속을 맴돈다. "이번 폭풍은 피해가 클 것으로 예상됩니다. 이번 폭풍은 피해가 클 것으로 예상됩니다."

내가 잠들어 있을 때 폭풍이 전속력으로 몰아친다. 바람이 텐트를 철썩 치는 소리가 나고 기온이 갑자기 떨어지는 바람에 잠에서 깬다. 잠이 덜 깬 상태로 느릿느릿 움직여 가진 옷을 모두 몸에 걸친다. CBS 방송국에서 일하는 캐슬린 팔렌이 이런 경우에 쓰라고 준 비닐 랩을 가져오지 않은 나 자신이 원망스럽다. 얇은 랩으로 몸을 감싸면 체온 저하를 막아 주기 때문에 위급한 상황에서도 살아날 수 있다고 캐슬린이 이야기하지 않았던가. 따스하고 환한 식당 생각도 간절하다. 아예 그곳에서 나오지 말 걸.

이제부터는 잠과 싸워야 한다. 지금 잠이 들었다가는 영영 깨어나지 못할 것이다. 추위 속에서 시끄러운 천둥소리를 들으며 해가 뜰 때까지 견디는 수밖에 없다. 새벽이 오자 손이 얼어붙는다. 창자는 여전히 꼬인 상태다.

바람이 시속 65킬로미터 정도 속도로 불고 기온은 영하로 떨어져 있다. 가져가야 할 물건이고 뭐고 다 그만두고 식당으로 뛰어갈까 하는 생각이 머리를 스친다. 문을 열어젖히고 음식 냄새가 풍기는 따뜻한 실내로 뛰어 들어가, 바닥에 몸을 던지며 도움을 청해 볼까? 하지만 극심한 추위 탓에 머리 회전과 몸동작이 모두 느려져 있다. 오후 세 시가 돼서야 텐트를 박차고 나간다.

어깨에 배낭을 둘러메고 무릎 높이까지 쌓인 눈을 헤치며 들판을 터덜터덜 걷는다. 걸음을 옮길 때마다 눈에서 뽀드득 소리가 난다. 차가운 바람 때문에 얼굴이 따끔거리고 얼얼하다. 터너빌 식당으로 돌아가는 길이 끝없이 멀게 느껴진다. 식당 안에 들어가서 온기를 흡수하고 식사를 하고 나니 꼬인 창자가 풀린다. 이제 두렵지는 않다. 길에서 얼어 죽을 일은 없을 테니까. 그런데 이제부터 어떻게 해야 할까? 자신은 없지만 미네소타 주와의 경계선이 13킬로미터도 안 남았으므로 계속 걷고 싶다. 나는 종일 식당에 앉아 일기를 쓰고, 지도를 들여다보고, 튀김 요리를 주문해서 먹고, 커피도 몇 잔이나 마신다. 저녁이 되자 다음과 같은 말로 시작되는 쪽지를 쓴다.

"도와주세요. 저는 도움이 필요합니다."

"그렇잖아도 당신이 부탁하기를 기다리고 있었어요." 바브가 말한다. 그녀는 쪽지를 테리에게 건넨다. 테리는 쪽지를 보고 다시 바브에게 돌려준다.

"어차피 이런 폭풍우 속에 당신을 밖으로 내보낼 생각은 없었다오."

내 눈가에 눈물이 고이고, 바깥에는 눈이 계속 쏟아진다. 메디슨이나 미네아폴리스에 가고 싶은 생각이 간절한 나머지 지금 있는 곳이 어디인지 잊어버릴 지경이다.

테리가 말한다. "존, 걱정 말아요. 오늘 밤에는 우리 집 차고에서 주무세요." 나는 고개를 끄덕인다. 테리는 차고에 있는 난로에 타이어를 집어넣고 태워 밤하늘로 검은 연기를 날려 보낸다. 나는 카펫이 깔린 트럭용 간이 침대에서 잔다. 이렇게 해서 여행은 예상보다 일찍 중단되고 만다. 내일 아침에는 바람을 등지고 워터타운으로 돌아가 겨울을 날 채비를 해야겠다.

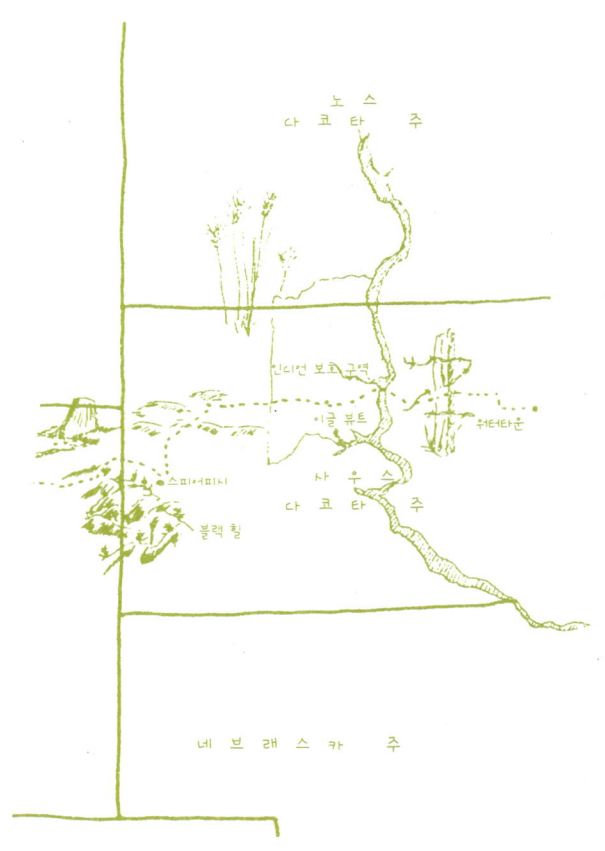

제 16 장

파우와우
부러진 화살*

눈 위에 발자국이 찍힌다

차갑고 푸른 눈, 부드럽게 뽀드득거리는 하얀 눈을 밟으며

고속도로를 걷는다

1986년 11월 10일
사우스다코타 주, 워터타운

폭풍우 때문에 발길을 돌려 워터타운으로 돌아가는 데 이틀이 걸린다. 캐나다에서 불어오는 바람 때문에 기온이 영하에 머물고, 바람은 사우스다

* broken arrow는 과거에 인디언과 미 기병대가 협상을 하다가 협상이 결렬됐다는 뜻으로 화살을 부러뜨린 데서 유래한 말로, 직역하면 '부러진 화살'이지만 여기서는 '파기된 협정'이라는 뜻이다─옮긴이.

코타 평원을 지나 워터타운 거리까지 불어 닥친다. 스코트 모텔 지배인 릴리안은 모텔 문을 간신히 열고 들어서는 나를 보고도 놀라지 않는다. 내가 일주일간 머물며 집을 구하는 동안 릴리안은 특별히 숙박료를 할인해 준다. 집을 구하는 이유는 도보를 중단하고 겨울이 지나가기를 기다리기 위해서다.

워터타운 북서쪽에서 적당한 집을 발견한다. 오래된 2층 반짜리 빅토리아 풍 건물 2층 한쪽 구석에 있는 방 1개짜리 집이다. 건물은 키 큰 가로수와 잔디밭과 커다란 뒷마당이 딸린 집들로 이루어진 조용한 주택가에 위치해 있다. 집 안에는 가구가 갖추어져 있다. 지저분한 갈색 소파와 갈색 안락의자가 노르스름한 녹색 꽃무늬 벽지를 두른 양쪽 벽에 하나씩 놓여 서로 마주보고 있다. 소파 옆에는 작은 탁자가 있고 안락의자 옆에는 텅 빈 잡지꽂이가 보인다. 식민지 시대 풍 부엌의 정경을 묘사한 벽지를 두른 다른 벽에는 작은 노란색 포마이카 탁자를 붙여 두었다. 탁자에는 플라스틱을 씌운 1950년대 풍의 황색 의자 두 개가 딸려 있다. 바닥에는 막 세탁한 초록색 러그가 깔려 있다. 탁자 위에는 소용돌이 모양 금속 장식이 금빛으로 반짝이고 밑단은 구불구불하게 장식된 램프가 놓여 있다. 현관문을 열면 좁은 복도식 부엌이 나오고 부엌은 거울 달린 옷장과 2인용 침대가 놓인 침실로 통한다. 등을 구부려야 할 정도로 침대 길이가 짧긴 하지만 이 정도면 되겠다는 생각이 든다. 게다가 욕실에는 몸을 담글 수 있는 욕조가 있다.

처음 며칠간은 창밖으로 쉴 새 없이 눈이 내리는 광경

을 바라보고, 라디에이터에서 뜨거운 물이 끓으며 덜거덕거리는 소리에 귀를 기울인다. 내가 여름 내내 걸었다는 사실이 실감나지 않는다. 지금이 겨울이고, 내가 여기에 와 있다는 사실도. 나는 그림을 그린 공책을 한 장씩 넘겨보며 수채화로 그린 꿈같은 풍경 속으로 빠져든다. 머릿속이 다채로운 기억으로 채워지는가 싶더니 어느새 펜으로 그린 차갑고 황량한 겨울 풍경으로 바뀐다. 이곳은 춥기는 하지만 햇살이 눈부시고 하늘은 얼음장처럼 푸르다.

> 길에 다람쥐들이 뛰어다닌다
> 새들과 함께 먹이를 찾으며
> 나무에서 사는 다람쥐들
> 1986년 11월 17일
> 사우스다코타 주, 워터타운

'사우스다코타 평화와 정의 센터'는 도시 중심부 가까이의 벽돌 건물에 있는 철물점 위층이다. 곰팡내 나는 계단을 올라가서 잔느 코스터에게 내 소개를 한다. 잔느 코스터는 소장 팀 랭클리와 함께 센터의 프로젝트를 책임지고 관리하는 사람이다. 현재 클리어 호 인근 주민들로 조사위원회를 결성하여 마을에 공장을 세우려는 군수업체와 협상하는 프로젝트가 진행 중이다.

주민들 사이에는 지하수의 안전과 오염에 대한 우려가 넓게 퍼져 있다. 물론 주민들이 반대하는 데는 농지가 대부분인 땅을 폭탄과 수류탄 생산에 사용해서는 안 된다는 윤리적인 이유도 있다. 하지만 대다수 주민들은 금

전적 이익이 무엇보다 중요하다고 여긴다. 농장을 폐쇄 처분한 경우가 많았기 때문에 금전적인 문제가 큰 영향력을 발휘하는 것이다.

평화와 정의 센터는 수질오염을 조사하는 부서인 수자원 및 천연자원부와 같은 건물에 있다. 최근 일어난 가솔린 유출 사고 때문에 워터타운의 수자원 공급에 차질이 빚어져서 수자원 및 천연자원부서는 무척이나 분주하다. 초수평레이더 시스템을 신설하겠다는 공군의 제안에 대한 지역주민들의 반응이 사고 소식에 묻혀 버린다. 여론조사에 의하면 주민들의 98퍼센트가 공군의 계획에 반대한다. 인구 밀도가 적은 주에서 이렇게 많은 일들이 벌어지고 있다니 놀랍기 짝이 없다.

나는 팀을 만나 자원봉사자로 일하겠다는 뜻을 밝히고, 센터에 컴퓨터를 기증해 달라는 제안서를 쓰기 위한 사전 준비를 한다. 나중에 나는 센터에서 안락함과 지속성과 공동체 의식을 얻기에 이른다. 시간이 갈수록 워터타운에서도 비슷한 감정을 느낀다.

평화와 정의 센터에서 모퉁이를 돌아 '프린템 나우'에서 발걸음을 멈춘다. 이곳은 처음 워터타운을 지나칠 때 복사를 몇 장 하려고 들렀던 인쇄소다. 나는 「플래닛워커」 소식지 다음 호를 인쇄할 수 있는지 알아보러 온 것이다.

들어가 보니 고등학교를 갓 졸업한 콜린 시엔이 책상 앞에서 일하고 있다. 그녀는 치아교정기를 감추려고 입을 다문 채 따뜻한 미소를 짓는다. 그녀는 나를 보고 놀라고 들뜬 마음을 감추지 못한다. 눈빛과 태도에 놀란 기색이 역력하다.

"아저씨가 지난 일요일 미사에 참석했다고 밥 신부님이 말씀하셨어요. 얼마나 보고 싶었다고요. 드디어 왔네요!" 나는 수줍게 웃으며 「플래닛워커」소식지를 인쇄하러 왔다고 이야기한다.

'프린템 나우' 인쇄소는 집안사람들끼리 하는 사업이다. 나는 인쇄 작업을 책임지는 마이크 린더와 캐시 린더 부부와 인사를 나눈다. 마이크 린더의 동생 데일이 지하실에서 수석 인쇄기술자로 일하며 여동생 로리안은 위층에서 레이아웃과 디자인 작업을 한다. 다른 직원들도 가족 같은 분위기에서 화기애애하게 일한다. 우리는 노동력과 인쇄비를 맞바꾸기로 한다. 나는 몇 주 동안 크리스마스를 앞두고 밀려드는 인쇄 작업을 거들기로 하고 우선 인쇄기 조작법을 배운다. 몇 주만 일하려던 것이 한 달로 늘어나고, 어느덧 나는 정식 직원이자 가족의 일원이 된다. 「플래닛워커」소식지를 발간할 때는 처음으로 나 혼자 인쇄 작업을 진행한다.

> 다락방에서 다람쥐들이
> 나무판자 위로 뛰어다니며
> 내 잠을 깨운다
>
> 1986년 12월 29일
> 사우스다코타 주, 워터타운

춥지만 햇빛이 쏟아지는 겨울이다. 처음 몇 주 동안은 이곳에 머물기로 한 것이 잘 한 일인가 하는 의문을 가진다. 도보여행을 계속해도 좋을 정도로 날씨가 온화하기 때문이다. 하지만 따스한 나날은 금방 지나가고 사나운 추위가 닥친다. 보도는 늘 얼어붙고 아침마다 콘크리트 포장 도로에 서리가 낀다. 나는 천천히 걸어가서 인쇄기를 돌리는 작업에 몰두하면서 지역사회를 알아 나가는 동시에 지역사회에 나를 알린다.

인쇄소를 거쳐 가는 것들을 유심히 살피면 많은 정보를 수집할 수 있다. 수우 족 보호구역에서 주문한 양면 빙고 카드 1만장, 기독교 여성단체에서 주문한 입장권 수백 장, 인근 대학의 안내서, 평화와 정의 센터를 비롯한 각종 단체가 발행하는 성명서와 소식지, 수백 장의 전단과 통지문. 인쇄물을 보고 있으면 도시가 눈앞에 그려진다.

낮에는 새로 사귄 사람이나 같이 일하는 동료, 혹은 가게나 상점이나 성당에서 만난 사람과 함께 점심을 먹는다. 로저스 신부님은 내가 나가는 성당의 사제다. 단단해 보이는 소년 같은 얼굴과 금발머리에 편안한 미소를 지닌 그는 청각장애인이다. 둘 다 수화를 할 줄 알기 때문에 우리는 자주 서로를 찾아간다. 로저스 신부님은 노스다코타 출신으로 형제가 열다섯인 집안의 막내다. 우리는 침묵과 사명과 로저스 신부님의 삶에 놓여 있는 시련에 관해 이야기하며 함께 웃곤 한다. 신부님이 가끔 어릿광대 복장을 하면 교구 아이들이 깔깔거리며 좋아한다. 하지만 어릿광대로 분한 그의 깊은 눈 속에는 조용한 슬픔이 배어 있다.

벌거벗은 나무 뒤로
달이 뜬 저녁
해는 지평선 밑으로 숨는다

1987년 1월 8일
사우스다코타 주, 워터타운

잠에서 깨어날 때 방금 꾼 꿈이 기억나지 않는다. 하지만 몬태나에 있었을 때와는 달리 몸이 쇠약해진 느낌은 들지 않는다. 몬태나에서는 아침에

깨어나도 길에서 쌓인 피로가 풀리지 않았고, 온 세상을 다 짊어진 듯 어깨가 무거웠다. 그 때는 진흙탕에 빠져 허우적대는 기분으로 나 자신에게 물었다. '도대체 어떻게 도보로 전 세계를, 아니 미국 땅을 돌아다닐 수 있단 말인가?' 돌이켜보면 그렇게 기진맥진해 있었던 이유는 겨울 내내 미줄라의 거무스름한 공기를 마셨기 때문이었다고 여겨진다. 그 작은 도시의 공기가 그렇게 나쁘다는 사실은 뜻밖이었다. 산으로 둘러싸여 있는데다 대기역전 현상으로 인해 오염물질이 지면 가까이에 머무르기 때문에 미줄라의 공기는 전국에서 가장 나쁜 축에 든다. 사우스다코타 주에서는 초원을 휩쓰는 바람이 끊임없이 공기를 씻어낸다. 출근길에 들이마시는 공기는 상쾌하고 깨끗하며, 하늘은 대체로 맑고, 종일 햇살이 가득하다.

    인쇄소에 아모스 스파이더라는 사람이 새로 들어온다. 그는 파인 릿지 보호구역에서 온 수우 족이다. 우리는 금방 친해져서 많은 시간을 같이 보낸다. 저녁에는 당구를 치거나 식사를 같이 하거나 영화를 보고, 서로의 침묵을 나누어 가진다. 아메리카 원주민 문화에 대해서도 이야기를 많이 나눈다. 아모스는 평화에 대한 견해를 밝히며 나와 함께 걷고 싶다고 말한다. 그의 말에 따르면 걷기는 강력한 치유력을 지닌 약이다.

    평화와 정의 센터에 잠시 들러 팀을 만난다. 팀이 CBS 텔레비전 방송국에 전화를 걸어 캐슬린 팔렌 프로듀서에게 '플래닛워크' 편 방송 날짜를 물어봐 준다. 캐슬린은 걸어서 세계일주를 하는 사람이 또 있는데 그 사람은 올 여름에 여행을 마친다는 소식을 전해 준다. 그래서 그를 소개하고 싶은데 혹시 내가 아는 사람이냐고 묻는다. 평소에 전화기 너머로 누가 하는 말을 잘 듣지 않는 나도 이번에는 귀가 쫑긋 선다. 마음이 무거워진다. 지금 같은 삶을 지속하려면 억지로라도 세계 일주를 해야겠다는 생각과, 걷기와 여행 자체가 내 삶이라는 생각 사이에서 잠시 번민한다. 그래……내 나름의 속도로 삶을 꽃피우면 되겠지.

거위들이 북쪽으로 날아가고

비는 초원을 휩쓸고 지나간다

봄을 알리는 신호다

1987년 3월 25일
사우스다코타 주, 워터타운

인쇄기로 종이를 절단하고 있는 나에게 아모스가 '파우와우'라는 인디언식 축제를 열고 싶다고 말한다. 파우와우란 아메리카 원주민 문화 전통의 일환으로서 삶을 축복하는 노래를 부르고 춤을 추고 오랜 친구를 찾아가는 의식이다. 파우와우라는 이름은 본래 종교의식과 노래와 춤과 축제를 집전하는 지도자를 뜻하는 내러갠싯(Narragansett) 어에서 유래했지만, 지난 몇 세기 동안 아메리카 원주민의 다양한 의식을 가리키는 말로 쓰이다가 근래 들어 노래와 춤이 있는 의식을 뜻하는 말이 됐다. 아모스는 우리의 우정과 플래닛워크를 기념하는 의미에서 파우와우를 열고 싶다고 말한다. 나는 가슴 깊이 감동한다.

인디언 부락과 보호구역에는 항상 어딘가에서 파우와우가 열리고 있으며, 대부분의 대도시에 하나씩 있는 도시 인디언 센터에서

도 자주 파우와우를 후원한다. 몬태나 대학에도 매년 대규모 행사가 있지만 사우스다코타 주 워터타운에서는 파우와우가 열린 적이 없었다. 아모스는 선례가 없다고 걱정한다.

아모스는 가족에게 편지를 쓰고 영적 지도자인 '게리 홀리 불(Gary Holy Bull)'에게 연락을 취한다. 영적 지도자는 전통과 종교의식에 대한 지식, 통찰력과 경험, 치유 능력을 보유하고 있다는 이유로 대단히 존경받는 사람이다. 파우와우라는 개념 또한 하나의 생명체처럼 성장한다. 수십 명이 모이는 작은 공동체 행사에서 시작해서 무려 사흘 동안 열리는 대규모 축제로 발전하는 것이다. 규모가 큰 파우와우에는 수천 명이 모이고 시장과 상공회의소까지 참여하기도 한다.

그로부터 한 달이 넘게 지난 어느 날 나는 워터타운의 텔레비전/비디오 대여점에서 몇 달 전부터 친하게 지낸 여자 점원과 대화를 나눈다. 그녀는 여름방학 동안 초단거리 자동차 경주에 참가할 예정이라고 말한다. 겨울 내내 초단거리 경주용 자동차를 마련했다면서 번쩍번쩍 빛나는 자동차를 찍은 컬러 스냅 사진을 보여 준다. 그 이야기를 들으니 나까지 덩달아 흥분된다. 상점 주인이 와서 이야기에 끼어들자 내가 다시 여행길에 오를 준비를 하고 있다는 사실로 화제가 옮아간다. 주인이 묻는다.

"그런데 파우와우가 대체 뭐요?"

나는 그에게 신문 기사 하나를 보여 준다. 성대한 파우와우를 열려는 생각에서 아모스가 인쇄해 놓은 기사다. 상점 주인이 말한다.

"사실 난 인디언에 대해 부정적인 편견을 가지고 있어요. 인디언들은 대여 계약을 위반할 때가 많거든요. 대여한 장비를 반납하지 않고 떠나거나 가지고 달아나기 일쑤죠. 뭔가 이유가 있을 법도 한데 아무리 생각해 봐도 도저히 모르겠단 말이오. 선량한 기독교인으로서 나는 인디언들이 계약을 존중하지 않는 이유가 진짜로 궁금해요."

이런 상황에 처할 때 나는 대체로 가만히 듣다가 어깨를 으쓱해 보이고 끝낸다. 그러나 지금은 상점 주인이 진심으로 인디언을 이해하고자 하기 때문에 나는 다음과 같은 대답을 종이에 쓴다.

"미국 정부가 인디언과 맺었다가 파기한 협정이 얼마나 많은지 생각해 보세요."

"거기까지는 미처 생각지 못했소. 그걸 생각지 못하다니 부끄러운 일이군요." 상점 주인이 한숨을 쉬며 말한다.

전시장 바닥에 놓인 텔레비전에서 흘러나오는 말소리 사이로 침묵이 흐른다. 상점 주인이 작은 소리로 말한다. "어쨌든 이 고장에는 흑인이 별로 없지요. 그러니 당신은 심한 편견에 부딪히지 않을 거요."

내가 웃기만 하자 그가 말을 잇는다. "당신이 무엇을 위해 걷고 있는지를 이해하기 때문에 이런 이야기를 하는 거요. 내가 느끼는 바를 이야기해 주면 좋을 것 같아서요." 나는 고개를 끄덕인다. 그와 나눈 대화는 아모스의 감정을 이해하는 데 도움이 된다.

"나도 그 파우와우라는 행사에 참석해야겠소. 나한테 꼭 필요한 경험일 것 같군요." 텔레비전에서 나오는 목소리가 더 커진다. 우리는 악수를 나누고 헤어진다.

나무 사이로 부는 바람이

꽃을 땅으로 내려 보내고

구름을 하늘로 날려 보낸다

1987년 4월 22일
사우스다코타 주, 워터타운

아버지가 나를 찾아온다. 졸업식 때 몬태나 주에서 만난 후로 열 달 만이다. 아버지는 내가 발걸음을 멈추는 곳이 어디든 기꺼이 찾아오고, 나 역시 아버지와 함께 있는 것이 좋다. 어머니와는 전에 워싱턴에서 만난 이후로 2년 가까이 만나지 못했다. 올 가을 필라델피아에서 어머니를 만날 날이 몹시 기다려진다. 나는 펜실베이니아 대학의 적합기술 개발 과정에 입학할 생각이지만, 겨울을 나는 동안 다른 학교에도 환경학 고급 학위 과정에 대해 문의해 놓았다.

지난 2월에는 위스콘신-메디슨 대학 환경학 연구소에서 행정을 담당하는 바바라 본즈에게서 고무적인 편지를 받았다. 나는 그녀의 초청을 받아들여, 6월에 동쪽으로 가는 길에 캠퍼스를 방문하기로 한다. 그리고 워터타운을 떠날 준비를 시작한다.

결국 파우와우는 가족 모임 비슷한 분위기로 조촐하게 치러진다. 30명 정도 되는 이웃들이 음식을 조금씩 마련해 오고, 플랜드로 인디언 학교에서 12개 인디언 부족을 대표하여 무용수 십여 명이 온다. 아모스는 자기 어머니가 만든 황금빛 햇살 무늬가 있는 우정의 퀼트를 나에게 선물한다. 의식이 막바지에 달하자 사람들이 나에게 담배쌈지를 선물하며 초등학교 강당에서 열리는 영광의 춤을 먼저 추라고 요청한다. 첫 번째 춤이 끝난 후에는 모두 한데 어울려 춤을 춘다. 북소리와 발의 움직임과 가수들의 노랫소리가 천장을 뚫고 울려 퍼진다.

5월 초에 이르러서야 마침내 워터타운을 벗어난다. 91번 고속도로를 따라 남쪽으로 향하다가, 비가 내리는 바람에 7킬로미터도 못 가서 진 코스터스와 짐 코스터스 부부 집에서 발길을 멈춘다. 그들은 날씨가 너무 험해서 도보여행을 재개하기가 어려우니 천천히 출발하는 것이 최선이라고 나를 설득한다. 나는 코스터스 부부 집의 남는 방에서 낮잠을 푹 자고 다음날 느긋하게 식사를 한 후 아침 일찍 떠난다. 남쪽으로 계속 걸어간다. 간간이 비가 내리고 회색 구름이 짙어지는가 하면 바람이 북동쪽에서 불어온다. 사람들이 차를 몰고 지나가면서 손을 흔든다. 오랫동안 통증을 호소하던 발도 한결 나아졌다. 오후에 동쪽으로 방향을 틀어 캐슬우드라는 작은 도시 쪽으로 간다. 때로는 바람이 너무 세게 불어서 도저히 앞으로 나아갈 수가 없다. 그럴 때면 키 큰 풀밭에 누워 나뭇잎이 바스락거리는 소리를 들으며 흘러가는 구름을 바라본다. 바람이 잦아들면 다시 일어나 걷는다.

덩치가 크고 장난기 어린 노란색 눈을 가진 빨간 랩 종 개가 어디선가 나타나 나와 나란히 걷는다. 5킬로미터 정도 걷는 동안 개가 길을 잃거나 차에 칠까봐 조마조마하다. 빅 수우 강을 건널 때가 되자 개는 더 이상 따라오지 않는다. 나는 마음이 놓인다. 강을 건너간 후에는 바람을 가르며 남동쪽으로 뻗은 철길을 따라간다. 걷고 있으니 기분이 좋다. 순례의 전 과정을 생각하면 걸음을 재촉할 필요가 없다는 결론이 나온다. 밤에 걸음을 멈추고 보니 오늘은 24킬로미터가 조금 넘게 걸었다. 하루에 걷는 거리를 32~40킬로미터로 늘려야겠다. 나는 이미 예전 습관으로 돌아가 어떻게 하면 배낭 무게를 줄일 수 있을까를 두고 머리를 굴리고 있다.

'텔레비전을 없앨까?'

내가 가지고 다니는 텔레비전은 카드 한 벌 크기로 가로 5센티미터, 세로 4센티미터의 흑백 화면이 달려 있다. 지방 백화점에서 40달러를 주고

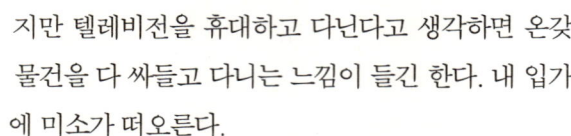

산 제품으로 최신형 배터리가 달려 있다. 나는 그것을 꼭 사고 싶었다. CBS에서 〈웨스트 57번가〉 플래닛워크 편을 방영할 때 내가 텔레비전 수신기 근처에 있으리라는 보장이 없기 때문이다. 나는 방송을 직접 보고 싶다. 따라서 아직은 텔레비전을 버릴 때가 아니다. 하지만 텔레비전을 휴대하고 다닌다고 생각하면 온갖 물건을 다 싸들고 다니는 느낌이 들긴 한다. 내 입가에 미소가 떠오른다.

거의 일주일째 길 위에 있다. 남쪽으로 이틀 더 가면 수 폴스에 닿는다. 밤을 보내기 위해 걸음을 멈추고 철망 반대편에 텐트를 친다. 듬성듬성하게 자란 수풀과 나무가 도로로부터 나를 가려 준다. 근처 들판에는 가축들이 나를 쳐다보려고 고개를 들 틈도 없이 풀을 뜯고 있다. 저녁식사를 마치고 뜨거운 차 한 잔과 초콜릿 바를 들고 그물 모양 텐트 안으로 들어간다. 나는 침묵을 즐긴다. 초저녁에 새들이 노래하는 소리, 이따금씩 들판에서 동물들이 내는 소리, 덤불 너머로 차들이 지나가는 소리가 곁들여진다.

텔레비전에서 나오는 청백색 빛이 텐트를 가득 메운다. 나는 와이오밍 주에서 도보로 여행하는 나 자신의 모습을 보며 즐거워한다. 어머니의 목

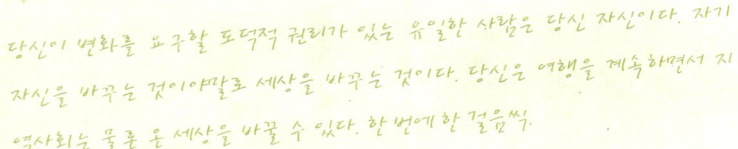

당신이 변화를 요구할 도덕적 권리가 있는 유일한 사람은 당신 자신이다. 자기 자신을 바꾸는 것이야말로 세상을 바꾸는 것이다. 당신은 여행을 계속하면서 지역사회는 물론 온 세상을 바꿀 수 있다. 한 번에 한 걸음씩.

소리가 들리자 나도 모르게 입이 벌어진다. 와이오밍의 풍경이 서서히 희미해지면서, 어린 시절에 살던 필라델피아의 집이 나타난다. 지금도 기억나는 가구에 가족들이 앉아 있다. 그 애가 고등학교 1학년이었던 때 이후로 16년 동안이나 만나지 못한 동생이 이제 턱수염을 길게 기르고 꿈을 이루기 위한 노력이 어떻다느니 하는 인터뷰를 한다. 동생의 두 아들 사진도 화면에 비춰진다. 내가 만나보지도 못한 조카들이다. 다음으로는 샌프란시스코에서 사귄 친구 짐 월시가 나온다. 그는 가족과 함께 뉴욕에서 살고 있다. 방송은 영원히 이어질 것 같더니 곧 끝나 버린다. 너무 짧은 느낌이다. 정신을 차리고 보니 다시 침묵이 흐르고 내 주변은 여전히 뒤죽박죽이다.

"저기요, 잠깐만요……" 그 때 누군가가 소리친다. 내 귀에 들리는 소리가 정말 사람 목소리일까? 나는 팔꿈치로 땅을 짚고 몸을 약간 일으켜 다시 귀를 기울인다. "잠깐만요. 실례합니다.……존 프랜시스……아, 존 프랜시스 씨, 아, 여기 있다!"

나는 텐트의 벌어진 부분을 열고 도로 쪽을 내다본다. 철망 옆에 한 쌍의 남녀가 서 있는 모습이 어렴풋이 보인다. 두 사람은 잔디가 무성한 갓길에 차를 세워 놓고 나를 향해 손을 흔든다. 나도 답례로 손을 흔들고, 텐트에서 기어나가 그들을 향해 걸어간다.

"저 사람이야. 저 사람이 틀림없어요!" 여자가 같이 있는 남자에게 말한다. 그들에게 가까이 가자 다른 차 한 대가 멈추더니 운전대를 잡은 젊은 남자가 무슨 일이냐고 묻는다. 필시 들판에서 자면 안 된다는 말이 나올 듯하다. 아니면 나를 다른 누군가로 착각했을 수도…….

"당신이 걸어서 우리 집을 지나쳤는데 잠시 후에 텔레비전에서 당신이 나오지 뭐예요. 그래서 무작정 찾아왔답니다. 진짜 당신이었다니, 세상에

이럴 수가!"

우리는 잠시 이야기를 나눈다. 나는 그들에게 내 명함과 소식지 몇 장을 준다. 그들이 차를 몰고 떠난 후 다시 조용한 텐트에서 잠든다. 다음날에는 등 뒤로 불어오는 바람과 함께 아침 일찍 출발한다.

들판 위로 매가 날아간다

북풍에 날개를 펄럭이며

쟁기를 따라간다

1987년 5월 7일
사우스다코타 주, 수 폴스

수 폴스에 도착하자 비숍 오거먼 고등학교에서 나를 만나러 도시 변두리까지 온 여고생들이 나를 맞이한다. 나는 그들을 만난 후 겨울 동안 워터타운에 피정을 하러 온 십대 청소년들과도 만난다. 예전에 나는 그들을 인솔하는 교사인 마리스 수녀에게 이곳을 지나갈 때 학교에 들르겠다고 약속했다. 마리스 수녀는 10단 변속 자전거를 타고 도착해서 고등학교로 가는 길을 알려 준다. 그녀는 열흘 동안 나를 쉴 새 없이 굴린다. 나는 특별히 마련된 자리에서 전교생에게 연설을 하고 한 반씩 돌아가며 수업에 들어간다. 초등학교와 사립 요양원과 장애 아동의 집에도 간다. 일요일에는 밴조 연주를 하고 리틀 플라워 성당에서 열리는 세 차례의 아침 미사에서 수화로 설교를 한다. 수화를 할 줄 아는 청각장애인인 메리타 수녀가 통역을 해 준다. 며칠 전에 고등학교 강당에서도 그녀가 통역을 해 주었다. 미사가 끝나자 메리타 수녀는 청각장애인 아이들이 다니는 학교로 나를 데려가서 학생들을 남학생 기숙사에서 모두 모이게 한다. 내가 수화로 말하는데도 모두들 쉽게 알아듣는다는 것이 놀랍다. 나는 우리 모두가 지니고 있는 가능성에 대해 이야기한다.

    마지막 날은 작별인사를 하며 보낸다. 초등학교 아이들이 바짝 다가와 내 귀에 대고 달콤한 말을 속삭인다. 붉은 날개가 달린 검정지빠귀 세 마리가 도로변을 맴도는 가운데 수 폴스를 빠져나간다. 날이 저물기 몇 시간 전, "미네소타에 오신 것을 환영합니다."라는 간판이 보인다.

제 17 장

다섯 호수
미네소타와 위스콘신

붉은 날개를 단 검정지빠귀 세 마리가

어슴푸레한 푸른 하늘을 맴돈다

고속도로 옆에서

1987년 5월 5일
미네소타 주 남서쪽 경계선

    40킬로미터를 시골길로 편안하게 걷는다. 길 양쪽으로 옥수수와 밀이 자라는 밭이 보이기 시작한다. 연한 초록빛 새싹이 고개를 내밀고, 시커먼 흙에 반듯한 초록색 줄무늬가 만들어진다. 잠시 후 비가 멈추고 향긋한 흙 냄새가 확 풍겨온다.

    온종일 폭풍이 봄에 어울리는 리듬으로 하늘을 휩쓴다. 저녁이 다가오자 또 한 차례 폭풍이 밀려온다. 험상궂은 회색 폭풍이 남쪽에서 전속력으로 밀려와 먼지를 일으키며 이 농장 저 농장으로 다니다가, 일렬로 늘어선 나무를 지나 아스팔트 도로로 내려온다. 별안간 폭풍이 젖은 양 팔로 나를 휘감는 바람에 온몸이 얼얼하다. 지퍼를 채우지 않은 비옷이 바람에 찢긴다. 근처에 비바람을 막아줄 만한 나무도 없다. 나는 겨우 정신을 차리고 발길을 재촉한다.

희미한 헤드라이트 불빛과 함께 차들이 잠깐씩 나타났다가, 흙탕물이 튄 앞유리를 와이퍼로 세게 문지르며 빗줄기 속으로 사라져 간다. 차 안에서 사람들이 나를 보며 뭐라고 말하지만 잘 들리지 않는다. 웃는 사람이 있는가 하면 마음에 들지 않는다는 듯 나를 향해 얼굴을 찡그리는 사람도 있다. 차를 세우고 태워 주겠다고 하는 사람도 있다. 나는 여느 때와 마찬가지로 고맙지만 괜찮다고 대답한다.

조금 더 걸어가니 비가 그치고 험상궂은 회색 하늘이 해질녘의 평화로운 붉은색 하늘로 변한다. 나는 철로 옆으로 난 길가에서 야영할 자리를 찾는다. 비에 흠뻑 젖은 피곤한 몸으로 저녁마다 하는 일을 똑같이 반복한다.

다음날 아침 축축한 발로 다시 걷는다. 어젯밤에 비가 내리던 기억이 아직도 생생하고 젖은 옷과 점퍼가 등을 무겁게 짓누른다. 뒤에서 밀어 주는 바람 덕택에 그나마 걷기가 수월하다. 나는 빠른 속도로 걷는다. 옥수수를 새로 심은 밭을 지나는데 멀리 빈 집 한 채가 보인다.

아침식사를 하려고 식당에 들어간다. 식당 안은 옥수수 이야기며, 비가 또 올 것 같다는 이야기며, 어느 농장은 비가 오지 않았고 어느 농장에는 비가 많이 내렸다는 이야기를 주고받는 농부들로 꽉 차 있다.

식당에서 아침을 먹고 있던 지방신문 기자 메리 와이스가 소리친다. "이럴 수가! 텔레비전에서 당신을 봤어요! 인터뷰를 좀 해도 될까요?" 나는 고개를 끄덕이고 그녀의 부탁을 들어 준다.

KWOA 라디오에서도 나를 찾아온다. 나는 밴조를 꺼내 차가운 손으로 몇 곡을 연주한다. 비는 그칠 줄 모르고 계속 내린다. 나는 젖은 몸을 말리기 위해 모텔을 찾는다.

워싱턴(Worthington: 미네소타 주 노블스 군에 위치한 도시—옮긴이)에서도 「데일리 글로브」지 기자인 크리스 펜발드와 「처치 오브 크라이스트」지 기자인 캐롤라인 비어먼의 도움을 받아 모텔에 묵는다. 발목 통증이 다시 시작된다. 추위와 비 때문에 맥이 풀리기도 한다.

다음날 1면에 내 사진이 실린 신문을 보고 나서 다시 길에 오른다. 회색 하늘에서 구름이 차츰 걷힌다. 잠시 후 나는 선글라스를 끼고 오래된 16번 고속도로를 활기차게 걷고 있다. 16번 고속도로 역시 농장을 통과하는 길이다. 사람들이 나를 향해 손을 흔든다. 일부는 차를 돌리고 멈춰 서서 자신들도 환경과 세계 평화에 관심이 있다면서 나에게 고맙다고 말한다.

브래드 스완슨은 밭에 씨를 뿌리러 나왔다가 화학 비료가 바닥난 모양이다. 나는 물이 바닥났으므로 길 건너편에 있는 그에게 빈 물병을 들어 보이며 수화로 물을 좀 달라고 부탁한다. 브래드도 같은 방식으로 대답한다. 그는 고개를 끄덕이고 집 쪽을 향해 엄지손가락을 젖힌다.

마당에 들어서니 벌써 수도꼭지에서 물이 흘러나오고 있다. 그 옆에 브래드가 삼촌인 바니 씨와 함께 서 있다. 바니 씨는 세월 탓에 쭈글쭈글해진 얼굴에 미소를 띠고 있다.

내가 가까이 가자 브래드가 묻는다. "그걸 연주할 줄 알아요?" 나는 그들과 나란히 앉아 밴조를 켜면서 그들의 발이 움직이기를 기다린다. 과연 그들은 발을 톡톡 치며 박자를 맞춘다.

그들은 대대로 이 땅에서 농사를 지었다고 한다. 하지만 바니 씨는 시내에 살고 브래드는 다른 농가에 살기 때문에 이 낡은 집에는 오랫동안 사람이 살지 않았다. 브래드와 바니 씨는 나에게 물을 얼마든지 가져가도 좋지만 물맛은 별로라면서 양해를 구한다. 고약한 맛이 어디서 나오는지는 모르겠지만 질산염 때문일 수도 있다고 한다.

며칠 전 농촌에서 쓰는 수돗물이 질산에 오염되어 있다는 뉴스를 들은 기억이 난다. 부패한 물탱크와 헛간 앞마당, 비료를 많이 써서 재배한 곡물 등이 원인이라고 했다. 인체 내부에 들어온 질산염은 장에서 유해한 아질산염으로 바뀌고, 아질산염은 다시 적혈구에 들어 있는 헤모글로빈과 결합하여 산소 운반 능력을 저하시킨다. 이 일대의 유아 사망률이 비정상적으로 높게 나타난 것도 수질 오염과 무관하지 않다고 한다. 뉴스에 나온 내용이 사실로 입증됐는지는 잘 모르겠다. 수질 오염으로 인해 발생할 수 있는 다른 질병이 뉴스에 나왔는지 여부도 기억나지 않는다. 나중에 찾아봐야겠다. 하지만 지금 이 순간에는 지구상의 대다수 사람처럼 나 역시 선택의 여지가 없다. 목이 마른데 어찌하랴.

고속도로 교차점에 위치한 텅 빈 경비 초소의 산울타리 뒤에서 야영을 한다. 머리 위로 뻗은 송전선이 깜짝 놀란 듯 나를 곁눈질한다. 물은 냄새가 지독하고 맛도 고약하다. 낡은 수도관 때문이거나 여러 가지 오염물질 때문일 것이다. 일단 뜨거운 코코아와 차를 끓여 마시는 데는 무리가 없을 듯하다. 그러나 밤새 놓아두니 컵 밑바닥에 갈색 덩어리가 두껍게 내려앉는다.

비가 내리고 폭풍이 불고 토네이도의 조짐까지 보이는 험악한 날씨 속에서 며칠째 걷고 있다. 이곳의 지형은 미네소타 남부에 있는 논밭이나 완만한 언덕들과는 정반대다. 남서쪽에서 산들바람이 불어 걷기가 한결 편하다. 도시에서 도시로 이동하는 길에 밴조 연주를 하며 리듬에 맞춰 빠르게 걷는다. 음악이 나오면 언제나 콧노래를 흥얼거리게 된다.

상공회의소에서 세운 간판에 따르면 셔번은 우주 비행사 데일 A. 가드너의 출생지라고 한다. '컵 앤 소서'라는 식당에 들어가니 데일 A. 가드너를 기념하는 빨간색, 흰색, 파란색의 모자를 5달러에 팔고 있다. 몇 개밖에 남지 않은 모자가 밀크셰이크 기계 옆에 있는 감자 칩 걸이에 걸려 있다.

식당 안은 제법 서늘하다. 한 무리의 여자들이 둥근 탁자에 앉아 니켈 주사위 놀이를 한다. 여자들 중 한 명은 오랜만에 고향에 들렀다가 온갖 소식을 듣는 중이다. 누구는 어느 묘지에 묻혔고 누구는 어느 요양원에 산다는 이야기들이 들린다. 나이가 90세인 어떤 노인은 앞을 못 보는데도 여전히 혼자 살고 있다고 한다.

나는 점심 식사를 마치고 몇 분간 발목을 문지른다. 정장 차림에 넥타이를 맨 점심 식사 손님이 잔뜩 몰려온다. 은행이나 보험회사에서 일하는 사람들인 듯하다. 내가 자리를 뜨려고 하자 여자들의 이야기 소리가 더 커지고 시끌벅적해진다. 이번에도 내 여행 소식이 나보다 먼저 전해졌던 것이다. 사람들의 요청을 받고 나는 기꺼이 음악을 들려준다. 연주가 끝난 다음에도 콧노래를 흥얼거린다.

셔번을 떠나며 야생 장미가 자라는 작은 호숫가를 지난다. 연분홍색 장미 꽃잎이 하늘거린다. 겨울 강풍에 미루나무에서 솜털이 떨어져 내리지만, 공기는 탁하고 축축하다. 다시 발목이 아프기 시작한다. 나는 밴조를 배낭에 끈으로 동여매고 그 자리에 있던 다이아몬드 버드나무 지팡이를 꺼내 땅을 짚어 가며 계속 걷는다.

미네소타 주로 넘어온 지 이제 2주째다. 그 동안 180킬로미터 정도 여행을 했으니 어림잡아 하루에 13킬로미터씩 걸은 셈이다. 평균치가 너무 적어서 실망이 크다. 내가 가지고 있던 인내심이란 인내심은 끈덕지게 내리는 봄비에 다 씻겨나간다. 하지만 조금 더 생각해 보니, 천천히 움직이면 내가 지나치는 땅과 사람과 도시와 더욱 가까워질 수 있다는 생각도 든다.

천천히 걷는 일을 생각하자 어느 해 봄에 만났던 두 명의 승려가 떠오른다. 그들은 로스앤젤레스에서 출발하여 브리티시 콜롬비아 주 밴쿠버에 있는 새로 지은 사원으로 가는 길에 내가 살던 캘리포니아 주를 지나갔다. 당시에 나는 이미 자동차 사용을 중단하고 오리건 주까지 두 차례 도보여행을 마친 상태였다. 그들도 걷는다는 점에서는 나와 같았지만 승려 한 사람은 세 걸음을 걸을 때마다 멈춰 섰다. 그리고 그는 무릎을 꿇고 머리가 땅에 닿도록 절을 한 다음 기도문을 외우고 다시 일어서서 같은 동작을 또 되풀이했다. 다른 승려는 짐이 담긴 쇼핑 카트를 끌고 뒤따르며 조수 역할을 했다. 두 승려는 며칠 동안 이웃집 차고에 머무르며 독옻나무 때문에 생긴 심한 알레르기 반응을 치료했다. 독옻나무를 처음 본 그들은 화장실에서 휴지 대용으로 쓸 수 있는 식물인 줄 알았던 것이다.

미네소타 주를 지나는 동안 내가 여행한다는 소문이 퍼져서 사람들이 나를 찾아온다. 지지를 표시하거나 환경과 세계평화에 대한 관심을 공유하기 위해서다. 페어마운트에서는 라디오 방송국과 신문사 기자들이 길에 나와서 나를 맞이한다. 어느 식당에서 주디 번스타인이 이 군에 저준위 방사성 폐기물 처리장을 건립할 계획이 논의되고 있다고 이야기해 준다. 그녀를 비롯한 수많은 사람들이 같은 걱정을 하고 있다. '눈앞에 보이는 경제적 이익이 지역주민의 건강에 미치는 장기적인 영향보다 중요한가?' 경제적 고려가 생존권 문제로 비칠 때가 많다는 것은 참으로 안타까운 일이다.

구켄에서는 경제 논리 때문에 마을 우체국과 잡화점이 문을 닫고 말았다. 나는 구켄 자동차 정비소 앞에 놓인 그늘진 나무 벤치에 앉아 있다가 오후 햇살을 받아 반짝이는 싱글 피스톤 가스 엔진을 발견한다. 주철로 된 부분은 연두색과 빨간색과 노란색으로 새로 칠해져 있다. 나를 본 세실 키이슨은 이야기를 나누려고 내 옆에 앉는다. 그는 아버지와 함께 낡은 엔진을 재조립하는 중이라고 한다.

"여기는 모든 게 느려요. 농촌 경제라는 게 그렇잖아요." 버려진 건물들을 둘러보며 세실이 말한다.

나는 캔에 든 차가운 탄산음료를 홀짝이며 모처럼 배낭을 벗어 놓고 즐거운 마음으로 그의 이야기에 귀를 기울인다. 음료수가 목구멍으로 한 모금씩 넘어갈 때마다 기분이 대단히 좋다. 아직도 사막에서 걷던 기억이 선명하게 남아 있어서 시원한 음료수가 있다는 것에 감사한 심정이다.

"전에는 농부들이 농기구를 가져와서 고쳐 달라는 일이 많았지요. 사실 여기서 하던 일은 그게 다잖아요. 그런데 이제 농장이 대형화돼서 자체 수리소가 다 있다고요."

세실은 2년 동안 독일에서 군복무를 한 기간을 제외하고 평생 구켄에서 살았다. 지금은 결혼해서 아이가 넷이다.

"아시다시피 구켄에는 아이들이 할 수 있는 일이 많지 않아요. 잔디를 깎는다거나 여름에 다른 마을에서 야구를 하는 게 고작이죠."

블루 어스 시에 도착해 블루 엘름 강가에 있는 숲에서 야영할 자리를 찾는다. 밤은 평화롭게 지나간다. 아침에 도로로 돌아가서 다리를 건너기 시작한다. 지방 방송국에서 일하는 존이라는 젊은이가 나를 기다리고 있다. 존은 전날 저녁에 내가 잠잘 곳을 찾아 헐레벌떡 도로를 벗어나는 모습을 보았다면서 자기 집에 가서 가족들과 아침식사를 함께하자고 권한다. 우리는 새벽에 다시 만나기로 한다.

고요한 아침에 존이 나에게 질문을 퍼부어댄다. 첫 번째 질문에 미처 답하기도 전에 다른 질문이 나오고, 또 다른 질문이 나오고, 또 다른 질문이 나온다.

"쉬……" 내 이 사이에서 조그맣게 소리가 새어나온다. 우리는 남은 몇 블록을 말없이 걷는다. 나무 사이로 주황색과 빨간색 빛을 비추며 떠오르는 해가 보인다.

존의 집을 떠나 블루 어스를 돌아다니며 군에서 진행 중인 재건축 현장을 살펴본다. 언덕 꼭대기에 아름다운 붉은 벽돌 건물을 짓고 있는데, 도시가 다 내려다보이는 탑도 있다.

다시 빗방울이 떨어진다. 나는 방금 들렀다 나온 식당인 '주바스 슈퍼 세이브'에서 가져온 커피와 감자튀김을 손에 가득 들고 걸어간다. 배낭과 비옷을 만지작거리고 있는데 픽업트럭 한 대가 보도에 선다. 트럭에서 흙 묻은 작업복을 입은 남자가 내려서 내 쪽으로 곧장 걸어오는 모습이 얼핏 보인다. 한 손은 주먹을 쥐고 있다.

나는 재빨리 상황을 가늠해 본다. 도망칠 수는 없다는 판단이 선다. 하는 수 없이 미소를 지으며 앞으로 벌어질 일에 대비한다.

그런데 남자가 떨리는 목소리로 말한다. "신문에서 당신 이야기를 보고 어제부터 당신을 찾았소." 그는 내 손에 100달러짜리 지폐 한 장을 쥐어 주고, 다른 손을 잡고 악수를 한 후 가 버린다. 나는 어안이 벙벙해진 채 길에 서 있다. 군의 경제 사정이 좋지 못하다고 들었는데 생전 처음 보는 남자가 어떤 마음으로 내게 100달러를 건넸을까를 생각해 본다. 그러고 보면 지금까지 지나온 다른 마을에서도 이렇게 인정 많은 사람을 종종 만나곤 했다.

잠시 후 나는 상공회의소에서 나온 주디 홀란드와 함께 있다. 블루 어스 시의 공식 환영위원회 위원인 주디는 어제 저녁에 나를 맞이하러 몸소 도로에 나왔지만 강가의 나무 사이에 있던 나를 찾지 못했다. 주디는 모든 지역 라디오와 텔레비전 방송국에 빠짐없이 연락을 취하고 내가 머무를 곳이 있는지 확인한다.

내가 머무를 모텔은 고속도로에서 떨어진 곳에 있다. 실내는 수공예 가구로 꾸며져 있어 집처럼 안락한 분위기가 난다. 블루 어스의 뿌리가 농업이라는 사실을 입증하듯, 모텔 근처에는 군의 정기 시장과 세계에서 가장 큰 '졸리 그린 자이언트(Jolly Green Giant: 미국의 식품회사인 그린 자이언트 사를 상징하는 초록색 거인—옮긴이)'의 동상이 있다. 블루 어스는 미네소타에서 가장 비옥한 농업 지대에 자리 잡고 있다. 나는 이틀 동안 머물다가 떠난다.

작열하는 비포장도로가
외딴 집을 지나 뻗어나간다

차가운 푸른 하늘에 닿을 듯

1987년 5월 14일
미네소타 주, 엘크톤

사흘 후, 80킬로미터쯤 떨어진 곳에 와 있다. 나는 농부 한 사람에게 그의 밭 옆에서 자도 되냐고 묻는다. 씨를 뿌리고 땅에 화학 비료를 치는 동안 트랙터와 농기구로 퍼 올린 고동색 흙이 농부의 얼굴에 잔뜩 묻어 있다. 그는 내가 건네준 명함을 유심히 보고 나서 대답한다. "그러지 않는 게 좋겠소." 농부의 아들도 아버지를 도와 포대에 씨를 더 넣다가 동작을 멈추고 대화에 귀를 기울인다.

"지금은 밭에서 일을 많이 하고 있어서요. 조금만 더 가면 재워 줄 사람을 찾을 수 있을 거요."

트랙터 엔진이 다시 켜지고, 두 사람은 다시 밭에 들어가서 지는 해와 경주를 벌인다.

800미터쯤 더 가다가 등 뒤에서 불어오는 바람을 피해 움푹 팬 도랑에 들어간다. 도랑을 벗어나 군 경계선을 넘기도 전에 날씨가 추워진다. 나는 비포장도로를 따라 옥수수 밭 한가운데로 들어간다. 옥수수는 벌써 송아지만 한 높이로 자라 있다. 텐트를 치고 바람소리와 금속 부품이 삐걱대는 소리를 들으며 저녁 시간을 보낸다. 별이 하나 둘씩 뜬다. 바닥에 누워 텐트 모기장 사이로 별을 바라보며 잠든다.

주간 고속도로를 건너간다. 푸른 하늘에 검은지빠귀 세 마리가 개구리매(harrier hawk)를 쫓아다니며 귀찮게 한다. 「오스틴 헤럴드」지에서 나온 리 보너든 기자가 나와 인터뷰를 한다. 그는 메이저리그의 전설적인 타자

레지 잭슨을 만난 기분이라고 이야기한다. 나는 피식 웃으며 밴조를 야구 방망이처럼 휘둘러 보인다. 공이 2루수의 머리 위로 날아가 외야수가 잡을 수 없는 곳에 떨어지고 나는 1루로 진출하는 장면이 머릿속에 그려진다.

"진짜예요. 당신은 진짜 영웅이라니까요. 환경 문제를 해결하려면 영웅도 필요하죠." 그가 진지한 말투로 다시 말한다. 나 자신이 영웅이라는 생각은 들지 않는다. 나는 고개를 저으며 얼굴을 붉힌다.

리 기자는 구세군에 연락해 내가 식사를 하고 하룻밤 머물 수 있게 해 준다. 창을 덧대야 하는 신발을 구두 수선공 돈에게 맡긴다. 돈은 다정한 이모처럼 호들갑을 떨며 신발을 손본다. 텔레비전 보도기자 한 사람이 호멜 자연보호구역에서 나를 인터뷰한다. 그는 내가 만난 사람 중에 위스콘신-메디슨 대학을 졸업한 두 번째 사람이다. 내가 위스콘신-메디슨 대학 캠퍼스를 방문할 예정이라고 이야기하자 그는 알 만하다는 듯 씩 웃으며 그곳에 가면 떠나기 싫어질 것이라고 장담한다.

배낭을 메고 작은 도시의 중심가를 걸으니 어쩐지 어색하다. 학교가 방학을 하는 날이라 거리에 사람이 꽉 차 있다. 하지만 나는 시내를 둘러보고 싶다.

'해리스 카페'는 일가족이 운영하는 식당으로 일반적인 서민 가정에서 만드는 음식을 판다. 해리스 카페는 '레프티 바'에서 조금 떨어져 '찰리 라운지'와 '레즈 라운지' 사이에 끼여 있다. 길 건너편에는 판자가 처진 밀워키 로드 기차역 차고가 보인다. 해리스 카페는 필요한 사람에게 식사를 제공하기로 구세군과 협약을 맺었다. 오늘은 나에게 식사를 제공한다.

호멜 공장에서 고기를 포장하는 노동자들이 파업 중이

다. 도시 전체가 고통을 겪고 있는데다 농촌 경제까지 내리막길을 걷는 바람에 어려움이 가중된다. '스캡 시티(Scab City: '스캡'은 파업에 참여하지 않은 사람을 경멸조로 지칭하는 말로, '스캡 시티'는 파업에 불참한 노동자들이 사는 곳을 뜻한다—옮긴이)'로 가는 방향을 알리는 간판이 곳곳에 붙어 있다.

나는 도시에 들어올 때 스캡 시티 간판을 처음 보았다. 길에서 약간 떨어져 있는 쟁기질을 막 끝낸 밭에 세워진 간판이었다. 화살표는 길이 나 있지 않은 밭을 북쪽으로 가로지르는 방향을 가리키고 있었다. 발걸음을 멈추고 지도를 보았지만 당연히 스캡 시티는 지도에 없었다. 스캡 시티라는 간판은 지역사회가 갈등을 겪고 있다는 표지다. 나는 그것이 작은 마을 이름인 줄 알았다가 하루가 다 가고 나서야 내가 잘못 생각했다는 사실을 깨달았다.

저녁 식사 후 거리로 나간다. 길모퉁이에 있는 '바비 조' 클럽 안에서 밴드가 연주를 하고 있다. 베이스 주자가 유리창을 똑똑 두드리며 나에게 들어오라고 손짓한다.

"어이, 당신 그 악기를 다룰 줄 알아요?"

도로변에 장미가 피어 있다

아직 활짝 피지 않은 장미가

키 큰 초록색 풀숲에 숨어 있다

1987년 5월 15일

미네소타 주, 스튜어트빌

도시를 벗어나 몇 시간 더 걷다가 텐트를 친다. 해가 저물고 별이 총총한 하늘에 달이 떠오르자 머리 위로 은빛 광선이 쏟아진다. 새벽 4시가 되자 새들이 짹짹거린다.

나는 미네소타 대평원(Grand Meadow)에 있는 손질이 잘 된 요양원 뜰을 가로지르는 중이다. 파란색 밴 옆면에 '새로운 생활에 도전하는 초원 저택'이라는 글씨가 굵은 흰색 블록체로 쓰여 있다. 내가 거의 길에 다다를 무렵 흰색 제복을 입은 여자 두 명이 요양원 건물에서 뛰어나온다. '요양원에서 도망쳐 나온 사람들인가?' 그 때 두 여자가 큰 소리로 나를 부른다.

"거기…… 젊은 양반! 잠깐만 기다려 봐요."

잠시 후 나는 보행 보조기구, 흔들의자, 휠체어에 앉은 요양원 사람들 앞에서 밴조를 연주한다. 활짝 웃으며 박수를 치는 사람이 대부분이지만 몇 사람은 방 건너편에서 멍하니 바라보기만 한다. 때때로 내 쪽을 바라보며 좋다는 표정을 짓는 사람도 있다.

모인 사람 중에는 직원도 있고 주말에 가족을 만나러 요양원에 온 사람도 있다. 연주가 끝나자 한 방문객이 말한다. "이곳 환자들은 삶에서 행복한 일이 별로 없습니다. 여기서 정성들여 보살펴 주기는 합니다만, 그건 마음에서 우러나는 게 아니라 지갑에서 나오는 정성이죠."

나는 '둘 다 조금씩 있을 거예요.' 라고 몸짓으로 말하면서 '조금'을 표현하려고 집게손가락과 엄지손가락을 동그랗게 모으고 약간 벌린다. 마음에서 나오는 부분이 얼마나 되는지 측정하기는 불가능할 것이다.

요양원 사람들은 나에게 식사를 대접하고 그들의 지갑과 마음을 열어 여행비를 보태 준다.

요양원에서 발길을 멈추기 전에 나는 평화에 대해 생각하고 있었다. 평화란 무엇인가? 평화는 어디서 나오는 걸까? 갈등이 있어야 평화도 있는 걸까? 그러나 답은 쉽사리 찾아지지 않는다. 모든 것이 희미해진다. 나는 가끔 무아지경에 빠지곤 한다. 온갖 쾌락과 고통, 멍한 눈빛과 사람들의 손길, 박수를 치는 사람들, 별, 음악과 비……모두가 덧없는 한 순간의 일일 뿐……. 눈에 고인 눈물이 하염없이 흘러내린다.

북소리와 인디언 천막집
커다란 도끼가 통나무를 내리치고
독수리가 하늘 높이 맴돈다

1987년 5월 16일
미네소타 주, 포레스트빌 주립공원

내가 도로변 풀밭에 앉아 점심을 먹는 동안, 로체스터에서 온 멀 달렌 기자는 지도를 펴놓고 포레스트빌 주립공원으로 가는 최단 경로를 찾고 있다. 옛날식 랑데부가 열릴 예정이니 꼭 보고 가야 한다는 것이다.

지금 걷는 길은 숲과 농장이 있는 언덕에 아스팔트를 얇게 입힌 도로다. 숲과 농장 사이에는 방금 베어낸 촉촉한 풀이 놓여 있다. 기계가 무거운 초록색 건초 다발을 공중으로 던져 올려 뒤쪽에 서 있는 수레에 넣는다. 이따금씩 건초 다발이 바람에 실려 땅바닥에 털썩 내려앉기도 한다. 나는 바람에 물결치는 곡식과 밭에서 일하는 농부들을 보며 걸음을 옮긴다. 길 가는 사람들이 나를 스쳐간다.

주립공원으로 들어가는 길은 진흙으로 뒤덮여 있다. 작은 골짜기에 있는 나무 사이에 사람이 잔뜩 모여들어 있다. 그들은 차례차례 그늘을 벗어나 공터로 나간다. 나도 그들을 따라 군중 속으로 들어가 익명의 존재가 된다. 커다란 붉은색 축사 옆에 텐트와 천막집 십여 개가 보인다. 북을 둘러싸고 앉은 인디언들이 귀에 익은 리듬에 맞춰 북을 친다. 가수들은 인디언 언어로 노래한다. "그분은 이웃을 도우러 서쪽에서 오셨다네."

삼림지대 주민의 텐트에서 주말 동안 야영을 하고 있는 마크 오펜달과 수지 오펜달이 나에게 안으로 들어오라고 한다. 나는 그들이 시키는 대로 식사를 하고 군중들과 어우러진다. 저녁이 되자 오펜달 부부의 텐트 옆에 침낭을 펼친다. 동부 해안을 떠나온 이후 처음으로 반딧불이를 보며 어린 시절 여름날의 추억을 떠올린다.

텐트 바로 옆에서 대포를 발사하는 소리가 나서 잠을 깬다. 역사의 현장다운 분위기를 내기 위해 하루에 세 번, 즉 해가 뜰 때와 정오와 해가 질 때 대포를 쏘는 것이다. 마크는 부싯돌과 부싯깃을 가지고 불을 지핀다. 철제 받침대 위에서 커피를 끓이고 아침식사를 요리하는 냄새가 공중에 둥둥 떠다닌다.

오후에는 부주지사 마를린 존슨 씨가 주말 행사에 대한 주 정부의 배려를 표시하기 위해 랑데부 현장을 찾아온다. 주립공원의 유서 깊은 건물 안팎에서 열리는 랑데부 주말 행사는 음악 공연과 연극과 공예품 전시 등으로 이루어진다. 참가자들은 남북전쟁 이전 시대의 전통 의상을 입고 있다. 다시 북소리가 울려 퍼지고 춤이 시작된다. 아메리카 원주민의 종교의식인 뱀춤이다. 두 달 전 사우스다코타 주에서 작별의식으로 열렸던 파우와우가 다시 생각난다.

저녁이 다가오자 텐트와 천막집들이 철거된다. 해질 무렵에는 모두 돌아가고 없다. 나도 떠날 준비를 다 했지만 천천히 나아가는 일의 중요성이 떠올라 하룻밤 더 머물다 가기로 한다. 닷새만 더 가면 미시시피 강과 위스콘신 주가 나온다. 메역취가 가득한 들판에서 반딧불이가 날아오르는 가운데 잠이 든다.

> 밤중에 반딧불이가 날아다니고
> 하늘에서 내려온 별이
> 나무 사이로 떠오른다
>
> 1987년 5월 24일
> 위스콘신 주, 에소페

미시시피 강에 도착한다. 발목 통증을 가시게 하려고 강물에 발을 담근다. 강물은 전혀 차갑지 않고 따뜻한 느낌마저 든다. 조금 더 나아가니 미시시피 강 최초의 다리가 나온다. 언젠가 지나가던 보트와 충돌해서 다리가 손상된 적이 있는데 그 법정 소송의 한 편을 에이브러햄 링컨이 담당했다고 한다. 재판 결과는 그의 승리였다.

위스콘신 주 라크로스(La Crosse)에 도착한 나는 상당한 충격에 휩싸인다. 인구 5만 명에 높은 빌딩이 즐비하고 교통이 혼잡한 도시를 오랜만에 접하기 때문이다. 메디슨에 있는 위스콘신 대학이 어느 정도 크기일까를 상상하니 눈앞이 아찔해진다. 인구가 35만 명인 도시에 위치한 재학생 수가 45,000명인 대학이라……. 그러나 위스콘신 대학 환경학 연구소(IES)는 반드시 방문하고 싶은 곳이다. 학위 과정 담당자인

바바라 본즈와 꾸준히 서신을 교환한 덕택에 그녀는 동쪽으로 이동하는 내 여정을 훤히 알고 있다.

라크로스를 떠날 무렵 무더위가 최고조에 달한다. 나는 천천히 걸으며 적절한 속도를 유지하려고 노력한다. 가끔 사람들이 신문이나 텔레비전 뉴스에서 봤다면서 아는 체를 한다. 그들은 경적을 울리고 손을 흔든다. 차를 몰고 지나가던 한 쌍의 남녀는 잠시 차를 세우고 음료수와 얼음이 든 비닐봉지를 건네준다. 나는 얼음 봉지를 목에 대고, 녹고 있는 얼음에서 나오는 물을 마신다.

조금 더 가다가 만난 어느 가족이 나에게 작은 빈 물통과 얼음을 준다. 무더운 날씨와 그들의 친절을 대하고 보니 지난해 아이다호 주 아코 사막을 건너던 기억이 다시 떠오른다. 얼굴에서 땀방울이 똑똑 떨어진다. 소금기 때문에 눈이 따갑고 시야가 흐릿하다. 그러고 보면 아주 뜻밖의 상황에서 전혀 그럴 것 같지 않은 사람들이 친절을 베푸는 경우를 꽤 많이 경험했다. 그런 친절은 더욱 값지게 느껴진다.

저녁이 되자 날씨가 약간 선선해진다. 언덕을 올라가는 조용한 뒷길을 발견한다. 어둑어둑한 황혼녘에 은은한 불빛이 흘러나오는 농가를 몇 채 지나친다. 캄캄한 밤에는 반딧불이가 날아와 나뭇가지에 앉는다. 하늘의 별자리 같기도 하고, 높은 곳에서 바라본 멀리 떨어진 도시 풍경 같기도 하다. 내 머리 위 나뭇가지 주위에서 들끓는 반딧불이가 별들과 섞여 어지럽게 보인다. 은하수가 따로 없다.

언제까지나 걸을 수 있을 듯하다. 적어도 해가 뜰 때까지는 거뜬히 걸을 것 같은 기분이다. 그러나 몇 시간 후 에소페에 도착한 나는 주립공원의 촉촉하게 이슬이 맺힌 잔디 위에 텐트를 친다.

다음날 아침 공원 관리인 라일이 다가와 커피를 내밀며 자기소개를 한다. 웨스트비에 있는 어느 교회에서 단체로 소풍을 나온 사람들이 보인다. 나는 햇볕을 가려주는 지붕 밑에서 들려오는 오후 설교에 귀를 기울인다. 설교가 끝나자 사제가 나를 찾아와 논쟁을 벌이려 한다. 그의 주장인즉슨 침묵은 하나님이 내게 주신 선물을 쓰지 않는 행위라는 것이다. 나는 평화 또한 하나님이 주신 선물이며 때로는 하나를 얻기 위해 다른 하나를 포기해야만 한다고 쪽지에 써서 답한다. 그리고 최근에 에콰도르에서 살해당한 다섯 명의 선교사 가운데 한 명인 짐 엘리엇이 남긴 말을 상기시켜 준다. 목숨을 위태롭게 하다니 당신은 바보라고 이야기하는 사람들에게 그 선교사는 이렇게 대답했다. "영원한 것을 얻고자 영원할 수 없는 것을 버리는 자는 바보가 아닙니다."

달빛을 받으며 걷다가

혼자 조용히 웃음을 짓는다

그러고는 왜 웃었는지 잊어버린다

1987년 5월 26일
위스콘신 주, 리치랜드 센터

몇 시간 동안 15킬로미터 정도를 걸어가니 보수공사 때문에 폐쇄된 도로 구간이 나온다. 강철 선로 위에 노란 불도저와 크레인이 한가롭게 서서 다음 작업 날짜를 기다리고 있다. 나는 차가 다니지 않는 곳을 몇 시간 동안 걸을 수 있다는 데 감사한다.

다시금 도시의 소음과 인파에 너무 가까워지기 전에 길가에서 풀이 목

높이까지 자란 장소를 발견하고 잠을 잔다. 풀이 바다처럼 파도친다. 밤에는 은색으로 출렁이며 산들바람이 불 때마다 해변에 밀려와 부서진다. 아침에 일어나서는 비로쿠아(위스콘신 주에 있는 인구 4,000여 명의 작은 도시—옮긴이)로 들어가 어제 길에서 주운 지갑을 우편으로 보낸다.

도로변 휴게소에서 찢어진 반바지를 꿰매고 있는데 도로공사를 하던 인부가 지나가다가 나에게 말을 건다. 다음 도시에서는 어느 노부부가 나를 격려해 주고 싶지만 평화가 실현될 가능성은 별로 없어 보인다고 이야기한다. 나는 발에 발포제를 붙이고 저녁 시간에도 걷는다. 메디슨이 120킬로미터 정도 남았지만 서두르지는 않는다.

어느 날 아침, 가느다란 떡갈나무가 빽빽하게 자란 길가 야영지를 떠난다. 밭에는 옥수수가 허벅지 높이까지 자라 있다. 초록색 목장에서는 무거운 젖을 달고 느릿느릿 움직이는 홀스타인 소들이 내가 지나가는 모습을 바라본다. 2차선 도로가 4차선으로 바뀌고, 차가 점점 많아지더니 4차선이 다시 6차선으로 바뀐다.

다음날 정오를 앞두고 과학관으로 가는 계단을 올라간다. IES 사무실은 건물 지하에 있다. 비서 베벌리 헬름스가 바바라 본즈는 며칠 휴가를 떠났다고 이야기하며 나를 맞이한다. 나는 토지자원 과정에 다니는 게리 레이의 집에서 머물기로 한다. 게리는 몬태나 대학에서 함께 공부했던 친구다. 게리를 다시 만난다고 생각하니 기분이 좋다. 갑자기 피로가 몰려온다.

제 18 장

추수감사절
7년과 하루

울퉁불퉁한 길가에서
물이 조용히 흐르고
우리는 걸어간다

1987년 7월 16일
위스콘신 주, 메디슨

메디슨에 머무른 지 한 달이 다 되어 간다. 나는 이곳에 남아 환경학 연구소 토지자원 박사과정에 입학하기로 하고 바바라 본즈와 수시로 만나 특별 연구원 자리를 얻는 일을 의논한다. 연구소에서는 나에게 연구원 자리를 주려고 대학원에 신청해 놓았지만 처리 결과는 감감 무소식이다.

나는 대학원에서 결과가 나왔는지 물어 보려고 과학관 지하에 있는 바바라의 사무실로 들어간다.

"존, 당신의 연구원직에 대해서는 아무런 말이 없었어요." 내가 들어가기 무섭게 바바라가 말한다. 그녀는 안경 너머로 나를 바라보며 걱정스러운 투로 말을 잇는다. "원래 시간이 필요한 일이긴 하지만 당신의 경우에는 왜 이렇게 오래 걸리는지 모르겠네요."

내가 내쉰 한숨이 방 한가운데로 날아가 그 자리에 머문다.

바바라가 다시 말한다. "있잖아요. 당신이 직접 대학원 사무실로 올라가서 결정이 지연되는 이유를 알아보면 어떨까요?"

나는 그녀의 말대로 해야겠다고 생각한다. 연구원 자격을 얻지 못하면 대학원 학비를 마련할 길이 없기 때문이다. 메디슨에서 학교에 입학하지 못하면 계속 걸어서 필라델피아 주까지 가야 한다. 필라델피아 주에 있는 펜실베이니아 대학으로부터는 이미 적합기술 과정 입학 허가를 받았다.

대학원 사무실은 바스콤 홀(Bascom Hall)이 있는 언덕에 자리 잡고 있다. 나는 언덕을 올라가 부학장 사무실을 찾는다. 나무문의 반투명 물결무늬 유리창에 검은 글씨로 부학장의 이름이 쓰여 있다. 사무실 안으로 들어가니 길쭉한 나무 탁자에 대학원 지망생들을 위한 학위 과정 안내서가 쌓여 있다. 탁자 건너편으로 내실이 몇 개 보이고, 비서들이 각자 책상 앞에 앉아 타자를 치거나 전화기에 대고 이야기하고 있다. 이따금씩 서류를 넣어 둔 서랍이 열리고 닫힌다. 비서 중 한 명이 나를 보고 탁자 쪽으로 걸어와서 말한다.

"무슨 일이신가요?"

나는 아무 말 없이 부학장 사무실을 가리켜 보인다.

"뭐라고요?"

나는 다시 손짓을 한다. 이번에는 두 손가락을 눈에 댔다가 아크바 씨의 사무실 쪽으로 손을 내밀어 '만나고 싶어요'라는 뜻을 전한다. 비서는 잠시 어리둥절해하더니 이제 알겠다는 듯 환한 얼굴을 한다. 그러고는 매우 빠르게 말을 쏟아낸다. "아하, 존 프란시스 씨군요. 고급 연구원 과정 때문에 부학장님 아크바 앨리 씨를 만나고 싶으시다고요?"

간단한 몸짓을 보고 어떻게 그렇게 많은 것을 알아냈을까? 내가 어리둥절해하는 사이 부학장 아크바 씨가 문을 열고 들어온다. 아크바 씨는 체구가 작고, 짙은 갈색 스포츠 재킷에 회색 바지와 검정색 신발을 말쑥하게 차려입고 있다. 검은 머리는 군데군데 회색이 섞여 있고, 콧수염과 턱수염은 단정하게 손질한 모습이다. 그는 의아한 눈으로 비서를 쳐다보다가 나에게 눈을 돌린다. 성큼성큼 걸어가는 그를 비서가 붙잡는다.

"부학장님, 이분은 IES 과정에 등록한 존 프란시스 씨입니다. 부학장님을 만나러 오셨다고 합니다."

"그래요, 그래요. 좋아요. 만나서 반갑습니다. 잠깐만 기다려 주시오." 그는 나와 악수를 하며 말한다. 부학장은 사무실로 들어갔다가 잠시 후 문간으로 나온다. 비서가 부학장이 쓰는 내실로 나를 안내한다. 부학장은 책상 앞에 앉아 질문을 던지기 시작한다. 처음에는 쉬운 질문이 나온다.

"그래, 여기까지 어떻게 오셨습니까?"

나는 허공에 대고 손가락을 움직여 걷는 시늉을 한다. 그리고 파도가 해변을 철썩철썩 치는 바다, 산맥과 언덕, 뜨거운 사막과 이마에서 흘러내리는 땀, 초원을 휩쓰는 바람과 눈보라를 표현한다. 부학장은 웃음을 터뜨린다. 그는 학교와 학위 과정에 관해 설명하다가 도중에 말을 끊고 잠시 실례한다며 내실 밖으로 나간다. 몇 분 전부터 바깥 사무실은 이상하리만치 조용했다. 밖에서 부학장이 이야기하는 소리가 내게도 들린다.

"그래. 그 사람이 하는 말을 알아들을 수 있어. 진짜로 알아듣겠다니까." 웅성웅성하는 소리가 들리더니 아크바 씨가 함박웃음을 지으며 돌아온다.

"우리는 당신과 의사소통이 가능할지 걱정하고 있었다오. 고급 연구원 자격을 얻으려는 사람이라면 당연히 의사소통 여부가 중요하니까요." 그는 나에게 연구원 자격을 줄 테니 집을 구해 보라고 이야기한다.

나는 메디슨 시를 둘러싼 다섯 호수 가운데 가장 큰 멘도타 호수에 인접한 공원 맞은편에 집을 구한다. 옛날에 시민들이 쓸 물을 호수에서 퍼 올리는 데 이용했던 낡은 펌프장 '니콜스 스테이션' 주위에 새로 지은 주택단지 내에 있는 집이다. 나는 새로 산 물건과 중고품을 적절히 섞어 가며 집을 꾸민다. 친구들과 IES과정의 선배들이 준 물건도 있고, 대학 내 잉여품 상점에서 최저 가격으로 구입한 물건도 있다.

여름이 가을로 바뀌더니, 가을도 조용히 지나가고 위스콘신 주에 겨울이 온다. 올해 첫 얼음낚시꾼들이 멘도타 호에 모여든다. 그들은 딱딱한 얼음에 난 구멍 주위에 모여앉아 고기가 미끼를 물기를 기다린다. 한겨울이 되자 낚시꾼들은 사나운 추위와 겨울 폭풍을 피하기 위해 호숫가에 작은 오두막을 하나 둘씩 세운다. 오색찬란한 돛을 단 빙상 요트가 얼어붙은 물 위를 미끄러진다.

환경학 연구소에 박사 지망생으로 있는 동안 나는 다시 환경학을 정식으로 공부하는 데 전념한다. 토지자원 과정에서는 환경학에 종합적으로 접근하는 방식을 허용한다. 나는 원격 탐사, 정책 연구, 정치 이론, 개발, 환경경제학 등의 강좌를 택한다. 교과 과정에 선택의 폭이 넓은 이유는 첫째로 환경 문제의 복합성과 상호연관성을 고려하기 때문이며, 둘째로 환경 문제의 해결책은 어느 한 학문의 영역에 국한되지 않는 경우가 대부분이기 때문이다.

어떤 수업은 전 세계로 범위를 넓혀 진행된다. 세계 각국의 사회와 경제 발전으로 인해 발생한 환경 문제를 살펴보는 수업이다. 개발도상국의 토착 농업을 밀어내고 그 자리에 들어서는 플랜테이션 농업에서부터 미국의 대기업 농장이 소규모 농가를 대체하는 현상에 이르기까지 다양한 주제가 다루어진다. 우리는 이와 같은 여러 가지 문제를 사회과학과 자연과학의 틀로 분석한다.

그 수업 덕택에 환경생물학 수업을 들을 때도 시야가 넓어진다. 환경생물학은 인구 문제를 다루는 수업이다. 대다수의 제3세계 국가나 개발도상국이 인구 문제와 높은 출산율 때문에 고심하고 있다.

나는 학기 과제로 인도네시아를 집중 조명한다. 인도네시아는 사회경제적 발전을 이루려고 노력하면서 인구문제를 완화하기 위해 몇 가지 대책을 시도했다. 그 중 하나는 인구밀도가 높은 지역주민들을 인구밀도가 낮고 개발이 덜 된 지역으로 대규모로 이동시키는 이주 정책이었다. 인도네시아는 출산율을 감소시키는 데서는 점진적인 성과를 거두었다. 반면 이주 정책을 비롯한 일부 대책은 경제적 불평등, 사회 갈등, 삼림 황폐화, 토양 침식이라는 예기치 못한 결과를 낳았다.

전공의 본령에 더 가까운 수업도 있다. 오염 문제를 공부하는 토양과학 수업에서는 쓰레기 처리의 화학적, 생물학적, 경제적, 사회적 함의를 다룬다.. 여기서 탐구하는 과제 중 하나는 최근에 개발된 '지렁이 퇴비화(vermicomposting)'다. 지렁이 퇴비화는 하수처리시설에서 많이 나오는 침전물 제거에 지렁이를 이용하는 방법이다. 전국을 걷는 동안 나는 대부분의 농촌에서 하수 침전물 처리 규정 때문에 골치를 앓고 있다는 사실을 발견했다.

우리는 대학 우주과학관에 위치한 원격탐사 실험실에서 항공사진과 인공위성 데이터를 판독하는 법과 환경과 천연자원을 측량하고 분석하는 컴퓨터 사용법을 배운다.

계절이 바뀌면서 수업과 회의, 세미나와 토론을 통해 환경 문제에 대한 이해가 넓어져 간다. 내가 시작한 순례에 대한 신념도 더욱 강해진다.

봄이 오자 얼어붙은 호수가 녹는다. 얼음낚시꾼들은 호숫가로 물러나고 보트는 새로운 정박지에 묶인다. 도시 외곽에서는 농부들이 일찍 수확한 꽃과 채소 판매대를 차린다. 나는 대학 아웃도어 클럽인 '후퍼스'에 들어간다. 전국에서 가장 규모가 큰 항해 프로그램을 제공하는 클럽이다. 나중에 동부 해안에 가면 바다로 항해를 떠나고 싶다.

　봄이 한창일 때 아버지가 찾아온다. 아버지는 내가 대학에서 박사과정에 입학할 수 있다는 사실이 믿기지 않는 모양이다.

　"네 고모가 나더러 널 가만 내버려 두라고 하더라. 네가 말을 하지 않아도 아주 잘 지내는 것 같다더구나."

　하지만 아버지는 떠나기 전에 묻고야 만다. "박사학위를 가지고 뭘 할 생각이냐? 박사는 지천으로 널려 있어."

　강의를 모두 수료하고 토지자원 분야에 박사학위를 따기 위한 필수조건인 자격시험을 통과하는 데 2년이 걸린다. 이제 조사를 해서 학위논문을 쓰고 발표하는 일이 남았다. 내 연구 주제는 미국과 카리브 해에서 선박 기름유출을 관리하는 비용과 법 조항을 평가하는 것이다. 나에게 딱 맞는 주제인 셈이다. 동료들은 눈살을 찌푸리며 그렇게 거창한 연구에 드는 비용을 어떻게 마련할 생각이냐고 묻기도 한다. 그러나 1989년 3월 엑손 발데즈 호 유출사고가 터진 후 내 연구의 규모는 더욱 커진다.

　알래스카에서 일어난 환경 재앙에 대한 '전문가'를 소개해 달라고 IES에 문의한 기자들이 내 연구 주제를 알게 된다. 내가 전화로 이야기하지 않는다는 사실도 곧 알려진다. 다행히도 우리 모두를 대표하여 내 지도교수인 존 스타인하트 씨가 전화를 받아 주는 덕분에 나는 연구에만 집중하는 호사를 누린다. 대학에서 존 교수를 만난 것은 행운이다. 그는 1969년 캘리포니아 주 산타 바바라에서 일어난 유정 폭발을 연구해서 책을 출간한 사람이기 때문이다. 사실 나에게 입학을 허가하기 전에 열린 회의에서는 내가 논문 지도와 심사를 맡아 줄 교수 다섯 명을 위스콘신 대학에서 찾지 못한다면 다른 어디에서도 찾을 수 없다는 결론을 내렸다고 한다. 운명의 작용이었을까. 나는 그 말이 사실인지 알아보려고 다른 곳을 기웃거릴 필요도 없었다.

동이 트기를 기다린다
길을 떠나기 직전
눈꺼풀에 내려앉는 졸음

1989년 9월 30일
위스콘신 주, 메디슨

    예술회관에서 나를 위한 송별연이 열린다. 세계 각국의 음식에 아프리카 북 연주가 곁들여진다. 음악과 춤이 밤늦게까지 계속된다. 차마 작별인사가 나오지 않는다.
    메디슨에서의 마지막 날은 바쁘게 지나간다. 친구들이 작별인사를 하러 우리 집에 왔다가 청소를 거들어 준다. 마리화나 합법화를 위한 연례 시위가 열리고 있는 길 건너편 공원에서 한동안 음악소리가 울려 퍼진다. 창문으로 들어오는 시끄러운 소리를 들으며 생각한다. '과연 내일 아침에 내가 이곳을 떠날 수 있을까?' 태어나자마자 맨손으로 길에 내던져지는 기분이다. 하루만 더 머물 수 있으면 좋으련만……. 하지만 그래서는 안 된다. 친구들에게 내일 떠난다고 이야기해 놓았을 뿐 아니라 계절이 바뀌는 냄새가 나기 때문이다. 향기롭고 따뜻한 여름이 지나고 쌀쌀하고 혹독한 가을이 오려 한다. 겨울이 맹공을 가하기 전에 동부 해안에 닿고 싶다.
    따뜻한 일요일 아침, 열 명이 과학관 계단에 모여 작별인사를 나눈다. 친구 두 명이 내 곁에서 걷고, 한 명은 자전거를 타고 시내로 돌아간다. 우리는 도시 경계선 부근에서 발길을 멈추고 얼싸안는다. 커다란 배낭을 멘 나를 양 팔로 감싸느라 친구들이 애를 먹는다. 그들은 모래언덕에 왜가리가 나타났다면서 올 겨울은 따뜻할 것 같다고 이야기한다. 아침식사를 한 후 친구들은 북쪽으로 발길을 돌려 고속도로를 건너고 나는 남쪽을 향한다.

생각보다 많은 사람들이 손을 흔든다. 몇몇은 차 안에서 손으로 하트를 그리며 박수를 치고 나를 격려해 준다. 나는 조금 더 걷다가 온 몸을 마비시키는 피로를 이기지 못하고 길가에서 그림을 그리던 중 잠들고 만다.

회색 하늘이 푸른색으로 변하고
옥수수 밭은 호박색으로 변한다
머리 위로 기러기 떼가 날아다닌다

1989년 10월 2일
위스콘신 주, 오리건

위스콘신 주 오리건의 리슐리외 밴조 전시장 및 공장 앞에서 발걸음을 멈춘다. 전시장 창문으로 들여다보니 나이가 지긋한 남자가 바닥에 무릎을 꿇고 있다. 얼굴이 크고 머리가 벗겨진 노인의 웃는 얼굴에서 『고아 소녀 애니(Little Orphan Annie)』에 나오는 고약한 양부 워벅스 씨가 연상된다. 그는 밴조 헤드에 마무리 손질을 하는 중이다. 유리창 너머로 눈이 마주치자 그는 만면에 웃음을 띠며 문 쪽으로 돌아서 오라고 손짓한다.

"팔에 안고 있는 게 뭔지 좀 봅시다." 문을 열어 주며 노인이 말한다. 나는 악기를 돌려 뒷면에 쓰인 글씨를 보여 준다.

"아, 이 녀석은 스튜어트로군. 괜찮은 밴조야. 힘들게 이걸 가지고 다니는 걸 보니 연주를 할 줄 아는 모양이죠?"

우리는 서로 소개를 나눈다. 상점 주인인 노인은 여든 살의 C. C. 리슐리외 씨다. 우리는 몇 시간 동안 대화를 나누고 함께 밴조를 연주한다. 노인은 여행길에 쓰라고 밴조 줄 몇 벌과 특별히 제작한 밴조 헤드를 나에게 주며 말한다. "당신 밴조 헤드는 크기가 독특하잖소."

나는 고개를 끄덕이며 감사를 표한다. 조금 더 걸어가니 철로 옆 잔디밭에 야영하기 좋은 장소가 있다. 아직 날씨가 따뜻하고 하늘은 맑다. 무수히 많은 별이 반짝인다. 바닥에 눕자 몸이 녹아난다. 나는 밤새도록 깊은 잠에 빠졌다 깨어났다 하며 몇 번인가 조용히 눈물을 흘린다. 눈물이라…… 왜 눈물이 나는 걸까?

밤바람이 불면서 기온이 뚝 떨어진다. 긴 속옷을 입고 다시 잠을 청한다. 기차 한 대가 기적 소리를 내며 지나가자 나는 화들짝 놀라 일어나서 혹시 내가 철로 위에서 잠들지 않았는지 확인한다. 아침에는 추위 때문에 손가락 끝을 제대로 움직일 수가 없다. 멀리서 들려오는 자동차 소음이 점점 커진다.

작은 식당에서 아침 식사를 하고 계속 걸어가다 스콧 씨를 만난다. 스콧 씨는 20대 초반부터 위스콘신 주로 와서 일한 남부 출신 건설 노동자다. 그는 텔레비전에서 나를 보았다고 말한다. 우리는 스콧 씨의 자동차 후드 위에서 커피를 마신다.

"나도 환경 문제에 대해 알고 싶어요. 폐쇄된 농장은 또 왜 이렇게 많죠? 미국이 왜 이렇게 빨리 변하는 겁니까?"

나는 고개를 절레절레 흔들며 커피를 한 모금 마신다.

"나는 아내와 함께 낡은 농장에서 살았어요. 그 당시에는 대단한 농장이라고 생각했지요." 스콧 씨는 잠시 하늘을 올려다보다가 말을 잇는다. "있잖아요. 내 꿈은 말과 마차를 사서 건설 현장까지 타고 다니는 거랍니다. 에번즈빌(오하이오 강 연안에 있는 항구―옮긴이)에 사는 아미시 신도들처럼 말이에요."

그는 말과 마차를 타고 다니는 일이 가능하다고 이야기하기 위해 아미시 신도를 예로 든 것이다.

내가 그의 말에 동의한다는 표정을 짓자 스콧 씨가 다시 말한다. "지금까지 내 꿈 이야기는 아무에게도 하지 않았어요. 다들 내가 미친 줄 알 테니까요. 당신이라고 그러지 않으리라는 보장은 없지만, 왠지 말해도 되겠다는 느낌이 오네요."

그는 자기가 짓고 있는 집에서 며칠 일할 생각이 없냐고 묻는다. 하지만 기러기들이 남쪽으로 날아가고 공기에는 쌀쌀한 기운이 감돌고 있으므로 나는 서둘러 일리노이 주로 간다.

곡식이 갈색으로 변하고
줄기 끝부분에
애벌레 같은 이삭이 달린다

1989년 10월 9일
일리노이 주, 캔카키

밤에는 서리가 내리고 차 소리가 끊임없이 들린다. 다음날 아침 보니 내가 야영한 자리는 고속도로 옆이고 나는 아직 113번 도로에 있다. 다행히 강 쪽으로 가는 조용한 비포장도로를 발견한다. 길게 뻗은 비포장도로 양 옆에는 갈색으로 변한 옥수수 밭이 펼쳐지고 멀리 지평선에 나무가 일렬로 늘어서 있다. 나는 교차로에 배낭을 내려놓는다. 모퉁이에 있는 집에서 한 남자가 나오더니 길을 잃었냐고 묻는다.

그는 어느 길로 가야 할지 알아내려는 사람처럼 간판을 바라보고 길을 오르락내리락 하는 내 모습을 보았다고 말한다. 나는 길을 잃은 것이 아니라고 대답하고 내 소개가 적힌 명함을 건넨다. 그는 안경을 쓰고 마치 제일 좋아하는 음식을 보듯 눈을 빛내며 글을 읽는다.

"알았소. 원하는 만큼 푹 쉬다 가시오." 그는 이렇게 말하고 낡은 집 안으로 들어간다. 잠시 후 나는 부엌에 앉아 조니 씨의 아내 준이 차려 준 식탁에서 아침식사를 하고 있다. 집주인 조니 씨는 바로 강 건너에 있는 알루미늄 시트 공장에서 일하는 57세 노동자다.

전기회사가 조니 씨의 땅과 하나뿐인 친구의 땅을 매수한 이후 친구는 강 건너편으로 이사했기 때문에 조니 씨는 친구를 자주 만나지 못한다. 그는 13년 동안 같은 공장에서 일했고 앞으로 8년 더 일하면 은퇴한다. 은퇴한 후에는 아내 준과 함께 남쪽으로 이사할 계획이다. 지금 19세인 아들 돈이 함께 갈지도 모른다. 경기가 나빠진 탓에 이 고장은 더 이상 조니 씨 부부가 바라던 약속의 땅이 아니다.

한두 시간 더 걷다가 로버트 셔먼을 만난다. 어머니가 운영하는 선술집에 있다가 뛰어나온 16세 소년이다.

"아저씨 같은 사람은 처음이에요. 아저씨 생각을 할 때마다 떠오르는 말이 있어요. 세상에 불가능이란 없다!" 로버트는 주먹 쥔 손을 가슴에 갖다 댄다. 그리고 자전거를 타고 얼마간 나를 따라온다.

군 보안관에서 나온 K-9 순찰경관이 차에 태워 주겠다고 한다. 나는 고맙지만 계속 걷겠다고 대답한다.

일요일이라 교통량이 많다. 차량 사이에 꽉 끼어 일리노이 강에 놓인 다리를 건넌 후 천천히 걸으며 일리노이 주의 도시들을 구경한다. 기온이 15도까지 떨어질 태세여서 옷을 갈아입는다.

교통량이 약간 줄어들고 113번 도로 분기점이 한결 조용해진다. 공사 중인 갓길을 걸어서 지나갈 수 있어야 할 텐데……. 일리노이 주에 들어온 지 몇 주밖에 되지 않았지만 주민들 덕택에 여행길에서 많은 것을 배우고 있다.

강철 철로 위에서
은빛으로 변한 달이
밤하늘에 떠오른다

1989년 10월 12일
인디애나 주, 켄트랜드

나는 철길 사이로 걷는다. 양옆으로 가느다란 은색 띠가 길게 이어지는 가운데 발걸음을 옮긴다. 밤까지 꼬박 걷다가 사슴이 자고 간 자리를 발견한다. 아까 추수가 끝난 들판을 뛰어다니던 하얗고 큰 꼬리를 가진 암사슴을 본 기억이 난다.

다음날 아침에는 인구 300명인 도노반이라는 도시로 가서 아침을 먹는다. 도노반에서 6킬로미터 남짓 더 걸어 이로쿼이 족 도시(Iroquois)에 가니 이로쿼이스 농협에서 일하는 잭 허치슨이 나에게 점심을 대접한다. 거리를 걷는 내 모습을 보고 끼니때가 됐다고 짐작했다고 한다. 이로쿼이스는 도노반보다 작은 도시여서 식당에 모인 사람들이 온종일 플래닛워크를 화제로 삼는다.

셸던이라는 조용한 마을에 와 있다. 간판을 보니 우체국은 오후 1시 30분이 되어야 다시 문을 연다고 쓰여 있다. 나는 길 건너편 공원 안에 있는 정자에서 기다리며 철로 공사를 하는 사람들을 바라본다. 잘 손질된 초록색 잔디 위에 올려놓은 검은색 새 침목 더미에서 역겨운 크레오소트 냄새가 솔솔 풍긴다. 게다가 풀 냄새가 크레오소트 냄새에 섞여 있다. 공기를 되도록 적게 들이마시려고 애써 보지만 별 소용이 없다.

우체국에서 메디슨에 있는 친구가 보낸 소포를 찾는다. 길에서 먹으라고 보낸 휴대용 식량과 기다리던 편지가 들어 있다. 나는 인디애나 주 켄트랜드로 가서 길모퉁이에 앉아 편지를 쓴다. 낙엽이 타는 익숙한 가을 냄새가 풍긴다. 온종일 걸으며 음악을 연주한 터라 아직도 귓가에 음악소리가 쟁쟁하고 흥겨운 기분이 남아 있다. 인디애나 주는 어떤 곳일까? 나는 굿랜드 동쪽 철길 근처에서 잔디가 우거진 장소를 찾아 잠든다.

다시 길 위에 있다. 포장된 갓길이 끝나고 자갈이 깔린 경사로가 나온다. 나는 계속해서 철로 사이를 걷는다. 철길을 따라가는 동안 개 한 마리가 짖어댄다. 날씨가 쌀쌀하고 침목 사이에 커다란 자갈 주머니가 놓여 있어 걷기가 쉽지 않다. 나는 다시 도로로 나와서 언제나처럼 1킬로미터는 이렇게, 다음 1킬로미터는 저렇게 걸어간다. 어디가 아프거나, 즐거운 일이 생기거나, 식당에 들르거나, 음악을 연주하거나, 사람을 만날 때면 걸음을 멈춘다. GT&E 수리공들이 길가에 트럭을 세우고 나를 부르며 이렇게 말할 때도 마찬가지다. "당신을 태워 줄 수 없다는 건 알고 있어요. 아주 진지하게 걷는 분이니까요. 그래서 여행에 도움이 되라고 돈을 좀 드릴까 합니다."

인디애나 주에서 걷고 있다. 곧게 뻗은 버려진 철로를 따라 걷다가 철길 바로 옆 숲속에 사는 노숙자 모데스토 헤레라 씨를 만난다. 숲 너머로 어느 집 주인이 뜰에서 잔디 깎는 기계를 돌리는 모습이 보일락 말락 한다. 모터 소리를 듣고 막 깎은 잔디 냄새를 맡으니 옛 추억이 되살아난다.

모데스토 씨는 플라스틱 양동이를 엎어놓고 앉아 뭔가를 열심히 쓴다. 근처에는 투명한 방수포 밑에 여행가방, 조리도구, 옷, 가죽 서류가방, 침낭과 같은 물건이 차곡차곡 쌓여 있다. 안경을 쓴 모데스토 씨는 뭐가 뭔지 모르겠다는 눈빛으로 나를 바라본다. 곧이어 그의 얼굴에 떠오른 미소가 빽빽한 검은 콧수염 밑으로 번진다.

나는 삼십 분쯤 그곳에 머무르면서 그가 살아온 이야기를 듣는다. 자동차 공장에서 일하다가 어찌어찌해서 직장과 집과 자동차와 가족을 잃어버렸다는 이야기다. 그는 현재 법정 소송이 진행 중이라며 가죽 서류가방 밑에서 서류를 꺼낸다. 그는 노숙자 수용소에 들어가기를 거부하고 있으며 언젠가 잃은 것을 되찾으리라고 굳게 믿는다.

한동안 걷다 보니 빗방울이 떨어진다. 나는 모데스토 씨를 비롯한 모든 노숙자들을 생각한다. 길에 있을 때는 나 역시 노숙자 신세다. 약간 다른 점이 있다면 나는 자진해서 노숙자가 됐으며 꿈을 좇고 있다는 것이다. 하지만 어떻게 보면 모데스토 씨나 나나 다를 바가 없다. 밤에는 어느 부부가 몇 년 전 다른 주에 살 때 텔레비전에서 봤다면서 나를 알아보고 잠자리를 제공해 준다.

다음날 밤에는 다시 길에서 잠을 잔다. 누워서 월드 시리즈 방송을 들으려고 휴대용 라디오를 켠다. 자이언츠 팀이 샌프란시스코에서 경기를 하고 있다. 그런데 야구 중계 대신 경기장에서 지진이 났다는 보도가 나온다. 베이 브리지 상판이 붕괴됐다는 소식에 나는 삶이란 위태롭기 이를 데 없으며 특히 노숙자들이 죽음에 가까이 있다는 진리를 새삼 깨닫는다.

인디애나 주에서 여행하는 동안 낙엽 태우는 냄새를 계속 맡는다. 가지에 남은 나뭇잎은 가을을 상징하는 타는 듯한 빨강과 노랑으로 물들어 있다. 발걸음을 옮길 때마다 풀밭에서 구름이 피어나듯 날아오르던 메뚜기 떼가 점차 줄어들고, 기온이 떨어져 간다.

가느다란 나뭇가지 사이로

찬바람이 불어와

잎사귀를 떨어뜨린다

1989년 10월 18일
인디애나 주, 피아트

인디애나 주 브라이언트에 있는 우체국에 가서 내게 온 우편물을 찾는다. 여행용 내의 한 벌도 들어 있다. 밤늦게까지 걸어 오하이오 주로 건너가자 눈이 내리기 시작한다.

모텔을 찾으려다 실패하고 와바쉬 크릭 동쪽에 놓인 다리에 자리를 잡는다. 기러기 두 마리가 나와 함께 다리 밑에 머문다. 밤이 깊어지자 기러기들이 더 가까이 다가온다. 아침에는 기러기들이 내 발치에서 꺼억꺼억 울다가, 조약돌을 하나 던지자 가까운 옥수수밭으로 뒤뚱거리며 달아난다.

이른 아침에 다리 밑을 빠져나와 눈과 잔디를 헤치고 길 위로 올라온다. 북풍 때문에 얼굴이 얼얼하고 눈송이가 턱수염에 달라붙는다. 눈보라 속에서 사람들이 믿을 수 없다는 표정을 지으며 나를 쳐다본다. 어떤 사람은 손을 흔들기도 한다.

15킬로미터 정도 가서 셀리나에 도착해서 식당을 찾는다. 젖은 발로 식당에 들어가 식사를 하고 세인트 메리까지 15킬로미터를 더 걸어갈 채비를 한다. 밤에는 모텔에서 잘 생각이다. 지방신문 기자인 톰 호프만이 식당에 들러 인터뷰를 한다. 오후에 찾아온 손님들로 북적이고 음악이 흘러나오는 가운데 톰의 말소리가 들린다.

어제 신문에서 캘리포니아에 지진이 났다는 기사를 읽고 슬픔에 잠긴다. 평소와 달리 향수병에 시달리고 있다. 어느새 눈발이 약해진다.

와파코네타에 있는 닐 암스트롱 우주박물관에 간다. 와파코네타는 닐 암스트롱이 태어난 마을이다. 박물관에는 우주선 제미니 6호를 비롯하여 우주복과 우주 장비, 여러 가지 우주탐험 기념품이 진열되어 있으며, 천체관측관에는 최초의 달 착륙 기록이 시간 순으로 보존되어 있다. 또한 닐 암스트롱 우주박물관은 우주선 아틀란티스 호가 궤도를 돌 때마다 전송하는 신호를 실시간으로 중계한다.

관람을 끝내고 밖으로 나온 나는 푸른 하늘을 바라보고 경이로운 감정에 젖어 고개를 흔든다. 그러고는 알록달록한 가을 빛깔로 물든 나무가 우거진 언덕을 천천히 올라간다. 농장을 지나고 작은 마을들을 통과해 이번에는 오하이오 주로 건너간다.

호숫가에 앉아 있다

깊고 푸른 호수에

가을 빛깔이 반사된다

1989년 10월 29일
오하이오 주, 웨스트 라파예트

    캄캄하고 좁은 갓길을 걷는다. 우회로인데다 주말이라 교통량이 많아서 기분 좋게 걷지는 못한다. 저 앞에서 빨간색과 주황색 불빛이 번쩍인다. 도로가 폐쇄됐다는 표시다. 차들이 모두 좌회전을 해서 60번 도로를 향해 북쪽으로 간다. 나는 도로의 차단벽 뒤로 들어가 어두운 심연(深淵)을 건너는 다리에 올라선다. 그러나 앞이 보이지 않아서 아침까지 기다렸다가 건너기로 한다. 다리 옆 잔디밭에서 적당한 장소를 찾아 별을 올려다본다. 밤에는 차가 다니지 않아서 좋다.

    뉴커머스타운에서 우체국에 들렀다가 식당에 가서 아침을 먹는다. 식당에서 밥과 버니를 만난다. 밥은 약국에서 일하고, 버니는 비행청소년을 돕는 일에 특히 관심이 많은 텔레마케터다.

    버니가 밥보다 활달하고 사교성이 풍부하다. 내가 식당 안으로 들어가자마자 버니는 나더러 자기 테이블로 와서 아침식사를 함께하자고 권한다. 그는 하루 동안 나와 함께 걸으면 어떨까를 두고 곰곰이 생각하는 듯하다. 내가 몸짓으로 "당신이 함께 걷는다면 나는 좋아요."라는 뜻을 전하자 그는 함께 가기로 결심하고 눈을 반짝인다.

    버니를 따라 그의 집으로 가서 부인 주디를 만난다. 우리는 다음날 아침에 식사를 든든하게 하고 출발하기로 한다. 주디가 카메라를 들고 와서 우리가 출발하기 전에 사진을 여러 장 찍는다. 우리는 시내에서 잠시 발걸음을 멈추고 밥을 만난다. 밥은 왜 함께 가지 않느냐고 내가 묻자 버니는 이렇게 대답한다. "밥? 그 사람은 자기 약국이랑 결혼한 사이거든."

 30킬로미터쯤 걸어오는 동안 언덕을 넘고 아미시 신도들이 사는 마을에 들어왔다. 아미시 농부들을 태운 마차가 지나가며 아스팔트 도로에 말발굽 부딪치는 소리를 낸다. 버니는 어두워질 때까지 간간이 이야기를 늘어놓기도 하고 담배에 불을 붙이기도 한다. 담배 연기가 자욱한 속에서 재잘거리는 버니를 보니 지난날의 내 모습이 생각난다.

 "언덕을 쉽게 오르는 요령이 있나요?" 언덕을 오를 때 버니가 담배를 깊숙이 빨아들이며 묻는다.

 나는 질문에 답하려고 하지만 어둠 속이라 수화와 몸짓이 통하지 않는다. 우리는 조금 더 가다가 젊은 부부가 사는 집 대문을 두드린다. 버니는 전화를 한 통 쓰게 해 달라고 부탁한다. 뉴커머스타운까지 돌아가는 길에 차를 태워 줄 사람을 찾으려는 것이다.

 집 안에 들어가니 말하는 곰이 있다. 곰 모양으로 생긴 특이한 스피커폰이다. 수화기 너머에 있는 사람의 목소리가 들릴 때마다 곰의 입이 움직인다. 지금 수화기 너머에 있는 사람은 밥이다.

 "여보세요?" 곰이 말한다.

 버니는 곰을 바라보며 인사말을 한다. "어이, 밥. 나는 버니야. 지금 곰에게 말하고 있네."

 순간 나는 곰의 이름이 밥이라고 착각한다.

곰이 묻는다. "맙소사, 버니! 자네 대체 어디 있나?"

노란 옷을 입고 램프 기둥에 몸을 기댄 곰은 표정도 없이 기계적으로 입을 움직인다. "글쎄. 258번 도로를 따라 외곽으로 30킬로미터쯤 걸어왔을 걸. 이제 돌아가려고 하는데 자네가 차를 몰고 와 줄 수 있겠나?"

"내가 거기까지 가기는 너무 늦은 시간이지 않나. 주디에게 부탁하는 게 어때?"

"전화를 했는데 집에 없더군."

곰이 묻는다. "주디는 자네를 걱정하다 앓아 누웠을 걸세. 지금 그 프란시스라는 자하고 같이 있나?"

기분 탓인지 곰이 손을 내젓는 모습이 보이는 것만 같다.

버니가 내 쪽을 보며 말한다. "응. 지금 내 옆에 있지."

"우리는 그 자가 자네를 살해하거나 무슨 짓을 할 거라고 생각했네. 그 자가 하는 이야기를 하나도 안 믿었거든. 그런데 자네는 바보처럼 그 자를 따라갔지. 아직까지 자네가 살아 있다는 게 놀라워. 우리가 왜 사진을 많이 찍었는지 아나? 증거를 남기기 위해서라고!"

버니의 눈이 휘둥그레진다. 나는 말없이 미소를 짓는다.

"밥, 난 지금 스피커폰으로 통화하고 있어. 여기 있는 곰이 자네가 하는 말을 모두에게 들리게 이야기해 준다네."

침묵이 흐른다. 곰은 입을 벌린 채 더 이상 말을 하지 않는다. 그 때 집주인이 버니에게 다가와 자기가 차를 태워 주겠다고 속삭인다.

"이보게, 밥……." 대답이 없다.

"밥, 태워 줄 사람을 찾았으니 전화를 끊겠네."

나는 그 집 뜰에서 잠을 자고 다음날 아침 일찍 출발한다. 이틀 후 오하이오 강을 건너 웨스트버지니아 주 휠링에 도착한다.

폭포 앞에서
고속도로는 잊어버리고
조용한 물소리를 듣는다

1989년 11월 5일
웨스트버지니아 주, 로니스 포인트

날씨가 추워지고 빗방울이 떨어진다. 나는 시내에 있는 모텔에 방을 잡고 겨울 외투와 모직 바지를 보내 달라는 편지를 쓴다. 신발도 수리해야 한다. 닳아버린 비브람(세계적으로 품질을 인정받는 이탈리아의 등산화 밑창 상표—옮긴이) 밑창을 내가 가지고 다니는 새 밑창으로 갈아 줄 수선공을 찾는다. 여분의 밑창을 가지고 다니는 것은 그 동안 장거리 여행을 하면서 생긴 요

걸어다닐 때는 실로 다양한 환경에서 다양한 형태로 배움을 얻는다. 이는 정식 교육 과정과 관련해서도 마찬가지인데 특히 자연과학과 사회과학의 모든 분야와 두루 관련된 학문인 환경학 공부는 다양한 형식을 취할 수 있다. 낯선 길 위에서의 수업을 경험에 의거해 이루어질 때가 많다. 이를테면 곰의 입에서 교훈을 얻는 경우도 있다.

령이다. 작은 마을의 구두수선공에게는 나에게 필요한 큰 치수의 밑창이 없는 경우가 대부분이기 때문이다.

휠링에 사흘간 머무르며 지방신문이나 텔레비전 방송국과 인터뷰를 한다. 거리에서 사람들이 나를 멈춰 세우고 말을 걸고, 행운을 빌어 주고, 환경 문제에 대한 관심을 표현한다.

휠링은 산에 깊숙이 들어와 박힌 도시다. 나는 터널로 이어지는 도로를 따라간다. 터널을 통과하면 여행길이 수 킬로미터 단축된다. 그런데 보수공사를 끝낸 도로관리인이 나에게 몸짓으로 말을 건넨다. 신문에서 내 이야기를 읽었으며 보행자들은 터널 안에 들어갈 수 없다는 이야기다. 그는 차를 태워 주겠다고 제안하려다 금세 내가 차를 타지 않는다는 사실을 기억해 낸다. 나는 다른 경로를 택하기로 하고 일단 숲으로 들어가서 산을 넘어 펜실베이니아 주로 간다.

저녁에 웨스트 알렉산더에 있는 리버티 스트리트 카페에 간다. 한 여인이 카페에서 나오다가 내가 배낭을 내려놓는 모습을 보고 깜짝 놀란다. 그녀는 주춤주춤 문간으로 물러서더니 웨이트리스에게 뭐라고 귓속말을 한다. 웨이트리스는 기뻐하는 얼굴을 하다가 이내 염려하는 표정을 짓는다.

나는 미소를 지으며 안으로 들어간다. 웨이트리스도 미소로 답한다. 나는 입구에서 만난 여인과 웨이트리스에게 명함을 하나씩 준다. 침묵이 뒤따르는 가운데 구석에 놓인 텔레비전에서 폭격으로 무너진 건물의 잔해를 뚫고 존 웨인이 흑백으로 모습을 드러낸다. 사람들이 속삭이는 소리와 웃음소리가 들리기 시작한다.

"당신의 삶이 마음에 드시나요?" 웨이트리스가 나에게 묻는다.

나는 고개를 끄덕인다. 지금까지 이 질문과 함께 "당신은 행복합니까?"

라는 질문을 참 많이도 받았다.

튀김 요리를 먹고 커피를 마신 후 다시 어두운 바깥으로 나간다. 또 비가 내리고 있다. 천둥소리가 우렁차게 울리고 번개가 들판을 환히 밝힌다. 나는 올 겨울에 새로 밀을 심은 밭을 찾아서 내 몸이 겨우 들어갈 정도로 작고 낮은 텐트인 비비색을 펼친다.

팽팽한 텐트 지붕을 때리는 빗소리 때문에 한 번 깼다가 다시 잠든다. 아침 일찍 일어나 역사적인 '내셔널 로드'를 따라 천천히 나아간다. 식민지 시대로 거슬러 올라가는 유서 깊은 길이다. 양 옆에는 식민지 시대에 세워진 석조건물과 도시가 드문드문 나타난다.

클레이빌에 도착한 나는 '제리 구두 수선소'에 들러 구두 밑창에서 못을 뽑아 달라고 한다. 휠링에서 수선소를 나올 때 깜박 잊고 확인하지 않았던 것이다.

펜실베이니아 주 워싱턴이다. 커다란 책상 뒤에서 지방신문 편집자가 나오더니, 누구나 1~2주에 한 번씩은 시내에서 걷거나 스케이트보드를 타거나 한다면서 내 이야기를 신문에 실을 생각이 없다고 말한다. 그 편집자는 왜 굳이 자기 의견을 장황하게 설명하는 걸까? 어쨌든 재미있는 설명을 해 줘서 고맙기는 하다. 어차피 나의 원칙은 기자들과 각종 매체에 자유로운 취재를 허용하는 것이지, 그들에게 내 도보여행을 보도하라고 설득하는 것은 아니니까. 나는 서둘러 그 신문사를 빠져나온다. 특이한 반응을 보이는 편집자와 기자도 있다는 사실을 발견한 셈이다.

비바람과 천둥이 치고
번개가 번쩍이며 줄무늬를 만든다

길이 내 얼굴에 물을 뿜는다

1989년 11월 16일
펜실베이니아 주, 요크

열흘 동안 300킬로미터가 넘는 거리를 걷는다. 애팔래치아 산맥이 내 뒤에 있다. 게티스버그에서 지방신문과 인터뷰를 한다. 30여 년 전에 다닌 초등학교, 삼림경비대원, 가을의 낙엽과 죽데기 울타리를 기억해 내려고 애쓴다. 내가 꿈을 꾼 것일까? 동상 받침대에 두어 개 덧붙여진 동판에 뭐라고 쓰여 있는지 읽어 보고, 다리 위에서 근무하는 도로관리인을 위해 음악을 연주하며 옛 전쟁터를 가로지른다.

이제 산은 다 넘어왔다. 두꺼운 내의와 스웨터를 챙겨 이곳에서 동쪽으로 160킬로미터 거리에 있는 필라델피아 주의 부모님 댁으로 보낸다. 도로에 차가 많아지고 정체 현상이 일어난다. 요크를 지나면 나흘 동안 모텔에서 잘 계획이다. 아직 텐트를 가지고 있어서 다행이다. 텐트에서 이틀 밤을 더 잔다.

아미시 집단촌인 '버드 인 핸드'와 '인터코스' 마을을 가로질러 걷는다. 검은 마차와 말들이 자동차와 함께 고속도로를 달린다. 나도 조그만 이륜마차와 말을 구해서 타고 다닐 수 있지 않을까? 생각해 봄직한 문제다. 문득 위스콘신 주에서 만난 건설노동자 스콧 씨가 마차를 타고 다니는 것이 꿈이라고 이야기하던 일이 생각난다. 도시에 가까워지자 다시 철길 근처에서 야영을 한다. 이쪽 철길로 다니는 기차는 덜거덕거리며 천천히 가는 화물열차가 아니라 기적 소리를 크게 내며 휙휙 지나가는 고속 통근열차다.

필라델피아를 벗어난 지 이틀 후 길에서 아버지를 만난다. 우리는 선술집에 가서 점심식사를 함께한다. 아버지는 이제 당신의 잣대로 나를 비판하지 않는다. 그저 길에서 내가 안전할지 걱정하시면서 내 여행을 진심으로 존중해 준다. 아버지의 목소리에서 그런 마음이 느껴진다. 사나운 폭풍우가 다가온다. 나무들이 바람에 넘어지고 건물이 파괴된다.

교통이 혼잡한 시간에 도시에 도착한다. 슈일킬 강가를 걷다가 위사히콘 크릭을 따라 걸으며 예전 기억을 떠올리려고 노력한다. 어쩐지 낯설게만 느껴진다. 그러나 낯선 느낌은 내가 자란 곳인 파이크 가에 들어서자마자 흔적도 없이 사라진다. 나는 계단을 올라가 부모님이 기다리는 집 대문에 들어선다. 추수감사절에 맞춰 집에 도착한 것이다.

크리스마스에는 메디슨에 사는 친구 준 홀트가 기차로 필라델피아 주에 온다. 그녀를 만나니 반갑다. 우리는 뉴저지 주 케이프메이까지 150킬로미터 정도를 함께 걸어갈 계획이다.

태평양 언저리에서 '플래닛워크'를 시작한 지 7년하고도 하루가 지난 1990년 1월 2일, 나는 뉴저지 주 해변에서 대서양에 몸을 담근다.

제 19 장

침묵으로 말하다
와 주셔서 감사합니다

입술이 실수하지 않게 하려면
다음 다섯 가지에 유의하시오.
누구에 대해 말하는가, 누구에게 말하는가,
언제, 어디서, 어떻게 말하는가. – 작자 미상

1990년 4월 22일
워싱턴 D. C.

    침묵을 지키는 것은 내가 일 년에 한 번 하는 서약이다. 매년 생일이 돌아오면 말을 하지 않는다는 서약을 갱신해야 할지를 나 자신에게 묻는다. 어떤 조건이 충족되어야 다시 말을 할지는 정확히 모르겠다. 아니, 내가 언젠가 입을 열게 될지 여부도 확실치 않다. 만약 다시 입을 여는 날이 온다면 그 때를 내가 알 수 있을 것이다. 그래서 나는 해마다 나 자신에게 묻는다. '존, 올해도 계속하겠느냐? 계속 몸짓으로 의사를 전달하고, 말을 하지 않고, 걷기만 하겠느냐?'

침묵을 지킨 지 얼마 되지 않았을 때는 내 결정을 재고하고 싶은 욕구가 강했다. 침묵의 세계는 미지의 영역이었고, 거친 가시나무 덤불 사이로 난 좁은 길이었다. 그 길은 위아래로 꼬이고 뒤틀린 데다 놀라움과 고독을 둘러싸고 있어 걷기가 불편했다. 사용하지 않는 오래된 근육과 새로 자라나는 근육 때문에 고통스럽기도 했다. 하고 싶은 말이 산더미처럼 쌓였다. 그러나 한동안 침묵을 지키고 나니 마음이 편해지면서 침묵에 익숙해졌다. 가는 곳마다 풍경이 수채화처럼 보였다. 행동과 삶, 움직임, 흘러가는 구름, 맑은 눈에 의미가 깃들어 있었다.

서약을 재고하는 것은 내 결정을 언제나 생생하고 새롭게 유지하는 방법이다. 매년 고민하는 과정을 통해 침묵은 다시금 나의 선택이 된다. 반면 나무에 매단 밧줄을 붙잡고 펄쩍 뛰어 스토니 크릭을 건너는 것은 전혀 다른 문제다. 높은 기슭에 있는 그 헐벗은 좁은 땅덩이를 일단 떠나면 물에 흠뻑 젖거나 바위투성이 시냇가에 떨어져 다리를 부러뜨리지 않고서는 돌아올 수 없다. 만약에 일이 잘 풀리면 그냥 젖기만 할 것이다. 여기서 침묵을 선택하는 일은 무한정 밧줄에 매달려 아래의 물을 내려다보기만 하는 것과도 같다. 침묵의 서약을 유지한 지 17년째인 마흔네 살 생일에, 나는 아래를 내려다본다. 시공간을 가로지르는 보이지 않는 밧줄이 높이 드리워져 있다. 나는 마지막 남은 두려움을 버리고 몸을 날린다.

뱃속에서 뭔가가 밀려올라온다. 오랜 침묵을 깨면 나는 어떻게 될까? 사라져 버리지는 않을까? 내 안에 있던 온갖 이야기와 거짓말과 나를 미치게 했던 것들이 되돌아올까? 이제 다시 미지의 영역에 과감히 발을 들여놓는다.

낡은 S. S. 스튜어트 밴조의 가느다란 쇠줄에 내 손가락이 닿자 금속성 소리가 비처럼 쏟아져 나온다. 내가 연주하는 곡은 수천수만 킬로미터의 길과 어린이의 미소, 7년간의 미국 횡단, 도로변에서 열린 연주회와 옛날식 축제의 노래다. 습관의 편안함과 변화의 불편함이 다시 나를 찾아온다. 한편으로는 새로운 모험과 여행에 대한 기대로 가슴이 두근거린다. 입을 열기 전에 한 곡을 더 연주한다. 드디어 음악이 멈춘다. 나는 가슴을 쫙 펴고 조용한 내면에서 밖으로 뛰쳐나온다.

"와 주셔서 감사합니다."

겨우 들릴 정도로 작은 소리다. 누구 목소리인지 분간이 가지 않는다. 어디에서 나온 말일까 하고 뒤를 돌아보지만 내 뒤에는 아무도 없다. 내가 한 말이었구나! 혹시 벼락이 치지는 않을까 하고 기다려 보지만 아무 일도 일어나지 않는다. 다친 데 없이 온몸이 멀쩡하다. 처음으로 말소리를 내고 나서도 나는 여전히 침묵 속에 있으며 침묵의 장소와 경험을 그대로 간직하고 있다.

"하나님 감사합니다!" 워싱턴 D. C.에 있는 호텔에 모인 얼마 안 되는 가족들과 친구들이 숨을 몰아쉬며 이구동성으로 소리친다.

고모들과 사촌들이 탁자 너머로 마주보며 수군거린다. 나는 나지막한 소리로 천천히 말할 생각이다. 단어 하나하나를 머릿속에 떠올리며 잠시 점검해 본다. 그 단어들을 나의 일부로 받아들이고, 침묵 속에 있던 그들을 소리로 존재하게 해 주어야 한다.

나는 다시 입을 연다. "저는 지구의 날을 택해 말을 시작하기로 했습니다.

앞으로는 환경을 위해서 말을 하겠다는 다짐을 기억하기 위해서입니다."

침묵과 말은 떨어질 수 없는 사이 같다. 둘이 합쳐야 완전한 하나가 되는 사이. 침묵과 말이 맞닿는 자리마다 새로운 것이 창조된다. 어쩌면 진정한 창조란 아주 가까이에 있는 것인지도 모른다. 그런 창조가 진정한 창조라고 믿기에, 나는 침묵을 동반하지 않는 발언에는 창조적인 의미가 없다고 생각한다. 그런 발언은 공식 연설이나 예의상 늘어놓는 미사여구처럼 사교의 장에서 틈새를 메우는 역할이나 할 따름이다.

마지막 문장을 입 밖에 낸 후 잠시 말을 멈추고 새로운 말이 떠오르기를 기다린다. 나는 가만히 미소를 짓는다. 어머니의 눈에 촉촉하게 물기가 어려 반짝이는 모습이 어렴풋이 보인다. 나는 더듬거리며 다시 입을 연다. 이번에는 내게 일어난 변화와 내가 느끼는 책임감에 대해, 언어에 관련된 잘못된 통념에 대해, 내가 순례를 떠나게 된 동기에 대해 이야기한다. 다시 말을 멈추고 내면을 들여다본다. 이야기를 술술 풀어내는 내 모습에 스스로 놀라고 있다.

침묵의 경험에는 절대적으로 정직한 무언가가 있다. 모든 말은 침묵에서 시작된다. 따라서 모든 통념도 침묵에서 시작된다. 말은 입 밖에 낼 수 없는 것에 대한 믿음이다. 말이 없이는 가설이 존재할 수 없고, 가설이 없이는 답도 있을 수 없다. 통념과 학설의 세계가 우리를 혼란스럽게 할 때 침묵은 언제나 제자리를 지킨다. 침묵은 추측에 의문을 품을 기회뿐 아니라 그 추측을 버리고 새로 시작할 기회를 우리에게 준다.

오랫동안 침묵을 지키고 난 후 말을 하자니 무척 힘이 든다. 낱말들이 천천히 입 밖으로 나온다. 나는 굉장한 진통을 겪고 나서야 한 마디 한 마디를 세상에 내놓는다. 그렇게 태어난 녀석이 다 자라서 제 나름의 삶을 살고자 뛰어나갈 때까지 진통은 계속된다. 나는 잠시 말을 중단한다. 글을 읽기가 더 쉬울 듯하다. 사람들은 내가 말을 하지 않으면 목소리를 잃어버릴 것이라고 생각했다. 친구들은 어떤 유명한 의학 논문에 나온 내용을 쉽게 풀어서 이야기해 주곤 했지만 정확한 출처를 기억하지는 못했다. 토크쇼 같은 프로그램에서 누군가의 인터뷰를 보았다고 말하는 친구도 있었다. 어쨌든 내가 아주 오랫동안 침묵을 지키면 다시는 말을 못 하게 되거나 미쳐버릴 것이라고 생각한 사람이 대부분이었다. 혹자는 말을 하지 않는 것이 비효율적이라거나 뻔뻔하고 이기적인 행동이라고 말했다.

나는 의자 밑에 놓여 있던 내 석사학위 논문을 집어 들고 머리말 부분을 펼친다.

"내가 순례를 하고 있는 이유는 환경주의자 린튼 K. 캘드웰이 한 말에 잘 나타나 있다. 다음은 내가 처음 읽은 환경학 교과서인 타일러 G. 밀러(Tyler G. Miller)의 『자연 속에서 살아가기』의 도입부에 인용된 캘드웰의 말이다."

나는 천천히 읽어 나간다. "환경의 위기는 마음과 정신의 위기가 밖으로 표출된 것이다."

잠시 낭독을 멈추고 심호흡을 한다. 막상 해 보니 큰 소리로 읽기가 더 어렵다. 이마에 땀방울이 송송 맺힌다. 무조건 계속해야 한다고 단단히 마음먹고 글을 읽어 나간다. 눈앞에 보이는 단어 하나하나를 의식하면서 소리로 표현한다.

"환경 위기를 멸종될 처지에 놓인 야생동물, 인간이 만든 추한 꼴, 오염 문제에만 국한시켜 생각하는 것은 커다란 착각이다. 물론 이런 문제들

도 환경 위기에 포함되지만, 지금 인류의 모습이 어떠하며 인류가 살아남으려면 어떻게 변해야 하느냐가 더 중요한 문제다."

잠시 침묵이 흐르다가 박수가 쏟아져 나온다. 나는 테이블마다 돌아다니며 모든 사람과 개별적으로 이야기하고 소규모 그룹별로도 대화를 나눈다. 처음에는 떨렸지만 다시 소리 내어 말하는 기분도 꽤 괜찮다. 나는 거리에 나가서 '안녕하세요?'라고 인사하는 소박한 즐거움을 맛본다. 말을 시작한 첫날은 상당히 피곤했던 까닭에, 조용한 호텔 방으로 돌아오니 더 없이 마음이 놓인다.

다음날은 파란 자전거를 타고 청각장애인 전문학교인 갈롯데 대학에 간다. 갈롯데 대학 학생들은 총장 퇴진 운동을 벌였다. 청각장애인이 아니며 수화를 배우는 것조차도 거부하는 사람을 총장으로 임명한 데 대한 반대였다. 따지고 보면 내가 갈롯데 대학을 방문하게 된 것도 학생들이 벌인 운동의 결과다. 청각장애인으로서는 최초로 킹 조던 씨가 이 학교 총장으로 부임했기 때문이다. 나는 침묵하며 수화를 배우는 동안 청각장애인 공동체와 가깝게 지내다가 킹 조던 씨를 존경하게 됐다. 그리고 일주일 전 갈롯데 대학을 방문했을 때 킹 조던 씨를 만날 약속을 잡았다. 킹 조던 씨와의 만남은 나에게 큰 의미가 있는 일정이다. 지금은 내가 침묵을 중단했다는 사실이 다소 역설적이긴 하다.

자전거를 타고 시내의 수많은 차들과 함께 일정한 시간마다 켜지는 파란불에 맞춰 앞으로 나아간다. 이제 몇 블록만 더 가면 학교가 나온다. 그때 별안간 눈언저리에 황갈색 불빛이 번쩍 한다. P 거리 교차로를 자전거로 통과하다가 좌회전을 하던 차에 치인 것이다. 내 옆얼굴이 자동차 앞유리를 누르는가 싶더니 유리 너머로 어느 나이든 여자가 멍한 표정으로 차

를 몰고 가까이 온다. 금속이 엿가락처럼 휘어진다. 내 자전거에 이어 내 몸이 뜨거운 아스팔트에 부딪쳐 망가진다. 사방에 아픔과 메스꺼움이 넘친다. 풍랑이 이는 바다처럼. 무더운 필라델피아 거리에서 아스팔트에 쫓어 죽은 개똥지빠귀가 머릿속에 그려진다. 내 순례는 이렇게 끝나는 것일까? 워싱턴 D. C.의 거리에서 죽음을 맞이하는 것으로? 오랫동안 침묵하다가 말을 시작한 대가로 천벌을 받는 것인지도 모른다. 오늘은 그림을 그리지 못했는데……. 통증이 심해지고 숨쉬기도 점점 힘들어진다. 두 눈에 눈물이 고인다. 나는 울기 시작한다. 어둠이 찾아온다.

"이봐요, 괜찮아요?"

내 위로 몸을 구부리고 누군가가 묻는다. 차들이 도로에 꼼짝 않고 서 있고, 멀리 떨어진 길 건너편에서 사람들이 뭐라고 소리치고 있으나 들리지는 않는다.

"제가 다 봤으니 걱정 마십시오." 바로 옆에 있는 사람이 나에게 걱정하지 말라고 이야기한다. 그는 주문을 외우듯 되풀이해서 말한다. 마치 사고를 목격했다는 이유로 삶과 죽음을 관장할 권한을 위임받아 나를 살려주기라도 한 듯한 말투다. 걱정스러운 갈색 눈과 커다란 검은 얼굴, 누런 이, 따뜻하고 촉촉한 숨결이 천천히 눈에 들어온다. 그가 내 시야를 가리고 있어 다른 것은 보이지 않는다.

"제가 다 봤으니 걱정 마십시오. 저는 변호사 사무실에서 일하는 사람입니다." 그가 다시 말한다.

이런 사람들이 있다는 이야기를 들은 적이 있다. 교통사고 현장에서 구급차를 쫓아다니며 돈벌이를 하는 악덕 변호사들이다. 그런데 이 남자는 구급차가 도착하기도 전에 와 있다. 내가 삶과 죽음의 경계에서 흔들리는데 이 남자는 내 귀에 대고 속삭이며 돈 문제를 이야기한다. 필시 내가 죽었거나 환각에 사로잡혀 있는 것이다. 나는 눈을 감아 버린다. 다시 눈을 뜨면 환영이 사라져 있을까?

구급차가 도착할 무렵 나는 인도로 옮겨진다. 길 건너편에서 무심히 보고 있던 사람들이 대경실색한다. 구급요원들이 내 왼쪽 어깨를 고정시키고 나를 구급차에 태운다. 주위가 아주 낯설지는 않다. 회색기가 도는 흰색과 녹색의 조그만 병실, 모니터 같은 화면, 철판에 양각으로 무늬를 새긴 바닥. 딱 한 번 어릴 때 학교에서 소방서 견학을 갔을 때를 빼고는 구급차 안에 들어와 본 기억은 없다. 사닥다리 소방차와 함께 달리던 점박이 달마시안 강아지가 생각나고, 곧이어 어릴 때 보던 『느림보 강아지』라는 책이 떠오른다. 구급요원들이 나를 수송하기 위해 굵고 튼튼한 띠로 내 몸을 동여매자 나는 마침내 상황을 파악한다.

"저, 어디로 가는 겁니까?" 나는 지나치게 흥분한 사람처럼 보이지 않으려고 노력하면서 묻는다.

바로 앞에 있던 여자가 웃으며 일손을 멈추더니 동정어린 눈으로 나를 보며 말한다.

"선생님을 병원으로 모시려는 거예요." 그녀는 헝겊 띠로 나를 좌석에 고정시키는 일을 계속하며 말한다. "사고를 당하셨잖아요."

나는 고개를 끄덕인다. 혜성이 지나갈 때처럼 모든 사물이 번쩍이는 불꽃을 남기며 느릿느릿 움직인다. 나는 빠르게 머리를 굴려본다. 병원까지 걸어갈 수 있을까? 아니면 20년 만에 처음으로 자동차를 타야 할까? 구급요원들이 몇 명 다가와서 나를 살핀다. 15블록쯤 떨어진 하워드 대학병원으로 간다고 한다.

"잠깐만요. 저는 걸어서 가겠습니다." 나는 구급요원들이 내 말에 담긴 깊은 뜻을 이해하기를 바라며 태연하게 말한다. 구급요원 한두 명이 쿡쿡 웃어댄다.

나는 재빨리 설명을 덧붙인다. "실은 제가 자동차를 타지 않는 사람이어서요."

주위가 조용해지고 모두가 일손을 멈춘다.

"지금까지 20년 가까이 차를 타지 않았습니다."

구급요원들이 서로를 마주보다가 다시 내 쪽을 본다.

"그리고, 저는……저는……17년 이상 말도 하지 않았습니다."

아직 말하기에 익숙하지 않은 탓에 더듬거리고 만다. 낱말들이 제멋대로 굴러 나온다. 구급요원들은 깜짝 놀라 눈을 동그랗게 뜬다.

"사실입니다. 바로 어제부터 말을 시작했지요."

이 말을 내뱉는 순간 내 목적을 달성하기가 상당히 어렵겠다는 생각이 든다. 말을 하지 않으면 반드시 비극이 닥친다는 사실을 보여 주기 위해 사람들이 나에게 가정에 근거한 질문을 던지고 이런저런 상황을 가정하던 때가 기억난다. 내가 말을 하려고만 했다면 모든 것을 설명할 수 있었을 터였다. 그 때 나는 그들의 이야기를 듣고 미소를 지으며 몸짓으로 열심히 설명하곤 했다. 내가 할 수 있는 일이 무엇인지 설명하거나, 불행한 결말을 피하기 위해 노력하고 있으며 문제가 생겨도 잘 해결해 나간다고 대답했다. 하지만 지금은 내가 말을 하고 있는데도 억지로 구급차에 실려 갈 것으로 예상되는 희한한 상황이다.

구급요원들은 숨을 죽이고 뭐라고 숙덕거린다. 그러다가 나를 지켜볼 젊은 남자 한 명만 남겨 놓고 비공개 회의를 하러 간다.

남아 있는 구급요원의 얼굴에 떠오른 표정을 보니 그들이 내 말을 듣고 무슨 생각을 했는지 알 만하다. 다들 내가 제정신이 아니므로 세인트 엘리자베스 병원에 데려가서 정신과 검사를 받게 해야 한다고 생각하는 듯하다.

"종교적 신념 때문입니까? 자동차가 무서워서 그러시나요?" 혼자 남은 구급요원이 내 신경을 건드리고 싶지 않다는 듯 조심스럽게 묻는다. 나머지 구급요원들이 일렬로 들어온다.

나는 천천히 고개를 가로저으며 대답한다. "아닙니다."

나는 힘없는 목소리로 샌프란시스코 만 기름유출 사고 현장을 본 이야기를 해 나간다. 그런데 침묵할 때처럼 두 손을 모아 유조선을 형상화하거나 충돌하는 모습을 표현할 수가 없다. 내가 살아온 이야기를 담은 인쇄물을 건네줄 수도 없다. 점점 이야기하기가 싫어진다. 참으로 이상한 일이다. 구급요원들이 내 말을 이해하는지도 잘 모르겠다.

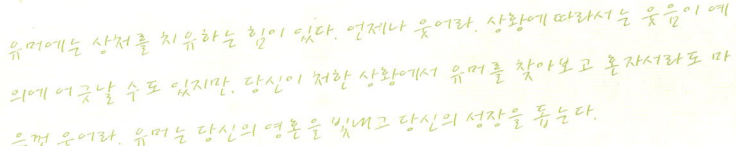

유머에는 상처를 치유하는 힘이 있다. 언제나 웃어라. 상황에 따라서는 웃음이 예의에 어긋날 수도 있지만, 당신이 처한 상황에서 유머를 찾아보고 혼자서라도 마음껏 웃어라. 유머는 당신의 영혼을 빛내고 당신의 성장을 돕는다.

"종교 때문에 그러는 게 아니란 말이죠?" 아까 질문한 요원이 다시 묻는다.

나는 띠로 고정되지 않은 한쪽 손을 앞뒤로 흔들어 종교 때문이 아니라는 의사를 표시한다. 그러자 비좁은 구급차 안에서 몸짓을 보고 알아맞히는 게임이 시작된다. 여러 가지 추측이 난무하다가 마침내 한 구급요원이 묻는다.

"당신의 신조 같은 건가요?"

나는 그의 말에 동의한다. "맞아요. 신조 같은 겁니다."

드디어 약간 긴장이 풀린다. 분위기가 "당장 정신병원으로 이송해!"에서 "정신 나간 친구지만 해롭지는 않으니 보내줘도 되지 않을까?"로 바뀌고 있어서다.

"신조라고요? 흥. 딱 5분만 신조를 포기하면 우리가 당신을 차에 태워 병원으로 모셔갈 텐데요." 뒤에서 여자 구급요원이 내 허리에 감은 띠를 풀어 주며 조롱하듯 말한다.

나는 그들 중 한 명이 건네준 각서에 서명하면서 대답한다. "신조를 그런 식으로 지킬 수는 없습니다."

각서에는 그들이 도와주겠다고 제안했고 나를 차에 태워 병원에 데려가려 했는데 내가 거절했으므로 그들에게는 일체 책임이 없다고 쓰여 있다.

구급차 밖으로 나가자 여자 경관이 내 진술을 받으려고 기다리고 있다. 그녀는 여러 명의 증인들과 이야기를 나눈 다음 운전자 과실로 인한 사고라고 결론을 내린다. 운전자가 '양보의무 위반'을 했다고 한다. 아까 만난 변호사 친구는 내가 구급차 탑승을 거부한 데 실망이 이만저만이 아니다. 구급차에서 내려온 나에게 그가 소리친다.

"대체 왜 그랬습니까? 그걸 보내 버리다니." 그는 몹시 화를 내다가 작은 소리로 나에게 설명해 준다. 구급차를 타야 보험회사에 돈을 더 많이 청구할 수 있다는 것이다. 하지만 나는 병원에 가는 길에 자전거를 안전하게 보관할 장소가 있는지, 그곳까지 자전거 운반을 도와 줄 사람이 있는지에만 관심을 나타낸다. 변호사 친구는 가는 길에 자기 사무실이 있다면서 상관에게 부탁해 줄 테니 자전거를 놓고 가라고 말한다. 우리는 함께 걷는다. 그는 자기가 변호사가 아니라 조사관이라고 말한다. 나는 그에게 지난 몇 년간의 내 삶을 이야기해 주고, 바로 어제부터 말을 시작했으며 차는 타지 않는다고 말한다.

"허허, 그게 무슨 소리요?" 그가 비웃듯이 말한다. 그는 내가 구급차를 타고 가지 않아 아직도 언짢은 모양이다. 변호사 사무실에 수입이 짭짤한 계약을 확보해 주지 못했기 때문이다.

"당신 이야기는 말이 안 돼. 사고 때문에 충격을 받아서 그러는 거요? 왜 정신 나간 소리를 해요? 무엇 때문에?" 그는 내 말을 믿을 수 없다는 결론을 내린다.

나는 왼팔에 붕대를 감고 걷는다. 그는 앞바퀴가 뒤틀린 내 파란색 슈윈 자전거를 끌고 간다. 우리는 노스 캐피탈에 있는 연립주택 건물 앞에 멈춘다. 바깥 현관에는 글자가 희미해진 허름한 간판에 '허먼 존스 법률사무소'라고 쓰여 있다. 거리에서 계단을 몇 발짝 올라갔다가 다시 콘크리트 계단을 잠깐만 내려가 지하실로 들어가니 입구가 나온다.

"여기서 기다리시오." 남자는 이렇게 말하고 혼자 위층으로 간다.

나는 그를 기다리며 여비서와 잡담을 나눈다. 여비서는 둥글게 손질한 긴 손톱을 감탄하는 눈길로 쳐다보며 때때로 전화를 받는다. 곧 남자가 돌아와서 나를 데리고 좁은 계단으로 내려가 상급자의 사무실로 들어간다.

커다란 나무 책상 위에 서류가 흩어져 있다. 벽에는 의무적으로 구비해야 하는 법전이 잔뜩 꽂힌 책꽂이들이 보인다. 마틴 루터 킹 박사의 사진이 꿈꾸듯 우리를 내려다본다. 도로의 차 소리가 들리지 않을 정도로 에어컨이 크게 윙윙거리지만 실내는 그다지 시원하지 않다.

속을 두툼하게 채운 갈색 가죽의자에 앉은 허먼 존스 씨가 활짝 웃으며 나에게 손을 내밀고 의자를 권한다. 그는 나를 데려온 남자를 향해 고갯짓을 하며 말한다.

"저기 있는 데이비스에게서 당신이 사고를 당하셨다고 들었습니다." 나를 데려온 남자는 얌전한 태도로 문간에 서 있다.

"예." 내가 대답한다. 나는 에어컨이 있어서 한시름 놓는다. 찌는 듯 무더운 날씨는 아니지만 여기까지 걸어오느라 땀을 흘린 상태다.

"하지만 저는 그저 제가 다른 볼일을 처리하는 동안 자전거를 보관해 달라고 부탁드리러 온 겁니다."

"그야 문제없죠." 그가 싱긋 웃으며 말한다. 그는 양 손을 문지르며 말한다. 오른손에서 다이아몬드 반지가 번쩍인다. "어쨌든 데이비스가 거기 있다가 사고를 목격해서 다행입니다. 법정으로 가게 되면 증언을 할 수 있으니까요. 아니면 우리가 당신을 대리하여 가장 유리한 합의를 이끌어낼 수 있습니다."

나는 예의바르게 듣고 있다가 대답한다. "그 여자 분이 벌금 딱지를 받았으니 법정으로 갈 필요는 없지 않을까요?"

변호사가 대답한다. "그렇죠. 그래도 당신 이야기를 듣고 싶습니다. 당신이 걸어다닌다고 말도 안 했다고 데이비스가 그러더군요."

그는 깍지 낀 손으로 턱을 받치고 가만히 내 이야기를 듣는다. 내가 이야기를 마치자 그는 속이 두툼한 회전의자에 등을 기대고 웃어댄다. 그가 격렬하게 웃으며 빙글빙글 도는 바람에 중요한 서류 더미가 바닥에 떨어진다. 그는 눈에 눈물이 고여 뺨으로 줄줄 흘러내릴 때까지 웃는다. 데이비스는 겁에 질려 구석에서 쳐다보고만 있다.

"그것 참 굉장한 이야기네요. 당신을 못 믿겠다는 게 아니라 정말로 굉장한 이야기라는 뜻이오. 당신도 그렇게 생각하죠?" 그는 '굉장한'에 힘주어 말하며 금니를 드러내고 활짝 웃는다.

"방금 한 이야기를 증명해 줄 사람이 있소? 아시다시피 기상천외한 이야기니까요." 변호사는 혼자 씩 웃고 킬킬거린다. 그러다가 데이비스를 향해 손을 내젓는다. 데이비스는 슬프고 실망스런 표정을 짓는다. '미친 사람이 틀림없구나. 이 사람을 사무실로 데려온 데 대한 수수료는 없겠구나……'

나는 잠시 생각에 잠긴다. 「내셔널 지오그래픽」의 크리스틴 위더스와 「로스앤젤레스 타임스」의 기자 숀 파슈닉이 내가 입을 여는 현장을 취재했다. 입을 열기 전에 나는 「로스앤젤레스 타임스」의 워싱턴 지국장을 만나기도 했다.

나는 변호사에게 말한다. "어제 「로스앤젤레스 타임스」에 제 이야기가 기사로 실렸습니다. 편집장에게 전화를 걸어 보셔도 됩니다."

나는 그에게 오려낸 신문기사를 건넨다. 존

스 씨는 싱긋 웃으며 내가 내민 종이와 전화번호를 받지 않는다. 다른 곳에 있는 공범자에게 연결되도록 해 놓은 사무실 전화번호를 건네는 사기 수법을 잘 알고 있어서인 듯하다. 하지만 그가 믿든 안 믿든 내게는 다를 바가 없다. 존스 씨가 내 이야기를 듣고 재미있어 하듯 나 역시 존스 씨를 보며 재미를 느낀다. 존스 씨는 「타임스」지 전화번호를 알려 달라고 교환원에게 부탁하여 다시 전화를 건다.

"여보세요. '존스, 스미스 앤 프랭클린' 로펌에 있는 허먼 A. 존스입니다. 번거롭게 해서 미안한데 여기 존 프란시스 씨라는 분이 와 계셔서요. 오늘 교통사고를 당했거든요. 이 분이 말하기를……아, 그래요?"

변호사의 얼굴에서 능글맞은 웃음이 사라진다.

"예, 무사해요. 예……그래요. 내 사무실에 지금 앉아 있다니까요…… 사무실 주소요?" 그는 전화 너머에 있는 사람에게 주소를 불러주고 나를 쳐다보며 여기서 나가면 어디로 갈 생각이냐고 묻는다. 내가 하워드 대학 병원에 가는 길이라고 대답하자 그는 전화에 대고 똑같이 알려 준다. "아닙니다. 걸어서 가야 한다고 주장하는데요……아, 그랬어요? 아주 독특한 일이군요. 어쨌든 고맙습니다."

그는 전화를 끊고 내게 몸을 돌린다. 그는 다시 이를 드러내고 활짝 웃으며 양 손을 머리 뒤로 가져간다. "자, 당신이 한 말이 진짜라는 게 입증됐군요. 당신이 우리 사무실에 오신 건 정말 잘 된 일입니다. 우리는 당신을 잘 보호해 드릴 수 있으니까요." 그는 회전의자를 내 쪽으로 바짝 당겨 앉는다.

"생각해 보십시오. 만약에 당신이 교통사고로 죽었다면 그냥 구급차에 실려 가고 말았을 겁니다. 장례식을 치를 때도 마찬가지죠. 무조건 당신을 영구차에 태우고 묘지로 갈 테니까요. 그런 일이 일어나지 않도록 우리가 도와드리지요." 그는 내게 더 가까이 다가온다. 그의 금니가 보이고 더운 숨결이 느껴지자 조사관 데이비스가 다시 생각난다.

"우리가 당신 유언장을 써 드리겠습니다. 당신이 죽고 나서 묘지로 갈 때 노새가 끄는 마차로 이동해야 한다는 조건을 달아서요. 어떻습니까, 괜찮죠?" 그는 이를 모두 드러내고 활짝 웃는다.

나는 대답한다. "예. 좋은 생각이네요."

상황을 가정하는 이야기라면 옛날부터 질리도록 들었다고 말하고 싶다. 하지만 나는 그저 고개를 끄덕이기만 한다. 갑자기 방이 기울어지는가 싶더니 순식간에 곡물 알갱이들이 나를 덮치는 듯한 메스꺼움이 밀려온다. 어깨가 욱신욱신 쑤신다. 교통사고 후유증이 나타나기 시작하자 어서 병원에 가야겠다는 생각이 든다. 하지만 변호사는 나를 쉽사리 보내주려 하지 않고, 계약을 체결할 마음이 있다면 나를 담당할 변호사들을 만나고 가라고 말한다. 이제 말하기도 지친 나는 침묵의 성역으로 달아나 버린다. 입을 열기로 한 것이 잘 한 일인지 의심스럽다.

나는 망가진 자전거를 사무실 뒷마당에 두고 병원까지 혼자 걸어간다. 응급실에서 다른 환자들과 함께 대기하다가 「로스앤젤레스 타임스」 기자인 숀 파슈닉을 만난다. 그는 내가 괜찮은지, 병원에 무사히 도착하는지 확인하려고 법률사무소에서부터 내가 오는 길을 뒤따라왔다. 그가 떠나자 내 몸은 드디어 사고의 외상에 굴복하고 만다. 몸이 덜덜 떨리고, 방이 다시 곡물 알갱이들로 바뀌더니 이내 깜깜해진다.

다음날 아침, 차에 치인 환경주의자가 구급차 탑승을 거부하고 15블록을 걸어 병원에 갔다는 이야기가 「로스앤젤레스 타임스」에 실린다.

워싱턴에서 내가 사는 곳은 사촌 에드 커비와 부인 도로시 커비가 사는 집이다. 에드는 정신과 의사이며 전직 간호사인 도로시는 커다란 캔버스에 아크릴 물감으로 얼굴 없는 사람들을 그리는 화가다. 두 사람 다 결혼을 두 번 했다. 에드와 그의 첫 번째 부인은 둘 다 유명한 정신과 의사였다. 도로시는 에드의 간호사였고 그녀의 남편은 기술자였다. 두 부부는 매우 친하게 지냈는데 에드의 부인과 도로시의 남편이 세상을 뜬 후 남은 두 사람이 결혼한 것이다. 아마 둘 다 상대방이 무엇을 잃었으며 무엇을 필요로 하는지 잘 알고 있었을 듯하다. 에드가 도로시와 결혼할 때는 집안에서 말이 많았다고 한다. 에드의 아버지가 침례교 목사인 반면 도로시는 유태인이었기 때문이다. 내가 알기로는 도로시의 아버지가 랍비였을 것이다. 어쨌든 에드는 개종을 했고 그걸로 끝이었다.

내가 오랜 침묵 끝에 입을 열었을 때 에드와 도로시도 그 자리에 있었다. 그들은 열린 마음으로 나를 인정했고, 진정으로 나를 이해하려 했다. 그들은 내가 묵고 있던 워싱턴 성당 건너편 호텔에서 모퉁이를 돌면 나오는 집에 살고 있다. 에드의 아이 둘과 도로시의 아이 셋을 데리고 살기에 충분할 만큼 큰 집이다. 아이들은 이제 모두 장성해서 각자 따로 산다. 집 지하실은 에드의 사무실이다. 어느 날 우연히 일찍 퇴근하고 집에 왔다가 아이들이 3층 창문에서 암벽등반처럼 벽을 타고 내려오는 광경을 본 후 사무실을 집으로 옮겼다고 한다.

에드의 집에는 다른 두 명의 사촌도 함께 산다. 약학, 국제정치, 환경학 등 우리의 전공 분야는 다양하다. 나는 워싱턴에 머무르며 기름유출 사고의 비용을 산정하는 주제로 논문을 쓸 예정이다.

　빠른 속도로 6월이 다가오는 가운데 연구와 집필이 다 끝나 간다. 지도교수인 존 스타인하트 씨가 곧 은퇴하기 때문에 가급적이면 봄 학기 중에 마무리하고 싶다. 또 논문 발표를 어떻게 할지도 고민해야 한다.

　위스콘신에 있을 때 나는 오직 몸짓과 글쓰기를 통해서만 수업에 참여했다. 따라서 반드시 그 자리에 있어야만 참여할 수 있었다. 예비시험을 치른 후 나는 인공위성 원격 회의로 논문 발표를 하면 된다는 공상 같은 생각을 하며 대학을 떠났다. 심사위원들은 내가 수백 킬로미터 떨어진 메디슨까지 다시 걸어가지 않아도 된다고 허락해 주었다. 그러나 내가 말을 시작한 덕택에 가능한 방안이 하나 더 생겼다. 우리는 전화 화상회의를 열기로 합의한다.

　나는 매일없이 UNEP(유엔환경계획) 사무실에 나가서 무스타파 톨바 UNEP 사무총장의 특별고문인 조안 마틴 브라운의 조수로 일한다. 저녁과 밤 시간에는 늦게까지 논문을 집필한다. 학과에서는 화상전화로 논문발표를 해도 좋다는 결정을 내렸다. 이제 전화를 받을 시간과 장소를 정하면 된다. 조안에게 부탁해서 그녀가 출장을 가는 날에 사무실을 빌리기로 한다.

　드디어 논문 발표를 하는 날이다. 나는 에어컨이 갖추어진 사무실의 긴 회의탁자 끝에 자리를 잡는다. 논문을 발표하기에는 메디슨보다 이곳이 훨씬 낫다는 생각이 든다. 나는 노트와 논문 초록을 들여다본다. 「미국과 카리브 해 연안의 선박 기름유출: 비용 산정과 법 조항 평가」.

　드디어 전화가 울린다. 심사위원들과 한 방에 있지 않아도 된다는 데 감사한 마음이다. 나는 28호실을 너무나 잘 알고 있다. 논문 발표자의 가족과 친구들과 함께 복도에 서서, 긴장한 발표자들이 땀을 흘리고 손을 덜덜 떠는 모습을 보곤 했다. 하지만 28호실에서 800킬로미터쯤 떨어진 조안의 사무실에 에어컨을 틀어 놓고 혼자 있는 지금은 땀방울과 떨리는 손에 신경 쓰지 않아도 된다. 오직 내 발표와 플라스틱 스피커폰 주위에 모여 앉은 심사위원들의 모습에만 정신을 집중한다. 나는 천천히 시작한다.

"이 연구는 두 가지 가정에 초점을 맞춥니다. 첫째, 유류 무역의 변화, 안전 수칙과 관련 기구의 변화로 인해 해양에서 기름유출 사고 횟수와 유출량이 감소했다는 가정입니다. 둘째, 기름유출로 인한 피해도 줄어들었다는 가정입니다. 그러나 통계를 살펴보면 유출사고 발생 횟수에 실질적인 변화가 일어난 시기는 많지 않습니다. 1971년부터 1985년까지 200퍼센트 가량 증가했고, 1990년까지는 미미하게 증가했습니다. 저는 두 가지 피해 산정 방법과 통계를 활용하여 유출사고로 인한 피해 역시 증가하고 있음을 보이려 합니다. 이 피해산정 모형은 천연자원 피해 산정 분야에서 사용되는 최신 기술을 반영하고 있습니다. 지난 10년간의 천연자원 피해 동향을 살펴볼 수 있는 유일한 방법이기도 합니다."

"A형 모델에 의하면 상대적 피해가 50퍼센트 감소했다고 나타났음에도 불구하고……." 나는 전화에 대고 차분한 목소리로 이야기한다. 성공적인 발표가 되기를 바라며 논문의 머리말로 넘어간다. "천연자원 피해를 산정하기 위해 제가 고안한 방법들은 각기 다른 결함을 가지고 있습니다. 특히 제가 주목한 천연자원은 아름다운 풍경, 깨끗한 공기, 깨끗한 물과 같이 전통적인 시장경제학의 범주에 들어가지 않는 자원들입니다. 따라서 실제로 피해가 더 급격하게 증가하고 있다는 사실을 보이려면 더 섬세한 모형이 필요합니다."

에어컨이 돌아가고 있는데도 불구하고 내 이마에 땀방울이 맺혀 얼굴로 흘러내린다. 한 시간 후 발표가 끝나자 심사위원들은 말이 없다. 영원처럼 길게 느껴지는 시간이 흐르고 나서 심사위원장 존 스타인하트 교수가 질문이 있으면 하라고 말한다. 나는 최선을 다해 질문에 답하고 나서 전화를 끊고 기다린다. 심사위원들이 비공개로 논의한 후 다시 전화를 걸어올 것이다. 대다수 심사위원들은 내 목소리를 처음 듣는다. 그들이 무슨 생각을 하고 있을까? 전화가 울린다. 스타인하트 교수의 목소리다.

"자네 생각은 어떤가? 잘 한 것 같나?" 스타인하트 교수의 목소리에서 흡족함이나 안도감을 읽어낼 수도 있었겠지만, 긴장하고 지쳐 있는 나는 어떤 감정도 느끼지 못한다. 그래서 자신 없는 말투로 대답한다.

"잘 모르겠습니다."

"그래, 기분이 어떻던가?"

"얼떨떨합니다."

"모두 만족하고 있네. 그레첸 교수는 자네 논문이 아주 중요한 연구라면서 교정을 봐 주겠다는군."

슈타인하트 교수는 껄껄 웃고 나서 말을 잇는다.

"그런데 다들 놀라고 있다네."

"놀랐다고요?"

"그래, 자네가 길게 말을 할 수 있다는 데 깜짝 놀랐지."

둘 다 웃음을 터뜨린다. 내가 대륙을 가로질러 참으로 먼 길을 왔다는 생각이 든다. 나는 수화기를 내려놓고 눈가에 흘러내린 땀을 닦는다. 갑자기 발에 통증이 온다.

몇 달 전 조안은 나를 UNEP 친선 대사로 추천했다. 조안은 몇 달 전부터 케냐 나이로비에 있는 UNEP 본부에 추천안을 올리려고 노력했다. 하지만 국제 관료 사회의 정치적 갈등 때문에 일이 진척되지 못해 속절없이 기다려야 했다.

논문 발표를 마치고 나서야 톨바 박사와 대면할 기회가 생긴다. 톨바 박사는 현재 북아메리카 여행 중이며 곧 아르헨티나와 남극을 방문할 예정이다. 머리가 희끗희끗하고 콧수염을 길렀으며 덩치가 작은 톨바 박사는 국제무대에서 환경보호 활동을 전개하는 유명인사다. 조안은 사무실에서 톨바 박사와 이야기를 나누는 동안 문 앞에 서 있으라고 나에게 말해 두었다가 밖으로 나올 때 나를 소개한다.

"톨바 박사님, 여기는 프란시스 씨입니다. 제가 말씀드린 젊은 박사요."

나는 톨바 박사와 악수를 한다. 감격한 나머지 한동안 말이 나오지 않는다.

"만나서 반갑습니다. 해 놓은 일이 많다고 들었는데 생각보다 훨씬 젊군요."

나는 앞뒤가 맞지 않는 말을 중얼거린다.

톨바 박사가 나를 향해 미소를 지으며 말한다. "당신을 UNEP 친선 대사로 임명하려 합니다. 당신이 임명장을 벽에 걸어놓는 데 그치지 않고 그 이름에 걸맞은 일을 하리라고 생각하기 때문입니다." 그는 수석 비서관을 돌아보며 아르헨티나에서 돌아올 때까지 나에 관한 서류를 책상 위에 올려놓으라고 지시한다.

이제 나는 걸어다니는 UNEP 친선대사다. UNEP 친선대사 중에는 동요가수 라피 카보키안, 영화배우 막스 폰 시도우, 올리비아 뉴튼 존과 같은 연예인들도 있고, 영국인 탐험가 로버트 스완, 네덜란드에 있는 국제자연보호기금(World Wildlife Fund) 회장이자 브레다 시 시장인 에드 니펠스 같은 사람도 있다. 내 공식 직함은 세계의 풀뿌리 공동체를 담당하는 UNEP 친선대사다.

친선대사는 시간과 재능과 에너지를 쏟아 중요한 환경 문제와 UNEP가 하는 사업을 홍보하고 환경교육을 위한 자기 나름의 계획안을 개발해야 한다. 이러한 임무는 플래닛워크의 목표와 정확히 일치하며 내 순례의 정신에도 부합한다. 물론 대단한 영광이기도 하다.

제 20 장

OPA 90
유조선을 규제하다

나무에서 활활 타는 소리가 난다
여름날 뜨거운 바람이 불 때마다
잎사귀가 바스락거린다

1991년 6월 12일
워싱턴 D. C.

    기온이 30도를 웃도는 습기 찬 여름날에 워싱턴을 떠난다. 사람들과 작별인사를 나누고 새로 산 파란색 산악자전거에 올라타 페달을 밟고 자동차 사이를 헤치며 1번 도로로 나아간다. 어젯밤에 사촌들이 열어 준 파티에 참석하고 짐을 싸느라 늦게까지 깨 있어서 지금은 좀 피곤하다. 그래서 나는 천천히 페달을 밟으며 번잡한 거리의 차들 틈을 누빈다. 몇 시간 후에는 도심을 벗어나 있다.

자전거를 타고 볼티모어를 통과한다. 노스 애비뉴 곳곳에 있는 침례교회에서 가스펠 음악과 일요일 아침 예배 소리가 한데 섞여 쏟아져 나온다. 더러는 대형 스피커에서 나오는 소리도 있다. 일요일 분위기가 물씬 풍기는 볼티모어 시의 거리를 다 지나자 교외가 나오고, 이어 메릴랜드 주의 시골 마을과 완만한 언덕이 펼쳐진다. 나는 코노윙고 공원에서 점심을 먹는다. 서스키하나 강에 건설된 코노윙고 댐 서쪽에 위치한 코노윙고 공원은 필라델피아 전기회사가 직원들과 일반 대중을 위해 만든 휴양지다. 아버지는 필라델피아 전기회사에서 은퇴했지만 조금만 더 가면 있는 화력발전소에서 내 동생이 근무한다. 그래서인지 이곳은 우리 집 같은 느낌이 든다.

아홉 살 아래인 동생 드웨인은 나보다 키가 작고 체격은 보통이다. 우리 어머니는 내가 태어나기 전에 한 번, 나와 드웨인 사이에 두 번 유산을 했다. 내가 열여덟 살 때 독립했으므로 우리는 둘 다 외아들처럼 자란 셈이다. 드웨인은 대단히 성공한 형의 그늘 밑에서 자란 동생은 아니었다. 오히려 제정신이 아닌 내 행동이 동생에게 유전되지 않기를 바라는 희망 속에서 성장했다. 아버지는 틈날 때마다 동생에게 나처럼 되지 말라고 가르쳤다.

북쪽을 향해 번개가 치자 구조요원들이 감전사 우려가 있으니 모두 수영장에서 나오라고 사람들에게 소리친다. 번개와 천둥이 20분간 멈춘 후에야 물에 다시 들어갈 수 있다고 한다. 나는 자전거를 타고 필라델피아 주로 건너간다. 내가 박사과정을 마쳤다는 소식에 어머니는 좋아서 어쩔 줄 모른다. 아버지는 늘 하던 대로 얼굴을 찌푸리며 이렇게 말한다.

"박사학위를 가지고 뭘 할래? 자동차 운전도 안 하면서."

"모르겠는데요."

"여보, 조니한테 그러지 말아요. 우리 집에서 박사학위를 딴 사람은 조니가 처음이잖아요. 자랑스럽게 생각해야죠."

"자바, 나도 조니가 자랑스럽다고. 하지만 생각해 봐요. 자전거를 타고 다니면서 어떤 직업을 구할 수 있겠소? 자전거로 택배 일이나 심부름밖에 더 하겠소?"

어머니와 아버지의 말다툼에 끼어드는 어리석은 짓은 하지 않기로 한다. 나는 자전거에 올라타 북쪽으로 간다. 사흘 뒤 뉴저지 주 라웨이에 도착한다. 외가 쪽 친척들의 모임이 열리고 있는 곳이다. 친척들을 다시 만나니 무척 반갑다. '꼬마 조니'는 유명인사가 되어 질문공세에 시달린다.

"정말 걸어서 전국을 횡단한 거야?"

"오랫동안 말을 하지 않으면 기분이 어떠니? 학교는 어떻게 다녔니?"

불현듯 카터 삼촌과 루시 고모가 그리워진다. 지난번에 서부 해안에서 만난 이후 두 분 다 세상을 떠났다. 카터 삼촌과 루시 고모는 조용하고 점잖은 태도로 나를 인정해 주었다. 한편 어머니는 아버지에게 내가 자동차를 거부하고 걸어다니는 일을 화제로 삼지 말라고 단단히 일러두었다. 내가 짐작했던 대로 말다툼에서 어머니가 이긴 모양이다. 그래서 친척들이 내 이야기를 꺼내도 아버지는 자랑스럽다고만 말한다. 그러다가 호기심과 의심이 뒤섞인 말투로 지난주에 집에 전화가 왔다고 알려 준다.

"해안경비대 사람이 전화해서 너를 찾더구나. 대체 무슨 짓을 한 게냐?"

"그들이 제공한 통계 자료 때문에 돈을 받으려는 건지도 모르죠. 전화한 사람이 누군데요? 뭐라고 하던가요?"

"잘 모르겠다. 여자였는데 이름은 기억 안 나. 존 프란시스 씨와 통화하고 싶다고 하기에 나를 찾는 줄 알았지. 그런데 그 여자가 기름유출이 어떻다고 말하더구나."

아버지는 지갑에서 쪽지를 꺼내 내게 준다. 나는 쪽지를 집어넣고 잠시 잊어버린다. 다음날 조지 워싱턴 다리를 무사히 건너 뉴욕의 윌시 부부 집에 안착한다. 뉴욕에 온 것은 UNEP 북아메리카 지부 사무실에 들러 지부장 노엘 브라운 박사를 만나기 위해서다. 해외로 플래닛워크를 떠나는 데 필요한 기금을 모으려는 목적도 있다. 특히 1992년 여름 브라질에서 열릴 예정인 '지구정상회담(Earth Summit: 유엔 환경개발회의의 속칭—옮긴이)' 참가를 위한 기금이 필요하다. 하지만 모금은 그다지 성공적으로 진행되지 못한다. 나는 자전거를 타고 계속 올라가 뉴잉글랜드 주의 시골을 여행하며 친구들을 만나기로 결심한다. 떠나기에 앞서 아버지에게 받은 쪽지를 꺼내 워싱턴 D. C.에 있는 해안경비대 본부 전화번호를 돌린다.

신호음이 울린다. 나는 1990년 제정된 해양오염방지법(OPA 90) 팀에서 연구조교로 일하는 메그 휘태커와 이야기하고 있다. 그녀의 말에 의하면 OPA 90 팀은 1989년 엑손 발데즈 호 기름유출 사고 이후에 통과된 법률을 집행하기 위해 결성됐다. 그런데 법 조항을 작성하는 전문가들이 기름유출과 관련된 출판물에 내 논문이 자주 인용되는 것을 보고 내 연구에 관심을 나타낸다는 것이다.

메그는 공중보건을 전공하는 대학원생이다. 그녀의 목소리는 젊고 상냥하며 열정적이다. 얼마 지나지 않아 우리는 플래닛워크와 순례와 환경 문제에 대한 의견을 이야기하고 있다.

대화를 마치며 메그가 말한다. "OPA 90 팀에는 선생님 같은 분이 정말로 필요하답니다. 생각해 보시겠어요?"

나는 대답한다. "물론이지요. 내가 할 일이 뭡니까?"

그러자 메그가 말한다. "그건 저한테 맡겨 주세요."

보스턴에 도착해서 새로 들어온 직원을 담당하는 브루스 노박 씨와 전화 통화를 한다. 몇 차례 통화를 하고 나니 어느새 친구들을 만날 장소인 버몬트 주 브래틀보로(Brattleboro)에 도착해 있다.

브루스 씨가 다시 전화를 걸어 말한다. "워싱턴으로 당장 와 주셨으면 합니다. 오늘 밤 중으로 비행기 표를 보내드릴 수 있습니다."

나는 조심스럽게 말문을 연다. "혹시 아실지 모르지만, 저는 비행기를 타지 않습니다."

"아……좋아요, 기차도 있으니까. 기차를 타고 오시면 우리가 나중에 비용을 지불하겠습니다. 기차는 타실 수 있죠?" 희망 섞인 목소리로 그가 묻는다.

"사실은 기차도 타지 않습니다."

침묵.

"소형차도 타지 않으십니까?"

"예."

전화선 건너편에서는 다시 침묵이 흐른다. 내 신념에 따른 생활방식 때문에 해안경비대에서 일하지 못하게 된다면 그처럼 애석한 일이 어디 있겠는가! 워싱턴에서 만났던 변호사가 말한 바에 따르면 나는 이미 구급차 타기를 거부했다는 이유로 수백만 달러짜리 소송을 날려 버렸는데, 이제는 내가 차를 타지 않고 걷기를 실천하게 된 원인인 바로 그 문제에 관여할 기회를 놓칠 판이다. 그렇게 되면 역설이 따로 없을 것이다.

브루스 씨가 머리를 긁적이는 장면이 눈앞에 그려진다. 그의 머릿속은 선원들이 매는 밧줄처럼 복잡하게 얽혀 있을 듯하다.

"으으음……제가 다시 전화하겠습니다." 그는 이렇게 말하고 전화를 끊는다.

다음날 브루스 씨는 내게 다시 전화를 걸어 OPA 90 팀 책임자인 놈 렘리 씨가 "나의……음……독특한" 생활방식에도 불구하고 나를 받아들이기로 했다고 전해 준다.

"당신과 함께 일해 보기로 했습니다. 적어도 2년은 이곳에 계시면 좋겠네요."

"저는 1년밖에 못 합니다. 18년 동안 세계를 도는 도보 순례를 아직 마치지 못했거든요."

"알았습니다. 그건 나중에 정하기로 합시다. 그나저나 여기까지는 어떻게 오실 생각이죠?"

"자전거를 타고 가려고 합니다."

"그러면 얼마나 걸립니까?"

나는 머리를 긁적이며 대충 계산을 해 보고, 대답하기 전의 짧은 순간을 음미한다.

"두 달 정도 걸릴 겁니다. 이곳에서 만날 사람들이 있고, 워싱턴에 가기 전에 정리해야 할 일들이 있어서요."

"좋습니다. 기다리고 있겠습니다." 마치 내가 영영 나타나지 않으리라고 생각하는 듯 장난스러운 말투다. 전화가 끊긴다.

상황 종료. 방금 미 연방 정부가 나를 고용해 기름유출 관련 법령을 작성하는 일을 맡겼다. 너무 행복해서 믿기지 않을 정도다! 20년 전 기름투성이 해변에 앉아 이런 불행한 사태를 막기 위해 할 수 있는 일이 무엇일까 고민하던 내가, 오늘은 기름유출 관련 법령을 작성하고 평가하는 일을 해 달라고 정부의 요청을 받았다니. 꿈만 같은 일이다. 한없이 기쁘고 앞으로의 일이 기대된다. 누군가에게 전화를 걸어 이 기쁜 소식을 알려야겠다. 나는 아버지에게 전화를 건다.

자제하려고 애서 보지만 전화 통화를 하는 동안에도 온몸에서 배어나오는 흥분을 감출 길이 없다. 몇 마디 의례적인 인사를 주고받은 후 나는 바로 용건으로 들어간다.

"아버지, 지난달에 해안경비대에서 전화 왔던 일 기억나세요?"

"그럼, 기억하고 있지. 그 사람들이 뭐라고 하든?"

"워싱턴에서 해안경비대 일을 맡아 달라던데요. 기름유출 관련 법령을 작성하는 일을 도와 달라는 거죠. 방금 통화를 했는데 저는 그들의 제안을 수락했어요."

나는 아버지에게 내가 받을 연봉 액수를 말씀드리고 아버지가 다시 입을 열 때까지 기다린다. 아버지는 내가 한 이야기를 곱씹는 중이다. 긴 침묵. 아버지가 뭐라고 말할지 궁금하다.

드디어 아버지가 불쑥 입을 연다. "무슨 해안경비대 말이냐?"

"아버지도 아시잖아요. 전화로 아버지랑 통화했던 미국 해안경비대요."

"미국 해안경비대?"

"예, 아버지. 미국 해안경비대요."

"그래? 그 사람들이 네가 누군지 알고 그러는 거냐?"

나는 빙그레 웃는다. 아버지는 내가 베트남전 반대 운동을 하던 시절 이야기를 하고 있다. 당시에 아버지는 내가 앞으로 절대 정부에서 일할 수 없을 것이라고 말했다. 항의는 시민의 권리이자 의무라고 말씀드려도 막무가내였다. 아버지는 오래 전에 시민권을 취득해 놓고도 여전히 스스로를 이주자라고 생각한다. 그래서 어느 날 갑자기 강제 출국을 당하지나 않을까 걱정하며 산다.

"예, 제가 누군지 다들 알아요."

"그 사람들이 너를 누구라고 생각하는데?"

"프란시스 박사라고 생각할 걸요. 저를 그렇게 부르니까요."

나는 아직도 박사라는 칭호가 익숙하지 않다. 아버지 역시 혼란스러워한다. 아버지는 생전 처음 듣는 외국어처럼 내가 한 말과 '프란시스 박사'라는 공식 호칭을 몇 번 되뇌어 보고는 헛기침을 한다. 그러고는 조그맣게 뭐라고 중얼거린다.

"세상이 변하긴 변했구나."

"그럼요 아버지, 세상은 변하고 있죠. 가는 길에 필라델피아에 들르겠습니다."

두 달 후. 워싱턴 D. C. 시내의 내 아파트 한쪽 구석에 놓인 접이식 간이침대에서 아버지가 몸을 일으킨다. 그 간이침대는 나의 유일한 가구다. 마침 아침식사 준비가 거의 끝나 간다. 펜실베이니아 거리에서 국립기록보관소를 스쳐가는 차 소리를 들으며 우리는 별다른 이야기 없이 아침 식사를 한다. 20년 가까이 되는 지나간 세월에 대해 몇 마디 이야기를 나눈다. 우리는 그 세월을 함께 살아왔다. 그렇지 않으면 어떻게 이 자리에 함께 있겠는가? 잠시 후 나는 자전거를 타고 해안경비대 본부로 출발해야 한다. 여기서 5킬로미터도 안 되는 거리다. 아버지가 나보다 먼저 떠나겠다고 해서 우리는 악수를 나눈다. 이번에는 굴곡이 진 아버지 얼굴에 어두운 그림자가 없다. 아버지의 하늘은 구름 한 점 없이 맑다. 아버지는 몸을 돌려 성큼성큼 걸어 문 밖으로 나가려다 발길을 멈추고, 조용한 자부심과 공감을 담은 눈길로 나를 바라보며 말한다.

"애야, 이제 난 네가 정신 나간 놈이라고 생각지 않는다."

아버지가 나가고 문이 닫힌다. 창문으로 햇살이 쏟아져 들어온다.

워싱턴 남동부, 아나코스티아 강 북쪽 지대의 버자드 포인트(Buzzard's Point)에 포트 맥네어 군사기지가 있다. 그리고 기지 바로 옆에 있는 밋밋한 외관의 6층짜리 콘크리트 건물이 해안경비대 본부다. 버자드 포인트라는 지명은 말똥가리(buzzard)라는 새 이름에서 유래했다. 말똥가리는 전차가 없던 시절 짐마차를 끌던 말들이 죽으면 그 썩어가는 시체를 먹고 살던 새들이다.

나는 자전거를 길 건너편 울타리에 묶어 놓고 주출입문 쪽 경비실로 걸어간다. 나를 맞이하러 나온 브루스 노박 씨가 보안 시스템이 갖추어진 시설로 나를 데리고 들어간다. 브루스 씨는 중간 체격이고 네모진 얼굴에 짙은 갈색 머리를 짧게 깎은 모습이며, 빨간색과 흰색 줄무늬 셔츠와 진청색 넥타이를 매고 있다. 그는 한 손을 내밀어 악수를 청한다. 그 동안 전화 통화를 여러 차례 해서 귀에 익은 목소리가 들린다.

"반갑습니다, 프란시스 박사님. 박사님의 서류는 아직 결재가 끝나지 않았지만 일은 당장 시작하실 수 있을 겁니다."

브루스 씨를 따라 문으로 들어가 긴 복도를 통과하니 중앙 사무실이 나오고, 네모난 플렉시 유리에 커다란 검은색으로 인쇄된 OPA 90 팀이라는 글씨가 보인다. 브루스 씨는 비서가 앉아 있는 곳을 지나 안쪽에 있는 팀장 사무실로 나를 데려간다.

　서류가 널려 있는 커다란 책상 앞에 놈 렘리 씨가 앉아 있다. 그에게서 강렬한 기운이 느껴진다. 몇 명의 장교와 민간인이 그를 둘러싸고 앉거나 서서 법령과 환경 비용에 대해 토의하는 중이다. 방 안 분위기는 뜨겁게 달구어져 있다. 그러나 문간에 있는 우리를 본 순간 렘리 씨는 미소를 지으며 들어오라고 손짓한다.

　렘리 씨는 자리에서 일어나 책상 너머로 손을 내밀어 나와 악수를 나눈다. "우리의 환경운동가가 드디어 오셨네요."

　렘리 씨는 큰 체구에 흰색 셔츠를 입고 줄무늬 넥타이를 헐겁게 맨 차림새다. 그는 최근에 미 연방정부에서 가장 직급이 높은 고위공무원 자리에 올랐다고 브루스 씨가 귀띔해 준다. 재빨리 사무실을 둘러보니 벽마다 액자를 두른 상장과 감사장이 걸려 있다.

　나는 방 안에 있는 사람들과 인사를 나눈다. 나는 모든 이름을 한쪽 귀로 듣고 한쪽 귀로 흘린다. 말을 하지 않고 사람의 이름도 부르지 않았던 지난 17년간 완벽하게 몸에 익힌 습관이다. 사람을 알아가는 데는 다른 것들이 더 중요하지 않은가. 이름은 나중에 외우면 된다.

　렘리 씨가 말한다. "선생님께서는 우리가 법령을 작성할 때 환경적인 측면을 도와 주셨으면 합니다. 우리는 기름유출을 방지하는 법을 만들고 있는데 유출사고로 인한 경제적 피해를 계산하는 게 문제입니다." 모두 내 얼굴을 쳐다본다.

　"예. 저는 천연자원에 경제적 가치를 매기는 방법을 연구한 만큼, 기꺼이 여러분과 함께 일하겠습니다."

우리는 가벼운 이야기를 나눈다. 사람들은 내게 워싱턴까지 어떻게 왔느냐, 살 곳을 구했냐는 질문을 한다. 렘리 씨는 나와 단 둘이 이야기를 나누겠다며 회의를 연기한다. 무슨 이야기가 나올지 짐작이 가지 않는다. 등에서 땀방울이 똑똑 떨어진다.

어쩌면 사무실까지 자전거를 타고 오느라 흘린 땀일지도 모른다. 잠깐 정신이 멍해진다. 내가 정말로 이곳에 와 있고, 기름유출과 환경 피해에 대해 이야기를 하고, 사람들이 내 이야기에 귀를 기울인다는 사실이 너무나 놀랍다. 렘리 씨의 목소리가 들리자 비로소 정신이 든다.

"OPA 90 팀에서 당신의 역할은 각종 법령 작성에 쓰일 천연자원 피해 산정법을 개발하는 것입니다. 그리고 이곳에서 얼마간 시간을 보낸 후에는 우리가 하는 연구 중 하나를 책임져 주셨으면 합니다. 심해항만 연구가 어떨까 싶습니다만."

그는 계속 설명해 나간다. 심해항만 연구는 다른 방식으로 유류를 수송할 때와 심해항만 방식으로 수송할 때의 위험을 비교 분석하고, 그리하여 심해항만에서의 부담 액수 한도를 현행 3억 5,000만 달러에서 5,000만 달러로 낮출 수 있을 가능성을 알아보는 연구다.

미국의 유일한 심해항만은 루이지애나 연안 원유 수송 관로(LOOP)이다. 29킬로미터 길이의 파이프라인 LOOP를 이용하면 대규모 유조선들이 해안에서 멀리 떨어진 곳에 화물을 내려놓을 수 있으므로 지대가 불안정한 해변에서 유류 유출이 일어날 확률이 줄어든다. 심해항만 방식의 장단점을 평가하는 작업은 상당히 복잡하다. 환경과 경제에 미치는 영향을 세심하게 따져야 한다.

잠시 사무실이 조용해진다. 렘리 씨는 나에게 질문이 있냐고 묻는다.

나는 마침 생각하고 있던 질문을 던진다. "말을 하지 않았고 자동차도 타지 않았던 전적을 가진 저를 채용하시면서 마음이 많이 불안하실 것 같습니다."

"마침 그 이야기가 나왔으니 잘 됐군요. 나도 당신에게 그 이야기를 하려고 했거든요."

내가 괜히 그런 질문을 했나? 판도라의 상자를 열어버린 것은 아닐까? 아마도 렘리 씨는 내가 아직 가채용 상태에 있으니 턱수염을 깨끗이 밀고 귀걸이를 떼는 게 좋겠다고 말할 것이다. 그는 비밀을 털어놓으려는 사람처럼 상체를 내 쪽으로 기울인다. 나는 또다시 땀을 흘린다.

"프란시스 박사님, 사실 나는 당신의 침묵과 도보 이야기를 듣고 아주 흥미진진하다고 생각했습니다. 당신은 아주 창조적으로 사고하고 생활하는 사람임이 분명해요. 여기서는 그걸 '틀에 박히지 않은' 사고라고 부르지요. 법령을 작성해서 통과시켜야 하는 우리에게 절실히 필요한 사고방식입니다. 아, 물론 당신 개인의 삶을 놓고 보면 당신이 터무니없는 결단을 내렸다고 할 수 있겠지요. 하지만 법령 작성 일이나 비용과 환경을 평가하는 일과 관련해 기상천외한 생각이 떠오르면 반드시 나를 찾아와서 말해 주겠다고 약속하셔야 합니다. 터무니없는 아이디어 같아도 상관없습니다. 바로 그런 데 창의성이 있는 법이고 우리에게는 창의성이 필요하니까요. 나중에 가서는 우리가 채택할 수 없는 허황된 아이디어에 불과하다는 판명이 나더라도 일단 검토는 해 보자는 겁니다. 약속해 주시겠습니까?"

나는 고개를 끄덕이며 대답한다. "물론입니다."

허를 찔린 기분이다. 정부 관료 중에 이렇게 진취적인 사고방식을 가진 사람이 있으리라고는 생각지도 못했다. 나는 할 말을 찾으려고 머릿속을 뒤진다. 그러나 머릿속은 텅 비어 있다. 안절부절 떠들어대는 말도 불필요한 질문도 없고 오로지 침묵뿐이다. 그래서 나는 아무 말도 하지 않는다. 한동안 나를 바라보던 렘리 씨가 입을 연다.

"당신을 채용한 일에 대해서는 걱정하지 않습니다. 우리 팀에서는 당신 논문이 여러 곳에 인용된 사실을 확인했습니다. 아시는지 모르겠지만 당신은 기름유출에 의한 천연자원 피해 산정법을 연구하고 있는 유일한 사람이더군요. 이번 연구에 필요한 사항이 바로 그것이고요. 그리고 당신은 위스콘신 대학에서 박사과정을 밟았지요? 지난번에 내가 확인한 바로는 위스콘신의 박사학위는 거저 얻을 수 있는 것이 아닙니다. 그러므로 유수의 전문가들이 당신을 전공 분야에 통달한 사람으로 인정하고 있다고 판단했지요."

그는 잠시 쉬다가 말을 잇는다. "대관절 어떻게 한 겁니까? 어떻게 말을 안 하고 살 수가 있었죠?"

나는 어깨를 으쓱해 보이고 허공에 물음표를 그린다.

"알았습니다. 당신이 지금은 말을 한다는 것이 기쁠 따름이네요. 그런데 당신이 자동차를 타지 않는 문제는 어떻게 해야 하죠? 때때로 출장을 가야 합니다. 전국을 누벼야 할지도 모르고요."

렘리 씨는 창밖으로 길 건너편 주차장을 내다본다.

"운전은 안 된다는 거죠?"

"예. 하지만 자전거는 탈 수 있습니다."

"자전거?"

"예. 500킬로미터를 넘지 않는 거리는 자전거로 이동할 수 있습니다." 나는 500이라는 숫자를 허공에 표시한다. 100이 다섯 개. 내가 자전거로 갈 수 있는 최대 거리다.

"그것도 가능하겠지요. 그래도 당신이 전국을 누비게 해선 안 되겠군요. 이동하는 데만 2년이 걸릴 테니 말입니다." 그는 큰 소리로 껄껄 웃고 나서 말을 잇는다. "당신이 연구 책임자가 되면 다른 사람을 대신 보내십시오. 하지만 경우에 따라서는 사람들이 당신과 직접 이야기하기를 원할 겁니다. 워싱턴에 머무를 때 위스콘신 대학 학위논문 심사는 어떻게 받았죠?"

"전화로 발표를 했습니다. 제가 말을 시작하기 전에는 화상 회의를 할 계획이었지만요."

"아하, 우리도 위성통신망을 이용하면 되겠군요. 좋아요. 다 해결됐습니다. 프랜시스 박사님, 해안경비대에 합류하신 걸 환영합니다."

렘리 씨는 작은 책상에 서류가 잔뜩 쌓여 있는 다른 사무실로 나를 데려간다. 그가 나가자 나는 여행길에 오른다. 법률 제정에 대해 공부하는 여행이다. 겨울이 다 가고 봄이 오려 한다. 나는 온 동네를 마비시키는 추위와 눈보라를 뚫고 날마다 자전거를 타고 5킬로미터 떨어진 본부까지 간다.

어느 봄날, 같은 사무실에 있는 스미스 대위가 나에게 고백한다. 그를 비롯한 동료들이 처음에 나를 어떻게 생각했는지에 대한 이야기다.

"사실 우린 본부에 와서 함께 일하기로 했다는 괴짜 환경운동가가 어떤 인간인지 궁금해했다오. 당신이 미치광이 같은 사람인 줄 알았던 거요. 하지만 지금은 당신도 우리와 똑같은 사람이며 그저 신념을 가진 보통 사람일 뿐이라는 걸 알았소. 우리는 당신의 신념을 존중하기로 했소."

이 정도면 굉장한 칭찬이다.

"하지만 당신이 흑인이라는 사실에는 우리 모두 놀랐습니다."

그날 오후 렘리 씨가 내 사무실에 들러 필라델피아로 유조선 점검을 하러 가라고 지시한다. 유조선 점검은 유조선 업계를 규제하는 일을 담당하는 사람이 반드시 거쳐야 하는 예비교육 과정이다. 왕복 480킬로미터 자전거 여행에 로버트 디아즈 중령이 동행해 주겠다고 나섰다.

다음날 렘리 씨는 나에게 구내식당에서 점심식사를 같이하자고 한다. 우리는 종종 식사를 함께하지만 이번에는 렘리 씨가 식사 외에 다른 무언가를 염두에 두고 있는 듯하다. 그는 식당에 들어서면서 사람들을 살핀다. 민간인과 장교와 제복 차림의 선원이 섞여 있다.

손에 쟁반을 든 렘리 씨가 팔꿈치로 나를 슬쩍 찌른다. "저쪽으로 갑시다."

나는 그를 따라 사람과 탁자 사이를 이리저리 헤치고 나아간다. 어느새 우리는 진 헨 제독 앞에 서 있다. 헨 제독은 OPA 90 팀을 책임지고 있는 부사령관이다. 호감이 가고 가까이하기 쉬운 사람이지만 어쨌든 그도 제독이다. 제독들은 한가하게 수다나 떨 시간이 없다. 너무나 잘 알고 있는 사실이다. 나는 1주일에 걸친 의사소통 워크숍에서 제독에게 2분 만에 브리핑하는 법을 배웠는데 머릿속에 남은 것이라고는 제독들이 바쁘다는 사실이 전부였다. 워크숍 강사의 설명에 따르면 제독들은 2분이면 흥미를 잃는다. 따라서 렘리 씨도 지금 헨 제독과 한담을 나누려는 것은 아니다.

"안녕하십니까, 제독님. 프란시스 박사와 제가

함께 식사를 해도 괜찮겠습니까?"

"좋소, 렘리 박사. 어서 앉으시오."

"감사합니다."

우리는 자리에 앉아 쟁반 위의 내용물을 탁자에 내려놓는다.

"다음 주에 규정 협상 회의를 열 준비가 됐습니다." '규정 협상 회의(regulatory negotiation)'란 특정한 법령을 비준하기 전에 그 법령에 이해관계를 가지는 당사자들이 판사 입회하에 모여 각자의 이해관계와 관련된 문제를 협상하는 참신한 제도다. 회의에 참가해 규정에 동의하고 서류에 서명한 참가자들은 이후 법정에서 규정에 이의를 제기할 권리를 잃는다. 이번 회의의 경우 이해 당사자는 정유기업과 환경단체들이다.

렘리 씨가 생선튀김을 넣은 샌드위치를 먹으며 말한다. "다음 주에 존 박사가 유조선 점검을 하러 필라델피아에 갈 예정입니다."

헨 제독은 식사를 하다 말고 나를 물끄러미 쳐다본다.

"오, 그래? 어떻게 거기까지 갈 텐가, 존 박사?"

나는 멍한 눈으로 제독을 쳐다본다. 순간적으로 아무 말도 떠오르지 않아 다시 침묵에 잠겨 버린다. 나는 두 손으로 자전거 페달이 돌아가는 모습을 흉내 낸다.

"자전거를 타고 간단 말이지?"

나는 고개를 끄덕인다.

렘리 씨가 덧붙여 말한다. "디아즈 대위가 함께 갈 겁니다."

"좋은 생각이군. 조심하게."

우리는 식사를 계속한다. 잠시 후 렘리 씨가 나를 쿡쿡 찌른다. 우리는 양해를 구하고 먼저 일어나 쟁반을 들고 식당 출구로 간다.

"방금 우리는 제독님께 보고를 마친 겁니다." 렘리 씨가 웃음 띤 얼굴로 말한다.

사무실로 돌아간다. 비서가 우리의 출장 계획에 필요한 곳마다 전화를 걸기 시작한다. 정유 회사에서는 내가 필라델피아에 있는 원유 항구까지 자전거를 타고 간다는 이야기를 듣고 우려를 나타낸다.

비서가 전화에 대고 말한다. "프란시스 박사님은 캘리포니아의 기름유출 현장을 목격한 이후로 동력운송수단을 이용하지 않습니다."

그녀는 잠시 말을 멈추고 수화기 너머에서 하는 말에 귀를 기울인다.

"예, 맞습니다. CBS TV에 나오신 적이 있습니다. 하지만 〈60분〉 제작진이 또 나타나지는 않을 것 같은데요. 가능성이 전혀 없는 건 아니지만요."

비서가 내 쪽으로 몸을 돌리더니 〈60분〉 제작진이 나타날 가능성이 없다고 약속할 수 있냐고 묻는다. 나는 약속하겠다고 대답한다.

"정유회사 사람들은 박사님이 그곳에 계시는 동안 기름유출이 있을까봐 걱정하고 있어요. 안전과 부과장을 만나게 해 드리겠다고 하는데요."

나는 디아즈 중령과 함께 하루 반 만에 필라델피아 주에 도착한다. 유조선은 국제공항에서 멀지 않은 선 오일 터미널에 정박해 있다. 예전에 선 오일 터미널에서 유류 저장고를 청소한 적이 있다고 했던 아버지가 떠오른다. 저장고 청소는 위험한 작업이다. 한 번만 불꽃이 튀어도 어마어마한 폭발로 번질 수 있다. 아버지는 그 일을 몇 주 하다가 필라델피아 전기회사 가선공으로 취직했다.

우리가 터미널에 도착하자 유조선 소유주인 OMI 사의 리처드 할루스카 씨와 티파니 라우 씨가 부두에 나와 있다. 리처드 씨는 콧수염을 깔끔하게 기른 보통 체격의 남자로, 갈색 스포츠 재킷을 입고 주황색 안전모를 썼다. 티파니 씨는 키가 크고 마른 체격이며 카키색 바지와 스포츠용 재킷에 안전모 차림이다. OMI에서 나온 사람들 외에도 해안경비대 선원 한 명이 점검을 하러 와 있다. 우리는 점검을 시작하기 전에 다 같이 선실에 앉아 뜨거운 커피를 마신다. 서로 소개를 마치자 티파니 씨가 워싱턴에서 자전거를 타고 오는 기분이 어땠냐고 묻는다.

"좋았습니다! 하루 반 만에 도착했지요. 날씨도 좋았고요."

내가 이렇게 대답하고 디아즈 중령을 바라보자 그도 고개를 끄덕인다.

리처드 씨가 양 손으로 턱을 괴고 나를 보며 말한다. "박사님이 일종의 항의 표시로 동력운송수단을 거부한다고 들었습니다. 이런 걸 물어도 괜찮을지 모르겠는데, 박사님은 아주……뭐랄까……정상적인 사람 같은데요?"

"아, 괜찮습니다. 오히려 물어봐 주셔서 기쁩니다. 캘리포니아에서 기름유출 사고를 목격한 이후로 동력운송수단을 포기한 것은 맞습니다. 하지만 사실 저는 석유로 인한 모든 오염에 대한 책임은 석유를 사용하는 우리 모두에게 있다고 생각합니다. 기름유출 사고도 마찬가지로, 정유회사나 유류

길을 걸을 때 우리는 자신과 대면한다. 그리고 마지막에 가서는 우리가 편을 갈라 싸울 필요가 없고, 국가의 적이란 존재하지 않으며, 다른 사람과 말다툼을 벌일 필요도 없음을 깨닫는다. 우리를 기다리는 것은 죽음뿐이다. 하지만 우리에게는 이 좋은 행성에서 이 귀중한 순간을 평화롭게 살아갈 기회가 아직 열려 있다. 걷기만 한다면 가능한 일이다.

운송업체의 책임만은 아닐 겁니다."

리처드 씨는 티파니 씨를 쳐다본다. 두 사람은 다시 내 얼굴을 보며 한목소리로 묻는다. "그게 무슨 말인가요?"

"제가 말한 그대로입니다. 이동하는 데 석유를 소비하는 사람은 누구나 모든 석유 유출사고에 일정한 책임이 있다는 뜻입니다. 우리 모두 더 많은 양의 석유를 더 싸고 더 빠르게 공급받으려 하니까 그 과정에서 일부가 유출되는 게 아니겠습니까."

"그러면 당신은 모두가 책임을 공유해야 한다고 주장하시는 겁니까?"

"맞습니다."

선실 안에 있는 사람들이 모두 내 말에 귀를 기울인다. 나는 설명을 계속해 나간다. "제 말을 오해하시면 안 됩니다. 선박에서 기름이 유출된 경우 당연히 정유운송 회사의 책임이 가장 큽니다. 다만 저는 정유운송 회사가 모든 책임을 져야 한다고 생각지는 않습니다. 제가 통계에 기초해 연구한 결과 해양으로 유출되는 유류의 대부분은 자동차 크랭크케이스 오일로 밝혀졌습니다."

리처드 씨가 말한다. "오, 이런 이야기를 하는 환경운동가는 처음 보는데요."

긴장 때문에 생긴 듯한 리처드 씨 얼굴의 주름이 펴진다. 모두 안도하는 분위기다.

"저는 스스로를 환경주의자라기보다는 환경주의를 실천하는 사람이라고 부르고 싶습니다. 사소한 낱말 뜻의 차이에 불과할지도 모르지만 실천하는 사람이라는 말에는 더 나은 세상을 만들기 위해 어떤 사람이 된다거나 어떤 행동을 한다는 뜻이 있습니다. 한 마디로 이 땅에서 더 잘 사는 방법을 배워 나가는 거겠죠."

"전적으로 동의합니다. 솔직히 말해서 우리는 약간 걱정하고 있었습니다. 우리 회사를 규제하는 일을 맡은 사람 중 하나가 유조선을 점검하러 온다는 이야기를 들었거든요. 그것도 기름유출을 목격하고 오염에 기여하고 싶지 않다는 이유로 워싱턴에서 이곳까지 자전거를 타고 온다고 하니 더욱 걱정이 됐지요. 이제는 마음이 놓입니다. 당신은 양 측을 공정하게 대할 수 있고, 우리와도 대화가 통하는 분 같거든요."

"이 사람은 우리 해안경비대 본부에서도 별종으로 통합니다." 내 옆에 앉아 있던 디아즈 대령이 껄껄 웃으며 말한다.

그러고 나서는 유조선 점검을 하느라 하루가 다 간다. 이렇게 큰 배에 올라가 보기는 처음이다. 한쪽 끝에서 반대쪽 끝으로 가려면 자전거를 타고 이동해야 할 정도다. 이렇게 거대한 배들이 대양을 횡단한다는 점을 감안하면 유출되는 기름의 양은 적은 편이라고 할 수 있다. 놀라운 발견이다. 기름유출을 막으려면 법률과 경제와 기술이 모두 제 역할을 해야 하며 운도 따라야 한다. 역시 배움이란 끝이 없다.

본부로 돌아오자 렘리 씨는 우리가 필라델피아까지 무사히 다녀와서 기쁘다고 말한다. OMI사 직원들은 우리와의 만남이 '특별한 경험'이었다고 알려 왔다. 렘리 씨는 나에게 서부 해안지대에서 열리는 경제학 학술회의에 참여하라고 한다. 내가 회의에 참여하려면 새로운 기술을 도입해야 한다.

렘리 씨는 책상 위에 있는 서류를 뒤적이며 말한다. "당신에게 자전거를 타고 샌프란시스코까지 가라고 하지는 않겠습니다. 대신 블랙 대학 위성통신망(BCSN)에 협조를 구해서 회의장과 화상 연결을 할까 합니다. 그러면 문제가 해결되겠지요?"

나중에 렘리 씨는 「지휘관 공보」와의 인터뷰에서 이렇게 설명한다. "이는 모두에게 득이 되는 결정입니다. 위성으로 연결하면 UNEP 친선대사 활동을 활발하게 벌일 수 있고, 해안경비대 지출이 줄어들고, 다른 참가자들도 워싱턴에 남아 있으면서 학술회의에 참여할 수 있기 때문입니다."

내가 BCSN과 협력한다거나 위성기술을 활용하는 것은 처음 있는 일은 아니다. 플래닛워크는 벌써 환경형평성 문제에 대해 전국 공동체 회의(NTM)를 두 차례 열었다. 풀뿌리 공동체들이 모여 환경과 개발 문제에 관한 쌍방향 전화회의를 개최한 후 회의 결과를 UNCED(브라질에서 열린 지구정상회의)에서 발표하기도 했다.

NTM은 역사적으로 권리를 박탈당한 마을과 풀뿌리 공동체에 발언할 기회를 주려는 목적에서 열린 회의였다. 회의를 통해 UNCED 대표들에게 그들의 의견을 전달하고, 이러한 마을과 환경운동 단체 사이에 다리를 놓을 수 있다.

NTM 회의에는 전국 각지의 풀뿌리 시민단체와 함께 미 환경보호국(EPA)에서도 참가했다. 두 차례의 회의는 각각 지방 문제와 도시 문제를 중점적으로 다루었다. 회의가 끝나자 우리는 친선대사로서 내가 한 연설을 비디오테이프로 제작하여 브라질 텔레비전 방송국 〈엘 글로보〉에 보내 지구정상회의 기간에 방영되게 했다. 연설은 두 차례의 NTM 회의 내용을 종합한 내용이었다.

나는 1년 2개월 동안 해안경비대에서 일하다가, 순례를 계속하기 위해 자전거를 타고 매사추세츠 주에 있는 마사의 포도밭으로 떠난다. 22미터짜리 소형 목조범선 '조라' 호를 타고 바다로 나갈 준비를 마친 상태다. 그동안 컴퓨터를 기반으로 한 환경교육 과정을 개발한 나는 카리브 해의 여러 섬에서 온 학생들을 '조라' 호에 태워 해상교실을 열 계획이다.

워싱턴을 떠나기 전에 나는 훌륭한 환경학자 및 환경운동가로서 공익에 기여했다는 이유로 해안경비대 본부의 헨 제독에게서 상을 받는다.

필라델피아와 뉴욕 사이의 어느 지점이다. 나는 길가에 멈춰 서서 이 여행이 시작된 장소를 다시 바라보고 있다. 눈물이 고여 눈앞이 뿌옇게 흐려진다. 차들이 씽씽 지나가고 사람들이 나를 쳐다보지만 무슨 상관이랴. 언젠가는 이런 순간이 올 줄 알았다. 지난날을 회상하며 내가 출발한 자리에 다시 서 보는 순간. 지금 머릿속에 떠오르는 생각은 단 한 가지다. 불가능해 보이는 여행의 첫발을 내디뎠다는 생각.

나는 주간고속도로 옆에 서서 물음을 던진다. "어떻게 내가 여기까지 왔나? 그 동안 내가 어떻게 변했나?" 쓰레기가 마구 널린 풀밭에 앉아, 십여 년이라는 세월과 수십만 킬로미터의 거리를 떠올린다. 나는 고개를 숙이고 몸을 약간 떨며 조용히 미소를 짓는다.

20년 전 샌프란시스코 만에서 기름유출을 목격했을 때 누가 나에게 이렇게 말했다고 생각해 보자. "존, 뭔가를 바꾸고 싶다면 자동차 운전을 중단하고 동쪽으로 걸어가렴. 그러면 달라지는 게 있을 거야." 그런 말을 들었다면 나는 몸을 홱 돌려 자리를 떴을 것이다. 내 등 뒤에 대고 사람들이 소리치는 장면이 떠오른다. "입도 다물어 버려!" 나는 그 따위 말을 믿지 않았을 것이다. 그러나 여기 앉아서 생각해 보니 지난 20년 동안 바로 그런 일이 일어났다.

"우리는 세상을 바꿀 수 있다." 나도 모르게 내 입에서 불쑥 튀어나온 말이다. 다섯 단어로 된 문장이 머릿속에서 메아리친다.

"우리는 세상을 바꿀 수 있다."

비단 나뿐 아니라 우리 모두 불가능해 보이는 여행을 떠남으로써 세상을 바꿀 수 있다. 우리가 사는 세상에 변화를 일으키고 세상을 더 나은 곳으로 만들 수 있다.

잠시 후 나는 다시 자전거에 올라 북쪽으로 나아간다. 차들이 더 시끄럽게 경적을 울려댄다. 그 동안 나는 어떻게 변했을까? 여러 가지 소리를 더 잘 듣게 됐을까? 그렇다. 하지만 앞으로도 할 일이 많다. 나는 고속도로를 벗어나 조용한 길을 찾는다.

그 후 이야기

2003년 6월, 쿠바

열대 지방인 쿠바의 오후는 뜨겁다. 얼굴에서 땀을 줄줄 흘리며 힘겹게 산 정상을 향해 올라간다. 내 뒤에는 70명쯤 되는 사람들이 따라 올라오고 있다. 쿠바 횡단 플래닛워크에 참가하려고 미국과 캐나다에서 온 사람들이다. 세계 각지로 떠나는 현실체험 여행 프로그램을 운영하는 인권단체 '글로벌 익스체인지(Global Exchange)'가 사람을 조직하는 일을 도와주었다. 드디어 산 정상에 오른 나는 휴식을 취하며 피나르 델 리오의 초록색 산림을 내려다본다. 사탕수수와 커피와 열대과일을 재배하는 곳이 여기저기 보인다. 1960년 미국이 쿠바에 경제제재를 가한 이후 대다수 미국인은 쿠바 여행을 금지당해 왔다. 미 재무부의 여행금지조치에서 예외는 단 두 가지, 연구를 수행하거나 국제회의에 참석하는 경우다. 내가 이곳에 온 데는 두 가지 목적이 다 있다. 나는 과학자이자 UNEP 친선대사 자격으로 쿠바 정부의 과학기술환경부로부터 초청을 받았다. 나는 아바나에서 열리는 제4회

'환경 및 지속가능한 발전에 관한 국제회의'에 참석할 예정이며, 쿠바에서 시행하고 있는 유기농법이 카리브 해 인근 국가들과 남아메리카에도 적용될 수 있는지 연구하는 프로젝트를 시작하려 한다.

또한 나는 연구 프로젝트의 일환으로 쿠바에서 1,600킬로미터 거리를 도보로 횡단하며 농장과 '지속가능한 발전'을 모색하고 있는 지역을 찾아다닐 예정이다. 동료 플래닛워커들은 '플래닛워크 쿠바'의 창립을 기념하는 의미에서 나흘 동안 나의 도보여행에 동행한다. 우리는 때때로 발길을 멈추고 해당 지역의 전문가를 만나 생태와 수확량, 유기농업과 지속가능한 발전의 현황에 대해 설명을 듣는다. 날이 저물 때가 되자 버스 몇 대가 와서 동료들을 인근 호텔로 데려간다. 동료들은 호텔에서 식사와 수면을 해결하고, 나는 쿠바인 과학자 두 명과 함께 더 걷다가 길가에서 야영을 한다. 호텔에서 숙박한 일행은 다음날 아침에 다시 우리와 합류한다.

로스 톰보스라는 마을로 들어가니 십여 명의 어린이와 교사와 지방 관리가 거리에 일렬로 늘어서 쿠바 국기를 흔든다. 나는 밴조를 켜면서 '엘 코미난테'라는 노래를 부른다. 내가 스페인어로 작사한 곡으로, 환경을 위해 걷는다는 내용이다. 아이들은 노래를 마음에 들어한다.

마지막 날이다. 붉은 비포장도로는 굽어져 골짜기로 들어가고, 군데군데 채소밭과 담배밭이 섞인 초록빛 들판이 펼쳐진다. 아바나 서쪽에 있는 비날레스라는 도시에 들어서니 시장이 시청에서 기다리고 있다가 도보여행자 전원을 위해 환영회를 열어 준다. 정부 관리들이 환경과 평화를 주제로 연설을 하고, 초등학교에 다니는 어린이들이 환경에 관한 노래를 부르고 시를 낭송한다.

이렇게 많은 사람들과 함께 이렇게 멀리까지 걸어오기는 처음이다. 나는 그 동안 함께 여행해 준 사람들과 작별인사를 나누고, 종종 연락하자는 말과 함께 연락처를 교환한다.

여자 여행자 한 사람이 말한다. "모든 사람이 지구를 한 조각씩 나눠 맡아서 평화의 정신으로 걸어야 해요. 그리고 걷다가 어떤 상황에 처하든 간에 용감하게 맞부딪쳐야 합니다."

우리 모두의 심정을 적절히 대변한 말이다. 다들 도보 여행을 계속하고 싶어한다.

나는 일주일 전에 비행기로 쿠바에 도착했다. 오랫동안 동력 운송수단을 이용하지 않았던지라 비행기에서 내려 미니버스를 타고 아바나 구시가지에 있는 호텔로 이동하는 과정이 부자연스럽게 느껴졌다. 나는 몇 년 전 베네수엘라 도보 횡단 도중에 깨달은 바가 있어 동력운송수단 이용에 대한 원칙을 바꿨다.

베네수엘라, 1994년

악명 높은 엘도라도 감옥 정문 옆을 어슬렁거렸더니 경비원이 나를 막아서며 소리쳤다. "잠깐! 어디로 가려는 겁니까?"

열일곱 살쯤 돼 보이는 경비원은 M-16 소총을 내 쪽으로 겨누며 나를 위협했다. 검은 얼굴에 턱수염을 기른 키 큰 남자가 색이 바랜 옷을 입고 배낭을 메고 나타났으니 깜짝 놀랄 수밖에. 게다가 내 밴조는 가벼운 방탄 소재물질로 만든 국방색 통 안에 들어 있었는데 그것이 무기처럼 보였을 수도 있다. 경비원도 그것을 의심했던 것 같다. 나는 좋게 봐도 죄수의 탈옥을 도우러 온 사람이요, 나쁘게 보면 탈옥한 죄수로 보였다. 몸을 돌려 경비원을 마주보자 내 안에서 이상한 일이 벌어졌다. 내가 목숨을 건 탈출을 시도하는 죄수라는 착각이 들었다. 경비원은 총구를 나에게 들이대며 말했다.

"서류를 보여주십시오. 출입 허가증이 있습니까?"

나는 길거리에서 배운 스페인어를 총동원해서 허가증을 가지고 있지만 그에게 보여 줄 의무는 없다고 대답했다. 그러고 나서 내가 좀처럼 쓰지 않는 권위적인 말투로 무뚝뚝하게 말했다.

"나는 프란시스 박사입니다. 유엔 친선대사 자격으로 걸어서 세계를 돌아다니고 있습니다." 나는 팔을 흔들며 앞으로 나아갔다. 경비원은 어안이 벙벙한 듯 나를 쳐다보았다.

'탈옥수가 정체를 숨기려면 이 방법이 최고겠어.' 나는 이렇게 생각하며 계속 걸어갔다. 금방이라도 아침의 정적을 깨뜨리며 총성이 울려 퍼지고 총알이 내 살갗을 후비며 타는 듯한 고통을 안겨줄 것만 같았다. 하지만 그런 일은 일어나지 않았고, 길은 둥글게 구부러져 숲속으로 들어갔다. 나는 새로이 획득한 자유를 만끽하며 혼자 사색에 잠겼다.

며칠 동안 수백 킬로미터에 걸쳐 베네수엘라 사바나 지역을 돌아다니면서, 그 동안 왠지 나 자신을 속이는 것처럼 느껴지던 문제를 마침내 정리했다. 나는 해마다 한참을 숙고해 가며 침묵의 맹세를 갱신했던 반면, 걷기로 한 결정에 대해서는 한 번도 의문을 품어 보지 않았던 것이다. 캘리포니아에서 기름유출 사고를 목격한 이후로 걷기는 나에게 환경보호를 위해 '가볍게 살아가는' 하나의 방법이었다. 해마다 침묵을 재고했기 때문에 내 삶이 안팎으로 변화를 겪을 때도 침묵은 언제나 살아 있는 결정이 될 수 있었다. 그러나 걷기에 관해서는 그런 과정이 없었다. 이제 적절한 시기가 왔다. 동력운송수단을 이용하지 않는다는 결심은 나를 가둔 감옥으로 전락했으며, 나는 나 자신을 풀어 주어야만 했다.

한편으로는 나와 교류하던 풀뿌리 공동체 주민들이 내가 하는 여행과 나의 사명을 지지하고 이해해 준 것도 내 삶을 변화시킬 필요가 있음을 깨닫는 데 도움이 됐다. 어느덧 브라질 국경 근처까지 왔다. 나는 걷기와 항해라는 방식으로 순례를 계속하되 비행기를 비롯한 동력운송수단도 병행해 이용하기로 결정했다. 그런 변화에는 가족과 학문에 대한 책임감이 커졌다는 이유도 있었지만 여행 중에 만나는 공동체와 시민단체에 대한 책임감도 중요한 이유였다. 나는 그들을 도와주거나 지지해 주어야 했다. 나는 동력운송수단을 다시 이용하겠다는 결단이 내가 플래닛워크의 목표를 더 잘 수행하고 더 훌륭한 친선대사가 되는 데 이바지하기를 원했다. 하지만 '권리를 박탈당한 공동체'에서는 여전히 걸어다니며 사람을 만나는 것이 그들의 문제와 어려움을 파악하는 데 가장 좋은 방법이었다. 걷기는 자기 자신을 이해하는 가장 좋은 방법이기도 한다. 브라질에 도착했을 때 나는 22년 만에 처음으로 자동차를 탔다. 몇 주 뒤에는 미국행 비행기에 몸을 실었다. 부모님과 친구들은 기뻐서 어쩔 줄 몰랐다. 내가 미국을 떠나면 다시는 나를 만나지 못할까 봐 걱정했던 진이 특히 좋아했다. 진은 내가 도보 여행을 계속하려고 브라질에 돌아온 다음해에 세상을 떠났다.

1996년 10월, 브라질

마이애미에서 비행기를 타고 다섯 시간 만에 브라질 마나우스 공항에 도착했다. 1년 전에 비하면 너무나 편안한 여행이었다. 당시에는 베네수엘라 국경지대의 라 그란 사바나에서 출발해 브라질 열대우림을 지나 리오네그로 강 유역에 있는 아마조나스 주의 주도 마나우스에 도착할 때까지 1,200킬로미터가 넘는 거리를 몇 달 동안 걸었다.

도보여행 중에 나는 카리브 어족에 속하는 '와이미리-아트로아리' 라는 인디언 부족의 보호구역을 지나쳐야 했다. 그 보호구역이 생긴 이래로 걸어서 지나가도 좋다고 허락받은 외부인은 한 명도 없었다. 와이미리-아트로아리 부족은 브라질 사회와 처음으로 접촉했던 19세기에는 '크리샤나스(Chrishanas)' 족이라고 불렸고, 인구는 약 6,000명으로 알려져 있었다. 여타의 토착민과 마찬가지로 그들은 경제 팽창을 갈구하는 침략자들의 압력에 시달리게 되자 숲속으로 점점 깊숙이 들어가 거의 고립된 상태로 생활했다. 1968년 브라질 정부는 인류학자였던 지오반니 칼레리 신부에게 3개월 동안 와이미리-아트로아리 족에게 접근해 보라고 지시했다. 정부 당국은 인디언의 노동력을 BR-174 고속도로 건설에 활용하려는 의도를 가지고 있었다. BR-174 고속도로는 브라질 북부의 호라이마 주 주도인 보아비스타와 남부 아마조나스 주의 주도 마나우스를 잇는 도로로서, 아직 현대 브라질 사회와 접촉하지 않고 있던 인디언 구역의 몇 개 부락을 통과할 예정이었다.

그 뒷이야기는 확실하지 않다. 하지만 알려진 바에 의하면 외부 사회와의 접촉을 원하지 않았고 특히 선교사를 싫어했던 인디언들은 1968년 10월 26일 칼레리 신부를 죽이고 동행했던 사람도 처형했다. 이어 1974년에는 현지인 채용론자로서 인도주의적 접근법을 주장했던 지우베르투 핀토 피구에르두가 그들에게 죽임을 당했다. 와이미리-아트로아리 족은 외부의 침입에 저항하려는 의지가 확고했으며 고속도로 건설공사를 하는 인부들이 더 이상  전염병을 옮기게 할 수 없다는 입장이었다. 그 이후 일종의 대량학살이 벌어졌고, 비극적이긴 하지만 어느 정도 수긍할 만한 방법으로 경제개발이 진행됐다. 분쟁이 종결된 1977년 와이미리-아트로아리 부족은 350명밖에 남지 않았는데 대부분이 여자와 아이였다.

내가 와이미리-아트로아리 족 보호구역을 도보로 통과하게 해 달라는 허가를 받으려 했을 때 사람들이 만류한 것도 무리가 아니었다. 나는 마나우스로 가는 도중에 보아비스타를 지나게 됐다. 이제 BR-174 고속도로가 와이미리-아트로아리 족 보호구역 한가운데를 가로지르고 있었다. '고속도로' 라는 명칭은 약간 과장된 것 같았다. 대부분의 구간은 숲과 사바나의 미묘한 차이나 지세를 전혀 참작하지 않은 붉은색 비포장도로일 뿐이었다.

인디언 보호구역 양 옆에는 군인이 보초를 서는 문이 있었다. 저녁과 밤 시간에는 문이 닫혔고, 어두워진 후에는 무선통신장비를 갖춘 버스라든가 부패할 우려가 있는 상품을 수송한다고 입증된 화물 트럭만 들어갈 수 있었다.

브라질에서 사귄 친구 한 사람이 내게 말했다. "그들은 친절한 사람들이 못 돼. 사흘이나 걸리긴 하지만 카라카라이에서 배를 타고 리오브랑코 강을 따라 마나우스로 가는 게 나을 걸세."

그러나 나는 FUNAI(Fundaçao Nacional do Indio: 브라질 국립원주민재단)

에 와이미리-아트로아리 족 보호구역을 도보로 지나가게 해 달라고 신청했다. 그것은 그들이 한 번도 받아본 적이 없는 특이한 요청이었다. 창구에 앉아 있는 관리는 마누엘이라는 이름이었다. 서류가 쌓여 있는 작은 책상에서 그는 한없이 진지한 표정으로 나를 바라보았다. 그는 말없이 고개를 흔들며 미친 짓이라고만 이야기했다. 사무실에 있던 다른 사람들도 모두 나서서 인디언 보호구역을 여행하지 말라고 충고했다, 첫째는 인디언이 호의적이지 않기 때문이며 둘째로는 재규어나 뱀과 같은 야생동물의 위험 때문이었다.

"거긴 아무것도 없소. 당신이 곤경에 처해도 도와 줄 사람이 없단 말이오." 마누엘이 말했다.

나는 UNEP(유엔환경계획) 친선대사 신임장을 브라질리아로 보내 달라고 해서 다시 마나우스에 있는 와이미리-아트로아리 프로그램 사무실로 보냈다. 인디언들에게 직접 물어보기 위해서였다. 2주 후 마나우스에서 긍정적인 대답이 날아왔다. 놀라운 일이었다. 인디언들이 나를 통과시켜 주기로 했다! 나는 곧 의기양양해지는 동시에 공포에 사로잡혔다. 보아비스타에서 만난 관리 마누엘은 통행허가의 조건을 상세히 써 주었다. 첫째, 나는 큰길로만 다녀야 하며 함부로 산길을 타고 숲으로 들어가지 않는다. 둘째, 잠은 30-40킬로미터마다 있는 보호구역 내 네 군데의 FUNAI 거점에서만 잔다. 나는 가르시아라는 사람에게 보내는 소개장을 가지고 도보로 2주 정도 걸리는 훈디아(Jundia)에 있는 첫 번째 FUNAI 거점으로 갔다.

몇 주 후 보호구역 북쪽 경계선에서 80킬로미터 떨어진 곳에서 가르시아를 만나니 마음이 놓였다. 그가 내 옆에 진청색 도요타 픽업트럭을 세웠을 때 나는 길가 나무그늘에 앉아 쉬고 있었다. 그는 원래 까무잡잡한데다 햇볕에 그을려 더 까매진 피부와 잘생긴 얼굴, 날카로운 검은 눈동자와 함박웃음을 지닌 남자였다.

"당신이 존 프란시스 씨인가요?" 그는 트럭 창문에 기대 말했다. 차문에는 흰 바탕에 검은 글씨로 와이미리-아트로아리 구역이라고 쓰여 있고 그 밑에는 무섭게 생긴 화살 그림이 있었다. 그 로고 밑에는 환경보호 프로그램이라는 글자가 보였다.

와이미리-아트로아리 프로그램은 발비나 수력발전용 댐으로 인해 발생하리라고 예상되는 사회문제와 환경파괴를 완화하기 위해 1988년에 만들어진 프로그램이었다. 발비나 댐은 마나우스의 공업지대에 전기를 공급하기 위해 설계된 댐이었다. 1978년에는 30,000헥타르에 달하는 와이미리-아트로아리 구역 땅에 저수지가 범람하기 전에 타쿠아리와 타푸푸나라는 두 부락의 인디언을 소개(疏開)시킨 적도 있었다. 와이미리-아트로아리 프로그램은 여러 분야의 전문가들로 이루어진 학제간 연구팀이 작성하는 계획을 기반으로 했다. 그들은 계획을 구상하는 단계에서부터 와이미리-아트로아리 족과 협상했다. 그 프로그램은 건강, 교육, 환경, 농업 지원, 구역 경비, 문서자료 정리, 공동체의 역사 보존 등을 망라하고 있었다. 그리고 행정기구를 창설하여 와이미리-아트로아리 족이 다시 자치 제도를 확립하고 브라질 사회에 안정적으로 통합되도록 할 계획이었다. 와이미리-아트로아리 프로그램에 참여한 사람들은 앞서 언급한 브라질의 현지인채용론자들과 달리 죽임을 당하는 일이 없었다.

가르시아는 자신이 아내 소냐와 어린 아들 이탈로와 함께 보호구역 경계선 안쪽에 살고 있으며, 통행에 필요한 준비가 이루어지는 동안 그들과 함께 지내러야 한다고 말했다. 내가 보호구역 내에서 FUNAI 거점 사이를 이동할 때마다 직원들이 교대로 함께 걸어 주기로 했다는 이야기를 들으니 안심이 됐다.

사흘 동안 그곳에 사는 FUNAI 직원들과 함께 숲을 가로질러 걸었다. 우리는 모두 포르투갈어를 약간 할 줄 알고 자연 속을 여행한 경험을 공유하고 있었다. 처음 이틀은 두 명의 인디언이 교대로 나와 함께 걸었다. 저녁에는 FUNAI 거점에 도착해 식사를 하고 잠을 잤다. 첫날 도착한 거점은 보건소를 포함한 낡은 건물 몇 채로 이루어져 있었다. 이튿날 머문 거점은 규모가 더 컸다. 그곳에서는 학교를 운영하며 포르투갈어와 와이미리-아트로아리 족이 개발 중인 문자를 가르쳤는데 자체적으로 만든 사전도 있었다. 농업 실습장이며 어류와 거북과 맥(tapir: 동남아시아, 중남미 등지에 사는 포유류 기제목 맥과의 동물—옮긴이) 등을 기르는 양식업 시범단지도 보였다.

두 번째 거점에서 나는 와이미리-아트로아리 프로그램이 최근에 진행하는 연구를 책임진 브라질인 토지자원 관리자 로버트 밀러를 만났다. BR-174 고속도로와 경계선 내의 인디언 구역 내로 뻗어나간 도로를 아스팔트로 포장하려는 정부 계획이 환경에 미칠 영향을 연구한다고 했다.

사흘째 되는 날에는 내가 더 이상 하루 50킬로미터씩 걷지 못하리라고 생각한 인디언 네 명이 숲에서 야영을 하며 즐기는 조촐한 파티를 마련해 주었다. 그리고 먼 길이긴 했지만 드디어 마지막 거점에 도착했다. 이곳에서 마나우스까지는 200킬로미터 거리다. 우리가 도착한 시간은 한밤중이었다. 원래 와이미리-아트로아리 족은 밤에 걷기를 꺼려하지만 우리는 온 사방을 환상적인 분위기에 젖게 하는 달빛을 받으며 걸었다. 거의 보름달이 다 된 달이었다.

마지막 거점에 도착했을 때 나는 보호구역 내에서 함께 걸어 준 와이미리-아트로아리 족 친구들에게 만도(원주민이 벌채에 쓰는 칼—옮긴이)를 하나씩 선물하겠다고 약속했다. 그로부터 1년이 지난 지금 나는 브라질에 돌아왔다. 볼리비아와 아르헨티나로 가서 도보순례를 계속하기 위해 온 것이지만 어쨌든 이 빚을 먼저 갚아야 한다.

이런 생각을 하며 마나우스에 있는 와이미리-아트로아리 프로그램 사무실에 들어섰다. 보호구역 안에 있는 친구들을 만나러 들어가겠다고 신청하기 위해서였다.

와이미리-아트로아리 지도자인 마리오로부터 다시 오라는 초대를 받았음에도 불구하고 나는 다시 허가 절차를 밟는 게 낫겠다고 생각했다. 몇 달 전에 어느 독일인 기자가 동료와 함께 카누를 타고 허가 없이 보호구역에 들어갔던 이야기를 들었기 때문이다. 인디언들은 그들의 취재장비를 강에 던져 버리고 두 사람을 얼마간 억류하고 있다가 추방했다고 한다.

와이미리-아트로아리 프로그램 사무실에서 낯익은 얼굴들을 대하니 기분이 좋았다. 우리는 화기애애하게 인사를 나누었다. 그러나 와이미리-아트로아리 족은 전쟁 중이나 다름없다고 사람들이 알려 주었다. 며칠 전부터 백 명의 인디언 전사들이 세계 최대의 주석 생산량을 자랑하는 피팅가(Pitinga) 채굴광산으로 가는 길을 봉쇄했다는 것이다.

1981년, 파라나파네마(Paranapanema)라는 기업이 브라질 정부를 상대로 로비활동을 펼쳐 성공을 거둔 결과 와이미리-아트로아리 보호구역이 526,000헥타르나 줄어들었다. 1971년에 '와이미리-아트로아리 인디언 보호구역'으로 지정된 땅의 동쪽 지대에서 석석(錫石: 주석의 원광—옮긴이)을 채굴하는 피팅가 프로젝트가 시작된 것이다.

문제는 더욱 복잡해졌다. 파라나파네마 사가 피팅가 광산에 접근하기 위해 그렇지 않아도 면적이 축소된 와이미리-아트로아리 보호구역을 관통하는 도로를 만들면서 원주민 부락 두 개를 강제 이주시켰기 때문이다. 이처럼 긴장이 고조된 상황이었는데도 지도자 마리오와 함께 노상 바리케이드를 치고 있던 인디언들에게 무선통신이 닿았고, 몇 분 만에 내가 들어와도 좋다는 답신이 왔다.

이틀 후 나는 보아비스타 행 만원 버스를 타고 있었다. 보호구역을 지나는 도중 FUNAI 거점에 내릴 생각이었다. 오후 2시에 출발할 예정이었던 버스는 역에서 한 시간 늦게 출발했다. 작년과 달리 마나우스에서 보호구역 시작되는 곳까지 길이 닦여 있긴 했지만 FUNAI 거점에 도착했을 때는 저녁 8시가 넘은 캄캄한 밤이었다.

버스 운전기사가 함께 내려 화물칸에서 내 배낭을 꺼내주었다. 잠시 후 거점에서 나온 차가 전조등을 빛내며 다가왔다. 차 안에는 내가 알지 못하는 반백의 사내가 혼자 타고 있었다. 그는 나에게 왜 그곳에 서 있냐고 물었다. 하지만 팽팽한 긴장은 한 순간에 지나지 않았다. 호기심 어린 눈길로 어둠 속을 응시하는 승객들을 태운 버스는 다시 출발했고, 나는 차에 올라타고 바퀴 자국이 난 도로를 따라 FUNAI 거점으로 갔다.

지난해 만났던 와이미리-아트로아리 지도자인 마리오가 다음날 도요타 픽업트럭을 타고 도착했다. 그는 인디언들이 바리케이드를 구축해 놓은 도로로 나를 데려갔다.

바리케이드는 파라나파네마 광산회사가 정성들여 관리하는 매끄러운 비포장도로의 분기점에서 한 시간 거리에 있었다. 첫 번째 검문소에 도착해 보니 50명 정도의 남자가 우르르 몰려다니고 있었다. 모두 색깔 있는 반바지 차림이었고 일부는 야자수 잎과 깃털을 붙인 머리장식을 쓰고 있었다. 모든 사람이 끝부분이 날카로운 금속으로 된 활과 화살 같은 무기를 들고 있었다(그들은 전투태세를 갖추고 있다가 우리가 왔다는 것을 알고 긴장을 풀었다). 더러는 연기가 나는 불 위에서 요리를 하고, 더러는 나무그늘에 매단 그물침대에 편히 누워 있었고, 더러는 길을 가로질러 늘어뜨린 쇠사슬을 따라 도열해 있었다. 그들은 우리가 지나갈 수 있도록 쇠사슬을 들어올려 주었다.

여기서도 지난해에 안면을 튼 와이미리-아트로아리 족 사람들과 상봉했다. 몇몇은 나와 함께 걸었던 사람이었다. 나는 인사를 나눈 후 약속했던 대로 그들에게 만도를 건넸다.

또 한 명의 낯익은 사람을 가리키며 마리오가 말했다. "이쪽은 아밈이오. 기억나요?"

내가 파란 배낭에서 만도를 하나 더 꺼내자 모두 활짝 웃었다. 선물 증정식이 끝나고 나서 우리는 인디언들이 가장 큰 바리케이드를 쌓아 놓은 마지막 출입문으로 가려고 다시 트럭에 올라탔다. 활과 작살처럼 생긴 화살을 든 인디언들이 트럭 화물칸에 더 올라탔다. 가끔 트럭이 정차하고 두세 명으로 된 사냥조가 트럭에서 내려 도로를 뒤덮은 숲속으로 사라졌다.

마리오는 이 도로가 만들어지기 전에는 이곳에 와이미리-아트로아리 부락 두 개가 있었으나 길이 만들어지고 나서는 그들이 떠날 수밖에 없었다고 나에게 설명했다.

트럭을 타고 더 가다가 길가 그늘에서 기다리던 사냥조와 마주쳤다. 창자가 빠져나온 맥의 시체 위에 야자수 잎사귀가 덮여 있었다. 인디언들은 트럭 화물칸에 깨끗한 야자수 잎을 펼쳐놓고 사냥한 동물을 올려놓았다. 인디언들이 이틀 동안 먹을 수 있는 식량이다. 잠시 동안 떠들썩한 축하가

오갔다. 얼마 후 트럭이 다시 멈추더니 고기를 잡으러 갔던 인디언들이 그들이 잡은 탐바퀴를 들고 트럭에 탄다. 탐바퀴는 인디언이 가장 좋아하는 민물고기로 사람 키만큼 자라는 경우도 종종 있다.

와이미리-아트로아리 족이 100명 정도 있는 가장 큰 바리케이드에 도착하자 팽팽한 긴장을 감지할 수 있었다. 그들 대부분이 고함을 지르고 활과 화살을 흔들며 문으로 뛰어왔고, 나머지는 길 양옆에 서 있었다. 그 분위기를 통해 그들의 커다란 불만과 심각한 우려를 뚜렷이 감지할 수 있었다. 내가 당황해서 어쩔 줄 모르자 마리오가 나를 안심시키며 비디오카메라를 꺼내 지금 벌어지고 있는 일을 녹화해도 좋다고 말했다.

잠시 후 지명을 받고 앞으로 나온 대변인들이 불만을 가지는 이유를 설명하기 시작했다. 인디언들은 돈보다는 자녀와 후손의 미래에 관심이 더 많았다. 그들은 깨끗한 물을 공급받기를 원했으며 빼앗긴 땅을 되찾아 이용하고 싶어했다. 무기가 달가닥거리는 소리가 더 커졌다. 인디언들은 광산 채굴활동 때문에 하천이 오염됐다고 주장하며 그 하천 가운데 하나를 나에게 보여 주었다.

소요가 약간 가라앉았다. 인디언들은 다시 진지에서 이루어지는 다양한 일과로 돌아가 세수와 목욕을 하고, 음식을 준비하고, 요리를 했다. 여자와 아이들은 부락에 남아 있었다. 나는 환영을 받으며 야영지로 들어갔다. 누군가가 내 팔을 다정하게 붙잡으며 포르투갈어로 말했다. "나는 당신을 알아요." 그것은 그들이 인사하는 방식이었다. 온종일 비슷한 인사가 몇 번이고 되풀이됐다.

나는 그물침대를 걸어놓은 곳으로 안내받아 인디언과 함께 하루를 보냈다. 얼마 후 마나우스에서 기자들이 찾아왔다. 그들은 나에게 피팅가 광산

관리인을 만나러 같이 가자고 제안했다. 와이미리-아트로아리 족은 바리케이드 너머로는 절대 나가지 않았지만, 마리오는 가서 그 사람이 뭐라고 하는지 들어 보라며 나를 격려해 주었다. 나는 기자들과 함께 관리사무소에 갔지만 광산 관리인이 마나우스에서 탄 비행기는 아직 도착하지 않았다. 기자들은 바리케이드로 돌아가고 싶어서 조바심을 냈다. FUNAI에서 파견한 대표가 기자회견을 열고 인디언에게 전하는 성명을 발표하기로 돼 있었기 때문이었다.

관리인은 캄캄한 밤에야 겨우 모습을 드러냈다. 빛이라고는 별빛, 검문소 지붕 아래 촛불 몇 개, 기자들의 카메라에서 수시로 터지는 플래시 빛이 전부였다. 다시 한 번 긴장이 감돌았다. 와이미리-아트로아리 족은 일주일 가까이 긴장 상태로 살아온 터였다. 그러나 FUNAI는 광산 활동이 세계경제에 중요하므로 중단 없이 계속돼야 한다는 입장을 발표했다.

기뻐하는 반응은 나오지 않았다. 활과 화살이 덜거덕거리는 소리와 확고한 결심뿐이었다. 인디언들은 신념을 지키기 위해 기꺼이 죽을 수 있다고 말했다. 실제로 그런 일이 벌어질 수도 있다고 생각하니 나는 서글퍼졌다. 다음날 아침 나는 마나우스의 와이미리-아트로아리 프로그램 책임자 마르실리오와 함께 바리케이드를 떠났다. 시내로 돌아가는 차 안에서 마르실리오는 FUNAI의 공식 입장에 실망했다며 불만을 토로했다.

내가 그 지역을 떠날 때까지도 와이미리-아트로아리 족은 여전히 막다른 골목에 있었다. 나는 그들의

주장을 세상에 알렸다.

  2년 후 어머니가 세상을 떠났다. 1999년까지 나는 매년 미국에서 일하거나 남아메리카에서 도보여행을 하거나 했다. 브라질, 볼리비아, 아르헨티나, 칠레를 걸어서 횡단했고 남극에도 한 번 다녀왔다. 그러고는 미국으로 돌아와 마사 스미스와 결혼했다. 우리는 약 10년 전 그녀가 워싱턴 D.C.에 있는 UN 사무실에서 일할 때부터 만난 사이였다. 내가 길 위에 있지 않을 때면 우리는 두 아들 새뮤얼과 루크를 데리고 포인트 레이에스 역에서 함께 산다.

2007년 8월, 알래스카 주 러시안 미션*

  쿠바에서 도보여행을 시작한 지 몇 년 후 나는 유콘 강 분수령 종족회의(YRITWC)의 초청을 받아 캐나다 북서부 유콘에 왔다. YRITWC는 알래스카 주와 캐나다의 64개 부족과 자치정부들이 유콘 강 분수령을 보호하기 위해 연합한 단체다. 유콘 강은 캘리포니아 주보다 2배나 넓은 지역으로 흘러나가며, 태평양 연어의 내륙 이동경로가 세계에서 가장 긴 강이다. 나는 YRITWC로부터 협력해서 일하자는 초청을 받고 '치유의 여행'을 하는 중이다. 초여름에 캐나다의 유콘 강 상류에서 출발했고 현재는 강의 하류 방향으로 2,400킬로미터 정도 내려왔다. 나는 여행길에 만나는 마을을 일일이 방문한다. 전통 음식을 먹고 문화를 교류하며 춤을 추고 북소리를 듣는가 하면, 빙 둘러앉아 이야기를 나누며 과거의 아픔을 딛고 공동의 미래에 대한 약속을 이끌어낸다. 이 '치유의 여행'은 미국의 내셔널지오그래픽 소사이어티(National Geographic Society)의 문화보존기금을 비롯한 여러

---

* 알래스카 주에 있는 도시―옮긴이.

단체에서 후원하며, 베링 해 연안인 알래스카 주 세인트 메리에서 열리는 YRITWC 10주년 기념 정상회의 참석으로 끝맺을 예정이다. 치유의 여행이 강을 따라가며 이루어지는 만큼, 여정에 참여하는 마을 주민들은 하나같이 기후변화를 직접 목격하며 우려를 표하고 있다. 나는 그들의 의견을 모두 기록해 세인트 메리에서 열리는 정상회의로 가져가려 한다.

도보여행을 시작할 때와 끝마칠 때에 한해 동력 운송수단을 이용하기 시작한 덕택에 나는 YRITWC의 '치유의 여행'과 같은 프로젝트에 여러 번 참여했다. 또한 나는 세계 각지를 돌아다니며 연설을 하고 다양한 청중과 대화를 나눈다. 여행 및 관광산업 종사자를 위해 환경이라는 말을 재정의하기도 하고, 민간이나 군이 시행하는 인도적 지원 사업에 윤리고문관 제도를 도입하도록 하며, 역사가 오래된 자연보호 단체와 환경단체에 다양하고 폭넓은 활동을 장려하기도 한다.

2005년 지구의 날, 나는 내가 걸어온 길을 다시 밟는 미국 횡단 여행을 시작했다. 풍경과 대화가 어떻게 달라졌는지 알아보기 위한 일이었다. 내 목표는 우리가 접하는 환경문제를 포괄적인 개념으로 재정의하는 것이다. 또한 과거에는 환경을 보호한다는 목표나 가치를 공유한다고 생각지 않았을 미국 전역의 원주민 사회와 비원주민 사회의 사람, 문화, 경제, 각종 단체 사이에 동반자 관계를 구축하려 한다. 나는 우리가 인간으로서 환경의 필수적인 구성요소라면 우리가 직간접적으로 서로를 어떻게 대하며 우리 자신을 어떻게 대하느냐라는 문제 역시 물리적 환경에 영향을 미친다고 생각한다.

　내가 전하려는 메시지는 우리 각자가 우리 모두에게 더 나은 환경을 만드는 데 기여할 수 있다는 것이다. 오늘날 가장 가슴 아픈 문제로는 기후변화와 해수면 상승을 꼽을 수 있다. 이는 특히 섬 지역 주민과 북부의 토착민에게 심각한 문제다. 그들은 이미 지구상에서 가장 격렬한 물리적 환경 변화를 경험하고 있다.

　내가 걷기를 시작한 지 10년 만인 1982년에 설립된 비영리교육기구인 '플래닛워크'에서는 이러한 문제를 해결하기 위한 노력의 일환으로 여러 단체와 힘을 합쳐 '플래닛라인스'를 개발하는 중이다. 플래닛라인스는 순례라는 개념을 기반으로 환경과 평화와 공동체 서비스를 가르치는 교육과정이다. 플래닛라인스는 고등학교와 대학과 시민단체에서 활용할 수 있으며, 다양한 문화적, 경제적 배경을 지닌 학생과 성인이 각자의 도보순례 혹은 '플래닛워크'를 시작하는 데 필요한 지식과 도구를 얻도록 해 주는 과정이다. 과학과 인문학과 공공서비스를 결합한 교육을 통해 사람들은 그들도 지속가능한 환경을 만들고 사회를 변화시킬 수 있음을 깨달을 것이다. 다방면에 걸친 실무적인 교육과정은 학생의 마음을 끌기 힘든 고리타분한 교수법이 대부분을 차지하는 현행 학교교육에도 생기를 불어넣을 수 있으리라 생각한다. '치유의 여행'이나 '플래닛워크' 같은 특별한 순례에 참여하는 데 중점을 둔 플래닛라인스 교육과정은 역동적이며 현재적인 의미를 가질 것이다.

　인터넷을 비롯한 신기술을 활용하여 다양한 단체 사이에 교류와 협력을 확대하며 물질적인 영역을 비롯한 모든 영역에서 각 개인의 순례를 연결하는 다리를 놓는다면, 우리는 전지구적인 규모에서 발생하는 문제의 해법을 공유할 수 있다. 이것은 차세대 플래닛워커들이 의욕을 가지고 추진할 만한 사업이라 생각한다.

아름다운 지구인 플래닛 워커

펴낸날	초판 1쇄 2008년 9월 16일
	초판 6쇄 2015년 11월 9일

지은이　존 프란시스
옮긴이　안진이
펴낸이　심만수
펴낸곳　(주)살림출판사
출판등록　1989년 11월 1일 제9-210호

주소　경기도 파주시 광인사길 30
전화　031-955-1350　팩스　031-624-1356
홈페이지　http://www.sallimbooks.com
이메일　book@sallimbooks.com

ISBN　978-89-522-0991-7　03840

* 값은 뒤표지에 있습니다.
* 잘못 만들어진 책은 구입하신 서점에서 바꾸어 드립니다.